故宫六百年
[珍藏版]

Six Hundred Years of
the Forbidden City

阎崇年 著

华文出版社
SINO-CULTURE PRESS

0004589

匠人營國方九里旁三門
國中九經九緯經塗九軌
左祖右社面朝後市

《周禮·考工記》

初版 序言

/ 阎崇年 /

一

600年前,在北京、在中国、在世界,发生了一件具有政治、文化意义的大事:明永乐十八年(1420)十一月初四日,永乐皇帝朱棣在北京皇宫奉天殿(今太和殿)暨殿前广场举行盛典,向臣民、向天下,庄严宣告:

北京宫殿"爰自营建以来,天下军民,乐于趋事,天人协赞,景贶骈臻,今已告成"。(《明太宗实录》卷二三一)

以北京皇宫坛庙告成,接受朝贺,大宴群臣。这就表明,明朝北京宫殿于永乐十八年(1420)十一月初四日,已经建成。

同年十二月二十九日,再次表明:

初营建北京,凡庙社、郊祀、坛场、宫殿、门阙,规制悉如南京,而高敞壮丽过之。复于皇城东南建皇太孙宫,东安门外东南建十王邸,通为屋八千三百五十楹。自永乐十五年六月兴工,至是成。(《明太宗实录》卷二三二)

北京故宫博物院在1987年被列入世界文化遗产。因此,故宫既是中国的,也是世界的。北京故宫有过辉煌、有过凯歌,也有过沧桑、有过悲泣。这是在中华民族历史演进中,一座巍巍高山的历史见证,一段滚滚江河的历史实录。

2020年恰逢北京故宫建成600年,笔者继在中央电视台《百家讲坛》讲"大故宫"之后,应喜马拉雅之邀约,在网络音频平台讲故宫,分作100讲,每周播出两讲，共计50周，几乎占一年的时间。在整整一年的准备过程中，经过草稿、一稿、书稿、录音稿和定稿，五易其稿，虽不免有瑕疵，却是尽了心力。现应华文出版社宋志军社长之邀，讲课的文稿由该社出版。

二

北京故宫，文化元素纷繁灿烂，琳琅满目，但其核心因素，主要有以下三个：

其一，是建筑。故宫占地面积72万平方米，建筑占其最多的空间。这些中华古典建筑、殿堂台阁、宫院亭榭，壮丽辉煌，丰富多彩。

其二，是藏品。今北京故宫博物院珍藏1 863 404件（套）文物，其器物、书画、典籍、档案、珍玩、瓷器、丝绸、珠宝、家具、陈设等，物华天宝，珠玉华翠，天禄琳琅，美轮美奂。

其三，是人物。这里的人物指的是宫廷建筑的设计者、建造者、使用者、守护者，从帝王将相到太监宫女，从文化精英到外域使臣，从各色工匠到宫廷帝后，都离不开故宫建筑的舞台、场景。这里的人物还指的是故宫藏品的制造者、使用者、欣赏者、收藏者。可以说，自北京故宫建成600年来，中国几乎所有的名人，都同北京、同故宫有着直接或间接的关系。

所以，故宫的建筑、藏品、人物三者及其他元素的互动、演绎，成为故宫600年的历史。

三

此前，我在中央电视台《百家讲坛》讲过"大故宫"第一、二、三、四共四部，83讲。所讲的文字稿《大故宫》第一、二、三卷，先由长江文艺出版社出版，近由故宫出版社出版其修订本。

《大故宫》与《故宫六百年》的相同点是，系统简述故宫的历史、文化、建筑、人物、事件、文物等。其不同点是，《大故宫》主要特点是横向，以故宫空间为经线，以故宫建筑为场景，时空交叉，讲述故宫600年的历史故事；而《故宫六百年》主要特点是纵向，以故宫时间为经线，以故宫历史为场景，时空交叉，讲述故宫600年的历史故事。

今人看故宫，可纵观，可横览，纵横交叉，互相切换，对故宫600年的建筑、藏品、人物等故事，会更丰富、更系统、更全面、更立体地了解，从而，热爱故宫、关心故宫、学习故宫、守护故宫。《大故宫》是用电视视频的形式，《故宫六百年》是用网络音频的形式，还分别用图书的形式，总之用视频、音频、网络、图书四种媒体形式，来再现600年的北京故宫。

故宫是个历史大剧场，也是个历史小舞台。在这座剧场里，在这个舞台上，帝王将相、后妃女侍、百官众卿、御史谏臣、文化精英、书画名家、能工巧匠、太监宫女、佛道僧侣、域外使臣，悉数登场。其人物之精彩，事件之离奇，故事之生动，器物之精美，正邪之相搏，学人之才华，小人之奸诈，后宫之玄秘，英雄之豪气，庶民之苦难，精彩纷呈，再现了那个时代的江河波澜与涓溪暗流。我力求从600年历史长河中，沙里淘金，金中剔沙，加以展现，进行表述。《故宫六百年》讲述明代故宫、清代故宫、民国故宫和新中国故宫四个时期的历史，从明永乐十八年（1420），到当下2020年，整600年。本书按时间分作耄耋者说一、二、三、四、五、六，共计六个部分。

本书的筹划出版，全国政协文化文史和学习委员会副主任、中国版权协会阎晓宏理事长，中国出版集团有限公司谭跃董事长，中国出版集团有限公司党组成员、中国出版传媒股份有限公司李岩总经理，华文出版社宋志军社长、余佐赞总编辑，张超琪、方昊飞责编，喜马拉雅陈小雨联合创始人、宋楠主任、覃方可和叶康编辑,以及左远波、王磊、胡正娟先生等给予的关心、支持和辛劳,谨此敬谢。

请看书吧!请听课吧!

是为序。

目 录

耄耋者说一　肇始与兴盛

第 一 讲　血色皇宫　　　　005
第 二 讲　大明建立　　　　011
第 三 讲　故宫蓝本　　　　017
第 四 讲　建文下落　　　　023
第 五 讲　永乐迁都　　　　027
第 六 讲　国家心脏　　　　031
第 七 讲　皇宫气象　　　　035
第 八 讲　国门庄严　　　　041
第 九 讲　三殿天火　　　　047
第 十 讲　永乐使者　　　　053
第十一讲　永乐宫案　　　　057
第十二讲　永乐三子　　　　063
第十三讲　立斩国师　　　　069
第十四讲　五全皇后　　　　075
第十五讲　宣德废后　　　　081
第十六讲　永宣国宝　　　　087

第 十 七 讲	四朝重臣	093
第 十 八 讲	孩童皇帝	099
第 十 九 讲	英宗被俘	105
第 二 十 讲	于谦定乱	111

耄耋者说二　稳定与繁荣

第二十一讲	南宫复辟	119
第二十二讲	英宗皇后	125
第二十三讲	林氏四代	131
第二十四讲	独宠万妃	135
第二十五讲	冷宫得子	141
第二十六讲	连中三元	147
第二十七讲	成化御窑	153
第二十八讲	张后擅宠	159
第二十九讲	宗室之害	165
第 三 十 讲	荒唐正德	169
第三十一讲	忠奸相搏	175
第三十二讲	西巡南征	181
第三十三讲	阳明先生	187
第三十四讲	三十八天	193
第三十五讲	大礼之议	199
第三十六讲	大江东去	205

第三十七讲	嘉靖宫变	209
第三十八讲	沉迷方术	215
第三十九讲	海瑞上疏	221
第 四 十 讲	窝囊裕王	225
第四十一讲	隆庆登极	229
第四十二讲	父子帝师	235
第四十三讲	说三娘子	239

耄耋者说三　衰落与更替

第四十四讲	少年天子	247
第四十五讲	酒色财气（上）	355
第四十六讲	酒色财气（下）	261
第四十七讲	立储风波	267
第四十八讲	定陵之谜	273
第四十九讲	后金崛起	279
第 五 十 讲	红丸疑案	285
第五十一讲	慌乱继位	291
第五十二讲	客、魏当道	297
第五十三讲	辽河三战	303
第五十四讲	宁锦大捷	309
第五十五讲	天启张后	315
第五十六讲	九次落榜	321

第五十七讲	崇祯之悲	327
第五十八讲	末日挽歌	333
第五十九讲	煤山自缢	337
第 六 十 讲	士人殉国	343
第六十一讲	改号大清	349
第六十二讲	清朝入主	355
第六十三讲	董妃之谜	361
第六十四讲	顺治出家	367
第六十五讲	太后下嫁	373

耄耋者说四　开创与鼎盛

第六十六讲	童年玄烨	383
第六十七讲	终身读书	389
第六十八讲	孝爱祖母	395
第六十九讲	六下江南	401
第 七 十 讲	三帝国师	407
第七十一讲	康熙治河	411
第七十二讲	御史弹相	417
第七十三讲	立废太子（上）	423
第七十四讲	立废太子（下）	429
第七十五讲	雍正夺位	435
第七十六讲	继位疑案（上）	441

第七十七讲	继位疑案（下）	447
第七十八讲	雍正年窑	453
第七十九讲	生母之谜	459
第 八 十 讲	乾隆膳单	465
第八十一讲	痛惩贪官	471
第八十二讲	有福之人	477
第八十三讲	和珅儿媳	485
第八十四讲	御制唐窑	491
第八十五讲	宫中三宝	497

耄耋者说五　屈辱与覆亡

第八十六讲	马戛尔尼	507
第八十七讲	得宠秘诀	513
第八十八讲	大内遇刺	519
第八十九讲	道光继位	527
第 九 十 讲	梅妻鹤子	533
第九十一讲	爱国英雄	539
第九十二讲	辛酉政变	545
第九十三讲	同治新政	551
第九十四讲	道光四子	557
第九十五讲	国师懿荣	563
第九十六讲	皇帝称谓	569

第九十七讲	皇位继承	575
第九十八讲	皇帝之寿	581
第九十九讲	海洋之殇	585

耄耋者说六　君享与民享

第 一 百 讲　故宫新生　　　　　593

附录

明朝皇帝简表　　　　　598
清朝皇帝简表　　　　　599

故宫六百年

珍藏版

阎崇年

耄耋者说一　肇始与兴盛

皇宫的主人是明太祖朱元璋洪武帝（在位31年）、明惠帝朱允炆建文帝（在位4年）、明成祖朱棣永乐帝（在位22年）、明仁宗朱高炽洪熙帝（在位1年）、明宣宗朱瞻基宣德帝（在位10年）、明英宗朱祁镇正统帝（在位14年）六朝，共81年［洪武元年（1368）至正统十四年（1449）］，这段时期，从皇宫视角看，明朝主要解决定都、建宫和稳定、开拓两大主题。

其前者，都城定在哪里？宫殿建成啥样？一直困扰着明初六位皇帝。首都是建在南京、凤阳、开封、西安，还是北京？皇宫建筑风格是简约，还是壮丽？朱元璋文化水平低、宏观见识少，不肯听取高见，并且优柔寡断，犹疑摇摆，举棋不定。建文帝时确定下来，却遇上"靖难之变"。永乐帝果断迁都北京，却遭遇天火焚毁皇宫三大殿。洪熙帝要迁回南京，自己又短命死了。宣德帝想定都北京，还未落到实处而身先死。到正统帝继位，在太皇太后和内阁"三杨"等辅佐下，利用70年积累的财力、物力、技艺和经验，重建被焚毁的皇宫三大殿，建筑京城九门城楼，城墙内面包砖，疏浚护城河，用石砌堤岸，设九桥九闸，才出现了京城"焕然金汤巩固、以耸万国之瞻"，皇宫"日月光三殿、乾坤辟两宫"的煌煌局面。到正统六年（1441），正式宣告：北京为首都，南京为陪都。

其后者，着力解决稳定皇权、开拓局面的大难题。先后经三次藩王叛乱，皇权终于稳定下来。宫廷派出使臣，东西南北，四向开拓，特别是郑和七下西洋，亦失哈八下奴儿干，侯显五使西藏，陈诚五使中亚，不仅创中华文明史上之伟业，而且创人类文明史上之壮举。

本部分为1—20讲，主要讲述明代前期，皇宫规模确定，典章制度制定，国家统一，经济恢复，社会安定，宫殿壮丽，睦邻友好，万国来朝，都城由南京迁到北京，北京宫殿坛庙建成，并最终确立定都北京。继秦、汉、唐、元之后，一个强大的明帝国，屹立于亚洲东方。它的政治中心和文化中心，就在北京。它的核心就是后来被定为世界文化遗产的北京故宫。

北京故宫平面图

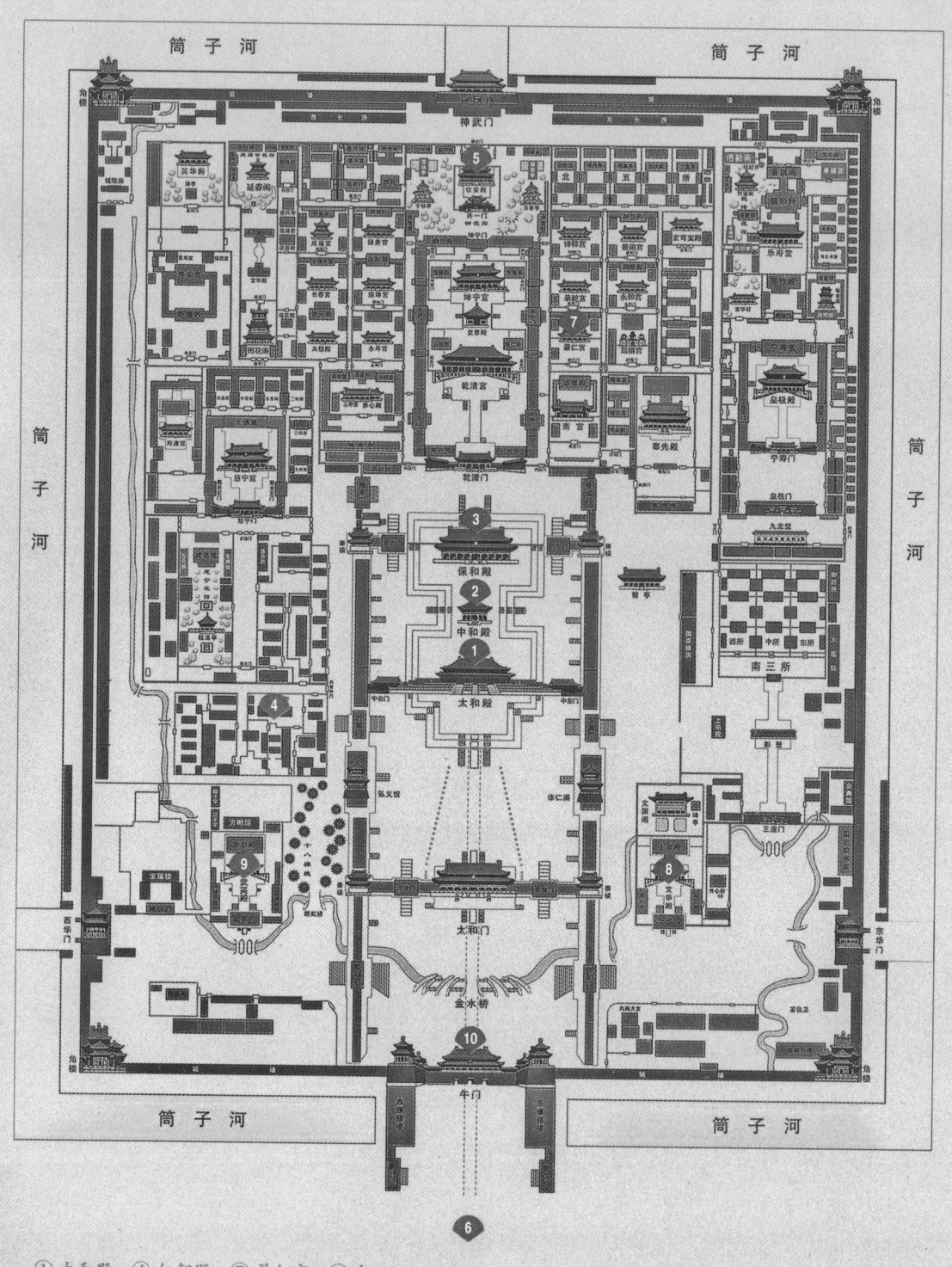

① 太和殿　④ 仁智殿　⑦ 景仁宫　⑩ 午门
② 中和殿　⑤ 钦安殿　⑧ 文华殿
③ 保和殿　⑥ 端门　　⑨ 武英殿

第一讲

血色皇宫

开篇第一讲"血色皇宫",分为三个小部分:鲜血染成、北京故宫和多面皇宫。

一、鲜血染成

皇宫里不是讲仁爱、重仁义、施仁政吗?哪里来的血色皇宫?古今中外,所有皇宫,哪一座不是血染的?让我们把历史的镜头拉得远一点,从中国帝制时代的周朝王宫说起。

周朝是中国历史上第一个建立起全面礼法、完整制度的王朝。著名的"五经"——《诗》《书》《易》《礼》《春秋》,是在周朝形成的。周朝兴起于镐京(今陕西省西安市长安区)。周族首领姓姬,名昌,就是周文王,原是商朝的臣民,"敬老慈少,礼下贤者"(《史记·周本纪》),善待贤能之士。如殷朝有个人叫鬻(yù)子,给纣王上书"七十五谏"纣王都不听,便投奔周文王。姬昌对于纣王来说,是一个"不同政见者",也是一个"危险人物"。纣王下令把他抓起来,关押在羑里(今在河南省安阳市汤阴县一带）。一个有理想、有抱负的人，决不会在困难面前屈服。周文王被拘禁在羑里，做什么呢？有的书说他"盖益《易》之八卦为六十四卦"(《史记·周本纪》)，就是在伏羲《易》的基础上，将八卦演绎为六十四卦。所以，周文王应是《易经》的创始人之一。可见，有作为的人，在患难之时，更有所作为。文王死后，他的儿子姬发继位，就是周武王。周武王请姜太公为师父，周公旦为辅政，重德修文，改善民生，经多年准备，向殷纣王发起问罪之师。武王自觉兵力不足，便在盟津（今在河南省洛阳市孟津区一带）大会"八百诸侯"，组成联军。周武王统帅大军，威威武武，浩浩荡荡，进到殷都朝歌（今河南省鹤壁市淇县）郊外的牧野。纣王发兵 70 万抵抗。两军展开了著名的"牧野之战"。这场战役，打得激烈、残酷，尸横遍野，"血流漂杵"。"酒池肉林""贪色乱政"的纣王，兵败无奈，登上鹿台，自焚身死。周武王凯旋，大肆营建镐京王宫。后成王又营建东都雒（洛）阳宫殿。周朝尚红，就是以红颜色为贵。历史表明，周朝王宫是用血染成的。

秦朝的阿房宫殿，也是用血染成的。秦国兴起后，南征北战，东伐西讨。我仅举秦国大将白起为例。据《史记·白起列传》记载，白起统率秦军，"攻韩、魏大战于伊阙，斩首二十四万"；又攻魏国，"斩首十三万"；继与赵国作战，"沉其卒二万人于河中"；还攻韩国陉城，"拔五城，斩首五万"；再攻赵国，长平之战"前后斩首虏四十五万人"。仅以上五战，共斩杀 89 万人。白起最后因功遭忌，秦王听信谗言，赐剑令白起自杀。白起仰天叹曰："我固当死。长平之战，赵卒降者数十万人，我诈而尽坑之，是足以死！"(《史记·白起列传》)秦国名将，何其多也。白起一人，斩杀、坑杀、沉杀等近百万人。这个数字，可能夸大，但秦始皇在统一六国的过程中，"伏尸百万，流血漂卤"(《史记·秦始皇本纪》)。这足以说明：秦始皇的阿房宫殿、秦皇陵寝，是用尸骨堆砌起来的，是用鲜血染成的。

而后，两汉隋唐，略而不论。最后明清的皇宫，何尝不是尸骨堆砌的、鲜血染成的！

明太祖朱元璋，二十五岁从军，征战 16 年，在位 31 年，建立大明，营造宫殿。朱元璋本是皇觉寺的一个和尚，投奔义军。二十八岁时，率领水陆大军，攻占集庆（今江苏省南京市），改名应天府，设官建政。而后，朱元璋以应天为基地，逐鹿群雄，生死搏斗。三十五岁时，朱元璋与陈友谅大战鄱阳湖。时陈友谅率领号称60万军队，"楼船数百艘，皆高数丈，饰以丹漆，每船三重，置走马棚，上下人语，声不相闻，舻箱皆裹以铁"（《明史·徐寿辉传》）。旗舰高十余丈，联结巨舰为阵，船队长数十里。朱元璋军20万，处于劣势。朱元璋亲自督阵，兵士不前，虽斩退缩者，余众仍畏缩不进。朱元璋手下一个叫郭兴的进谏："火攻！"被采纳。命敢死队，乘小船，载芦苇，装火药，到上风头，靠近敌舰，燃炮纵火。火燃风急，刹那之间，数百敌舰，一片火海，敌兵落水，湖水尽赤。陈友谅被箭头贯穿眼睛和脑袋而亡。经过36天激战，朱元璋取得鄱阳湖大捷。第二年，朱元璋即吴王位；四年后，在应天称帝，建立大明，营建皇宫。

清朝建立，也是如此。清努尔哈赤起兵，征战44年，其中最残酷的是萨尔浒大战。明军出动号称47万大军，后金军也号称20万，双方集中在今辽宁省抚顺市萨尔浒地方，双方军队，血战厮杀，杀得血流成河，森林被染成红色。前后经过抚顺、清河、开原、铁岭、沈阳、辽阳、广宁、宁远八场激战，哪一战不是尸骨遍野，血流成渠！到他儿子多尔衮时，率领清军进关，"扬州十日""嘉定三屠"，"留头不留发、留发不留头"，孙承宗阖门24人同难，仅《钦定胜朝殉节诸臣录》，就收录明末殉节之士4023人。这说明清朝皇宫也是血色的。

我们还是回到正题——北京故宫。

二、北京故宫

故宫600年，这600年是怎么算出来的？

明初皇宫在南京，明太祖朱元璋死后其嫡长孙建文帝继位。燕王朱棣发动战争，取而代之，年号永乐。永乐元年（1403），朱棣下诏以北平为北京；永乐四

[清]袁江《阿房宫图》

年(1406),朱棣诏建北京宫殿;永乐十八年(1420),北京宫殿建成,朱棣下诏:明年正月初一日,以北京为京师,正式迁都北京,举行庆贺大典。从这一天开始,大明皇宫正式登上历史文化舞台!

所以,北京皇宫在永乐十八年(1420)建成,到2020年,正好是600年!大家喜欢故宫、关注故宫,很想了解故宫、参观故宫,希望我讲故宫600年。

中国海峡两岸现在有两宫三院:北京故宫、沈阳故宫,北京故宫博物院、沈阳故宫博物院、台北故宫博物院。《故宫六百年》主要讲北京故宫在600年间的往事,也兼及其他。

我以前在央视《百家讲坛》讲过"大故宫"一、二、三、四部,共83讲;这一次我在喜马拉雅讲故宫共100讲。两次讲稿分别成书,即《大故宫》与《故

宫六百年》。有人问：这两本书有什么不同？

第一，《大故宫》以故宫建筑空间为顺序来讲述，如讲到天安门，就讲发生在天安门的人物和故事；讲到午门，就讲发生在午门的人物和故事等。许多人把它作为参观故宫博物院的详细导游词来学习。而《故宫六百年》是以历史时间为顺序来讲述，在明清时期，皇宫的主人就是皇帝，先后有 24 位明朝和清朝的皇帝，充当了故宫的主人。《故宫六百年》按照这 24 帝的顺序，讲发生在故宫，或与故宫相关的历史，这段历史大约 500 年。故宫后 100 年的历史，是故宫变为故宫和故宫博物院，由君到民的历史。

第二，历史人物和历史事件重新组合，特别是增加许多新人物、新事件、新故事，过去没有讲过却又非常有意思的人物和故事。我们今天可以穿越 600 年的时间，看故宫在 600 年间发生的有意思、有意义的大故事和小故事。

大家看《故宫六百年》，可以从多方面了解故宫。

三、多面皇宫

"历史是胜利者的记录"，"历史是胜利者与失败者共同推动发展的"。世界上，没有败哪有胜，没有阴哪有阳？胜败、阴阳的演化，共同推动历史前进。俗话说："一将功成万骨枯。"但是，在古代，成名的将军自以为才能出众、战功显赫，却往往忘记死难战友。于是，骄傲狂妄，终致因福得祸而身败名裂。历史事例，多不胜举。

因此，皇宫的存在，要从多侧面观、多角度看。譬如：从建筑感受壮丽辉煌，从文化感受丰富多彩，从哲学感受天人合一，从历史感受兴盛衰亡，从服饰感受美轮美奂，从文物感受到真善美，从人物感受立德立业，从宫室学到布置装潢，从园林学到天然情趣，从教育感受成才培养，从警卫感到安全重要，从礼制感受日常学养。

第二讲

大明建立

明清皇宫从明朝开始,明朝皇宫又从明太祖朱元璋开始。朱元璋与明初皇宫的关系,本讲分作三个题目:雄才大略、济济文臣和熙熙武将。

一、雄才大略

元朝末年,宫廷腐朽,大臣内讧,瘟疫旱灾,民不聊生,尸骨遍野,民变四起,天下大乱,结束这场乱局的是朱元璋。

朱元璋(1328—1398),字国瑞,在位31年,寿龄七十一岁。庙号明太祖,谥号高皇帝。他生于濠州(今安徽省滁州市凤阳县)钟离东乡一个贫苦农家。十七岁,连遭父亲、母亲、长兄三大丧事。又逢灾荒,便投皇觉寺为僧。仅50天,寺里也没有饭吃,被遣散托钵游食三年。后地方大乱,郭子兴起兵,朱元璋投其部下,时年二十五岁,成为他人生旅途的转折点。

元末,豪杰四起,群雄逐鹿,朱元璋为什么能独占鳌头?因为他有雄才大略。他提出政治纲领:"驱逐胡虏,恢复中华,立纲陈纪,救济斯民。"(《明太祖实录》

卷二十六）这四句话，包含三项主要内容：一是，推翻蒙元统治，建立朱明皇朝；二是，恢复唐宋礼法，重建社会秩序；三是，实现社会稳定，改善民众生活。朱元璋征战了16年，先称王，后称帝，击败群雄，登上皇位，推翻元朝，开拓了明朝276年的江山。

朱元璋取胜的根本原因——不仅有正确的政治纲领，而且有众多的文武人才。

明太祖朱元璋像

二、济济文臣

"济济多士,文王以宁。"(《诗·大雅·文王》)一个民族,一个国家,要取得发展、成功,必有一批优秀人才、俊杰之士。朱元璋身边聚集了一批名士。这里介绍的两位:刘基和李善长。

刘基(1311—1375),字伯温,浙江青田人,元末进士。他胡子很长,挺拔俊秀,为人慷慨,有大气节。史书说他"博通经史,于书无不窥"(《明史·刘基传》),又说他是明初的"诸葛孔明"。朱元璋知道刘基大名,派人用厚金请他,刘基不答应;再以礼邀请,才出山。于是建礼贤馆安置他。刘基上言《十八策》,朱元璋很欣赏。某年正月初一,朱元璋在中书省设御座,向韩林儿行礼,只有刘基不拜,说:"牧竖耳,奉之何为!"(《明史·刘基传》)意思是这么个小子,敬奉他有什么用!他建议朱元璋另立旗号,建元称帝。后朱元璋派将迎接小明王韩林儿,途中船翻人亡,朱元璋便自立为吴王,后来就称帝了。鉴于朱元璋夹在方国珍和陈友谅两雄之间,腹背受敌,刘基建言方略:其一,先聚力对付陈友谅,陈氏既灭,方氏势孤,一举可定;其二,"然后北向中原,王业可成也"(《明史·刘基传》)! 果然,明太祖就是按照这条路径击败群雄、推翻元朝、完成一统的。

刘基像

刘基善于计算、观察、谋略、决断。在鄱阳湖大战时,"太祖坐胡床督战,基侍侧"(《明史·刘基传》)。一日,刘基忽然跃起大呼,请朱元璋换船。刚仓促移到别的船上,尚未坐定,飞炮就击中原乘坐的御舟,立碎下沉。陈友谅乘高望见,大喜。实朱元璋安全无恙。又如,刘基善于观察人品,一日,明太祖问:杨宪可以做宰相吗?刘基答:"宪,有相才无相器。夫宰相者,持心如水,以义理为权衡,而己无与者也,宪则不然。"又问:胡惟庸呢?答:"譬之驾,惧其偾(fèn)辕也。"好比马拉车,怕马"偾辕",就是怕马把车拉翻了。后来洪武帝命胡惟庸为宰相,刘基说:"使吾言不验,苍生福也。"(《明史·刘基传》)后胡惟庸事发被杀,株连三万余人。书评说刘基:"帷幄奇谋,中原大计,往往属基,故在军有子房(张良)之称,剖符发诸葛之喻。"(《明史·刘琏传》)意思是刘基于军事,好比张良;于政治,好比诸葛亮。刘基对明太祖执意要在凤阳建中都,敢于直言:"凤阳虽帝乡,非建都地。"(《明通鉴·洪武元年》)刘基不得意,又身体有病,获准还乡,隐逸山中,饮酒下棋,口不言功。后刘基死,一说被胡惟庸下药中毒而死,年六十五。

　　李善长(1314—1390),字百室,安徽定远人。朱元璋起兵初,善长就投附,并得到重用,从一个掌管书记的小官,做到左柱国、太师、左丞相,封韩国公。朱元璋称帝,册封功勋之臣,列爵公、侯、伯、子、男五等,封公的只有六人:徐达、常遇春(死)子常茂、李文忠、冯胜、邓愈及李善长,而善长位列第一。李善长的功劳主要有:

　　第一,负责粮饷、供给军食,立下大功。

　　第二,制定税收政策,又定钱法,开铁冶,征鱼税,国用益饶,而民不困。

　　第三,负责文书诏令,笔头快,辞章美,得到朱元璋的赞许。

　　第四,主持编纂典籍,奉命监修《元史》,编《祖训录》《大明集礼》等开国文献。

　　第五,负责建中都宫殿。移江南富民14万充实中都人口和经济,中都宫殿成为南京宫殿范本。

　　富极而奢,贵极而骄。李善长既骄又奢,连遭举报,被牵连到胡惟庸案。最后,

"遂并其妻女弟侄家口七十余人诛之"（《明史·李善长传》）。

三、熙熙武将

朱元璋不仅有济济文士，而且有熙熙武将。

明朝开国武将，有"六王"：中山王徐达、开平王常遇春、岐阳王李文忠、宁河王邓愈、东瓯王汤和、黔宁王沐英。其中四十来岁死的有四位——沐英（四十八岁）、李文忠（四十六岁）、邓愈（四十一岁）、常遇春（四十岁）。徐达死时才五十四岁。我这里介绍两位：徐达和花云。

徐达（1332—1385），安徽凤阳人，出身农家，二十二岁跟随朱元璋。率军攻安庆，斩首万人，擒 3000 人，获大胜。率 20 万军攻苏州，大败张士诚，获 25 万人。定军纪："掠民财者死，毁民居者死，离营二十里者死"（《明史·徐达传》），军纪严肃，秋毫无犯。洪武元年（1368），率军攻克大都（今北京）。派兵千人守宫殿门，使太监护视诸宫人、妃嫔、公主，禁士卒，毋所侵暴。官吏民安居，市场营业。徐达功绩显赫："平大都二，省会三，郡邑百数，闾井宴然，民不苦兵。"（《明史·徐达传》）

徐达为什么出师所向披靡、战无不胜呢？因为他与兵士同甘苦，兵士无不感恩效死。徐达的可贵之处在于，越是取得大的胜利，越加谦虚谨慎。当他获得重大胜利之时，部队凯旋到南京，军民夹道欢迎，他没有骑着高头大马，却"单车就舍，延礼儒生，谈议终日，雍

徐达像

雍如也"（《明史·徐达传》）。他官居右丞相、魏国公，却住房简陋。朱元璋给新府，他就是不搬。一天，朱元璋请他喝酒，灌醉，令人把他抬到原朱元璋居住的吴王府床上。他醒来之后，一看不对，就到朱元璋面前跪着请罪，朱元璋大笑。之后徐达还是居住旧府。明太祖尝称赞徐达说："受命而出，成功而旋，不矜不伐，妇女无所爱，财宝无所取，中正无疵，昭明乎日月，大将军一人而已。"（《明史·徐达传》）

花云（1321—1360），安徽怀远人。体貌雄伟，肤色黝黑，为人忠厚，骁勇绝伦。早年投奔朱元璋，受到重用。他领兵作战，攻城必克。一次，敌兵数千，围攻朱元璋，花云举起兵器保护朱元璋，并拔剑跃马，冲阵而进。敌惊道："此黑将军勇甚，不可当其锋。"（《明史·花云传》）退散，得胜。一次战斗，连战三天三夜，获胜。受命急趋宁国，兵陷山泽中八日，花云操矛，鼓噪出入，斩首千百计，身不中一矢。一次作战，兵败被俘。花云奋身大呼，缚绳裂断，夺守者刀，杀五六人，终因寡不敌众，头颅被敲碎，绑在桅杆上，丛箭射之，但仍骂声不已，壮烈而死。时年三十九。他的妻子郜氏，赴水而死。死前，将三岁儿子交给姓孙的侍从。孙氏抱着小儿，逃到九江，夜投渔家。后乘船渡江，遇敌军夺舟把他们抛弃江中。孙氏靠断木浮游芦苇中，采莲喂哺小儿，七日不死。夜半，有一老翁，带着他们二人，一年后才找到朱元璋住所。这时，"孙抱儿拜泣，太祖亦泣，置儿膝上，曰：'将种也！'"（《明史·花云传》）

以上故事，可以知道：一个事业的成功，有多么艰难。克服艰难，需要优秀领袖，需要济济文士，需要熙熙武将。上下文武，团结一心，拼力奋斗，就没有战胜不了的困难，就没有逾越不了的障碍！

第三讲

故宫蓝本

相传,永乐帝派刘伯温和姚广孝二人到北京,进行北京城宫殿设计。到第十天,他们同时拿出自己画的设计图,不由得哈哈大笑:所画两张城图,竟然都是八臂哪吒图!然而,刘伯温在朱棣决定迁都北京时,已经死了28年,他不可能参与北京城池皇宫的设计,但是这个传说也不是空穴来风。

北京故宫,建成于明永乐十八年(1420)。在此之前,明朝已经建立52年,都城定在南京。南京皇宫是朱元璋时建造的,后来成为朱棣在北京建造城池宫殿的模本。

洪武元年(1368),朱元璋在应天称帝,开启了大明276年的基业。他虽然在应天建造了吴王宫殿,但对建都在哪里,却是十年之间,三变主意。开始想在南京,又想在北京(今河南省开封市),再想建都凤阳,最终定都南京。

一、草创宫殿

元末农民起义爆发的第六年,即元至正十六年(1356)三月,红巾军元帅朱

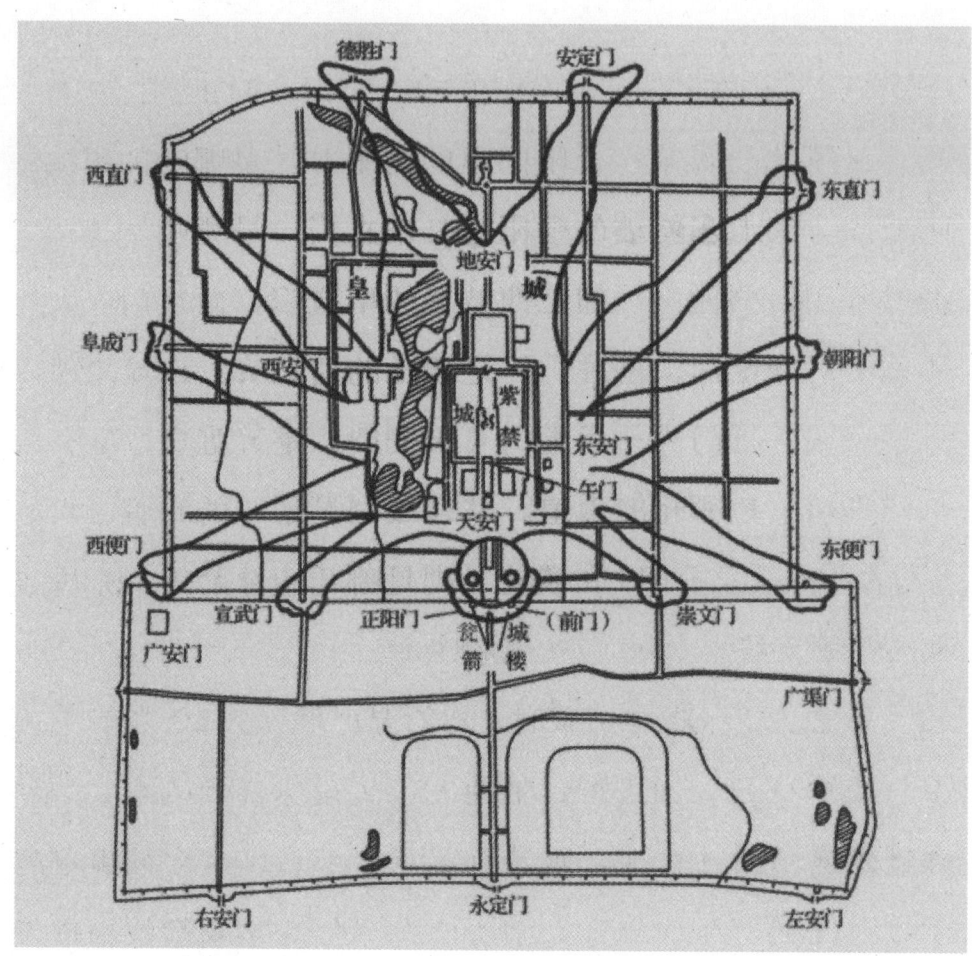

关于北京是"八臂哪吒城"的传说流传至今

元璋率军攻占集庆（今江苏省南京市），改集庆路为应天府。七月，朱元璋自称吴国公，在原元朝江南行御史台的旧址上，建立江南行中书省。

1366年，拓展建康城。建康旧城，地方狭窄，距钟山又远。朱元璋命刘基等重新选址，定在旧城之东、钟山之阳，周长50余里，规制广阔雄壮，尽据山川之胜。同年，营建庙社，建筑宫殿。朱元璋亲自祭祀山川之神后，宫室建造破土动工。

随之，营建工程负责人呈上宫殿图。朱元璋看了之后，对建筑奇丽、工艺雕琢很不满意。他说：宫殿只求完善、坚固就可以，何必过分雕琢！古代帝尧宫室，以黄土为阶，茅草为屋，房椽画色，不加雕琢，极其简陋啊！千年之后，盛德榜样，都以尧为首。但是，后世竞相奢侈，极宫室苑囿之娱，穷舆马珠玉之玩，欲心一纵，不可收拾，乱由此起。只要上面崇尚节俭，下面就没有奢靡。珠玉非宝，节俭是宝。所有宫殿，一以朴素，何必穷极雕巧，浪费天下之力！朱元璋毕竟是贫苦出身，尚不忘初心。

元至正二十七年（1367）正月，建国号为吴，称吴元年。九月，新宫殿落成。只花了九个月时间，规模不太大，"制皆朴素，不为雕饰"（《明太祖实录》卷二十五）。

吴王新宫规制：前为奉天门，门内正殿为奉天殿，中为华盖殿，后为谨身殿。这就是三大殿。奉天殿左右各建一楼，左为文楼，右为武楼。谨身殿之后为宫，前为乾清宫，后为坤宁宫，再后依次排列六宫。外面围以皇城，四门：南为午门，东为东华门，西为西华门，北为玄武门。

吴王新宫给朱元璋带来了好运，仅一年，他就称帝建立明朝。

洪武元年（1368）正月初四日，朱元璋祀天地于南郊，即皇帝位，定国号为"大明"，年号"洪武"。正月初七日，明太祖朱元璋从旧吴王宫，迁到新宫。(《明太祖实录》卷二十九)

这时的新宫，还比较简朴。历史记载：有一天，朱元璋下朝还宫，见到皇太子朱标和其他皇子，朱元璋指着宫中空地对皇子们说，这里不是不可以盖亭馆台榭，做你们游观的地方。如今我让太监种上蔬菜，是因为不忍伤民之财、劳民之力啊（这说明当时宫里的空地种着蔬菜）。古代商纣王，崇饰宫室，不恤人民，天下怨之，身死国亡。汉文帝想建露台，因惜百金之费，而没有建。你们要记住我说的话："常存儆戒。"（《明太祖实录》卷三十七）

但是，建立明朝首都还是刻不容缓的。

二、洪武三都

明朝的都城设在何处——南京、开封、西安、凤阳、北京？洪武初年，颇有一番周折。

朱元璋虽然在应天府称帝，但对在南京建都并未下定决心。他说："君天下非都中原不可。今中原既平，必躬亲至彼，仰观俯察，择地以居之。"（《明太祖集·黄河说》）洪武元年（1368）四月，他曾率大军北去汴梁（今河南省开封市）视察，想就北宋汴梁都城之旧。视察后，改汴梁路为开封府，准备在那里营建都城。后来，又诏以金陵为南京，大梁（今河南省开封市）为北京。可是，就在下诏后的第二天，徐达率军攻占了大都（今北京），元顺帝逃奔塞北。于是"会议群臣"，并再次亲去开封察看。经过一年的反复斟酌和考虑，最后决定以他的家乡临濠（濠州于1367年改为临濠府，今安徽省滁州市凤阳县）为中都。

朱元璋在修建吴王宫殿时，天下尚未大定，所以力崇节俭。到修建临濠中都时，则表现了帝王都城宫殿的气派。洪武二年（1369），以新王朝之威势，集中人力物力，派李善长等督建临濠中都。到洪武八年（1375）四月，朱元璋"亲至中都验功赏劳"（《明太祖实录》卷九十九），回应天当日，竟突然改变初衷，以"劳费"为理由，下令把"功将完成"的明中都营建工程停下来。后来将临濠已建成的部分宫殿拆毁，移建大龙兴寺，以纪念龙兴之地。

明中都罢建以后，以新吴王府为基础，"诏改建大内宫殿"。两年后，到洪武十年（1377）十月，改作大内宫殿成，制度皆如旧，而稍加增益，规模益宏壮矣。

明中都午门遗址

同时改建的还有圜丘、社稷坛。洪武十一年 (1378)，南京改称京师；同时，罢北京，仍称开封府。开封（汴梁）从洪武元年到十一年称了十年"北京"，但未曾在那里建都。

朱元璋晚年，曾想迁都关中。洪武二十四年 (1391) 八月，派皇太子朱标巡抚陕西，图关洛形势，经略建都的事情。由于朱标从陕西归来，一病不起，次年四月就死了，迁都关中的事也就作罢了。同年九月开始，又大规模扩建南京宫殿。

三、刘基卜地

前面说过，朱元璋在吴王宫殿筹备之初，即命刘基卜地。这里有个传说故事。吴王宫殿正殿基址选好后，洪武帝嫌前方地势不够开阔，便将桩橛向后稍作移动，并问刘基："使得吗？"刘基无可奈何地一笑，说道："也好，只是不免迁都。"城墙修好后，刘基陪朱元璋巡视，朱元璋见工程坚固，很是高兴，说："这墙谁能越过。"刘基随口答道："除非燕子飞过。"（《九朝谈纂》卷一，引《冶城客论》）结果，刘基一语成谶，没过几年，燕王朱棣攻破京师南京，又迁都北京。

当朱元璋决定在凤阳建都时，正巧刘基妻子死了，遂请假还乡。时帝方营中都，又锐意消灭故元势力。刘基临行时奏道："凤阳虽帝乡，非建都地。"（《明通鉴·洪武元年》）果然，中都半途而废。

刘基善于从战略上把握全局。朱元璋在营建自己的第一座宫殿城池时，命刘基卜地，规划建设。吴王宫殿虽简，但奠定了格局，确定了名称，为明清两代五百多年的宫殿奠定了基础。比如，前殿后宫，左文右武，围以宫墙，四面开设宫门。特别是三大殿的名称，一直沿用到明嘉靖年间；乾清宫和坤宁宫的宫名，一直沿用至今；四个宫门的名称，也沿用至今。

后来，临濠明中都的宫殿建造参考了吴王宫殿、宋都汴梁和元大都的经验；明京师南京宫殿，更是在吴王宫殿的基础上扩建并提高的。

明永乐帝在营造北京城池宫殿时，又以南京宫殿和中都宫殿为模本。北京故宫宫殿布局，如午门、紫禁城四个角楼，三大殿、东西六宫，左祖右社，内外金水河，都比拟中都。中都凤阳宫殿在万岁山之南，北京则在宫殿之后筑一土山以为紫禁城屏障，也取名万岁山。凤阳宫殿左右有日精峰、月华峰，北京紫禁城左右虽无日精峰、月华峰，但在宫殿中则有日精门、月华门作为象征。

故宫建筑600年的历史，要追溯到刘基为朱元璋建造的吴王宫殿，以及后来的明中都和明南京宫殿。这应当是北京故宫的模本。民间传说刘伯温参与北京城的设计，看来不是一点影子也没有的。

总之，明北京皇宫的第一个模本是明南京吴王府新宫殿，第二个模本是中都宫殿，第三个模本是明朝南京皇宫。最后，北京皇宫，就是我们今天看到的北京故宫。

第四讲 建文下落

建文四年（1402）六月，朱棣率军打进南京皇宫后，建文帝朱允炆活不见人、死不见尸，下落如何？这就成为明宫600年来，一桩历史疑案。这要从一个神秘的"盒子"说起。

一、神秘盒子

朱棣进入南京皇宫后，第一件大事就是寻找建文帝的下落。他派兵四处搜查，又派人找太监询问，却找不到建文帝的踪影。有人从灰烬里找到一具烧焦的尸体，朱棣立即上前大声说："小子无知，乃至此乎！"（《明史纪事本末》卷十六）也就是认定建文帝已经烧死了。当时，没有DNA检测，怎么知道并证明这就是建文帝的遗体呢？清官修《明史·恭闵帝本纪》，对这件事的记载，却是含含糊糊：

都城陷，宫中火起，帝不知所终。燕王遣中使出帝后尸于火中，越八日壬申葬之。或云：帝由地道出亡。

这位二十六岁的建文帝，是死于皇宫火中，还是逃出皇宫了呢？如逃出皇宫，他出去以后干了什么呢？最后归宿在哪里？

当时就有传言说建文帝没有烧死，而是出逃了。后来有人把传言写成两本书：《从亡随笔》和《致身录》。清初学者谷应泰集其大成，在《明史纪事本末》中做了详细叙述。

建文帝得知金川门失守，慌了手脚，长吁短叹，在宫里来回乱走，还打算自杀。这时，翰林院编修程济出主意："不如出亡"，逃出宫去。怎么逃呢？少监王钺跪进说："昔高帝升遐时，有遗箧，曰：'临大难，当发。'谨收藏奉先殿之左。"群臣齐言："急出之！"不久，一红色铁皮盒取来，两把锁，灌了铁。"帝见而大恸，急命举火焚大内。"

程济砸碎铁盒，发现三张度牒，也就是和尚身份证：一名应文，一名应能，一名应贤。袈裟、帽鞋、剃刀俱备，白金十锭。还有朱书一纸："应文从鬼门出，余从水关御沟而行，薄暮，会于神乐观之西房。"度牒的"文"指建文。帝曰："数也！"程济即为帝祝（剃）发；吴王教授杨应能（即应能）亦愿剃发随亡；监察御史叶希贤毅然说："臣名贤，应贤无疑"，也剃发。各穿袈裟，分别出逃。

他们逃出皇宫后，见道士王升。王升叩头称万岁，说："臣固知陛下之来也！"乃乘船到太平门恭候。登船划桨，到达道观，已经天黑。

上面说的这段朱元璋留下神秘盒子的故事，真是有些像神话里的故事。

二、逃亡卅年

跟随建文帝逃出宫的官员共有22人。逃亡的方向，建文帝曰："吾今往滇南，依西平侯。"有一位名叫史彬的说："往来名胜，东西南北，皆吾家也……有何不可？"帝曰："良是。"（《明史纪事本末》卷十七）建文帝四处奔波，既不是游山玩水、赏心悦目，也不是游览名胜、抒怀怀古，而是东躲西藏、南奔北逃，过着非常艰难、朝不保夕的生活。

建文帝一行，先后奔波于云贵高山野岭，两粤峡谷江河，川西高原丛林，江苏偏僻寺庙，浙江荒野道观，还有陕西等地。他们穿着袈裟，捧着陶钵，昼不得食，夜不得宿，但最大的享受就是偶尔到原属下家里暂避。如一次到苏州吴江史彬家，全家既恭敬又惊吓，接待逃亡的建文帝一行。建文帝把他住的小院，改名为水月观，还亲笔篆文。刚住几天，礼部行文州县，严查建文下落。他们又仓促星散，另行逃亡。第二次到史彬家，建文帝衣旧鞋破，瘦弱憔悴，不堪入目，驻留三日，匆匆而去。一次，工部尚书严震直奉使安南，与建文帝相遇于云南道中，两人相对而泣。帝曰："何以处我？"对曰："上从便，臣自有处。"严震直"悲怆，吞金死"（《明史·张紞传》）。又有书说他"夜缢于驿亭中"。建文帝在云南白龙山搭个草庵，面色憔悴，形容枯槁，非常狼狈。一次旧臣来访，随问曰："汝等携有方物否？"各自献上。因史彬当年职居禁近，知帝所好，所献颇丰，帝遍尝之，说："不食此，已三年矣！"彬等叩首而去。建文帝在逃亡中，也写写诗，学点《易经》，给自己算卦。（《明史纪事本末》卷十七）

永乐二十二年（1424），建文帝东行，与史彬相遇于旅驿，言及朱棣死于榆木川，稍有喜色。史彬问其道路起居，回答："近来强饭，精爽倍常。"即同史彬下江南，到史彬家。史彬具酒肴于所居的重庆堂，帝上座，程济东列，史彬西列。宣德九年（1434）五月，建文帝第四次到吴江史彬家，时史彬已死，帝悲悼久之。

三、老僧进宫

建文帝的归宿，谷应泰写道：到正统五年（1440），建文帝已在外颠沛流离38年，战战兢兢，四处流亡，饥馑于昼夜之时，周旋于险阻之间，从二十六岁的青年成为六十四岁的老人。当年抢夺他皇位的叔叔永乐帝，及其儿子洪熙帝、孙子宣德帝都已去世，当时在位皇帝已是建文帝的侄孙正统皇帝了。所以他下定决心，要回到宫里。

这年三月十三日，建文帝对侍从说："我决意东行。"于是，作诗曰：

牢落西南四十秋，萧萧白发已盈头。

乾坤有恨家何在？江汉无情水自流。

长乐宫中云气散，朝元阁上雨声收。

新蒲细柳年年绿，野老吞声哭未休。

建文帝有北归之意，御史秘密报告正统皇帝。太监吴亮曾侍奉建文，令密探之。建文帝见亮就说："汝非吴亮耶？"亮答："非也。"建文帝曰："吾昔御便殿，汝尚食，食子鹅，弃片肉于地，汝手执壶，据地狗舔之，乃云非是耶？"亮伏地哭。建文帝左趾有黑子，摩视之，持其踵，复哭不能仰视，退而自缢。于是迎建文帝入西内（今北海公园西南处）。宫中人皆呼为老佛，以寿终；葬西山，不封不树。(《明史纪事本末》卷十七）

老僧进宫的事，《明史·恭闵帝本纪》也有记载："正统五年，有僧自云南至广西，诡称建文皇帝。思恩知府岑瑛闻于朝。按问，乃钧州人杨行祥，年已九十余，下狱，阅四月死。同谋僧十二人，皆戍辽东。"但是老僧就是建文帝，《明史》没有记载。

朱棣在位 22 年间，竭力找寻建文帝的下落。他派郑和下西洋的一个目的，便是寻找建文帝。《明史·胡濙传》说："传言建文帝蹈海去，帝分遣内臣郑和数辈，浮海下西洋。"后户科给事中胡濙密访仙人张三丰，又"遍行天下州郡乡邑，隐察建文帝安在"。后派胡濙出巡各地，主要去了江浙、湖广，在外九年。后又出巡七年，到永乐二十一年（1423）才回京。时永乐帝北征，胡濙一直追到宣府（今河北省张家口市宣化区），朱棣已就寝，听说胡濙来到，急忙起身召见，"漏下四鼓乃出"(《明史·胡濙传》)。朱棣北征回来后，就不再追查建文帝的下落。八个月后，朱棣去世。朱棣在位 22 年，也找了建文帝朱允炆 22 年。

史学家说，很可能胡濙找到了朱允炆的下落，说他已经死了，或者不会给朱棣带来威胁。而朱棣如此执着地暗中寻访建文帝的下落，也从侧面证明了建文帝当年可能没有烧死在宫中。

第五讲

永乐迁都

前面讲过，明太祖朱元璋在开创明朝基业的过程中，确定以金陵（今江苏省南京市）为明朝京师。燕王朱棣作为朱元璋的第四子，八岁随父入住皇宫，十一岁封王，十七岁结婚，十九岁移住凤阳，直到二十一岁才就藩北平。因为北平的燕王府利用了元朝旧宫，所以朱棣出了凤阳（中都），又住进了元朝旧宫。在北平，朱棣奉旨多次北征，为明初巩固安定北边立下战功，也多遭磨难，历练成熟。靖难之役之后，四十四岁的朱棣重回南京，登上皇位。

一、定都北京

从朱棣决意迁都北平，到北京宫殿坛庙建成，先后经过了18年。登极伊始，朱棣即改北平为北京（《明太宗实录》卷十六），随即开始北京城池宫殿的筹备和建设。永乐四年（1406）闰七月，朱棣诏建北京宫殿。永乐七年（1409）以后，朱棣多次北巡，长期住在北京，而以太子朱高炽在南京监国，十八年（1420），北京宫殿建成。朱棣下诏：明年正月初一日，以北京为京师，正式迁都北京，举行庆贺大典。

十九年（1421）正月初一，永乐皇帝身着龙袍，端坐在奉天殿（太和殿）的宝座上，接受百官朝贺，庆祝新年的到来，也庆祝新落成的皇宫——紫禁城宫殿正式启用。从这一天开始，北京正式升格为明朝的都城，南京则成为陪都。也从这一天开始，北京的大明皇宫正式登上历史文化的舞台！

永乐帝迁都北京，既是惊天动地的壮举，更是影响千秋的决策。定都，对于一个政权、一个民族、一个君王、一个国家来说，是头等大事。当年明太祖朱元璋成了气候，要建立都城，在凤阳、金陵、开封、洛阳、西安、北平（今北京）之间犹豫不决。一天，他让群臣写诗表示自己的意见。儒士邓伯言献诗说："鳌足立四极，钟山蟠一龙。"（《七修类稿》卷十二）这首诗契合了朱元璋定都金陵的意向。朱元璋在金銮殿上拍案高声朗读这首诗，邓伯言误认为皇帝震怒，自己小命完了，当时吓得昏死，被抬出东华门时才苏醒过来。

迁都，也同样是惊心动魄的。北魏孝文帝以争战为名，胁迫贵族从大同迁都洛阳；金海陵王完颜亮逼迫贵族迁到中都（今北京），并先后毁掉上京（今黑龙江省哈尔滨市阿城区）宫殿、贵族府邸；努尔哈赤为了从辽阳迁都沈阳，不顾八大贝勒反对，独自前行。

二、龙兴之地

朱棣迁都北京（永乐元年，改北平为北京）理由为，这里是"龙兴之地"。其实如此重大决策，必有更为复杂的考量：

第一，北京是"龙兴之地"，根基稳固。永乐帝认为，北京风水好，圆了他的皇帝梦，而南京有鬼魂犯驾，风水对自己不利。朱棣在北京经营20多年，基础深厚，而南京则遍布前朝遗臣，人心不稳，所以，还是回大本营北京为好。

第二，北京是形胜之区，位置重要。北京"北枕居庸，西峙太行，东连山海，南俯中原。沃壤千里，山川形胜，足以控四夷、制天下，诚帝王万世之都

明成祖朱棣像

也"（《明太宗实录》卷一八二）。当时的故元势力，"控弦之士，不下百万"，严重威胁明朝北方的安全。都城设在北京，"天子守国门"，利于北边防务。

第三，北京是居中之地，交通便利。古代交通不便，四方入贡，道里均匀，为联通九州八方，都城位置宜居天下之中。盛明疆土，北到黑龙江入海口的奴儿干和库页岛（今俄罗斯萨哈林岛），南达曾母暗沙，北京的地理位置，约略南北居中。那时候没有汽车、飞机、高铁、轮船，交通主要靠陆运和水运——京杭大运河贯通海河、黄河、淮河、长江、钱塘江五条大江河，北京则为这条大运河的起点和终点。

第四，北京是帝王之都，积淀丰厚。北京自辽南京、金中都，到元大都，作为帝都，已延续 400 多年。北京历史文化积淀丰厚，有大气象，有帝王气。

第五，北京位于华北大平原北端，平原开阔，沃土千里，四季分明，气候宜人。 北京既不像南国夏天溽热，也不像北疆冬天严寒，而是比较温和，适于人居。

第六，北京是五种文化的中心。 即中原农耕文化、西北草原文化、东北森林文化、西部高原文化、沿海暨岛屿海洋文化的中心。从永乐十九年（1421）正月初一开始，北京继元大都之后，又成了全中国的政治中心、文化中心，而今又是中华人民共和国的首都、全国政治中心和文化中心。总之，永乐帝迁都北京，既是惊天动地的壮举，更是影响千秋的决策！

三、雄才伟略

在这里，我顺便说一下对永乐皇帝的评价：永乐帝是一位有着雄才大略的君主。为什么这样说？因为他对中国历史的发展做出了重大贡献：

第一，维护国家统一，巩固北方边境。

第二，派遣郑和下西洋，完成人类航海史上的壮举。

第三，派亦失哈赴奴儿干，设立奴儿干都指挥使司，实现了对黑龙江女真和东海女真等族群的招抚和地域管辖。

第四，派太监侯显五使乌斯藏（今西藏自治区），西藏归于大明版图。

第五，编修《永乐大典》，为中华文化史上的盛事。

第六，营建都城北京，为人类增添了一份世界文化遗产。

朱棣和他的皇父朱元璋一样，虽都有历史大功绩，但也有历史大罪过——他们都漠视生命，特别是漠视士人生命，对于异己者，滥施淫威，残暴屠杀。

而北京明清故宫，则是中华文明的精粹，是人类文明的瑰宝，是世界现存最大的宫殿建筑群，也是世界著名的文化遗产。

第六讲

国家心脏

国家定都,是件大事;国家迁都,更是大事;营造首都,还是大事。北京城池宫殿的营建,从永乐元年(1403)到十八年(1420)整整18年。明朝南京和中都的营建,为北京的营建提供了翔实的蓝本。除此之外,元大都也成为明朝营建北京的基础。

一、营建北京

关于都城的规划建造,中国有悠久的文化传统。早在两千年前,儒家经典《周礼·考工记》就论道:

匠人营国,方九里,旁三门。国中九经九纬,经涂九轨。左祖右社,面朝后市。

就是说,都城呈方形,每边墙长九里,四面各开三门。城中的道路,纵九条、横九条,路宽可以九辆车并行。宫殿左面是祭祀皇帝祖先的太庙,右面是祭祀土地和五谷之神的社稷坛。前面为皇帝治居的宫殿,后面为人们交易的市场。

在这个都城规划布局的基础上,营建北京的法宝,是一个"中"字。正如《吕氏春秋·慎势》说:"择天下之中而立国,择国之中而立宫。"这个"中"字,特别体现为两个载体:第一,北京城的脊梁是中轴线,中轴线的心脏是皇宫;第二,北京城的心脏是皇宫。

怎么体现皇宫是北京城的心脏呢?住家户的住宅,包括豪门贵族的住宅,都是外面一道围墙,而北京城的皇宫是用四道城墙来层层拱卫的。哪四道城墙呢?

第一道城墙,围起紫禁城,也叫宫城。宫城里就是皇宫,也称大内,是皇帝理政和居住的地方,也是北京的心脏,国家的心脏。按照中国古代对天象的认识,紫微星垣(北极星)高居中天,永恒不移,众星环绕,是天帝居住的地方,所以叫作紫宫。皇帝是天帝之子,便用紫宫来象征世间皇帝的居所。而皇帝居住的宫城,宫禁森严,如规定:擅入宫城者"杖六十、徒一年","持寸刃入宫殿门内者,绞"!(万历《大明会典》)因此明清宫城就有了"紫禁城"这个名称,这就给皇宫抹上了神秘的色彩。宫城四面有城门,南面为正门,有三道门——第一道是承天门(天安门),第二道是端门,第三道是午门,东面为东华门,西面为西华门,北面为玄武门(今神武门)。城墙四隅,建有角楼。外面有护城河和金水河环绕。

第二道城墙,在宫城之外,围起来叫作皇城。皇城围绕宫城,设置朝廷办事机构,是为皇家服务的地方。皇城周围约十八里,四面开七座城门——南面为正门,有两道门,第一道为大明门,其东转有一座长安左门,向西转有一座长安右门;第二道为承天门(天安门),东为东安门,西为西安门,北为北安门。皇城的城墙用砖包砌,涂以紫红色,上面盖着黄色琉璃瓦。我们今天看到的天安门两侧的红墙就是皇城的南城墙。皇城同样被列为禁地,民间百姓,擅自闯入,杖责一百。(万历《大明会典》)皇家园林西苑在皇城之内。

第三道城墙,在皇城之外,围起的是为内城。内城围绕着皇城。城墙四隅,建有角楼。城墙的外面,环绕护城河。内城共设有九座城门:南面丽正门(正阳门)、左为崇文门、右为宣武门,东面南为朝阳门、北为东直门,西面南为阜成门、北为西直门,北面东为安定门、西为德胜门。今北京地铁2号线是在原内城城墙和护城河的位置修建的，这些城门的名称，大多是今天地铁的站名。

第四道城墙，后来在嘉靖年间，在内城之外，又围起一道城墙，叫作外城。外城围绕着内城。但是这道城墙只修了南面一段，开七座城门：南面为中永定门、东为左安门、西为右安门；东面南为广渠门、北为东便门；西面南为广宁门（今广安门）、北为西便门。最外面有一条护城河环护。

这样，外城护卫内城，内城护卫皇城，皇城护卫宫城。那么，宫城又护卫着什么呢？我说，护卫着皇帝的宝座。皇帝的宝座，是皇权的象征，它才是中国、也是北京的政治心脏。

皇帝的宝座在奉天殿（今太和殿），俗称金銮殿。皇帝的宝座，在金銮殿的正中，俗称"金銮宝座"——有须弥座式木基座，明代称为金台，故宫博物院为它命名为"楠木髹（xiū）金漆云龙纹宝座"。基座正面和左右两侧各有三道丹陛（台阶），外有围栏。基座上安设镂雕金漆宝座。宝座后设雕龙髹金屏风，宝座前设宝象、甪（lù）端、仙鹤、香亭各一对。宝座两侧，六根金柱矗立，六条巨龙盘旋而上，龙头伸向宝座。而面积达2377平方米的奉天殿，金砖地面，满铺黄绒地毯，下衬棕荐篾席。（《青珊杂记》）所有这些，都烘托皇帝和皇权的至尊、至高、至上、至圣。

二、宝座故事

1915年，袁世凯复辟帝制，要在太和殿举行登极大典，特地赶制高背大椅，替换原来的宝座。后来故宫博物院决定，撤下袁世凯的"龙椅"，换回原来的宝座，但原来的那张宝座竟不知去向。1959年，朱家溍先生对照一张清末太和殿内景老照片，在库房里发现了这张宝座。宝座髹金漆历经数百年，仍然金光灿灿，现已复归原位。

北京城池宫殿建成后，明朝官方评论说："初，营建北京，凡庙社、郊祀、坛场、宫殿、门阙，规制悉如南京，而高敞壮丽过之。"(《明太宗实录》卷二三二)也就是说，明北京城的宫殿坛庙之辉煌壮丽，超过了南京，具有天子之都辉煌壮丽、雄伟博大的气概。

三、有趣现象

在结束本讲之前，我想再介绍一个有趣的历史现象。

元大都宫殿布局是以太液池（今中南海、北海）为中心，大内、隆福宫、兴圣宫三组宫殿呈"品"字形，夹太液池，形成"太液为主，宫殿为客"的布局。而明北京则将宫城集中在太液池东岸，形成"宫殿为主，太液为客"的布局。为什么会有如此主客布局的转换呢？

这有文化上的原因。元朝的游牧民族的部民"逐水草而居"，以牛羊为衣食之源，牛羊以食草而生，草又依水而生，所以水是元朝草原文化的生命。以武力篡夺侄子皇位，迁都北京的明成祖朱棣，生长于农耕文化环境，在北京最缺乏的是安全感，所以把高筑紫禁城的城墙放在首位，太液池则是消闲游憩之地。因此，元大都与明北京的布局之别，是草原文化与农耕文化在城市规划和宫殿布局上的映现。

总之，以紫禁城为中心的北京城的建成，反映出15世纪初的中国，国家强大统一，财力丰实雄厚，人民聪明勤劳，建筑水平高超。这是中国古代都城史上最辉煌的杰作，也是世界都城史上最宏丽的篇章。

第七讲

皇宫气象

前面讲过，皇宫作为北京城的心脏，被宫城、皇城、内城、外城层层包裹，而皇宫的心脏，则是奉天殿（今太和殿）皇帝宝座。跟世界上其他城市的首都相比，北京在规划上还有一个重要特色，就是以皇宫为中心，有一条中轴线从南到北贯穿北京城，作为全城的脊梁。全城的建筑都以中轴线为基线，对称展开。皇宫在这条中轴线上，前有出，后有靠，使这条中轴线形成一个又一个高潮。

一、壮美秩序

北京城池宫殿的壮美秩序，始终围绕着一条子午线，即中轴线。它是绕地球南北的经线，确定之后，整个城市、宫殿、府邸、坛庙等重要建筑和主要街道，依次布局。人体也有一条轴线，即脊骨。可以说，人体、自然、社会、天体、哲学、艺术，其中轴线是普遍的。

明永乐朝营建北京，借鉴了元大都城的中轴线，这条中轴线是规划设计中最先确定下来的核心要素。也就是先定中轴线，后建北京城。正如著名建筑学家梁思成先生所言：北京独有的壮美秩序就是由这条中轴线的建立而产生的。

在这条中轴线上，皇宫仍然占据着中间的一段，从南到北矗立着太和殿（奉天殿、皇极殿）、中和殿（华盖殿、中极殿）、保和殿（谨身殿、建极殿）、乾清宫、交泰殿、坤宁宫，以及钦安殿、寿皇殿等雄伟的宫殿。而皇帝的宝座，就安设在

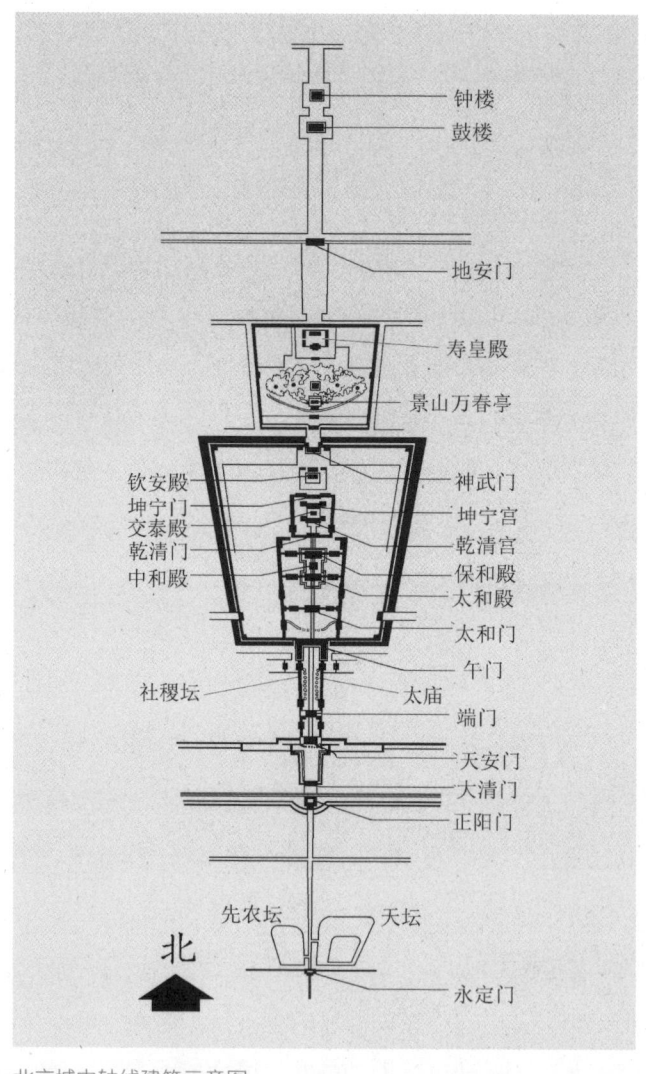

北京城中轴线建筑示意图

中轴线上的太和殿之中，同时也形成北京中轴线的高潮。

除宫殿以外，这条中轴线上，从南到北排列着正阳门、大明门（大清门）、天安门（承天门）、端门、午门、太和门（奉天门、皇极门）、乾清门、神武门（玄武门）、地安门（北安门）等九座最重要的城门，纵贯宫城、皇城、内城和外城。后在嘉靖朝添造一座永定门。

这条中轴线自永定门到钟楼长7.8公里。中轴线上的这些伟大的建筑，形制体量，平衡对称，结构整肃，壮美谐和，高低错落，井然有序，阴阳之间，不激不随，构成了一幅世间独具的隽美画卷。

除了皇宫建筑在中轴线上形成的高潮，在皇宫之南，还有三个坐北朝南、平面呈"凸"字形的建筑布局，层层递进，在中轴线上又形成三个高潮，显示出向前宏伟大展的磅礴气势。

二、宫前三凸

第一个"凸"字形的布局，依托宫城向南凸出。北依午门，经端门，南望雄伟壮丽的承天门（天安门），东西两侧，各有一道红墙或庑廊围合。两翼分别布置一组对称的壮丽建筑群：左边是祭祀皇帝祖先的太庙（今劳动人民文化宫），右边是祭祀社（土地）和稷（五谷）的社稷坛（今中山公园）。前者，是生命的延续，感恩祖先，因为没有祖先，就没有子孙；后者，是生活的维系，感恩土地及其生长的庄稼，因为没有土地和粮食，就没有兆民生命，也就没有皇帝、皇后的生命。"左祖右社"这个"凸"字形的布局，从社会伦理看，体现了对生命的敬畏、对自然的敬畏；从建筑格局看，既突出了宫城的雄伟气势和帝王的至尊至上，又表现出天之骄子的社会责任。

第二个"凸"字形的布局，依托皇城向南凸出。北依承天门（天安门），中经大明门（大清门），南望正阳门（前门），东有长安左门，西有长安右门，中间为宽阔的御道，两旁有东西向的千步廊，以红墙封围。红墙外面，又对称地布列着中央政府主要官署：左边是吏部、户部、礼部、兵部、刑部、工部和翰林院等，右边是中军、左军、右军、前军、后军的五军都督府和锦衣卫等。"左文右武"这个布局，进一步突出了宫城的雄伟气势和帝王的至尊至上，又表现出中央政务区集中办公的特点。

第三个"凸"字形的布局，依托内城向南凸出。从正阳门（前门）往南，到永定门，两侧最重要的建筑群，左面是天地坛（圜丘、天坛、大祀殿），右面是山川坛（先农坛、神祇坛、太岁殿）。这两组建筑群，天与地、乾与坤，相互对应，彼此对称。"左天右地"这个布局，进一步突出了宫城的雄伟气势和帝王的至尊至上，又表现出天地对应、天人合一的哲学理念。

以上这三个"凸"字形空间，左祖右社、左文右武、左天右地，在皇宫以南，沿着中轴线节节展开，形成三个高潮，既烘托出皇宫的宏伟气势，更延展了城市轴线的开阔气魄。

三、宫后三靠

在中轴线上，不仅皇宫前面有"三凸"，而且皇宫后面还有"三靠"：

第一"靠"是万岁山（煤山、景山）。在皇宫北侧堆土，形成主峰高约43米的万岁山，收住宫气，形成皇宫的第一靠。清乾隆十六年（1751），又在景山五峰上建起五亭——中为万春亭，左为观妙亭、周赏亭，右为辑芳亭、富览亭，增添了秀丽的景色，也为我们今天欣赏故宫提供了登高望远之佳境。

第二"靠"是钟鼓楼。中轴线从南到北绵延近八公里，到钟鼓楼就此打住，收拢城气，形成皇宫的第二靠。

第三"靠"是北城墙。内城北城墙正中不开城门，再守城气，形成皇宫的第三靠。

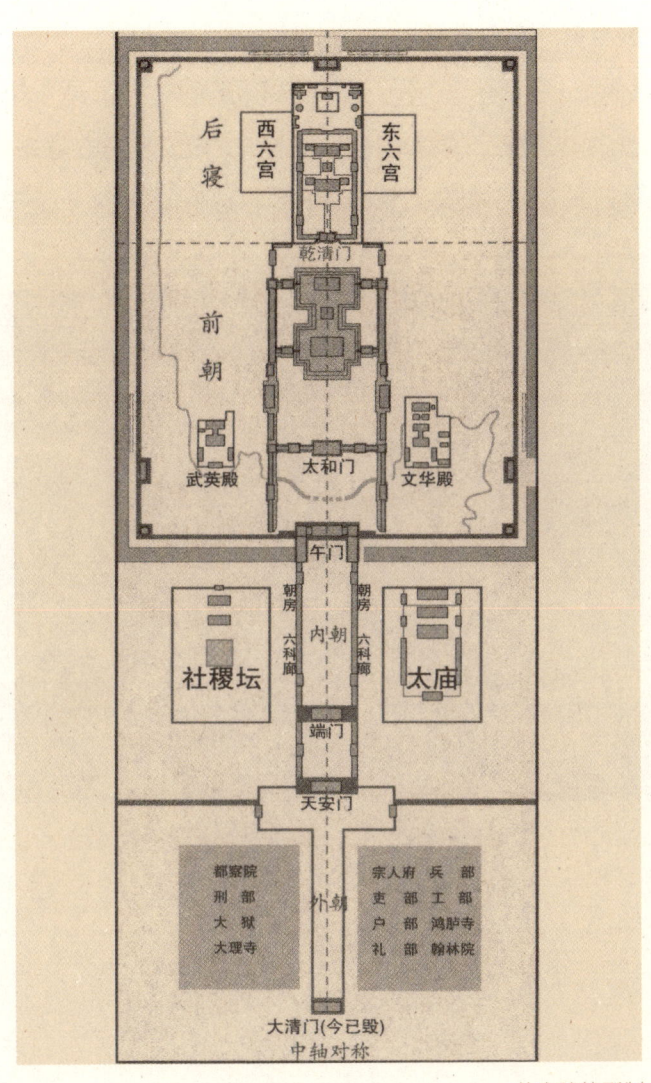

故宫建筑形制

　　故宫以北的这"三靠",还是沿着中轴线恢宏展开,形成三个高潮。既收住皇宫的宏伟气势,更挺起城市轴线的空间高度。

　　中轴线及其前"三凸"和后"三靠"启示人们:做人做事,为官为民,要持中守正,统观全局;前面,有望有路,行进通达,左右平衡,互相关照;后面,权守后卫,进退有据,后方坚固,稳定牢靠。

综上,在中轴线上:南有"三凸",意境深邃,是起兴之笔;中有宫城,宏伟壮丽,是高潮之笔;北有"三靠",平实厚重,是收束之笔。坐落在这条中轴线上的明清皇宫,在帝制时代看来,既是北京的中心,也是中华的中心,还是天下的中心。

紫禁城鸟瞰图

第八讲

国门庄严

明朝时北京建了那么多城门,哪一座堪称国门呢?大明门。

一、大明国门

在明朝只有大明门是唯一用国号命名的门,门匾题曰"大明门"。清朝定都北京后,将大明门的匾额换为"大清门"。民国初年改大清门为中华门。据说当时本想把门匾翻过来接着用,摘下一看才知已经被清朝翻刻过了(据考证,此系误传),只好另找一块门匾,刻上"中华门"三个大字。

大明门的重要性,还可以从其门联看出。这副门联是明代著名学者解缙题写的。

上联是:日月光天德;

下联是:山河壮帝居。

这副对联自然是歌颂皇帝、皇宫、皇权和皇朝的,但就文学层面来说,它有四大特色:

第一,气势磅礴。仰望天空的太阳与月亮,俯视大地的山峦与江河,立地顶天,气贯寰宇。

第二,石破天惊。在此之前,及此之后,还没有人能用十个字,将大明门的地位、作用、价值、影响,表述得如此精确、深刻、透彻、简明。

第三,语言通俗。日月对山河,天德对帝居,苍天对大地,自然对社会;上下联,五双字,对仗和谐,语言朴实,妇孺皆知。

第四,意境高远。日月之明光,山河之壮美,都为衬托大明而存在,将"天

大明门旧影

逛一逛

大明门

明代北京皇城正南第一座门。建于明永乐十八年(1420),位于正阳门内北京城中轴线上。清代改称大清门。

德"与"帝居",扩充到天日之崇高,川流之长远。

《孟子·尽心下》说:"民为贵,社稷次之,君为轻。"这副对联将皇帝、皇宫、皇权和皇朝推高到了极致。

明末清初大学者顾炎武有一首《京师作》:"巍峨大明门,如翚(huī)峙南向。其阳肇圜丘,列圣凝灵贶(kuàng)。其内廓乾清,至尊俨旒纩。缭以皇城垣,靓深拟天上。其旁列两街,省寺郁相望。"

进入大明门,就进入了皇城。中间御道直通皇宫的正门承天门(天安门),御道两边是红墙、廊道和围房,中央各部衙署按照"左文右武"分列其两旁。

大明门作为国门,也是天子五门之一。皇帝到南郊祭祀天地、行耕藉礼,或御驾亲征,都要出太和门、午门、端门、承天门和大明门。皇帝的家眷,只有正宫皇后大婚时,才可以乘喜轿从大明门中门进宫。

大明门虽然重要,但规制并不高。没有城台,没有重檐。因为大明门虽为国门,但国家也是在皇权的掌控之下,自然不能与宫城的城门相比。

能为国门撰写楹联的,一定不是等闲之辈。解缙确是明初一位具有传奇色彩的大名士。

二、国士解缙

解缙(1369—1415),江西吉水人,是个大才子、大学问家。他十九岁就中进士、点翰林,才华横溢,勇敢直率,"甚见爱重,常侍帝前"。朱元璋比解缙大四十多岁,一天他对解缙说:"朕与尔,义则君臣,恩犹父子,当知无不言。"(《明史·解缙传》)意思是朕与你,虽说是君臣,却如同父子,你有话可要知无不言啊!率真的解缙当天就给朱元璋上了万言书。这封万言书,对朱元璋大到用人、刑名等国务,小到皇帝读什么书,都批评一通,特别是严肃地指出了朱元璋杀人过多等弊政。奏上后,朱元璋仅称赞他有才华,对奏书内容未置可否。解缙年少得志，不谙世事，不仅没有收敛，反而再度直言上书——又上了《太平十策》。朱元璋这次根本就没搭理他。一次，解缙到兵部索要差役，语多傲慢不恭，就被告到朝廷。朱元璋说："缙以冗散自恣耶。"命改为御史。意思是解缙散漫放肆，就让他离开皇帝身边，去做御史。解缙并没有从中吸取教训，又继续秉笔直书，或为人申冤，或弹劾官员。后来解缙的父亲觐见，朱元璋对他说："大器晚成，若以而子归，益令进学，后十年来，大用未晚也！"（《明史·解缙传》）就这样客气地把解缙赶走，没动怒，没贬官，也没杀头。

永乐帝登极，解缙受到重用，擢侍读。命与黄淮、杨士奇、胡广、金幼孜、杨荣、胡俨等，并值文渊阁，参预国家机务。明朝内阁参预机务，从此开始。

不久，解缙晋升为侍读学士，奉命总裁《明太祖实录》。书成，受到奖赏。永乐二年（1404），永乐帝立皇长子朱高炽为皇太子，封解缙为翰林学士兼右春坊大学士，就是皇太子的老师。短短两年，解缙一路春风，节节高升，位极人臣，前途无量。

《永乐大典》是永乐帝下令编纂的一部规模空前的类书。就是将许多图书里的内容打散，按照不同类别，分类编纂，再按照字韵重新排列起来，便于检索查阅。清朝的《四库全书》则属于"丛书"，就是将整本书直接归类，再编排起来。

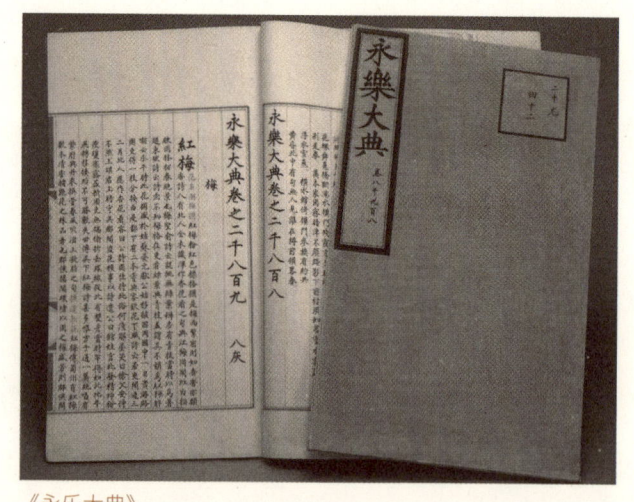

《永乐大典》

永乐元年（1403），永乐帝令解缙等主持修书并下达了修书敕令："天下古今事物，散载诸事，篇帙（zhì）浩穰（ráng），不易检阅。朕欲悉采各书所载事物，类聚之而统之以韵，庶几考察之便，如探囊取物。……尔等其如朕意，凡书契以来，经史子集，百家之书，至于天文、地志、阴阳、医卜、僧道、技艺之言，备辑为一书，毋厌浩繁。"（《明太宗实录》卷二十一）永乐帝修书要求就是两个字："全"与"便"。汇集要齐全，使用要方便。解缙显然没有理解这个"全"字。他组织了100多人的编辑部，只花了一年多时间，就编好了一部《文献大成》，向永乐帝交差。朱棣一看不满意，加派姚广孝等为总负责，重新修撰。姚广孝揣摩帝意，将编修100多人扩大到2169人，加上辅助人员达3000余人。能请到的先生尽量请，能找到的图书尽量找。到永乐五年（1407）冬，编成一部收书七八千种，共22 877卷、11 095册、3.7亿多字的大书《永乐大典》。永乐帝为这部新书赐名《永乐大典》，并作序说："惟有大混一之时，必有一统之制作，所以齐政治而同风俗。序百王之传，总历代之典。"（《明太宗实录》卷七十三）只有大一统国家的盛世，才有鸿篇巨制的问世。《永乐大典》被《大英百科全书》誉为"世界有史以来最大的百科全书"。

三、解缙之死

《永乐大典》开馆之际，解缙仕途达到顶峰。内阁七人各赐五品服，命七人命妇朝皇后于柔仪殿，后劳赐备至。帝曰："代言之司，机密所系，且旦夕侍朕，裨益不在尚书下也。"帝尝召缙等曰："慎初易，保终难，愿共勉焉。"（《明史·解缙传》）解缙未理解这个"慎"字。他少年登朝，才华过人，锋芒毕露，言无遮拦，终招来口祸。

一是，陷入太子之争。永乐帝有三个儿子。朱棣立储时，在嫡长子朱高炽与次子朱高煦间犹疑，密问解缙。解缙答："皇长子仁孝，天下归心。"帝不应。缙又顿首曰："好圣孙。"他说的是朱高炽的儿子，后来的明宣宗朱瞻基。太子遂定。老二朱高煦由是深恨解缙。太子既立，又失帝意，朱高煦受宠。缙又谏言："是启争也,不可。"永乐帝大怒,说他离间骨肉。永乐八年(1410),解缙进京奏事,顺便去看太子。当时朱棣北征,朱高煦就说:"缙伺上出,私觐太子。"朱棣听后震怒,下解缙诏狱。(《明史·解缙传》)

二是,谏阻永乐征安南。永乐帝发兵征安南,缙谏。不听。卒平之,置郡县。后借茬将解缙贬到交阯。(《明史·解缙传》)

永乐十三年(1415),朱棣阅看在押犯名单,见到解缙名字,对锦衣卫头目纪纲说:"缙犹在耶?"(《明史·解缙传》)——解缙还没有死啊!这句话可有三种解释:一是怎么还不死;二是哦,还没有死;三是没死还可用啊。纪纲做了第一种理解,在寒冬深夜,把解缙灌醉,立在雪中,活活冻死。并籍其家,妻子宗族徙辽东。一代才俊,四十六岁悲剧谢幕,发人深思。

第九讲

三殿天火

明永乐十九年（1421）正月初一日，在新落成的北京皇宫奉天殿（太和殿），举行了盛大朝会，庆祝北京宫殿正式启用。朱棣将宫廷及百官迁到北京，下诏大赦天下。

"福兮祸之所伏"——老子这句名言，饱含哲理，百试百应。正当永乐皇帝兴高采烈、踌躇满志的时候，一位高人讲了一句神奇的预言。

一、神奇预言

事情是这样的：永乐帝召见钦天监管时间的漏刻博士胡㽦（yūn），让他占卜三大殿吉祥。胡㽦受命占卜后，跪奏道：永乐十九年（1421）四月初八日午时，**奉天殿、华盖殿、谨身殿**三大殿会遭火焚毁。午时，是指11点到13点，午正是12点。永乐帝听后勃然大怒，下令把这位胡博士下狱。为什么没有立刻杀他呢？永乐帝的意思是：到时候若三大殿安然无恙，再杀也不迟。过了正月、二月、三月，三大殿都平安无事。到四月初八这一天，永乐帝静心地等待正午的时刻。报时官员奏报：现在是午正时刻！永乐帝既高兴又愤怒——高兴的是三大殿太平无事，愤怒的是胡濙胡言乱语，扰乱朕心、官心、军心和民心。这时，狱卒报：见正午无火，胡濙在狱中服毒自杀！但正午刚过三刻，皇宫三大殿遭雷击都着火了！（朱国桢《涌幢小品》）

三殿初成，天下初定，忽罹火灾，朱棣大惧，下诏求直言。(《明史·邹缉传》) 一些官员上疏反对迁都。永乐帝怒，杀主事萧仪，并说："方迁都时，与大臣密议，久而后定，非轻举也。"(《明史·夏原吉传》) 命所有非议迁都官员，跪在午门外质辩。

这时有一位大臣奏曰：言官"应诏无罪。臣等备员大臣，不能协赞大计，罪在臣等"(《明史·夏原吉传》)。这位大臣就是户部尚书夏原吉。他把责任揽到自己这些皇帝身边的大臣身上，给朱棣解了围，"帝意解，两宥之"。有些同僚不理解，埋怨他。他说：在皇帝焦躁之时，应先宽慰其心，再言治国良策。众始叹服。在夏原吉的担当和调解下，这场由三大殿被烧毁引起的迁都之争才渐渐平息。

这位尚书夏原吉并非等闲之辈。原吉早年丧父，努力学习，孝养母亲。以乡荐，入太学，选入禁中书制诰。时有诸生喧笑，原吉危坐俨然。朱元璋见了，升他为户部主事。户部事务非常繁忙，他都能从容处理。尚书郁新器重他，朱元璋也保护过他。建文初，夏原吉升为户部右侍郎。

永乐帝即位，有人认为夏原吉属建文高官，将他逮捕来献。永乐帝不仅释放了他，还调他任户部左侍郎。有人说夏原吉是建文旧臣，不可信。永乐帝不听，又升夏原吉为户部尚书。夏原吉为什么不抓反用、不降反升呢？因为他做了三件大事。

二、三大贡献

第一件，用三年时间，治理苏浙水利。 浙江西部，连年水患。夏原吉奏请，巡查大禹三江入海故道，疏浚吴淞下流，上接太湖，设立闸坝，按时蓄泄。永乐

清代复建的三大殿（太和殿、中和殿、保和殿）

逛一逛

奉天殿（太和殿）

俗称"金銮殿"，为故宫外朝三大殿之正殿，规格最高，体量最大，是紫禁城重大典礼的活动场所。建于明永乐十八年（1420），清顺治二年（1645）改称太和殿。经四次（雷）火，八次重建、重修。是紫禁城中建筑规模最大的单体木建筑。

华盖殿（中和殿）

故宫外朝三大殿之一。中和殿始建于明永乐十八年（1420），明初称"华盖殿"。嘉靖时遭遇火灾，重修后改称"中极殿"，现其天花内构件上仍遗留有明代"中极殿"墨迹。清顺治元年（1644），清皇室入主紫禁城，清顺治二年（1645）改中极殿为中和殿。

谨身殿（保和殿）

故宫外朝三大殿之一。明永乐十八年（1420）建成，几经焚毁、重建。现存主体梁架仍为明代建筑。明初名为谨身殿，明嘉靖四十一年（1562）改称建极殿，清顺治二年（1645）改名保和殿。

夏原吉像

帝从之,组织十余万民夫施工。夏原吉穿布衣,徒步指挥,日夜经划,盛暑炎热,不张伞盖。他说:民夫劳苦,我能独自舒适吗?工程告竣,回到京师,奏报:河水虽由故道入海,而其支流未尽疏泄,非长久之计,请再施工。永乐帝批准。第二年,夏原吉浚白茆塘、刘家河、大黄浦,工竣水泄,苏松农田大利。

第二件,作为户部尚书,为永乐帝持家管家。 凡中外户口、府库、田赋盈亏数据,用小简书(卡片),揣在怀里,随时检阅。一日,永乐帝问:"天下钱谷几何?"(《明史·夏原吉传》)夏原吉对答详细具体,帝更加重视。当时,"靖难"初定,功臣封赏、分封藩王、增设官署,又发大兵定安南、造巨舰下西洋、建北京城池宫殿。供应运输,以万万计,都取自户部。夏原吉悉心筹划,设计应付,各得所需,国用不绌。他履职九年,任期已满,永乐帝在便殿举行宴会,款待吏部尚书蹇义和户部尚书夏原吉。永乐帝指着二人,跟诸大臣说:高皇帝培养贤臣给我,像古代贤臣,只此二人。

第三件,建议暂缓北征。 永乐十九年(1421)冬,刚迁都北京,又遭遇天火,永乐帝正要大举北征沙漠。夏原吉等说"兵不当出"。朱棣召原吉问询,奏对:"比年师出无功,军马储蓄十丧八九,灾眚迭作,内外俱疲。况圣躬少安,尚须调护,乞遣将往征,勿劳车驾。"(《明史·夏原吉传》)帝怒,命夏原吉去开平,又抄其家,但见"自赐钞外,惟布衣瓦器"。结果,不到三年之后,永乐帝在北征途中病死榆木川

（今内蒙古自治区多伦县地域）。朱棣在病危时，顾左右曰："夏原吉爱我。"消息秘传到北京，留守的太子朱高炽急忙到监狱，哭着告诉夏原吉，令夏原吉出狱，参与丧礼，并问赦诏事宜。夏原吉提出：急赈饥、省赋役、罢造下西洋宝船，停止在云南、交阯采办等，都得到朱高炽批准。朱棣在生命的最后时刻，将太子交给了夏原吉。

朱高炽继位，是为明仁宗，重新起用夏原吉。夏原吉官复原职，建第于两京，享受少保、兼太子少傅、尚书三份薪水。因原吉固辞，乃听辞太子少傅禄。赐"绳愆纠谬"银章，谕以协心赞务，凡有阙失当言者，用印密封以闻。

宣宗即位，以原吉为旧辅，更加亲重。宣德三年（1428），夏原吉随从北巡，再受赐银印。宣德帝雅善绘事，尝亲画《寿星图》及其他图画、服食、器用、银币、玩好赐给夏原吉，岁无虚日。宣德五年（1430）正月，《明太宗实录》《明仁宗实录》修成，复赐金币、鞍马。早上入朝谢恩，晚上回家而卒，年六十五。赠太师，谥忠靖。

伴君如伴虎，我前面讲过惨死的大才子解缙就是明证。但是，同样历事太祖、建文、永乐、洪熙、宣德五朝，夏原吉却能得以善终，就个人品性而言，他究竟有什么过人之处呢？

三、三点经验

第一，心胸开阔，善于包容。 夏原吉有雅量，同列有善，即采纳之；或有小过，必为之掩覆。官吏弄污所穿的皇帝所赐的金织衣服，原吉说："勿怖，污可浣也。"又有污精微文书者，吏叩头请死。夏原吉并不问罪，而是自入朝引咎，帝命易之。吕震尝倾原吉。震为子乞官，原吉以震在"靖难"时有守城功，为之请。平江伯陈瑄初亦恶原吉，原吉则时时称瑄之才。有人问原吉："量可学乎？"回答："吾幼时，有犯未尝不怒。始忍于色，中忍于心，久则无可忍矣。"（《明史·夏原吉传》）

第二，谨而慎之，多思少语。 尝夜阅爰书（案宗），抚案而叹，笔欲下辄止。妻问，回答："此岁终大辟奏也。"又一次，与同列饮他所，夜归值雪，过禁门，有欲不下者，原吉曰："君子不以冥冥堕行。"其慎如此。夏原吉"虽居户部，国家大事辄令详议。帝每御便殿阙门，召语移时，左右莫得闻。退则恂恂若无预者"（《明史·夏原吉》）。

第三，勤勉做事，清廉做官。 夏原吉身历洪武、建文、永乐、洪熙、宣德五朝，掌管户部27年，仁、宣两朝，外兼台省，内参馆阁，与三杨（杨士奇、杨荣和杨溥）同心辅政。夏原吉管理天下钱粮、税收，家里没有钱财、珍玩，惟有布衣、瓦器而已。夏原吉识大体，重团结，勤职守，能清廉，有古大臣之风烈。

第十讲 永乐使者

明朝永乐年间，有一个重大文化现象，就是钦派使臣东南西北四处交流，为版图一统，也为重开海上和陆上"丝绸之路"，做出新的贡献。

一、七下西洋

宦官，不一定都是坏人，其中有坏人，也有好人，特别是有对历史做出重大贡献的人。本讲的郑和、亦失哈、侯显，都是太监中对历史有贡献的人。

明朝三宝太监郑和，回族，今云南晋宁人。他小时候随父亲去过麦加，后到宫里做了太监，受到永乐帝的信任。从永乐三年（1405）开始先后七下西洋。第一次，郑和将士卒27 800余人，乘宝船62艘，最大的长44丈、广18丈，从今苏州太仓东浏河镇出发，经过占城（今越南）、爪哇、苏门答腊、锡兰（今斯里兰卡），通使西洋。（《明史·郑和传》）第二次为永乐七年（1409），下西洋之前，郑和在南京用中文、泰米尔文和波斯文镌刻石碑，即《布施锡兰山佛寺碑》，随船带到锡兰，碑现藏该国科伦坡国家博物馆，成为中斯文化友谊的象征。其后又有

郑和一号宝船（模型）

四次。宣德五年（1430），郑和第七次下西洋。郑和七下西洋，前后28年，经历30余个国家、地域、部落，最远到地中海、非洲东海岸。这比哥伦布、达·伽马的大航行早半个多世纪。不仅壮大明朝国威、加强文化交流，而且是人类航海史上空前的壮举。郑和下西洋是明代"海上丝绸之路"的一个高潮。

二、八赴庙街

在东北，明朝经过洪武、建文、永乐、洪熙、宣德四代五朝的艰苦经营，把秦始皇、汉武帝、隋炀帝、唐太宗等所没有解决的高丽之事，完全解决。时高丽权知国事李成桂，在取得政权后，要改国号，派遣使臣，到达明朝，请求赐名。明太祖朱元璋说："东夷之号，惟朝鲜之称最美，且其来远矣！宜更其国号曰朝鲜。"（《明太祖实录》卷二二三）从此，高丽不仅改国号为朝鲜，而且开启朝鲜国王受明清皇帝册封的礼制，直至清季。

永乐帝于开拓东北版图，迈越元朝，功勋尤嘉。明朝在永乐七年（1409），设"奴儿干都指挥使司"（《明太宗实录》卷九十一），并设置官员，统属其众，岁贡海东青、毛皮、人参、鹿茸、珍珠等物，仍设站赤传递。而后奴儿干都司都指挥同知康旺等来朝，"贡貂鼠皮等物，赐赍有差"（《明太宗实录》卷一五五）。明初派太监亦失哈到奴儿干，永乐五次，宣德三次，共有八次。船由今吉林市起航，顺松花江而下，到其与黑龙江汇流处（今同江），再转顺黑龙江而下，直至黑龙江入海口附近的特林（中国传统名称为庙街，今尼古拉耶夫斯克），全程约五千里。在奴儿干竖立两块石碑，碑文写道："永乐九年春，特遣内官亦失哈等，率官军一千余人、巨船二十五艘，复至其国，开设奴儿干都司。"（罗福颐《满洲金石志》）这表明：整个奴儿干都司辖境内满—通古斯语族的族群，均归明朝管辖。明朝实现了对外兴安岭以南，包括库页岛（今俄罗斯萨哈林岛）的管辖。

亦失哈八下奴儿干的壮举，同郑和七下西洋的壮举，相互媲美，彼此辉映。

三、奉使绝域

在西南，永乐帝派太监侯显，前往乌思藏。永乐元年（1403）四月，侯显奉使，陆行数万里，至四年（1406）十二月，始与其僧哈立麻偕来南京。后在南京灵谷寺举行大法会。敕封哈立麻领天下释教，给印诰制。史载："显有才辨，强力敢任，五使绝域，劳绩与郑和亚。"（《明史·侯显传》）侯显先后五次受派遣，前往西藏等地，为国家一统、文化交流，做出了与郑和、亦失哈不相上下的贡献。

在明洪武、永乐年间，朝廷多次派遣使臣通西域。如洪武二十八年（1395），派兵部给事中傅安出使哈烈①，留在撒马尔罕（今乌兹别克斯坦的第二大城市）13

---

① 又译称黑鲁，今阿富汗城市赫拉特，离嘉峪关11 900里。据《明史·地理志》统计：北京距西安2650里，西安距甘州2645里，甘州距肃州510里。合计约5805里，再加嘉峪关到哈烈11900里，从北京到哈烈总计约17 705里，往返一次约35 410里。

年。当地头目听说永乐皇帝即位，就遣使臣同傅安等一起回到南京，并进贡方物。（《明太宗实录》卷六十八）此后，明廷派吏部员外郎陈诚等先后五次出使西域。

洪武二十九年（1396）三月，遣行人陈诚往西域撒里畏兀儿为安定卫指挥使司。是为第一次。

永乐十一年（1413），遣太监李达、吏部员外郎陈诚等往哈烈。是为第二次。此行，途经西域哈烈、撒马尔罕、八答商、迭里迷、沙鹿海牙、塞蓝、渴石、火州、吐鲁番、失剌思、俺都淮等国（部），各遣使贡文豹、西马、方物。回朝后，陈诚"上《使西域记》，所历凡十七国，山川、风俗、物产悉备焉"（沈德符《万历野获编》卷三十）。此书流传至今。

翌年，遣中官鲁安、郎中陈诚等赍敕，随撒马尔罕等朝贡史臣偕行。是为第三次。翌年随哈烈、撒马尔罕的贡使回到北京。陈诚因西行之劳，受封为广东布政司右参议。

永乐十八年（1420），命广东布政司右参政陈诚同中官郭敬等，往哈烈诸国敕所赏彩币等物。是为第四次。

永乐十九年（1421），再遣中官鲁安、郎中陈诚等赍敕偕行，往哈烈、撒马尔罕等处头目赐文绮等。是为第五次。

陈诚先后五使西域、一使安南（越南），不远万里，经历千辛万苦，不受友邦黄金白银馈赠，清廉俭素，品格高贵。

综上，在《明史》中，记载郑和800余字，侯显400余字，亦失哈只见附传里75字（只记其过而不书其功），陈诚官从五品的员外郎升为从四品的布政使右参议，20年间仅升一品，且《明史》无传。为此，明朝沈德符发出不平的感慨。重言轻行、重用轻褒是廿四史的一个通病。

第十一讲

永乐宫案

皇宫后宫深深,留下许多遗案。永乐帝朱棣在位22年,发生多起宫案。我先从徐皇后说起。

一、贤惠徐后

徐皇后是明朝开国元勋徐达的长女,自幼贞静,喜好读书,称女诸生。朱元璋听说此女贤慧淑静,召她父亲徐达说:"朕与卿,布衣交也。古君臣相契者,率为婚姻。卿有令女,其以朕子棣配焉。"(《明史·成祖仁孝徐皇后》)徐达顿首谢。

洪武九年(1376),册为燕王妃。她颇得婆母马皇后喜欢,跟随燕王到北平后,马皇后死,守丧吃素三年,恪守礼节。马皇后遗言,全能背诵。

燕王兵起,率军往攻大宁,朝廷派李景隆乘虚围北平。这时世子朱高炽居守,要事多禀命于母亲。景隆攻城急,城中兵少,燕王妃激劝将校士民妻,都授铠甲,登陴拒守,城得以保全。

燕王即位,册为皇后。徐后说:"南北每年战斗,兵民疲敝,宜与休息。"又说：" 当世贤才皆高皇帝所遗，陛下不宜以新旧间。"还说："帝尧施仁，自亲始。"永乐帝都采纳。徐皇后之弟徐增寿曾以内情密报燕王，为建文帝所杀。皇帝要赠爵位，徐后力言不可。帝不听，竟封定国公，命其子景昌袭，告诉皇后。徐后说："非妾志也。"终不谢。徐后曾说：汉、赵二王性不顺，身边的官员应选朝臣兼任。一天，后问："陛下，谁与图治者？"帝答："六卿理政务，翰林职论思。"徐后便请召见他们的夫人，赐冠服钞币。并说："妇之事夫，奚止馈食衣服

明成祖徐皇后像

而已,必有助焉。朋友之言,有从有违。夫妇之言,婉顺易入。吾旦夕侍上,惟以生民为念,汝曹勉之。"曾采《女宪》《女诫》作《内训》二十篇,又选编古人嘉言善行,作《劝善书》,颁行天下。(《明史·后妃传》)

永乐五年(1407)七月,徐后病危,惟劝永乐帝——爱惜百姓,广求贤才,恩礼宗室,毋骄畜外家。又告皇太子:"过去北平将校妻为我荷戈城守,不要忘记赏赐体恤。"不久崩,年四十六。永乐帝悲恸,营建陵寝,埋葬皇后于长陵,后来不再立皇后。

永乐帝的后妃,《明史·后妃传》仅记载三人,实际上却是妻妾成群,到底有多少,谁也说不清。他最喜爱的徐皇后、王贵妃、权妃三位,都先他而死。永乐帝有四子、五女,都出生在他夺取帝位之前。

朱棣后宫里有不少从朝鲜选来的妃子。永乐六年(1408),太监黄俨奉旨到朝鲜,向其国王宣谕皇帝请国王选择"生得好的女子"进献。于是朝鲜召"进献色"机构,专管采进良家十三岁到二十五岁童女,怨声盈庭,哭声载路。有知州事权文毅,他的女儿颇具姿色,黄俨知道后要速见,权文毅推托说女儿有病。黄俨发怒,诉于国王。于是文毅获罪入狱。最后,黄俨等在近百名佳丽中选出五人。

被选中的五名朝鲜童女为:工曹典书权执中之女,十八岁;仁宁府左司尹任添年之女,十七岁;恭安府判官李文命之女,十七岁;护军吕贵真之女,十六岁;中军副司正崔得霏之女,十四岁。她们与从者使女12名、火者(太监)12名,一同被送往北京。上路之日,她们的父母哭声载道,与女儿道别。她们进宫后分别被册封,权氏为贤妃,任氏为顺妃,李氏为昭仪,吕氏为婕妤,崔氏为美人。她们的父兄也都被授予了官职。

永乐帝最宠爱的权妃,不仅长相好看,还善于吹箫。朱棣见到她,问她有何所长。她拿出随身携带的玉箫吹奏,窈渺多远音,朱棣大为高兴,立刻把她选拔在众妃中。宫中的女官王司彩(司彩是掌管储藏缎匹的官),朱棣曾命她与权妃同辇而行,她很熟悉权妃,曾写宫词歌咏道:"琼花移入大明宫,旖旎浓香韵晚风。赢得君王留步辇,玉箫嘹亮月明中。"在进宫之初,权妃以玉笛和容颜吸引朱棣;之后更善于伺候朱棣用膳进酒。权妃伺候的酒饭很对朱棣的口味,所以就连出征北边也带权妃同行。朱棣说她"凡进膳之物,惟意所适"。朱棣喜欢吃朝鲜出产的苏鱼、紫虾、文鱼,但好景不长。永乐十年(1412),在永乐帝北征凯旋途中,权妃竟死于临城(今在山东省枣庄市一带)。朱棣将她葬在峄县,打算将来把她迁葬在徐皇后陵中。在对权妃哥哥授升饷时,朱棣不禁含泪伤叹,悲痛得说不出话来。

永乐帝晚年,身体欠佳,脾气暴躁,发作起来,后宫遭殃,如著名的"二吕案"。

二、二吕之案

权妃为什么突然死去?事情揭露于四年之后。一天权妃宫女与吕美人吵架时揭短说:吕美人因争风吃醋,串通宦官,从银匠家里买了砒霜,放在权妃的胡桃茶里,将她毒死。永乐帝得知此情,顿时暴怒,将有关宫女、宦官、银匠等处死。吕美人,则命用烙铁烙她,折磨一个月后,才将她杀死。这起案件,株连广泛,被杀者数百人,还命朝鲜王廷将吕美人的母亲抓来杀了。

其实,这是一桩冤案。原来宫里有两位姓吕的美人。两位吕美人之间,也互相争风吃醋。权妃猝死,吕美人甲便乘机诬告吕美人乙毒死了权妃,铸成了这桩惨案。

这件宫案之后,朱棣的后宫又发生一个案子。

吕美人甲和宫人鱼氏行为不检点,与宦官私通。吕、鱼二人知道隐秘泄露,竟然惧罪自缢。永乐帝认为坏事都因吕氏所起,便把吕美人甲的侍婢都拘来审讯。这些侍婢不胜拷问,便胡说八道,说是要谋杀永乐皇帝。于是一场刑杀大祸,铺天盖地而来。永乐帝愈是滥杀,愈觉得问题严重。宫内宫外,上上下下,彼此揭发，互相牵连，女子连娘家，亲戚连友人，被连坐杀者竟达2800人！这时朝鲜诸女大都被杀，只有崔氏因在南京得以幸免。惨杀开始时，韩氏被幽闭在空室，好几天不给饮食。守门宦官可怜她，有时在门口放些吃的，因而没有饿死。但她的从婢全部被杀了。韩氏的乳母金黑也被囚于狱中，事后才得赦免。

朱棣宠爱的权贵妃死，这让他更加肆无忌惮，丧心病狂，成为一个虐待狂、杀人魔王。他让画工把吕美人甲与小宦官相抱的情景画下来。每次处死宫人时，他都要"亲临剐之"。

在永乐帝疯狂杀人时，一场天火将奉天（太和）、华盖（中和）、谨身（保和）三大殿烧毁。永乐帝对外发布诏书，表示自责，但对内的杀戮没有停止。

后来，又发生了"殉葬案"。

三、殉葬惨案

历史上部落酋长、帝王死后的生人殉葬，事例之多，不胜枚举。但到了明朝，已经进入15世纪，竟然在皇宫还有黑暗的殉葬制。明清皇帝死后妃嫔殉葬，最为残酷的是永乐帝。据史书记载：

及帝之崩，宫人殉葬者三十余人。当死之日，皆饷之于庭。饷辍，俱引升堂，哭声震殿阁。堂上置木小床，使立其上，挂绳围于其上，以头纳其中，遂去其床，皆雉经而死。韩氏临死，顾谓金黑（丽纪韩氏乳母）曰："娘，吾去！娘，吾去！"语未竟，旁有宦者去床，乃与崔氏俱死。（《李朝世宗大王实录》六年十月戊午）

这是一幅惨绝人寰的生人殉葬的黑暗图画。30多位妃嫔、宫女等，临死之前，被集合在乾清门内庭院的案桌前，已摆好了送行宴席，被赏一顿酒饭；而后，被引向停放大行皇帝朱棣梓宫（棺椁）的乾清宫内，立在案旁啜泣。这时大堂已安设许多小木床，殉葬的妃嫔在床上立着，放声大哭，声震殿堂。（查继佐《罪惟录·皇后传》)她们被迫把头伸进吊好的绳套里,站在旁边的宦官将床一撤,这些宫人便"升天了"!就连最受宠爱的韩氏和崔氏也在其中。韩氏临死前,呼喊着自己的乳母说:"娘,我去了!娘,我去了!"喊声未绝,床已撤去。殉葬者家属被称为"天女户",受到优恤,父兄升官,辈辈世袭。

明朝太祖、成祖、仁宗、宣宗四朝都殉葬。景帝以郕王死,也有殉葬,各藩王都是如此,直到英宗遗诏,始罢除宫妃殉葬。

永乐帝的长陵明楼

> **看一看**
>
> **长陵**
> 位于北京市昌平区天寿山中峰之下,为明十三陵的第一陵,也是主陵。陵内安葬明成祖朱棣和徐皇后。长陵于永乐七年(1409)开始修建,永乐十一年(1413)初步建成。长陵的享殿是陵中主要建筑,坐落在高三米的三层台基上,为九五之尊大殿,形制与太和殿相仿。

第十二讲

永乐三子

永乐帝朱棣有四个儿子，徐皇后生长子朱高炽，洪武十一年（1378）生于中都凤阳；次子朱高煦，生于洪武十三年（1380）；三子朱高燧，生于洪武十五年（1382）。次子和三子都生于北平燕王府，三个儿子都相差两岁。另一子早死，生母不详。他们同胞三人，一起长大，又一起从燕王府中都、南京到北京。朱棣起兵夺位，为明朝藩王军事政变开了先例。他的三个儿子的"世子""太子""天子"之位争夺，上演了骨肉相残、鱼死网破的家国悲剧。

一、争夺世子

长子朱高炽自小端重沉静，言动有序。稍长习射，发无不中，又好学问，深受爷爷朱元璋的喜爱。次子朱高煦性凶悍，言行轻佻，不肯读书，为爷爷厌恶。洪武二十八年（1395），朱元璋册封朱高炽为燕王世子，这一年，他十八岁。

兄弟三人都经历过一场生死炼狱。洪武三十一年（1398）朱元璋去世。各地藩王们得知皇父驾崩，都赶往京师奔丧。燕王朱棣到达淮安时，受到朝廷使臣的阻拦，遂派三个儿子赶赴京师。朱棣回到北平后，暗自准备起兵夺位，但三个儿子还留在京师。直到将近一年之后，这三个儿子才回到燕王府。二子高煦暗盗舅父徐辉祖的良马，奔驰赶回。

靖难师起，朱高炽奉命以世子居守北平。在朱棣起兵的四年中，他曾经和母亲徐皇后、道衍（姚广孝）等一起，以万人顶住李景隆50万众攻城，北平赖以全城。

老二朱高煦则跟从朱棣，护侍左右，争当先锋。一战白沟河，朱棣被包围，危在旦夕。高煦率精骑数千，直前冲突，救出朱棣。二战东昌，朱棣只身败走，高煦引师突至，击退南军，解救朱棣。三战舅父徐辉祖，时朱棣兵大败，高煦驱骑奔来，朱棣大喜曰："吾力疲矣，儿当鼓勇再战！"（《明史·高煦高燧传》）高煦麾骑力战，打败南军等。朱棣屡临险境，转败为胜，高煦功多。高煦以此自负，恃功骄傲，心怀异志，多为不法。

朱高炽还曾受到建文帝的离间。建文帝派人到北平赐世子书，世子高炽不启封，立马驰报朱棣。而太监黄俨先潜报燕王曰："世子与朝廷通，使者至矣。"（《明史·仁宗本纪》）很快世子所遣使到，燕王朱棣开启呈书，叹道："差点儿杀了我的世子！"

二、争夺太子

燕王朱棣称帝，命长子朱高炽居守北京，但没有立太子。太监和朝臣形成两股力量，煽风点火，互不相让。特别是高煦、高燧，都有宠于朱棣。本来高煦就自恃从军有功，朱棣也暗许他做太子；而太监黄俨又同老三高燧结党，阴谋夺嫡——两面都说世子的坏话。世子朱高炽是怎样对待两个弟弟及其党羽的阴谋呢？有人问朱高炽："亦知有谗人乎？"曰："不知也，吾知尽子职而已。"（《明史·仁宗本纪》）高炽就是四个字：不为所动。他以"诚敬"获得最后胜利。自然，他也得到朝中大臣的支持，如解缙就曾力挺他。

经过短暂的犹豫，朱棣于永乐二年（1404），召长子朱高炽从北京到南京，立为皇太子。这一年,朱高炽二十七岁。并封二十五岁高煦为汉王,二十三岁高燧为赵王。从此,皇父六次北征,都由太子监国。四方水旱灾荒,太子处置得当,仁声传布四方。

朱棣立朱高炽为太子的同时,安排朱高煦封藩于云南。朱高煦曰:"我何罪!斥万里。"(《明史·高煦高燧传》)不肯行并力请到南京。朱棣不得已,应允。

永乐三年(1405),太子高炽京师监国,次子高煦随父出征,三子高燧据守北京。高燧恃宠,多行不法,又与汉王高煦谋夺嫡,时时谮太子。永乐七年(1409),帝闻其不法事,大怒,诛其长史顾晟,褫高燧冠服,以太子力解,得免。另选择两位老师教育,高燧稍有收敛。

但是,永乐帝听到谗言多了,有时也有猜疑。而且朱高炽成年后,体态很胖,无法弓马,令朱棣很不满意。而高煦长七尺余,轻趫善骑射,两腋若龙鳞者数片。既负其雄武,又每从北征,在朱棣左右,到永乐十年(1412)北征还,朱棣便以太子遣使后期,且书奏失辞为由,悉惩太子宫官黄淮等下狱。

永乐十三年(1415)五月,朱棣将高煦改封青州,其又不欲行。祖始疑之,赐敕曰:"既受藩封,岂可常居京邸!前以云南远惮行,今封青州,又托故欲留侍,前后殆非实意,兹命更不可辞。"(《明史·高煦高燧传》)然高煦迁延自如。私选各卫健士,又募兵3000人,不隶籍兵部,纵使劫掠。兵马指挥徐野驴擒治之。高煦怒,手执铁瓜挝杀野驴,众莫敢言。遂僭用乘舆器物。朱棣闻之大怒。永乐十四年(1416),朱棣还南京,尽得其不法数十事,切责之,褫冠服,囚系西华门内,将高煦废为庶人。高炽涕泣力救,乃削两护卫,诛其左右狎昵诸人。明年三月徙封乐安州(今在山东省东营市广饶县一带)。永乐十五年(1417),汉王府迁于此。宣德元年(1426)废。西南距府城240里,趣即日行。高煦至乐安,怨望,异谋益急。高炽数次写信劝诫。

永乐十六年(1418),黄俨等复谮高炽擅赦罪人,宫僚多坐死者。侍郎胡濙奉命察之,密疏高炽诚敬孝谨七事以闻,朱棣才算了事。

永乐二十一年（1423）五月，朱棣有疾。护卫指挥孟贤等结钦天监官王射成及内侍杨庆养子造伪诏，谋进毒于帝，俟晏驾，诏从中下，废太子，立赵王高燧。总旗王瑜姻家高以正，为孟贤等谋划，谋定告王瑜。王瑜将此事告诉朱棣，朱棣说："岂应有此！"于是立捕孟贤，得为伪诏。孟贤等皆伏诛，提拔王瑜为辽海卫千户。朱棣回头问高燧："是你干的不？"高燧大惧，不能言。高炽力为之解曰："这肯定是手下人干的，高燧一定不知情。"自此，高燧有所收敛。

三、争夺天子

永乐二十二年（1424）七月，朱棣崩于榆木川。遗体送回皇宫的**仁智殿**。四十七岁的太子朱高炽继位，是为仁宗洪熙皇帝。

仁宗继位后，对弟弟高煦顾益厚遇。遗书召至，增岁禄，赐赍万计，仍命归藩。封其长子为世子，余皆郡王。朱高煦和他的儿子朱瞻圻素来不和。朱瞻圻怨父杀其母，屡次揭发其父过恶。而高煦入朝，也悉数将其子瞻圻在朱棣去世后，在北京前后觇报中朝事。仁宗借此机会命瞻圻守凤阳皇陵。这就削弱了高煦的力量。

仁宗在位不到一年，崩于钦安殿，年四十八。太子朱瞻基继位，是为宣宗。高煦、高燧觊觎皇位并没有因此而结束。

宣德元年（1426）八月，高煦反叛。在山东立五军、命官员、放兵器、备马匹。又遣亲信枚青等潜至京师，约旧功臣为内应。御史李濬偷偷到京师报告。

宣德帝遣中官侯泰赐高煦书。侯泰至，高煦盛兵见侯泰，南面坐，大言曰：

逛一逛

仁智殿

明代永乐年间建紫禁城时所建宫殿，俗称白虎殿。明代时是皇帝驾崩后停放灵柩的地方，也是宫廷画士作画的地方。清代改为内务府署所在地及造办处各作坊。

"永乐中信谗，削我护卫，徙我乐安。仁宗徒以金帛饵我，我岂能郁郁居此！汝归报，急缚奸臣夏原吉等来，徐议我所欲。"（《明史·成祖诸子传》）接着，高煦遣百户陈刚进疏，更为书与公侯大臣，多所指斥。

宣德帝叹曰："汉王果反。"于是，御驾亲征，直捣汉王大本营乐安，围城，劝降。朱高煦本来对他这个侄子就有些发憷，听说新帝亲征，非常害怕。"乃密遣人诣行幄，愿假今夕诀妻子，即出归罪。帝许之。是夜，高煦尽焚兵器及通逆谋书。"第二天，高煦潜从间道出见宣德帝，顿首言："臣罪万万死，惟陛下命。"废高煦父子为庶人，筑室西安门内加以禁锢。后高煦及诸子相继死。事后，宣德帝杀了此案牵连的 2800 余人。（《明史·成祖诸子传》）

第二年，朱瞻基派妹夫袁容将有关事项通知高燧。高燧大惧。四年之后就死了。

永乐帝两个儿子汉王与赵王反叛朝廷，有两点值得借鉴：

其一，永乐帝立太子，宠溺其余两子，教育不严，犹犹豫豫，患得患失，导致身后皇权动摇。

其二，"打铁还要自身硬"。朱高炽面临危境，孝敬父皇母后，礼待两弟，王妃诚笃，儿子优秀为"好圣孙"，善待大臣，仁爱施政，博得上下好评。特别是培养了一位好儿子继位。如永乐帝曾命朱高炽同朱高煦谒孝陵，朱高炽身体肥重，且有足疾，两太监扶掖行走，失足，差点摔倒。高煦在后面说："前人蹉跌，后人知警。"这时皇太孙朱瞻基在后，随即应声道："更有后人知警也。"（《明史·成祖诸子传》）高煦回头一看大惊失色。后来，也正是这位"皇太孙"朱瞻基解决了汉王、赵王叛乱的难题。

看一看

明朝皇家给男孩起名字,很有讲究。朱元璋为其儿孙们起名,希望朱明代代相传,子子孙孙,无穷无尽。因此,给每个儿子后代选了 20 个字,每代用一个字。如太子朱标后代用"允文遵祖训,钦武大君胜,顺道宜逢吉,师良善用晟";燕王朱棣后代用"高瞻祁见祐,厚载翊常由,慈和怡伯仲,简靖迪先猷"。

名字第二个字,按木、火、土、金、水五行排序选字。朱元璋儿子的名字都从木,为木字旁;因木生火,孙子名字都从火,为火字旁;而火生土,曾孙一代名字从土,为土字旁;然后土生金,再下一代名字从金;金生水,后面一代从水;然后再从木,又开始一轮,周而复始。这只是朱元璋的美好愿望,实际上明朝传了 13 代 16 帝。明朝延续 276 年,最终灭亡。这"木、火、土、金、水",也只转了两圈。比如,明末崇祯帝朱由检,他的"由"字,在朱棣后代起名字的 20 个字中才排到第 10 个字,"检"字从木字旁,以"木、火、土、金、水"起名转了两圈,又转到以木字旁来起名。这些规定在《大明会典》中有记载。

第十三讲

立斩国师

永乐帝于永乐二十二年（1424）七月十八日病死榆木川，因六师在外，秘不发丧。每日三餐，照常进膳。龙輶（yú）日夜兼行，路上22天，八月初十日，永乐帝遗体运到北京，安放在皇宫仁智殿，入殓盖棺。皇太子朱高炽继位，年四十七岁，改年号为洪熙，这就是洪熙帝。洪熙元年（1425）五月，朱高炽在位不到十个月，就病死在皇宫钦安殿。这时，皇太子朱瞻基在南京，急忙赶回北京，继承皇位，年二十七岁，年号宣德，这就是宣德皇帝。宣德帝登极不久，就要立斩御史李时勉。

这是为什么呢？话要从洪熙帝遗言和宣德帝继位说起。

一、洪熙遗言

宣德帝刚继承皇位，就在朝廷会议上，要立斩御史李时勉。这是为什么呢？李时勉是个什么样的人呢？

李时勉（1374—1450），江西省安福县人。家境非常贫寒，童年读书时，天

钦安殿

> **逛一逛**
>
> **钦安殿**
> 位于故宫御花园正中,南北中轴线上。始建于明代,嘉靖十四年(1535)开始修建城垣,自成格局。殿内供奉玄天上帝,清朝每年元旦,皇帝在此拈香行礼。

气阴湿寒冷,他在身上裹着被子,两脚放在热水桶里取暖,坚持读书,吟诵不已。永乐二年(1404)三十岁,中进士,选庶吉士,后官翰林侍读、御史。

李时勉身任御史,为人正直,敢说真话,因言获罪,遭到四大磨难。

永乐第一难。永乐十九年(1421),北京皇宫的奉天殿(今太和殿)、华盖殿(今中和殿)、谨身殿(今保和殿)发生大火。三殿全毁,永乐帝下诏,征求直言。知道永乐帝心情不好,非常郁闷,诸位大臣都很谨慎,不敢吭声,但李时勉上疏，列出 15 件事，指陈弊端，谏议纠正。其中一条是说，不该营建北京宫殿；另一条说，远方来进贡的人不应成群结伙居住在京师。这两条，触犯了永乐帝的神经，他脸色阴沉，很不高兴，就把这份奏章扔在地上。过一会儿，永乐帝冷静了些，说再看看其他几条说了些什么，让太监从地上捡起奏章给他接着看，觉得有些说得对，也有道理，采纳许多。不久，李时勉因被诬告，打入监狱。关了一年多，才获释出狱，官复御史原职。李时勉一难刚完，另一难又起。

李时勉像

洪熙第二难。 永乐帝死后，儿子朱高炽继位，改年号为洪熙。洪熙元年（1425），李时勉再次上疏。洪熙帝看了之后暴怒，满脸红涨。把李时勉招到便殿，批评他，指责他，但李时勉不屈，并进行辩论。洪熙帝命武士们，将李时勉扑倒在地，用"金瓜"——金色瓜形击打兵器，痛打李时勉，打断了三根肋骨，拽出殿外，几乎死掉。第二天，命李时勉为交阯道御史，并惩罚他：每一天必须审理一名囚犯，每天必须奏一件重要事情。到第三天，李时勉上第三封奏章时，又被下锦衣卫监狱。这时，同僚们都认为李时勉是死定了，出不了监狱。但是，李时勉曾对锦衣千户某人有恩，这位千户恰好到监狱得知此事，就秘密召来医生，精心治疗，使他得以不死。是为李时勉第二难。

但是，洪熙帝临终前，留下一句话，成为我在开头说的要立斩李时勉的原因。洪熙帝临终前说了什么，怎么会引起宣德帝发那么大的火，要立斩时勉呢？

二、立斩时勉

上面讲到，宣德帝继位后，李时勉遭遇人生第二次大难。洪熙帝病危，跟户部尚书夏原吉说："时勉廷辱我。"(《明史·李时勉传》)李时勉在朝廷上羞辱我。洪熙帝说完，大怒，当晚驾崩。这句"遗言"，造成了李时勉的第三难。

宣德第三难。宣德帝听说李时勉得罪先帝皇父的事，大为震怒，立命使者："缚以来，朕亲鞫，必杀之。"(《明史·李时勉传》)意思是把李时勉抓着捆绑带来，我要亲自审讯，一定要杀了他！命令下达后，宣德帝气不仅未消，反而更加暴躁——又令锦衣卫王指挥，立即去捆绑李时勉，押到西市（刑场）斩首，不必来见。

事情也巧。王指挥出的是端门的西旁门，而前使者已绑缚李时勉从端门东旁门入，两个人一个从西门出，一个从东门进，一进一出，没有碰见。这时，前使者押着李时勉走来。宣德帝迫不及待，高声骂道："尔小臣，敢触先帝！疏何语？趣言之。"你小子，胆敢触犯先帝，都说了些什么，快说给我听。李时勉叩头说："臣言谅暗中不宜近妃嫔，皇太子不宜远左右。"宣德帝听后，气消了些，让他全说了。李时勉回答道："臣惶惧不能悉记。"又问："是第难言耳，草安在？"李时勉曰："焚之矣。"(《明史·李时勉传》)宣德帝叹息，称赞李时勉忠心，立命赦免，官复侍读原职。等王指挥回来，见李时勉已冠带整齐地站在殿前。是为李时勉第三难。

说到这里，我插个故事。李时勉参与修纂《明成祖实录》告成，迁侍读学

逛一逛

端门

位于天安门内、午门之前的一道城门。明初期所建，下面有五个门，上面建有城楼，重檐歇山顶，面阔九间，进深五间。端门朝房以北，东边是太庙右门，西边是社稷左门。龙脉口四门分别为中华门、端门、长安左门和长安右门。

士。宣德帝到史馆，撒金钱赏赐诸学士。诸学士都俯身拾取，唯独李时勉正立不屈。宣德帝便取出余下的钱赐给他。后他参与修《明宣宗实录》成，升内阁学士，兼经筵讲官。

宣德帝死了之后，儿子朱祁镇继位，改年号为正统，这就是正统帝。李时勉在正统朝遇到第四次灾难。

正统第四难。正统六年（1441）李时勉为国子监祭酒，就是国家唯一一所大学的校长。这个职务，级别不算高（局级），品级也不高（五品），但社会地位、学术地位、政治影响都非同一般。正统帝十岁登极，他奶奶——老太皇太后健在，管教严，他也算听话。正统七年（1442），太皇太后崩驾后，几位辅政大臣年老退休，这时大太监王振掌握大权，任意摆布十六岁的小皇帝。这时李时勉又倒霉了。

李时勉为官正直、清廉，从不向王振奉承、行贿。王振记恨在心，借机找茬，进行打击。一件小事被王振利用：国子监彝伦堂前，古松柏树旁枝下垂，妨碍师生走路，祭酒李时勉下令修剪。一天，王振到国子监知道此事，借题发挥，上纲上线，诬奏：李时勉擅伐官树入家。王振假借圣旨派锦衣卫到国子监，当时时勉正在阅生员考卷，立即被押到院里，在师生前，戴枷示众。时值酷暑，天气炎热，戴枷三日，苦不堪言。千余生员跪在皇宫前请愿——"诸生圜集朝门，呼声彻殿庭。"（《明史·李时勉传》）助教李继感于李时勉旧恩，请于太后的父亲孙忠——正好孙忠过生日，太后派人到娘家贺寿。孙忠将这件事附奏太后，太后跟皇帝说了。原来皇帝根本不知此事，命立刻释放李时勉。是为李时勉第四难。

三、善有善报

俗话说："善有善报。"正统九年（1444），正统帝到国子监视学。李时勉进讲《尚书》，辞旨清朗，气宇轩昂，皇帝大悦。

李时勉在国子监受到敬重——英国公张辅及诸侯、伯奏请，到国子监听祭酒李时勉讲课。李时勉升师席，诸生以次立，讲"五经"各一章。讲毕，设宴，诸侯、伯谢让道："受教之地，当就诸生列坐。"（《明史·李时勉传》）他以学生身份入座。诸生歌《鹿鸣》之诗，宾主雍雍，尽暮散去。

李时勉过了年龄，请求退休，连疏三年，方才允准。朝臣及国子监师生3000人，在都城门外为之祭酒饯行。还有的远送登舟，船启航后，师影渐远，方才离去。

景泰元年（1450），李时勉病故，年七十七。李时勉一生，蒙四难，历五朝，为祭酒六年，训励严格，学风醇正，督令读书，灯火达旦，吟诵声不绝。他教育学生：重诚正，崇廉耻，抑奔竞（跑关系），别贤否，培养出一批杰出人才。贫穷生员，不能婚葬，他节省餐钱，给予补助。

李时勉的一生，屡屡渡过难关，每每逢凶化吉，为什么？《明史》史官评价李时勉说："方廉清鲠，表范卓然。"又说："以直节重望，为士类所依归者，莫如时勉。"（《明史·李时勉传》）以正直和气节获得很高威望，成为士人的楷模，没有比得上李时勉的。

第十四讲

五全皇后

在明清500多年宫廷史上,作为一名宫中女子,一步步从世子妃、太子妃、皇后、皇太后直到太皇太后的只有一人,这就是洪熙帝的张皇后。她是朱元璋的孙媳妇、朱棣的儿媳妇、洪熙帝朱高炽的皇后、宣德帝朱瞻基的生母、英宗朱祁镇的祖母。我给她起个代称,叫作"五全皇后"。

张氏,出生于河南永城的一户普通人家。父张麒,因女儿被封为燕王世子妃,授兵马副指挥,死后追封彭城伯。

一、世子之妃

张氏嫁给燕王长子朱高炽后,因为朱高炽为世子,即被皇爷爷朱元璋封为燕王世子妃;后朱高炽为太子,即被皇父朱棣封为太子妃;朱高炽为皇帝时,被册为皇后。长子朱瞻基继位做皇帝时,她被尊为皇太后;后长孙朱祁镇继位做了皇帝,她又被尊为太皇太后。可以看出,张氏的"五全",是依赖做皇帝的爷爷、公公、丈夫、儿子、孙子五代敕封得来的。这样的福气,需要天合、地合、人合、己合（自身的修炼）。先从世子妃说起。

洪武二十八年（1395），明太祖朱元璋封燕王长子朱高炽为燕世子，其妻张氏被封为世子妃。身为世子妃，张氏的最大贡献是生了三个儿子：长子朱瞻基、三子越王朱瞻墉、五子襄王朱瞻墡。连续几位孙子的出生，使燕王对世子和世子妃非常满意。特别是在长孙出生前夕，燕王朱棣梦见明太祖授他大圭（宝玉）并说："传之子孙，永世其昌。"刚满月，祖父燕王见了小瞻基，说："儿，英气溢面，符吾梦矣。"（《明史·宣宗本纪》）意思是孙子瞻基英气满面，符合我做的梦。

在燕王起兵的战争岁月，世子妃张氏陪伴世子朱高炽、婆母徐妃等，坚守北平。在守北平的阵列里，为公公夺得皇位做出重要贡献。

永乐二年（1404），朱棣封长子高炽为皇太子、张氏为太子妃。身为太子妃，她首先是操妇道贤惠，博得公婆喜欢。丈夫多次被小叔子汉、赵二王所离间，他们扬言太子身体肥硕，不能骑射。一天，朱棣与徐后在内苑小宴，太子高炽随侍。朱棣见到他后，脸上变了颜色，又唾又骂，直指张妃对高炽说："此佳妇，他日当承我家，脱微此，废尔久矣。"张氏连忙起身叩头谢恩。过了一会儿，张氏就从宫廷厨房里端出亲手做的汤饼，呈奉给公婆。朱棣和徐皇后又欢喜又感动，就招呼高炽与张氏同饮，尽欢而散，太子因此得以不废。（程嗣章《明宫词》）

既然太子因肥胖惹怒了皇父，张氏遂精心帮助太子减肥：一是控制饮食，二是督促骑马射箭。（《明史·后妃传》）这就是民间常说的"管住嘴，迈开腿"。无

明仁宗张皇后像

论监国，还是伴驾，张氏始终陪伴朱高炽，朱高炽以"后故，得不废"，惊险保住了太子之位。

张氏还精心养育儿子。永乐九年（1411）长子瞻基刚成年，便被封为皇太孙。永乐十一年（1413）端午，朱棣率诸王大臣在东苑射柳，文武群臣、各国使臣、京城耆老都来观看。皇太孙朱瞻基连连射中，让朱棣感到脸上有光。据说还故意当众给朱瞻基出题道："万方玉帛风云会。"朱瞻基叩头对道："一统山河日月明。"（沈德符《万历野获编补遗·宣宗击射》）这更足以使朱棣炫耀了。皇太孙朱瞻基既有祖父朱棣的英武，又有父亲高炽的睿智。逐渐地，他在朱棣的心目中完全取代了觊觎太子之位的汉王和赵王。

二、皇后太后

朱高炽继承皇位仅一年，便病死于皇宫钦安殿，才四十八岁。所以张氏作为皇后，也仅仅一年。她在这一年中，中外政事，莫不周知，协助洪熙帝调整治策和治理朝政。

在不到一年的时间里，两任皇帝先后去世，长子朱瞻基继承皇位，正当二十八岁年华。张氏为皇太后，她留用了永乐、洪熙时期老臣，形成可靠的内阁，军国大议多禀听裁决，辅佐年轻的皇帝稳定政局。阁臣英国公张辅，尚书蹇义、夏原吉，大学士杨士奇、杨荣、金幼孜、杨溥请见行殿。太后慰劳之，且曰："尔等先朝旧人，勉辅嗣君。"后来宣德帝对杨士奇说："皇太后谒陵还，道汝辈行事甚习。言辅，武臣也，达大义。义，重厚小心，第寡断。汝克正，言无避忤，先帝或数不乐，然终从汝，以不败事。又有三事，时悔不从也。"（《明史·后妃传》）表达对阁臣的信任。

这时，明朝自朱元璋奠定基业，已经60多年，海内宁泰，国力充裕，政治稳定，史称"永宣之治"。年轻英武的宣德帝，史称"太平天子"，能文能武，对皇太后张氏非常孝顺,入奉起居,出奉游宴,四方贡献,虽微物必先上皇太后。两宫慈孝闻天下。

张太后游西苑,皇后皇妃侍,帝亲掖舆登万岁山,奉觞上寿,献诗颂德。谒长、献二陵,帝亲鞚骑引导。到河桥,下马扶辇。畿民夹道拜观,陵旁老稚,山呼拜迎。太后顾曰:"百姓戴君,以能安之耳,皇帝宜重念。"返程时,过农家,召老妇问生业,赐钞币。有献蔬食酒浆者,取以赐帝,曰:"此田家味也。"(《明史·后妃传》)

明仁宗朱高炽像

鲜为人知的是，外表孝顺能干的宣宗朱瞻基，为人风流倜傥，爱好声色禽兽，纵情游猎杂戏，让张太后操碎了心。《菽园杂记》说："宣德年间，朝廷起取花木鸟兽，及诸珍异之好，内官接迹道路，骚扰甚矣。"《皇明纪略》则记："宣庙好促织（斗蟋蟀）之戏，遣取之江南，其价腾贵至十数金。"沈德符《万历野获编》又载："我朝宣宗最娴此（斗蟋蟀）戏，曾密诏苏州知府况钟进千个。一时语云：'促织瞿瞿叫，宣德皇帝要。'"

宣宗最为人诟病者是为以天子之尊，从朝鲜藩国征召处女为后宫，选择善于烹饪的妇女入侍以饱口福，又不时求索"海东青"，以供游猎娱乐。这些事件详载于朝鲜《李朝实录》。

宣宗朱瞻基在皇位十年，仅三十七岁就病逝了。张太后万分悲痛，她命人将景德镇御窑烧制的蛐蛐罐全部砸碎掩埋，以致故宫旧藏很难看到宣德时完整的蛐蛐罐，而在景德镇御窑遗址发现了大量蛐蛐罐碎片。《万历野获编》记英宗即位后，曾遣返朝鲜妇女自宣德初年来者凡53人，减厨役6400余名，减牲口料粮40 000石。

张氏为太后时，特别重视对皇孙的培养和教育。她命户部尚书夏原吉受命陪侍皇太孙朱祁镇，在乡村行走，观民间疾苦。原吉取麄黍请皇太孙吃并说："愿殿下食此，知民艰。"（《明史·夏原吉传》）张皇后很注意从幼小起培养皇孙的知识和品德，了解民间疾苦，不要忘记庶民。

三、太皇太后

宣德帝崩，长孙祁镇，继承皇位，年方九岁。大臣请太后垂帘听政，她说："毋坏祖宗法。第悉罢一切不急务。"（《明史·后妃传》）她委任股肱大臣，督促幼帝用功读书，虽太监王振受宠于帝，但太后在世时其不敢专政。在20年间，她亲眼看到永乐十九年（1421），皇宫三大殿被焚毁的悲惨状况；又亲眼看到正统六年

(1441),明宫三大殿重建告成的辉煌情景。有诗云:"日月光三殿,乾坤辟两宫。"(陈政《东井集》,见《日下旧闻考》)在正统四年(1439),修造京城九门城楼、城壕、桥闸完工:正阳门正楼一座、月城中左、右楼各一,崇文门、宣武门、朝阳门、东直门、阜成门、西直门、安定门、德胜门八座门正楼各一、月城楼各一,各门外树立牌楼,城四隅建筑角楼。又深挖城壕,两岸砌以石。九门原有木桥,全部换成石桥。两桥之间,各设水闸。护城河水,自西北流入,环城而过,穿流九桥九闸,从东南流入通惠河,经通州进入北运河,汇入渤海。这项伟大工程,是在张太皇太后临朝期间,君臣一心,万众协力,动用军夫工匠数万人完成的。工程完竣,价值重大:"焕然金汤巩固,足以耸万国之瞻矣。"(《明英宗实录》卷五十四)而后,京师城墙,原来外墙已经包砖,内墙仍为黄土,遇雨颓塌。此期,内墙包砖。特别是承天门(天安门)城楼,也是这时修建的,瑰丽辉煌,光耀天下。

　　正统七年(1442)十月,张太皇太后去世。张氏身历洪武、建文、永乐、洪熙、宣德、正统六朝,从世子妃、太子妃,到皇后、皇太后、太皇太后,作为一名宫中女子,可谓达到了人生顶峰。就她个人而言,有什么值得借鉴的呢?对公婆尊敬孝顺,对小叔子宽容大度,对丈夫体贴劝慰,对后宫统摄安宁,对儿子教育勖勉,对孙子撑腰辅佐,对大臣信任鼓励,对娘家规矩严格,对百姓爱戴亲民,对自己心地良善。

第十五讲

宣德废后

北京故宫的景仁宫，同其他11座后宫一样，建成于明永乐十八年（1420）。它初名长安宫，嘉靖十四年（1535）更名为景仁宫。明朝宣德帝的皇后胡氏，就曾经住在景仁宫里。皇后不是应该住在坤宁宫吗？她怎么住在景仁宫呢？请让我往下讲。

一、景仁废后

"景"字，《说文解字》曰："景，日光也，从日，京声。""景"字本意是日光。南朝江淹《别赋》云："日出天而耀景，露下地而腾文。"引申意为"大"，为"慕"。

"仁"字，主要意思是仁爱、慈善、温淑、贤惠。皇帝希望居住在景仁宫里的后妃，能仰慕和修养大仁、大爱、大慈、大善的精神和品格。景仁宫的名称，清沿明旧，没再改动。

景仁宫基本保持了明永乐初建的格局，是一座独立的四合宫院，前有宫门，用围墙和建筑围合成前后两进的四合院。第一进,前院,正殿五间,东西配殿各为三间,整齐庄重;第二进,后院,后殿五间,殿的两侧各有耳房,东西配殿也各三间。

景仁宫与其他宫院不同的是,在景仁门内,竖立有一座以大理石为材质的屏风,屏风的基座和边框,均为汉白玉石雕,屏风主心为天然大理石,约有两厘米

景仁宫

逛一逛

景仁宫

内廷东六宫之一。明永乐十八年(1420)建成,起初名为长安宫,嘉靖十四年(1535)更名景仁宫。清代沿用明朝旧称。

厚，两面图案却不同，一面云雾缭绕，一面山川沟壑。这座石屏，风格古朴，相传为元代皇宫的遗物，自然天成，极为难得。

下面我来讲一讲宣德帝的皇后胡氏住在景仁宫的原因：

胡皇后，名善祥，山东济宁人。一个山东姑娘，怎么进到皇宫呢？永乐十五年（1417），她被选为皇太孙朱瞻基妃。后朱瞻基被立为皇太子，她也就成为了太子妃。宣德帝朱瞻基继位，她则顺理成章地被册封为皇后。

明宣宗朱瞻基像

这时，宣德帝身边有个孙贵妃，和胡皇后争宠。胡皇后为阳，孙贵妃为阴。阴阳相争，是阳克阴，还是阴克阳？这就要看两个人怎么办了。

胡皇后，为人宽厚，但身体多病，未生子，这就给孙贵妃以阴克阳提供了机会。

孙贵妃，山东邹平人，幼有美色，又机敏聪慧。她的父亲在永城（今河南省永城市）做主簿，和洪熙帝张皇后是老乡。经张皇后娘家人介绍，孙氏十余岁就入宫，由张皇后养育。后来，张皇后的儿子朱瞻基成婚，诏选济宁胡氏为妃，邹平孙氏为嫔。

洪熙帝死，宣德帝（朱瞻基）立，册立胡氏为皇后，孙氏为贵妃。这时，胡皇后居于主位，可怎么输给孙贵妃了呢？与胡皇后相比，孙贵妃颇工于心计，她接连施出五条计谋。

二、后妃之争

第一计：求宠。孙贵妃利用自己的美色和娇媚，博得宣德帝的宠爱。第一计得手，便施第二计。

第二计：求宝。明朝制度：皇后既有金册，又有金宝（玺印）；贵妃则只有金册，没有金宝。宣德元年（1426）五月，孙贵妃既已受宠，便怂恿宣德帝出面向皇太后请示：赐给孙贵妃金宝。皇太后虽觉得违制，但为照顾儿子的颜面，还是勉强答应了。明朝贵妃有金宝就是从孙贵妃开始。第二计得手，又施第三计。

第三计：求子。孙贵妃自己没生儿子，经过长期精心策划，于宣德二年（1427）十一月十一日，在心腹宦官、宫女的参与下，暗里取了宫女生的儿子，做成是自己生的儿子，这就是后来的明英宗朱祁镇。然而，朱祁镇的生母是谁？《明史·后妃传》说："人卒无知之者。"就是没有人知道朱祁镇的亲生母亲到底是谁。因为有了儿子，孙贵妃就更加受到宣德帝的眷宠。连着三计，频频得手，便施四计，最为关键，是什么呢？

第四计：求封太子。朱祁镇出生后名义上是四个月，实际上是84天，就被册封为皇太子。在明朝，皇子出生实际不足三个月就被立为皇太子，这是仅有的。最后一计，便是求后。

第五计：求后。胡皇后请早定朱祁镇为太子，主动表示退位。孙贵妃虽心里暗喜，却假意谦辞说："后病痊自有子，吾子敢先后子耶？"（《明史·后妃传》）就是说，皇后您的病好了以后，自然会怀孕生儿子的，我的儿子哪敢排在您儿子的前面呢！因为明朝家法，皇后生的儿子为嫡子，妃嫔生的儿子为庶子。嫡庶分明，不能违反。宣德三年（1428）三月，宣德帝命胡皇后上表辞去皇后，就是写辞职报告。胡皇后被迫"辞去皇后"，从坤宁宫退居到长安宫（景仁宫）。宣德帝为安抚辞位的胡皇后，赐号静慈仙师，而册立孙贵妃为皇后。这一上一下，虽然诏书说是皇后力辞，贵妃谦让，最后贵妃迫不得已才就位皇后的，但宫内外许多人都知道，皇后辞位并非自愿，而是被迫的。史书记载："后无过被废，天下闻而怜之。"（《明史·后妃传》）

宣德帝的母亲张太后，怜悯"退位"的胡皇后，常召她到自己住的清宁宫来居住。在后宫的宴会上，张太后命胡"皇后"位居孙皇后之上。孙皇后常为此怏怏不乐，但也毫无办法。后来宣德帝为废后而后悔，尝自我解嘲说："此朕少年事。"（《明史·后妃传》）但泼出去的水，已无法收回。

三、福祸无常

"祸兮，福之所倚；福兮，祸之所伏。"这胡皇后跟孙皇后比起来，虽是倒霉的，但也有幸运的时候。宣德帝去世后，她躲过妃嫔殉葬一劫。事情是这样的：宣德帝在位十年，过于淫乐，三十八岁（虚岁）就离开了人世。怎么知道他过度淫乐呢？宣德帝死后两个月，新帝命"放教坊司乐工三千八百余人"（《明史·英宗前纪》）。

宫廷音乐、歌舞的人,仅裁掉的竟高达3800余人!宣德帝死后,殉葬妃嫔有一个长长的名单:"正统元年八月,追赠皇庶母惠妃何氏为贵妃,谥端静;赵氏为贤妃,谥纯静;吴氏为惠妃,谥贞顺;焦氏为淑妃,谥庄静;曹氏为敬妃,谥庄顺;徐氏为顺妃,谥贞惠;袁氏为丽妃,谥恭定;诸氏为淑妃,谥贞静;李氏为充妃,谥恭顺;何氏为成妃,谥肃僖。册文曰:'兹委身而蹈义,随龙驭以上宾,宜荐徽称,用彰节行。'盖宣宗殉葬宫妃也。"(《明史·后妃传》)这十个美丽年轻的生命,被绘入残暴黑暗的图画中。殉葬者中有一位郭嫔,凤阳人,善文辞,入宫二旬而殉葬。入宫20天就殉葬,青春美丽,聪明伶俐,遭逢死的劫难,自然泪流满面,泣不成声。传谓她"自知死期",曾书楚声自哀,其辞曰:

修短有数兮,不足较也。

生而如梦兮,死则觉也。

先吾亲而归兮,惭予之失孝也。

心凄凄而不能已兮,是则可悼也。(《明史·后妃传》)

胡皇后虽躲过殉葬之劫,但七年之后,张太皇太后病死,她痛哭不已,翌年也哀病而死,以嫔礼葬于金山(西山)。

至于孙皇后,儿子朱祁镇登极,她做了太后。她在经历了英宗即位、被俘、南宫复辟等大喜大悲之后,于天顺六年(1462)病死,谥孝恭皇后,合葬景陵。

到英宗朱祁镇病危时,其后钱氏泣诉:"皇上非孙太后所生,实宫人之子,死于非命,久无称号。胡皇后贤而无罪,废为仙姑。其死也,人畏孙太后,殓葬皆不如礼,胡后位未复,惟皇上念之。"(王锜《寓圃杂记》卷一)英宗遂复胡后号位,追谥为恭让皇后。

第十六讲

永宣国宝

明朝在永乐、宣德期间，中原之区社会稳定，经济恢复，版图一统，睦邻友好，万国来朝，恢复唐宋礼法，文化再现繁荣，继汉"文景之治"、唐"贞观之治"之后，出现了一个"永宣之治"的局面。这一时期的皇宫宝库，增加了宣德炉、镶嵌掐丝珐琅等名声远播的名器宝物。而《永乐大典》则是这一时期的一个文化标志。

一、宣德宝炉

宣德炉，就是明宣德朝生产的铜香炉，以质量优、造型美而流传于世，成为那个时代具有代表性的文化象征。宣德炉的出现不是偶然的。明朝经过从洪武到宣德五朝，近70年的开创和经营，成就了"永宣之治"，而且在文化上出现了一种崭新的气象。

一是，"驱逐鞑虏，恢复中华"。在文化上着重于唐宋文化传统的恢复与传承，带着创业的勃勃生机和宏大气象，这正是"治隆唐宋""远迈汉唐"的文化表现。

二是，四面睦邻，文化交流。从其他国家汲取多种文化营养，开拓了文化视野，也丰富了中华文化宝库。

三是，朝廷重视，皇帝文采。这对国家文化建设产生了巨大推动力。

十几年前的 2010 年，我在故宫博物院看到一个非常好的展览，就是"明永乐宣德文物特展"，当时是为纪念紫禁城落成 590 周年。转眼十几年过去了，在纪念紫禁城落成 600 周年的时候，我依然对那次看到的永宣时代的文物念念不忘。因为，包括宣德炉在内的精粹文物，是那个时代的文化奇葩，我们可以从这些瑰宝看出永宣时期的文化气势，领略永宣时期的文化精髓。

宣德炉

二、永宣名瓷

在永乐、宣德年间，郑和率领庞大舰队七下西洋，开通海上丝绸之路；又多次派使臣到西域，陆上丝绸之路也已开通——这就给永宣瓷器，注入了新的生机。

同时，明代设立"御用监"，专门制作精美的家具、珐琅器、玉器、漆器等，不仅为当时宫廷所用，而且传承有序，成为故宫博物院的珍贵藏品。其中，最为大家所熟悉的，恐怕就是瓷器。洪武二年（1369），明朝在景德镇元朝浮梁磁（瓷）局旧址的基础上，加以扩大，设御器厂，为宫廷烧造瓷器。御窑烧造瓷器，全部属于宫廷。遵照皇帝旨意，宫廷发放官样，御窑照样生产，产品严格验收，入选瓷器运送皇宫，落选瓷器打碎掩埋。总之，御窑的瓷器，从官样、烧制、使用、保管，到对落选瓷器的处理，都由皇宫严格掌控。

御器厂实行"匠籍制"，集中了全国优秀的陶瓷工匠，有朝廷特设的画局，负责设计烧制瓷器纹饰，又垄断优质原料，几乎不计成本，生产出了大批精美的御制瓷器。

明宣德　红釉描金云龙纹盘

永宣时期烧造了大量精美的瓷器。"宣窑"就是当时最精美瓷器的代名词。给人留下最深刻印象的是红、白、青三个字：红——红釉为贵，白——甜白为美，青——青花大气。

红釉为贵。朱元璋以红为贵，以红为吉。红巾、红塔、红官服，以及宫里盛行红瓷器。还有明朝的"明"，左为"日"，右为"月"，都属火，都尚红。《明史》记载："洪武元年命制公服、朝服，以赐百官。"官服的颜色，命礼部议奏。洪武三年（1370），礼部奏：

"历代异尚。夏黑，商白，周赤，秦黑，汉赤，唐服饰黄、旗帜赤，今国家承元之后，取法周、汉、唐、宋，服饰所尚，于赤为宜。"从之。（《明史·舆服志三》）

所以，明朝宫廷用瓷也一度以红为贵。红釉瓷器，非常难烧，有时一窑、甚至数窑，才能烧成一件。所以，明初宫廷红釉瓷器，数量特少，极为罕见。

甜白为美。永乐帝偏爱甜白釉瓷器。永乐时由景德镇御器厂创制一种白色瓷器，因釉色甜润而洁白，故称甜白釉。这种甜白釉瓷器，受到了永乐帝的青睐。

《明太宗实录》记载了一个故事：西域部落首领，向他进贡用和田玉做的"玉枕"，可以说是万分珍贵，但他说："朕朝夕所用中国瓷器，洁素莹然，甚适于心，不必此也。"永乐帝日常使用的瓷器，大多是御器厂烧制的白瓷，洁白晶莹，润泽素雅，合于心意，即使枕头，也用瓷枕。在他的心目中，这玉枕比不上中国瓷器，自然不必接受来自西域的玉枕。甜白釉瓷器，瓷胎细腻，造型秀美，白釉洁净，色泽柔润，精美如玉。

青花大气。如青花缠枝莲纹压手杯，高5.4厘米，口径9.1厘米，足径3.9厘米。因杯子从口沿到杯底，胎体越来越厚，放在手上感觉杯子压手，俗称"压手杯"。这只杯子内底，有青花篆体四个字："永乐年制"，底款有所不同。这是至今所知唯一署有永乐年款的青花

青花缠枝莲纹压手杯

瓷器。这种压手杯，两岸故宫博物院都有收藏。谷泰撰《博物要览》记载：若我永乐年造压手杯，坦口折腰，砂足滑底，中心画有双狮滚球，球内篆书"大明永乐年制"六字或"永乐年制"四字，细若粒米，此为上品。

永宣御窑进入明代高峰期。不仅质量精美，而且数量大得惊人。如宣德八年（1433），尚膳监题准烧造各样瓷器，一次达443500件。而一次赏赐朝鲜国王李裪的瓷器，足够十套餐桌使用。

三、掐丝珐琅

明永乐、宣德时期另一项文化瑰宝，就是掐丝珐琅。

掐丝珐琅，通常是铜胎（也有瓷胎、铁胎、锡胎、木胎等），用铜丝（也有

金丝）按照胎上已绘的纹饰，如荷花，每个花瓣、每个叶片，都沿其边缘掐焊铜丝，然后点上不同釉彩，再入炉窑，约800℃温度，火中烧造，出炉后，打磨抛光。据传，一件珐琅器约需108道工序，方能完成。

珐琅技艺，传自外域。融合中华文化，经过艺师工匠之手，精彩夺目，巧夺天工，成为中国工艺品中一朵绚丽的鲜花。

珐琅器自元代传入中国以来，到了明永乐、宣德年间，达到一个高峰。因为当时掐丝珐琅，多无年款，传到

明宣德　掐丝珐琅番莲纹僧帽壶

后来，竟不知为何朝所作。景泰年间，制品精细，多有年款，所以一般人认为景泰蓝是珐琅器的辉煌，但从故宫收藏看，宣德时期不乏其他珐琅器精品。

永宣文化，更有书画。永宣时期，朝廷致力于营造"以能纳其心于规矩之中"的政治情怀和文化氛围，最具有时代风格的书法形式，就是"台阁体"，也就是严谨的楷书，书风端庄典雅，运笔自然流畅，极具功力，美不胜收。22877卷、总字数3.7亿的《永乐大典》，就是以台阁体誊写的，当时组织了1300多人参与誊写。抄完以后装订成书，存放在文渊阁里。

《永乐大典》修成100多年以后，嘉靖帝组织人员再抄写一部。180人抄，每人每天抄三页，每页30行，每行28个字，一直抄了六年，直到隆庆元年（1567），嘉靖帝崩驾之后，才告完成。这样，除了文渊阁收藏一部外，在皇史宬也保存一部。这个文渊阁不是现在故宫里的那座文渊阁，北京故宫文渊阁是清朝乾隆时期修建的，用来保存《四库全书》和《古今图书集成》。而存放《永乐大典》的文渊

阁,现在已经看不到了。皇史宬现今还在,位于天安门东边南池子大街路东,是明清两代皇家档案馆。《永乐大典》现在还能看到副本残存370卷,已经影印出版。

无论是永宣青花、宣德宝炉,还是掐丝珐琅、书法绘画,或是玉器、漆器等,在帝制时代,只能是君享——只有皇帝和家人等少数人可以享受。如今早已变为民享,成为中华民族、甚至人类文化的宝贵遗产。

皇史宬

第十七讲

四朝重臣

明朝有一位著名四朝（永乐、洪熙、宣德、正统）重臣杨士奇，他连续做了43年内阁辅臣，其中21年为首辅，在明史中为孤例。杨士奇是个什么样的人呢？他的为官之道又是什么呢？

一、为人德善

杨士奇（1365—1444），名寓，泰和（今江西省吉安市泰和县）人。早孤，随母改嫁罗姓而姓罗，不久归宗仍姓杨。家特贫，学勤勉，教书自给。建文初，纂修《明太祖实录》，被召入翰林，充编纂官。永乐帝即位，改编修。不久入阁，典理机务。后进侍讲。永乐二年（1404），选士奇做了皇太子朱高炽的老师。

杨士奇为人：德善器广。 人有小过，多为掩饰。广东布政使徐奇带着岭南土产馈送廷臣，有人把所谓受贿名单报给朱棣。朱棣看名单上没有杨士奇的名字，就召他来问，他回答说：徐奇赴广时，群臣作诗文赠行，臣适得病没有参加，所以没有我。接着劝慰道：徐奇送点土特产答谢诗文赠行的人，应该没有其他意思,况且是否收了也不一定,也没什么值钱的,一点土特产而已。"帝遽命毁籍"(《明史·杨士奇传》),一场风波就这样平息了。

朱高炽在做太子监国时,不满意御史舒仲成,当了皇帝后就想加罪于他。杨士奇说:陛下即位,诏向忤旨者皆得宥。要是惩治仲成,则言而不信,会有更多人害怕。朱高炽遂作罢。大理寺少卿弋谦以言事得罪朱高炽。杨士奇说:"谦应诏陈言,若加之罪,则群臣自此结舌矣。"(《明史·杨士奇传》)于是洪熙帝升弋谦为副都御史。

宣德时,阁中惟杨士奇、杨荣、杨溥三杨。杨荣疏阔坚毅,遇事敢为。在永乐朝曾为内阁首辅,多次随从永乐帝北征,能知边将优劣、厄塞险易远近、敌情顺逆,但他曾接受边将馈送的良马。明宣宗朱瞻基知道后问杨士奇。杨士奇力言:"荣晓畅边务,臣等不及,不宜以小眚(shěng)介意。"朱瞻基笑着说:"荣尝短卿及原吉,卿乃为之地耶?"杨士奇说:"愿陛下以曲容臣者容荣?"意思是希望陛下能像宽容我一样宽容杨荣。(《明史·杨士奇传》)这件事后来传到杨荣的耳朵里,杨荣觉得过去愧对杨士奇,于是二人相处融洽。

杨士奇还雅善知人,好推毂寒士,所举荐的有人从未谋面。像于谦、周忱、况钟等都是杨士奇推荐的,都居官一二十年,廉能冠天下,为当世名臣。

杨士奇像

二、为官尽责

杨士奇为官：尽职尽责。永乐六年（1408），永乐帝北巡，命杨士奇等留辅太子高炽。太子喜文辞，赞善王汝玉以诗法进。杨士奇说：殿下当留意《六经》，暇则观两汉诏令。诗词小技，不足为也。太子称善。

洪熙帝即位，升杨士奇为礼部侍郎兼华盖殿大学士。帝御便殿，蹇义、夏原吉奏事未退。帝望见士奇，谓二人曰："新华盖学士来，必有说，试共听之。"杨士奇入言："恩诏减岁供，甫下二日，惜薪司传旨征枣八十万斤，戾与前诏。"（《明史·杨士奇传》）帝立命减其半。

时藩司守令来朝，尚书李庆建议，发军伍余马给有司，让他们按年缴纳马驹。士奇说："朝廷选贤授官，乃使牧马，是贵畜而贱士也，何以示天下后世！"（《明史·杨士奇传》）杨士奇复力言。又不报。过了一段时间，洪熙帝御思善门，召士奇说：朕怎么能真忘了你的谏言呢！听闻吕震、李庆等都不喜欢你，朕念卿孤立，恐为所伤，不便因你的谏言而取消，今有借辞了。说完，手里拿出陕西按察使陈智言养马不便疏，命人起草谕旨，立即执行。杨士奇顿首拜谢。这可以看出：杨士奇尽职尽责，洪熙帝极力维护，君臣关系良好。

宣德帝以四方屡有水旱灾害，召杨士奇议商举措。杨士奇请：蠲（juān）逋赋薪刍钱，减官田额，梳理冤案，裁汰工役，以广德意。结果，百姓大悦。两年后，帝问杨士奇说："恤民诏下已久，今更有可恤者乎？"杨士奇说："前诏减官田租，户部征收如故。"帝怫然曰："今首行之，废格者论如法。"（《明史·杨士奇传》）杨士奇再请抚恤逃民，严察贪官，兴举文学，鼓励勇士，并令受极刑家的子孙也可以参加科举考试。又请廷臣大员，各举贤能之人，以备郡守官员。宣德帝皆批准同意。

这个时期，宣德帝励精图治，杨士奇等同心辅佐，"海内号为治平"（《明史·杨士奇传》）。

三、为臣恭慎

杨士奇为臣：举止恭慎。永乐年间，朱棣为立太子一事，犹豫不决。永乐九年（1411）永乐帝还南京，召杨士奇问太子朱高炽监国的情况。杨士奇以"孝敬"对，说："殿下天资高，即有过必知，知必改，存心爱人，决不负陛下托。"（《明史·杨士奇传》）永乐帝很高兴。

第二年，永乐帝北征，杨士奇仍辅太子居守。永乐帝还，因为迎驾迟缓，东宫官黄淮等下狱。杨士奇后至，却宽宥了。召问太子事，杨士奇顿首言："太子孝敬如初。凡所稽迟，皆臣等罪。"（《明史·杨士奇传》）帝意稍解。行在诸大臣竟相弹劾杨士奇不应该单独被宽宥，永乐八年（1410）将其打入锦衣卫狱，但后来就被释放出狱了。

永乐十四年（1416），帝还京师，微闻汉王夺嫡密谋及其不轨情状，便问蹇义。蹇义不答，又问杨士奇。杨士奇说："臣与义俱侍东宫，外人无敢为臣两人言汉王事者。然汉王两遣就藩，皆不肯行，今知陛下将徙都，辄请留守南京。惟陛下熟察其意。"（《明史·杨士奇传》）永乐帝不说话，便回宫了。

在这场夺嫡风波中，才华横溢的解缙丢了性命，而沉着老成的杨士奇却拥立太子成功。

当时有上书颂扬太平者，永乐帝出示给诸大臣看，大家都深以为然。杨士奇独说："陛下虽泽被天下，然流徙尚未归，疮痍尚未复，民尚艰食。更休息数年，庶几太平可期。"帝曰："然。"因对蹇义等曰："朕待卿等以至诚，望匡弼。惟士奇曾五上章，卿等皆无一言。岂果朝无阙政，天下太平耶？"诸臣惭愧谢罪。（《明史·杨士奇传》）

宣德元年（1426），汉王朱高煦谋反。宣德帝亲征，平息之。师还，途经献县单家桥，侍郎陈山迎谒，言汉、赵二王实同心，请乘势袭击彰德擒赵王。杨荣极力赞成。杨士奇说："事当有实，天地鬼神可欺乎？"杨荣厉声道："汝欲挠大计耶！今逆党言赵实与谋，何谓无辞？"杨士奇说："太宗皇帝三子，今上惟两叔父。有罪者不可赦，其无罪者宜厚待之，疑则防之，使无虞而已。何遽加兵，伤皇祖在天意乎？"（《明史·杨士奇传》）这时惟杨溥与杨士奇合。将入谏，荣先入，士奇继之，阍者不纳。寻召义、原吉入。二人以士奇言于帝。帝初无罪赵意，出兵事不再提了。直到还京，帝思杨士奇言，谓曰："今议者多言赵王事，奈何？"士奇说："赵最亲，陛下当保全之，毋惑群言。"帝曰："吾欲封群臣奏章示王，令自处何如？"士奇说："善，更得一玺书幸甚。"于是发使奉书至赵。赵王得书大喜。哭泣地说："吾生矣！"（《明史·杨士奇传》）即上表谢，且献护卫，言者始息。宣德帝对杨士奇说："赵王之所以得到保全，都是你的功劳啊。"然后赐给他金币。

宣德五年（1430）春，宣德帝奉皇太后谒陵，召英国公张辅、尚书蹇义及杨士奇、杨荣、金幼孜、杨溥，朝太后于行殿。太后慰劳之。帝又语杨士奇说："太后为朕言，先帝在青宫，惟卿不惮触忤，先帝能从，以不败事。又诲朕当受直言。"士奇对曰："此皇太后盛德之言，愿陛下念之。"（《明史·杨士奇传》）

宣德帝尝微行，一天夜里幸杨士奇家。杨士奇仓皇出迎，顿首曰："陛下奈何以社稷宗庙之身自轻？"帝曰："朕欲与卿一言，故来耳。"后数日，获二盗，有异谋。帝召杨士奇，告之故。并说："今而后知卿之爱朕也。"（《明史·杨士奇传》）

宣德帝崩，英宗即位，刚九岁。军国大政奏报太皇太后。太皇太后推心任用杨士奇、杨荣、杨溥三人，有事派太监到内阁商量，然后裁决。三人也自信，能侃侃陈述自己的意见。杨士奇首先请训练士卒，严守边防。又请以次蠲租税，慎刑狱，严核百司。皆允行。正统之初，朝政清明，皆士奇等之力也。

是时宦官王振受宠于正统帝，大臣建言，往往下狱。王振借茬整杨荣。杨荣没多久就去世了，此后，杨士奇、杨溥就更加势单力薄了。其明年兴师麓川，库藏耗费，士马死了数万。尤其是太皇太后死后，王振更加嚣张。朝廷大臣，人人惴恐。这时，杨士奇已老，不久病卒，年近八十。

"三杨"退出政坛,标志着明朝结束了"永宣之治"的局面。杨士奇身历五朝,辅佐四位皇帝,长期在宫中值守,尚能保住善终。他为人、为官、为臣的三个法宝——德善器广、尽职尽责和举止恭慎,值得后人借鉴。

[明] 谢环《杏园雅集图》(局部) 左起:少詹事王直、少傅杨士奇、大学士杨荣

第十八讲

孩童皇帝

宣德十年（1435）正月初三，还在过年期间的乾清宫传来噩耗，三十八岁的宣德皇帝驾崩。继承皇位的是明英宗朱祁镇，实足年龄只有九岁，他成为明朝历史上第一位孩童皇帝。实际上在此之前，朱祁镇已经创下了明朝宫廷史上两项第一：明代年龄最小的太子，当时他出生才两个多月；他是第一位出生在北京皇宫里的皇帝。适逢永宣之治，这位小太子可以说是在安乐窝里长大的。

宣德帝对这位太子非常喜爱，期待很高。有一次他把朱祁镇抱在膝上问：将来做了天子，能让天下太平吗？刚会说话的太子朱祁镇答："能！"又问："如果有犯上作乱的，敢亲率大军去讨伐吗？"答："敢！"这个稚嫩的回答，让宣德帝非常欣慰。这个九岁的孩童做了皇帝，幸福短暂的皇子孩童生活就结束了。

一、五全太后

正统帝治国大政，靠太皇太后。这位太皇太后，就是前面我讲过的"五全皇后"张氏。张太皇太后，是朱祁镇的祖母，她从燕世子妃、太子妃、皇后到太后，现在又做了太皇太后，成为幼小正统帝的主心骨。因为朱祁镇年龄太小，曾经有一种意见是召长沙襄王进京继位，是张太皇太后宣召大臣们到乾清宫，手指着朱祁镇，流泪说道："这位就是新天子！"确定由朱祁镇继位。在朱祁镇登极后，张太皇太后给朝政制定三条原则：

1. 停止一切不急需的事务，减少开支。
2. 加强对年幼的皇帝的教育培养。
3. 倚靠前朝老臣处理国事。

在幼帝继位的风雨飘摇中，张太皇太后给朱祁镇撑腰，帮助他登上帝位，为他主政。

在正统帝继位前期，有一件大事得到了解决，这就是明朝定都的问题。朱元璋开国，定都南京；朱棣决计迁都北平，改名北京。永乐十九年（1421）正月初一，北京宫殿建成后正式迁都北京。不料不到百日，三大殿遭雷电焚毁。洪熙帝继位，仍以南京为都，北平为行在。宣德帝仍称北京为行在，但实际以北京为都。

紫禁城景山中间筒子河

正统二年（1437）正月，开始兴修北京城门楼，修造京师门楼、城壕、桥闸：正阳门正楼一，月城中左、右楼各一；崇文、宣武、朝阳、阜成、东直、西直、安定、德胜八门，各正楼一、月城楼一。各门外立牌楼，城四隅立角楼，又深其城壕，护城河的两侧全部砌以砖石。九门旧有木桥，全部用石撤换。两桥之间，各有水闸，壕水自城西北隅，环城而向东，历九桥九闸，从城东南隅流出大通桥，汇入北运河，注入渤海。正统四年（1439），工程完成。每座城门都修成坚固的防御体系，焕然金汤巩固，足以耸万国之观瞻。正统五年（1440），又将城墙内墙也包砖，极大提高了北京城墙的防御能力。同时，开始重建三大殿和乾清宫、坤宁宫。到正统六年（1441）十一月竣工。于是宣布定都北京。这样，长期悬而未决的定都这件大事，终于落定。（《明英宗实录》卷八十五）

正统七年（1442）五月十九日，由太皇太后做主，为十六岁的朱祁镇举行盛大婚礼。朱祁镇又创造了明朝宫廷史上的第三个第一：第一位在皇宫奉天、华盖、谨身三殿和乾清、坤宁二宫举行大婚典礼的皇帝，而他的皇后钱氏，则成为明朝第一位从大明门抬进皇宫的皇后。

二、四朝老臣

正统帝读书教育，靠四朝老臣。著名的老臣杨士奇、杨荣、杨溥，时称"三杨"，在张太皇太后的支持下，继续为官内阁。当时，朱祁镇连开蒙教育都没有接受过，"三杨"等大臣们针对他的情况，建立起严格规范的经筵制度。什么是

"经筵"?"经"指经典,主要是儒家的"五经",即《诗》《书》《礼》《易》《春秋》等。"筵"的本意为竹席,引申指座位,此处是"讲席"的意思。合起来,"经筵"就是儒臣给皇帝上课,讲授儒家经典或治国之道等,也就是皇帝学习的制度。给皇帝讲课的官员叫作"经筵讲官"。通过经筵,君臣之间学习经典,相互研讨,结合朝政实际,阐发儒家思想。每年二月至五月、七月至十月,每月二日、十二日、廿二日举行经筵。经筵之外,还有日讲,日讲不求礼仪繁琐,但求皇帝反复诵读规定的功课。这样,年幼的朱祁镇便开始在皇宫**文华殿**,接受正规系统的儒家传统教育。

但是,后来的事实证明,"三杨"对朱祁镇的教育并不成功,甚至是失败的。究其原因在于:

于教学——读书过程应当是:一读,二讲,三写,四行;而经筵日讲,有读,有讲,有写,但缺乏行,重知轻行。

于教育——教师(讲官)、家长(太皇太后或皇太后)、社会(宫廷氛围)难以协调一致。

于体制——"立嫡以长"、皇帝终身的君主制度。

总之,朱祁镇长大一些后,常用各种理由取消经筵日讲,一会儿说身体不好,一会儿说天气太冷或太热。而他感兴趣的是什么呢?

三、精神依赖

正统帝精神上非常依赖太监王振。洪武初期,明太祖朱元璋严禁宦官干预朝政和交结外臣。永乐帝朱棣授予宦官出使、专征、监军、分镇等大权,建立特务机构东厂。宣德帝朱瞻基在大内设内书堂,培养通文墨的宦官,司礼监成为太监二十四衙门之首,司礼监秉笔太监享有"批红"的权力,可以代替皇帝批答奏章。但若宦官犯法,处以极刑,不敢放肆。然而,事有例外,譬如王振。

文华殿

逛一逛

文华殿

位于外朝协和门以东,始建于明永乐十八年(1420)。文华殿在明代是皇太子的东宫,清代为举行经筵的地方。殿后的文渊阁是藏书楼,《四库全书》曾收藏于此。清沿明制设大学士,秩正一品,乾隆后,文华殿大学士常列四大学士之首。

武英殿

建于明永乐十八年(1420),位于故宫西南部,西华门内,建筑面积6500多平方米,其西、南均被内金水河环绕。清同治八年(1869)遇火重建,清光绪二十七年(1901)再次被焚,光绪二十八年(1902)进行大修,现为典籍馆和书画馆。武英殿与位于外朝之东的文华殿相对应,即一文一武。

王振，蔚州（今河北省张家口市蔚县）人。少年选入内书堂。侍太子朱祁镇于东宫，为五品局郎衔。正统帝登极，年龄幼小。王振狡黠，深得帝喜欢，遂掌司礼监，引导皇帝用重典御下，以防大臣欺蔽。于是大臣下狱者不绝，而王振得以滥用皇权。但是当时，张太皇太后贤能，阁臣杨士奇、杨荣、杨溥皆四朝元老，王振心惮之，未敢乱来。到正统七年（1442），张太皇太后崩，杨荣已先卒，杨溥老病，杨士奇以其子杨稷论死不出，王振跋扈，遂不可制。

王振在皇城东建造豪宅，又建智化寺，穷极土木，卖官鬻爵。出兵麓川，西南骚动。侍讲刘球因雷震上言陈得失，语刺王振。王振下刘球大狱，使指挥马顺肢解之。大理少卿薛瑄、国子监祭酒李时勉，素不礼王振。王振找茬诬陷薛瑄，几乎将其整死，而李时勉则戴枷国子监。御史李铎遇王振不跪，被谪戍铁岭卫。驸马都尉石璟詈其家阉，王振恶贱己同类，下璟狱。又械户部尚书刘中敷，侍郎吴玺、陈瑺于长安门。所有他忤恨的，皆加罪谪戍。内侍张环、顾忠，锦衣卫卒王永心里不平，以匿名书揭发王振罪状。事发，磔于市，不奏报。

朱祁镇从幼年起就在精神上依赖王振，倾心王振，常称王振为"先生"。后来正统帝说："朕自在春宫，至登大位，几二十年。尔夙夜在侧，寝食弗违，保护赞辅，克尽乃心，正言忠告，裨益实至。"（《明史纪事本末》卷二十九）孩童皇帝对王振情感上的依赖和生活起居上的依赖，是真挚的，这使王振手中的权力日益积重，公侯勋戚呼王振为"翁父"。其私党马顺、郭敬、陈官、唐童等都肆行无忌，恶贯满盈。于是，畏祸的官员，争附王振免死；贪婪的官员，攀附王振求升，朝廷内外，庙堂上下，逐渐形成"阉宦集团"——王振党。

大太监王振的气焰，如此狂悖，如此嚣张，埋下了正统帝在土木堡兵败被俘的祸根。

第十九讲

英宗被俘

明正统十四年（1449）是多灾多难的一年：一是火灾，南京谨身殿等火灾；二是水灾，黄河改道，淹没田地，运道梗阻；三是人祸，明英宗被俘。

一、皇帝被俘

明朝正统年间，蒙古瓦剌部崛起。瓦剌部首领也先（额森），雄杰一时，骑兵所向，横扫大漠。蒙古各部，重新统一。其兵力所至，西起阿尔泰山，东达鸭绿江边，南到长城，北到黑龙江，成为全蒙古的大汗。也先骄横，屡犯塞北。

正统十四年（1449），瓦剌太师也先到北京进贡马匹，太监王振减其直，瓦剌使者气愤而去。同年七月，也先率领大军入犯，骑兵浩大，来势凶猛，进到今河北宣化地区。军情紧急，事态严重，怎么办？这是明朝军政的头等大事，大太监王振怂恿英宗朱祁镇亲征。这位正统帝，自幼不爱诗书，喜欢骑马游猎，特别好大喜功。当时，他才二十三岁，既不懂军事，又年轻好胜，想建奇功，经王振鼓动，决定亲征。大臣叩谏，不听；劝做准备，不听；请选将领，不听；请定兵略，也不听。正统帝没有充分准备，没有周密计划，没有作战方略，没有作战兵器，没有前敌侦察，没有后勤保障，却率50万大军亲征，文武大臣，随军陪同。行至宣府，遇大风雨，有人建言，停止前进，王振益加嚣怒。成国公朱勇等进见王振言事，都跪着挪步行进。兵部尚书邝埜、户部尚书王佐，忤犯王振，被罚跪草中。公侯伯子男，六部诸尚书，在太监王振面前，或跪着用膝盖行路，或在路边草中罚跪，这在50万大军面前，哪里还有大臣的尊严，哪里还有皇朝的礼法，朝纲是何等混乱，法制遭何等破坏！

八月初二日，皇帝驻大同。镇守太监郭敬以敌势告，王振始惧，急命班师。至双寨，雨特大。王振初议经过紫荆关，由蔚州邀皇帝到他家，光宗耀祖，彰显权势。而这时的王振，因担心踩踏家乡的庄稼，遭乡亲埋怨，便调转路线，改道宣府。军士纡回奔走，十四日，到土木堡（今在河北省张家口市怀来县一带），选择高地，安营扎寨。

十五日，明军连遭六个不利：一是掘井无水，远离河流，人渴马饥；二是官兵断粮，人情汹汹；三是连日风雨，没有雨具，全身湿透；四是兵无斗志，指挥无方，秩序混乱；五是临时拔营，改换驻地，粮草不继；六是三军无帅，听一个全然不懂军事的太监王振瞎指挥。而瓦剌兵早已先退到谷地设伏，等待时机。见明军移动阵地，便以逸待劳，以静制动，突击明军驻地，明军惶恐混乱，自相践踏，六师大溃。大学士张辅等50多名高官皆死，王振也为乱兵所杀，明军骡马损失20余万头（匹），官兵"死者数十万"（《明史·英宗前纪》）。

这时，正统皇帝居然毫发无损，席地而坐。大明天子就这样做了俘虏。明军因错误时间、错误地点、错误对象、错误主帅、错误路线、错误兵略，铸成了悲剧的后果。这就是震惊朝野的"土木堡之变"。

这一年，明英宗二十三岁，已经做了14年皇帝。从此，开始了他长达一年的战俘生活。在中国历史上，除亡国之君外，还没有一位统一皇朝的皇帝被俘过。堂堂大明皇帝，沦为瓦剌俘虏，朱祁镇又创造了一个明史上的第一。

明英宗朱祁镇像

二、黄金筹码

明正统帝先被带到也先弟弟赛罕王面前,他主动问:您是也先乎?还是伯颜帖木儿乎?赛罕王乎?大同王乎?这种不卑不亢而又咄咄逼人的气势,令赛罕王惊异。也先赶紧派出使过明廷的人前来辨认,确定是大明正统皇帝。也先惊喜,以被俘皇帝做讨价还价的筹码,比黄金筹码还珍贵,所以将之叫作"黄金筹码"。

第二天，也先就挟持正统帝来到宣府城下，后又到大同城下，索要金银彩缎。两城守将都拒不开门，但也先拿到了大同守将送来的大量金银彩缎，正统帝的母亲孙太后和皇后钱氏也从北京送来八驮金银财宝，也先便挟持他回到大漠深处的老营。一个月后，也先再次挟持正统帝到大同，城门不开，便直抵北京城下。十月十三日，瓦剌军攻城，明军据城坚守，两天后，也先放弃攻城，返回大营。正统帝热切期盼能够回到皇宫，但希望一次次破灭。

　　回到大漠深处的瓦剌老营，也先给正统帝身边安排了三个人：锦衣卫校尉袁彬、翻译哈铭和卫士沙狐狸。得蒙这三个人的悉心照料，正统帝焦躁的心逐渐平静。他们住在蒙古包里，挤在一起，席地而眠。大漠天气，冬天极冷，袁彬用身体给正统帝焐脚，哈铭睡熟了会把手臂搭在正统帝身上。也先命给正统帝，每两天送一只羊，七天送一头牛，牛奶、羊奶每天都送。逢五、七、十还摆筵席，众人聚在一起，演出吹拉弹唱、歌舞摔跤。

三、返回南宫

　　正统帝被俘在大漠，朝廷不能没有君主。在国难、家难的危急关头，当年九月初六日，正统帝的异母弟郕（chéng）王朱祁钰，被推上帝位，改年号为景泰，尊被俘的皇兄、正统帝为太上皇。转眼到了第二年七月，景泰帝终于开始考虑接嫡长兄回家的难题。

　　景泰帝本无做皇帝之心，但做了以后，感觉做皇帝不错，便贪恋皇帝宝座，因此当也先几次表示要送回正统帝时，他都没有表态。直到兵部尚书于谦表示：天位已定，孰敢他议？答使者，冀以舒边患，得为备耳！景泰帝这才放心，派使臣前往瓦剌议和。在瓦剌部首领也先送行宴会上，使臣向也先提出迎回正统帝之事，也先说：大明皇帝敕书内，只说来讲和，没说来迎驾。太上皇帝留在这里，又做不得我们皇帝，是一个闲人。我还你们，千载之后，只图一个好名儿。你们回去奏知，务要差太监一二人、老臣三五人来接，我便差人送回去。

正统帝被俘已经11个月，这次景泰帝派来使者，并没有给皇兄正统帝带来信函或衣物，但正统帝见到宫里派来的使臣，往事回忆，百感交集。他经过几个月的磨炼和思考，更加成熟了。他请使者向景泰帝转达，回去后或守祖陵，或做百姓，无意复位。

正统帝的使臣还没回到北京，之前派去回访的右都御史杨善等也到了也先大营。这次杨善带来的敕书仍然只言议和，未提迎回皇兄。但杨善真心要迎回正统帝，他典卖了自己的家产，又向宦官借贷，购买了一批礼物带给也先。能言善辩的杨善，说动了也先，不等宫里派太监和老臣来迎，亲自送正统帝南归北京。

景泰元年（1450）八月初二日，做了一年俘虏的正统帝，终于踏上回家的路。也先率众首领送了半天的路程，在分别时，也先下马叩头跪，送良马、貂皮，解所带弓箭、撒袋、战裙以进，与众酋罗拜伏地，恸哭而去。（《明英宗实录》卷一九五）正统帝接受礼物，也很受感动。负责看守正统帝的大将伯颜帖木儿，送了两天，洒泪而别。经过土木堡时，正统帝祭奠了战死于此地的将士亡灵。

但在明朝宫里，迎接太上皇回来的态度和礼仪上，始终存在两种鲜明的差别：是积极还是消极，是隆重还是俭素？景泰帝属于后者，朝臣多属前者。例如：

八月十二日，早朝刚退，有侯、伯、尚书、都御史等官员，在午门前手持一帖，聚集围观，议论不一，后各散去，将帖隐匿。景泰帝闻知，让奏报实情。原来工部尚书兼翰林院学士高谷等，举着详载当年唐肃宗迎接太上皇唐玄宗的故事——应盛备法驾，在安定门外，公侯、驸马、五府、六部等衙门，文武百官并监生等，到土城外，隆重迎接。景泰帝则坚持——车驾入东安门，在门内迎接，行叩头礼毕，同文武百官，到南宫便殿，太上皇帝升座，景泰帝行礼毕，文武百官行礼。尔等悉遵朕命，不许再行变更。（《明英宗实录》卷一九五）

八月十五日，正统帝由北京**安定门**入城，改乘法驾，入皇城东安门，景泰帝在门内迎接，一番礼仪后，送入南宫。随从勇士20人送驾，白天不离左右，夜间围帐警卫，就是都御史杨善也不能靠近。完成任务后，他们揭开轿帘，查看无误，叩头而退。而后，正统帝在南宫宴请送行的人答谢。

从此，正统帝朱祁镇开始了长达七年的南宫囚禁生涯。

安定门箭楼

逛一逛

安定门

明清北京内城北垣东门。始建于明洪武元年（1368），正统四年（1439）建城楼，瓮城东西约68米，南北约62米。安定门是征战得胜回归的收兵之门，京都九门中有八门瓮城内建有关帝庙，只有安定门内建真武庙，祀奉真武大帝，这在诸门中独具一格。

京都九门分别为正阳门、崇文门、宣武门、朝阳门、阜成门、东直门、西直门、安定门和德胜门。

第二十讲 于谦定乱

正统十四年（1449）八月十五日，正统帝率军亲征蒙古瓦剌部，在土木堡，全军覆没，正统帝被俘。败报在当天夜里传到皇宫，皇宫震动，后妃大哭。孙太后和钱皇后打算先封锁消息，筹集金银彩缎，把皇帝赎回来。但是，消息很快传开，朝野大震，官民惊恐。

在危难的关头，稳定乱局，关键人物，首推于谦。

一、清官于谦

于谦（1398—1457），钱塘（今浙江省杭州市）人。幼聪颖，又好学，中进士。在正统年间，任山西、河南巡抚。他在任上兴利除弊，赈贫济困，办水利，促兴农，心系百姓，为民求福。当时官场贿赂成风，特别是大太监王振公然索贿。于谦作《入京诗》道："手帕蘑菇及线香，本资民用反为殃。清风两袖朝天去，免得闾阎话短长。"拒不与贪官同流合污。他刚正不屈，被王振捏造罪名，定为论死（死缓）。山西、河南民众上千人请愿，颂扬于谦的功德，王振被迫释放于谦。不久，于谦因政绩卓然，调任北京，为兵部侍郎。在土木堡之变中，于谦成为临危定乱安邦的栋梁之臣、驰名四方的中华英杰。

于谦同里后学孙高亮，在历史小说《于少保萃忠全传》(《于谦全传》)的第五回，有于谦观石灰窑所感，口占七绝《石灰吟》一首云：

　　千锤万击出深山，
　　烈火焚烧若等闲。
　　粉身碎骨全不怕，
　　要留清白在人间。

于谦像

《石灰吟》映现出于谦生命历程的四种境界。

二、反对迁都

斥迁都。正统十四年（1449）八月十八日，孙太后在**午门**召集百官，宣布败报，命郕王朱祁钰监国。孙太后和郕王让朝臣们商议对策。在一片哀嚎声中，翰林院侍讲徐珵（有贞）说，天象示警，只有尽快南迁，才能避开劫难。兵部侍郎于谦大声说：建议南迁的人应该斩首！京师是天下根本，根本一动，大势去矣，大家都想想宋朝南迁的教训吧！孙太后和郕王朱祁钰来了精神，把战守重任交给了于谦。于谦等建议朱祁钰采取一系列措施，加强京师防卫，人心逐渐安定。

八月二十日，孙太后立正统帝两岁的儿子朱见深为皇太子。这是孙太后为自己打的小算盘。她是因为有了正统帝这个儿子，才取代胡皇后而成为皇后、太后，万一正统帝回不来，郕王的母亲岂不成为太后了。所以她立自己的孙子为太子,以保住自己的太后地位。

与此同时,明廷办了几件大事:

惩阉奴。八月二十四日,郕王朱祁钰在午门左门临朝视事,大臣们弹劾太监王振,认为是王振误国。王曰:汝等所言皆是,朝廷自有处置。话刚说完,百官下跪,恸哭不起,扬言道:圣驾被留,皆振所致,殿下若不速断,何以安慰人心!有个叫马顺的太监,为王振党羽,担任锦衣卫指挥。他不断地大声呵斥众臣退下,惹恼了朝廷众官。官员王竑振臂而起,揪住马顺的头发喝道:"若曹奸党,罪当诛,今尚敢尔!"(《明史·王竑传》)边骂边追,还上前"啮其面"——咬他,群臣也一拥而上。有的官员脱下马顺的靴子,捶击殴打,追到奉天门庭院东侧的左顺门附近,将马顺打死。朝班大乱,群臣聚哭,号啕之声,震动殿堂。郕王被这

午门旧影

逛一逛

午门

紫禁城的南门。建于明永乐十八年(1420),清顺治八年(1651)、嘉庆六年(1801)重修。平面呈"凹"字形,墩台高12米,正中有三门,两侧各有一个东西向的掖门,为"明三暗五"。

阵势吓住，起身想走。王竑率领群臣紧跟着郕王不放，说：太监毛贵、王长随，也是王振一党，请求将他们法办！遂于门缝间抽出二人，大臣们又把这两个人捶死了。王振的侄子、锦衣卫千户王山也很快被抓来，众相戒勿捶死，使伏法，遂缚王山赴刑场，凌迟处死。史书记载这个场面说："血渍廷陛。"（《明史·王竑传》）

在朝班大乱之时，兵部侍郎于谦挺身而出，排开众人，上前拉住郕王衣服，并晓之以利害。于是郕王宣谕：马顺等人论罪该死，打人之事，不再追究！这才把群臣的情绪安定下来。在这场乱局中，于谦"袍袖为之尽裂"（《明史·于谦传》），朝袍和衣袖都被撕破。王振家族全部被斩，朝廷籍没王振家产，得金银60余库，玉上百盘，高六七尺大珊瑚20余株，其他珍玩，不计其数。

立新君。九月初一日，群臣联合上奏孙太后，请立郕王朱祁钰为皇帝，孙太后无奈下懿旨批准，朱祁钰躲到郕王府，再三推辞，于谦正色说：臣等诚忧国家，非为私计。这时，都指挥使岳谦出使瓦剌回来，得到正统帝口信，说可由郕王继承帝位。

九月初六日，朱祁钰正式即皇帝位，遥尊正统帝为太上皇，改明年为景泰元年（1450）。这样，明朝终于度过了正统帝突然被俘带来的严重政治危机。

主战守。于谦为兵部尚书，主持京师防守大计。他精心备战：分派官将，严守九门；缮备器械，简兵补卒；支出仓粮，坚壁清野。他提督各营军马，列阵九门外，抵挡瓦剌也先来犯。他移檄切责主和者，由是"人人主战守，无敢言讲和者"。他申约束、严军令："临阵，将不顾军先退者，斩其将；军不顾将先退者，后队斩前队。"（《明史·于谦传》）

卫京师。十月，也先率军，挟持正统帝，兵临北京城下。于谦躬擐甲胄，率先士卒，以死自誓，泣谕三军。官兵皆受感奋，勇气百倍，矢志捐躯效死，以报国恩。于谦提督各营军马，镇守九门，奋力御守。明军在德胜门、西直门、彰义门（广安门），先后分别击败瓦剌军。也先弟孛罗和平章卯那孩中炮死。也先又移军京师北土城，"居民皆升屋，以砖瓦掷之"（《明代宦官史料长编》卷四中），号呼击寇，哗声动天。军民合力，奋勇打拼，激战数日，击退瓦剌，取得保卫京师的胜利。

三、惨遭杀害

后来在景泰元年（1450）春夏间，败瓦剌军于万全，并加强了居庸、大同、宣府的御守。也先兵攻不胜，用间不逞，始有送还正统帝之意。

迎英宗。正统帝被俘将近一年了，瓦剌首领也先多次表示要送还正统帝，但景泰帝始终不言声。他在文华殿召见大臣们商议，礼部尚书王直说："上皇蒙尘，理宜迎复。乞必遣使，勿使有他日之悔。"景泰帝非常不高兴。于谦看懂了景泰帝的心思，说：天位已定，孰敢他议？答使者，冀以舒边患，得为备耳！景泰帝才放下心来，说"从汝，从汝"。《明史·于谦传》记载："上皇以归，谦力也。"这是对当时舆论界认为于谦反对迎归正统帝的最好的辩驳。

遭杀害。七年后，正统帝南宫复辟，重新夺回皇位，于谦被杀。于谦成了朱祁镇、朱祁钰兄弟争夺皇位的替罪羊。

于谦以国为家，白天上班，夜间值宿，不问家产。偶尔得闲，"清风一枕南窗卧，闲阅床头几卷书"。刑死之日，阴霾四合，万众悲哀，天下冤之。抄家时，家无余资，唯独正室，镐钥甚固，打开一看，原来都是皇帝赐的蟒衣、剑器。妻子和儿子也被流放，无人收尸。女婿朱骥，归其丧杭州，葬之。

而后不久，加害于谦的三个人，果然不得好报：徐有贞（珵）戍金齿，石亨下狱死，曹吉祥因谋反罪被族诛。而于谦忠心义烈，与日月争光，后得平反，谥号忠肃，有《于忠肃集》传世。子于冕后官应天府知府。

耄耋者说二 稳定与繁荣

皇宫的主人是明代宗朱祁钰景泰帝（在位8年）、英宗朱祁镇天顺帝（在位8年）、宪宗朱见深成化帝（在位23年）、孝宗朱祐樘弘治帝（在位18年）、武宗朱厚照正德帝（在位16年）、世宗朱厚熜嘉靖帝（在位45年）、穆宗朱载垕隆庆帝（在位6年）七朝，共122年［景泰元年（1450）至隆庆六年（1572）］。这个时期，明朝虽表面强大繁盛，却已经开始显露衰势。

其前者，中原没有大的动乱，皇宫没有大的震荡。东南沿海的"倭寇"被戚继光等平息，西北"隆庆和议"后开始贡市，东北女真—满洲尚基本安定。

其后者，国家处于经济上升期，社会比较安稳。嘉靖时的"大礼议"，带来皇宫和郊社坛庙礼制的重要变化。正德帝、嘉靖帝演绎出许多荒唐的宫廷故事。恰在这个时期，西方大国萌动，开始迭次崛起。

本部分为21—43讲，主要展示明朝中期，重臣、名士同奸臣、赃官的搏斗，讲述于谦、林瀚、商辂、蒋钦、李东阳、王守仁、杨廷和、杨慎、海瑞、何瓛、陈以勤、陈于陛、郑洛、俺答汗、三娘子等可歌可泣的历史人物。

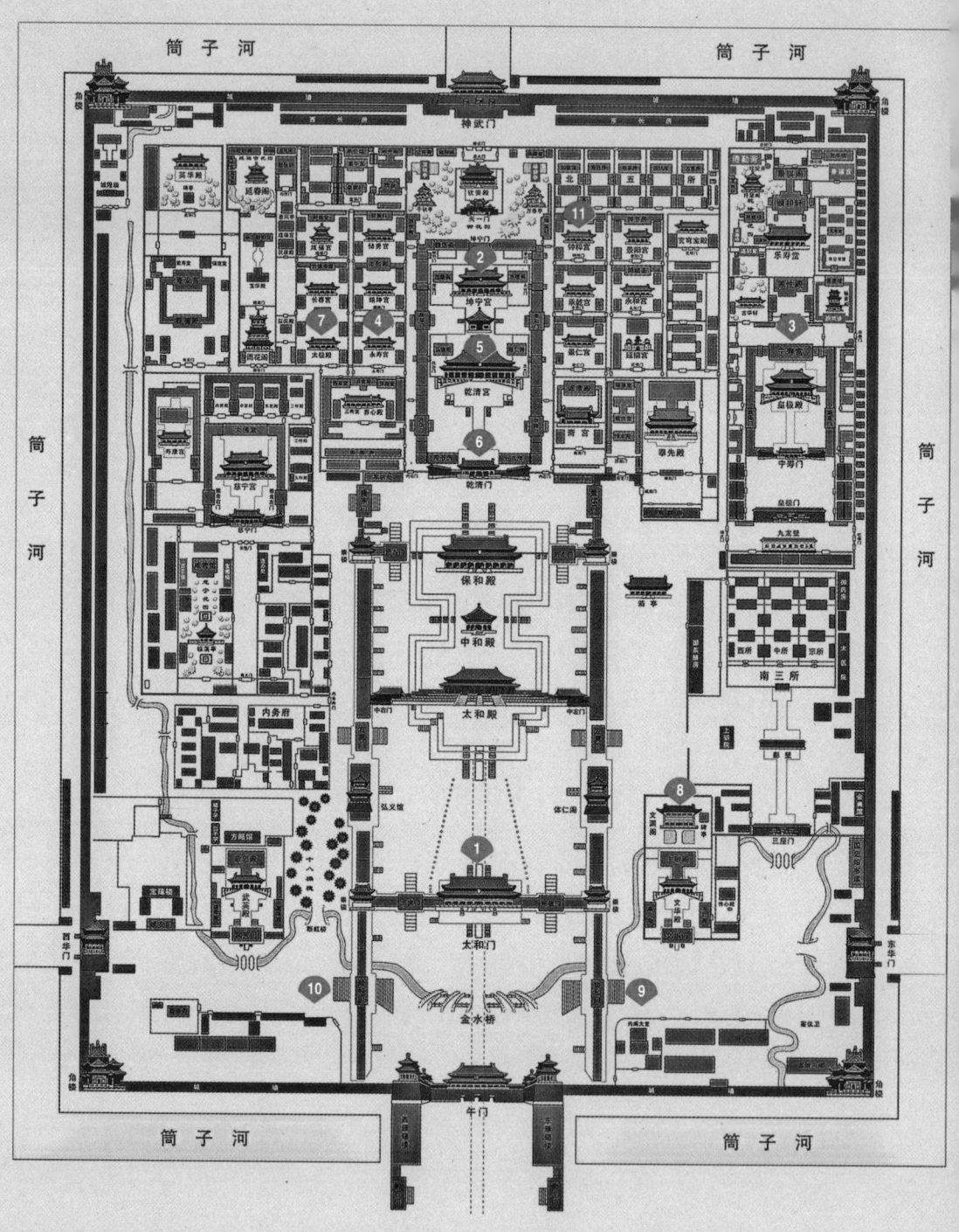

第二十一讲

南宫复辟

"南宫复辟"的南宫在什么地方?"复辟"的原因和经过怎样?其后果和影响又如何?

一、机不可失

南宫复辟的策源地在南宫。明朝北京皇宫之外,还有三组宫院,南宫、西宫和豹房。在这三组宫殿庭院,都曾发生过以皇帝为主角的惊心动魄的故事。我在本书中,会逐一讲述。这里讲的南宫复辟,是明正统帝朱祁镇以太上皇的身份,从南宫发动政变,夺回皇位的重大历史事件。

南宫,在紫禁城以外,皇城以里,因位于皇宫东侧偏南,所以称为南宫。南宫的具体位置,在今北京南池子以东、南河沿大街以西的地带,是一个独立的宫廷院落,永乐帝为皇太孙朱瞻基而建,有前殿、后殿,有高墙环绕。清初曾为摄政睿亲王多尔衮的王府。清朝北京王府,在皇城以内的,只有睿亲王府一座。这座南宫,明朝曾做过"皇帝监狱",清朝府主多尔衮身后被"焚尸扬灰",认为很

明南宫遗址

不吉利,谁也不愿意住。后改王府为庙宇,名为普度寺。今有殿宇遗存,附近为菖蒲河公园。

明英宗朱祁镇,在正统十四年(1449)土木堡之变中,八月十五日被俘,第二年八月十五日回到北京。回京后,他被称为太上皇,一家人从此就被软禁在南宫,从景泰元年(1450)八月,到八年(1457)正月,将近七年。景泰八年(1457)正月十六日,明英宗从南宫发动复辟,里应外合,重登皇位,这就是"南宫复辟"。太上皇朱祁镇南宫复辟,既有深层原因,也有直接原因。

深层原因是当时天上有两个"太阳":景泰帝朱祁钰和太上皇朱祁镇(年龄差不到一岁)。他们兄弟矛盾的焦点是皇位。景泰帝将太上皇软禁在南宫,派兵驻守,正旦、生日,不许朝贺,形同囚犯。太上皇起码的生活得不到保障:"膳馐从窦入,亦不时具。"(沈德符《万历野获编·南内》)他的人身安全也受到威胁:增高南宫城墙,伐去城边大树,宫门之锁灌铁,派兵严加戍守。太上皇曾在城边树荫下乘凉,不久大树被砍伐,问原因——内臣说出实情,原来是有大臣进言"城南多树，事叵测"（《明史纪事本末》卷三十五），景泰帝遂下令"尽伐之"。太上皇朱祁镇害怕了。

朝廷既有两个"太阳"，大臣便有两派势力。景泰帝不予重用的，原忠于太上皇帝的，或者有野心的大臣，便站在太上皇一边，同气相投，秘密谋划，寻找机会，发动政变。

直接原因是废立太子。明英宗朱祁镇有九个儿子，已将皇长子朱见深立为太子。景泰三年（1452）五月，景泰帝废皇太子朱见深为沂王，出京就藩。景泰帝只有一个儿子朱见济，他要立见济为皇太子，"恐文武大臣不从，乃分赐内阁诸学士金五十两，银倍之"（《明史纪事本末》卷三十五），笼络朝臣，兼作收买。然新太子朱见济被立后，第二年就死了。那么，再立谁呢？有人主张再立被废的皇太子沂王朱见深。礼部郎中章纶、御史钟同等，上疏力倡立朱见深，被下诏狱，严刑鞫讯，残酷折磨，体无完肤。立太子之事悬而未决，景泰帝患病不能上朝，这就为明英宗南宫复辟提供了有利的时机和条件。

二、复辟经过

南宫复辟经过了密谋、政变和惨杀三个阶段。

密谋。景泰八年（1457）正月十五，景泰帝朱祁钰因病，免文武百官宴贺。他实际上已经因病三天不上朝了。景泰有病，群臣汹汹。太上皇势力在暗中做准备：司礼监太监曹吉祥，文臣副都御史徐有贞、武官都督张𫐐（yuè）、武将石亨等，在密室策划，谋迎太上皇复位。先是，十四日夜，政变策划者，会聚在徐有贞家。徐有贞大喜，说："须令南城知此意。"意思是必须要让太上皇知道我们的意思。张𫐐说："阴达之矣。"意思是一天前已秘密奏达了。又让太监曹吉祥入宫告诉孙太后。

十六日夜，他们又在徐有贞家聚会。徐有贞登上屋顶观看天象，说："事在今夕，不可失矣！"这时恰有边吏报警，徐有贞建议以此为名，兵入大内，一定没有人敢阻拦！计定，徐有贞焚香祝天，与家人诀别，说："事成，社稷之利；不成，门户之祸。归，人；不归，鬼矣！"（《明史纪事本末》卷三十五）深夜，复辟政变，秘密发动。

政变。石亨掌管宫门锁钥，夜四鼓，开长安门，进兵千人。入门后，立即关门，理由是怕"外兵"进来。另一股兵，赶到南宫。宫城大门锢锁，叩门不应。徐有贞命取巨木悬起，数十人举木撞门。又令勇士翻墙进入，与外兵合毁墙垣，墙坏门开，石亨、张轨等入南宫。太上皇掌灯出来问是怎么回事，徐有贞等俯伏请登大位，遂呼请太上皇上肩舆。兵士惶惧，连轿都抬不起来了，徐有贞带领大家帮忙，才得以行进。到了东华门，守门不让进。太上皇说："朕太上皇帝也！"开门进入，到**奉天门**。时皇帝宝座尚在殿隅，众人搬到正中，遂升座，鸣钟鼓，启诸门。十七日晨，百官入候景泰帝视朝。徐有贞出列，跟众官说："太上皇帝复位矣！"（《明史·徐有贞传》）徐有贞等穿常服，三跪九叩，高呼"万岁"。众官跪拜。就这样，太上皇朱祁镇夺回了皇位，年号天顺，改景泰八年为天顺元年（1457）。废景泰帝为郕王。郕王朱祁钰废后七日薨，葬于西山。

惨杀。徐有贞即日入内阁，参预机务。明日，加兵部尚书，后兼华盖殿大学士。兵部尚书于谦、大学士王文在官员行列中被抓下狱。其理由呢？徐有贞向英宗直前奏："不杀于谦，今日之事无名。"（《明史纪事本末》卷三十五）罪名是于谦"意欲"迎立外藩，就是想迎立藩王进京，继承皇位。王文不服，辩道："召亲王须用金牌信符，遣人必有马牌，内府、兵部可验也！"（《明史·王文传》）于谦笑道："辩什么？他们不讲事实有无，就是要我们死罢了！"明英宗决定，将于谦和王文等斩首，妻子戍边。从前景泰帝赐于谦府第，于谦辞谢。于是于谦在屋里放置景泰帝前后所赐玺书、袍铠、弓剑、冠带等，加上封条，岁时拜视。于谦以国务繁忙，寓宿直房，夜不回家。到于谦被斩，抄其家，然无余赀，萧然仅书籍耳。而正室锁钥坚固，打开一看，皆帝赐也。谦死之日，阴霾翳（yì，遮蔽）天，行路嗟叹，天下无不冤之。儿子于冕也被流放。（《明史·于谦传》）后于谦事平反，子于冕官应天府府尹，他收集整理父亲生前遗稿，刻印《节庵存稿》传世。后有《于忠肃集》，今人编《于谦集》。

三、后人思考

南宫复辟，多有评论，同情景泰帝者多，赞同正统帝者少。但是，我们可从另一侧面，思考历史经验。

正统帝的错误在于杀害保卫江山社稷、生民百姓的大功臣——于谦和王文。

景泰帝的错误在于举措失度，其主要原因是一个"贪"字。景泰帝虽在危难关头对稳定明朝统治做出贡献，但贪恋皇位，以致在对待太上皇和皇太子的问题上，出现重大错误。

对待太上皇帝，应当只有两条：留，则敬之以礼；否，则祭之以鬼。既不敬，又不祭，自招祸，天难救。

对待皇太子废立的大事，废侄子朱见深，立儿子朱见济，属情有可原。但自己儿子死了，自己又重病在身，还迟迟不让原太子复立，造成人心涣散、太上皇孤注一掷的危局。

朱祁镇，毕竟遭过大难，受过奇辱，吃过大苦，见过大世面，是经过政治磨炼的人。他复辟后执政的七年间，于敬天法祖、朝廷政务，格外重视，认真去做，做了几件"仁德之事"。

第一，恢复他父亲宣德帝废后胡氏的皇后名位，并上尊谥。

第二，释放建文帝次子朱文圭，并在凤阳建造房屋以安排侍者，让他自由居住。可怜这位朱文圭，当年只有两岁，在高墙中被幽禁竟达55年。

第三，临终时废除妃嫔殉葬制度。明朝皇帝死后妃嫔殉葬，从太祖朱元璋开始，经永乐、洪熙、宣德等四朝，终于废止。

第四，景泰帝死后，允许其废后汪氏母女迁回郕王旧府，并可携带其在宫中所有财物。

然而,明英宗复辟之后,并没有彻底反思土木堡之变的根本原因,没有做过自我批评,没有发表《罪己诏》,却对太监王振招魂以葬,祀之智化寺,赐祠曰"精忠"。可见,国君之认错、改过,难矣!

奉天门(太和门)前的明代铜狮

逛一逛

奉天门(太和门)
紫禁城内外朝的正门。始建于明永乐十八年(1420),初名奉天门,后改称皇极门,清顺治二年(1645)开始称太和门。门前的广场宽敞、开阔,有内金水河环绕,南与午门相向。明代曾是每日早朝和奏事的地方。

第二十二讲 英宗皇后

朱祁镇是明朝第一位在北京皇宫坤宁宫举行大婚的天子,他的皇后钱氏也是第一位在北京皇宫坤宁宫举行大婚的皇后。

一、钱后命苦

明英宗皇后钱氏(1426—1468),海州(今江苏省连云港市)人。正统七年(1442),立为皇后。钱皇后有件事情被《明史》称赞。中国帝制时代,皇后娘家被称为"外戚"。女儿一旦贵为皇后,娘家人便鸡犬升天。汉、唐的外戚之祸,危害不浅,史不绝书。明英宗考虑钱皇后娘家一族身世单微,要给其娘家封侯爵,这还只是公、侯、伯、子、男五等爵位的第二等——"侯",尚不是第一等的"公"。因钱皇后几次逊辞,始终没封。《明史·后妃传》说:"故后家独无封。"在整个明朝历史上,皇后家"独无封"的,只有钱皇后家。但是,钱皇后经历了八件不幸的事。

一是日夜哀泣。英宗皇帝被俘期间,她"夜哀泣吁天,倦即卧地,损一股。

以哭泣复损一目"(《明史·后妃传》)。她夜夜哭泣,哭瞎了一只眼,且长时间坐在凉地上哭,又损伤一条大腿,可能是一侧股骨头坏死吧!

二是倾囊赎君。"英宗北狩,倾中宫赀佐迎驾。"(《明史·后妃传》)明英宗被蒙古瓦剌部首领也先俘虏后,要花钱赎回。钱皇后将自己嫁妆首饰、珠宝和私房钱拿出来,期望赎夫君正统帝回朝、回家。

三是陪住南宫。明英宗放归后,被迫住在南宫,钱皇后也陪住,如同囚徒。

坤宁宫内景

逛一逛

坤宁宫

内廷后三宫之一。位于交泰殿后,中轴线上。始建于明永乐十八年(1420),正德九年(1514)、万历二十四年(1596)曾两次毁于大火,万历三十三年(1605)重建。在明代,坤宁宫是皇后的寝宫。

但她"曲为慰解",就是耐心劝慰、开导失意的夫君。有时还做女红换钱,用来补贴生活。

四是中年丧偶。明英宗虽然南宫复辟,重新登上皇帝宝座,但是三十八岁病故,钱皇后年轻守寡。

五是徽号之争。明英宗死后,太子朱见深继位,是为成化帝。他的生母周贵妃,就成为太后。这位周太后,处处跟钱太后争高下、比地位。几番折腾,钱太后才获徽号,很不顺利。

六是同葬风波。明英宗临死前,遗嘱钱皇后"与朕同葬"。但钱太后薨,周太后不同意。成化帝把球踢给大臣们讨论,自然有拍周太后马屁的,也有坚持朱明家法的,上下反复,意见不一,竟然闹到"吏部尚书李秉、礼部尚书姚夔集廷臣九十九人"相争的地步,甚至于"百官伏哭文华门外"(《明史·后妃传》)。成化帝请示周太后,周太后还是不同意。皇上不答应,群臣就跪在地上不起,"自巳至申"四个时辰,约八个小时,周太后才勉强同意让钱太后同葬裕陵。(《明史·后妃传》)但事情还留个尾巴。什么尾巴呢?

七是冥间阻隔。明英宗裕陵埋葬明英宗、钱皇后和周贵妃。周贵妃对钱皇后,不但在生前,而且在身后,仍然"争宠"。死了怎么"争宠"呢?明英宗的棺椁两侧,左侧圹(kuàng)穴,安放钱皇后的棺椁;右侧圹穴,是预留安放周贵妃的棺椁。但周贵妃坚持要将钱皇后棺椁的圹穴,隔开数丈远,并要"窒之"不通,堵塞,而自己棺椁的圹穴,要与明英宗的棺椁之间相近相通。

八是不设牌位。在奉先殿祭祀,周太后安设牌位,钱太后不设牌位。这就是说,钱皇后死后在宗庙里没有位置。

钱皇后虽是第一位从大明门坐花轿抬进坤宁宫的正宫皇后,却遭受到八大不幸。其实这八个不幸,最大的不幸是她没有生儿育女。周贵妃为什么后来处处压着钱皇后?就是因为她的儿子做了太子、做了皇帝!

明英宗钱皇后

二、周后狭隘

周氏是北京昌平人。因生儿子朱见深,被立为太子,母以子贵,周氏被封为贵妃。朱见深十九岁继承皇位,改年号为成化,尊她为皇太后。成化帝死后,她的孙子弘治帝朱祐樘继位,尊她为太皇太后。

除生育之外,钱皇后跟周贵妃还有一个差距,就是寿命短。钱皇后守寡不久就去世了，而周贵妃则享受到儿子成化帝的孝顺。明朝16位皇帝，文化素养、个人品德差异很大，各不相同，甚至有的皇帝做出许多荒唐之事。但是，明朝所有的皇帝，对待母亲、对待祖母，都极孝顺，无一例外。《明史》记载："宪宗在位，事太后至孝，五日一朝，燕享必亲。太后意所欲，惟恐不欢。"（《明史·后妃传》）这是可信的。成化十四年（1478），周太后懿旨出内帑（tǎng）重修京师西郊名刹大觉寺。（《御制重修大觉寺碑记》）其从弟周云瑞（吉祥）为僧录司左善世（正六品），兼大觉寺住持，于弘治五年（1492）圆寂。今存寺南"周云瑞和尚塔"及碑记可做史证。

儿子成化帝去世后，弘治帝即位，她又被封为太皇太后。弘治帝事太后也至孝。周太皇太后病疡（yáng），久之愈，诰谕群臣说："自英皇厌代，予正位长乐，宪宗皇帝以天下养，二十四年犹一日。兹予偶患疡，皇帝夜吁天，为予请命，春郊罢宴，问视惟勤，俾（bǐ）老年疾体，获厎（dǐ）康宁。以昔视今，父子两世，孝同一揆（kuí），予甚嘉焉。"（《明史·后妃传》）弘治十一年（1498）冬，清宁宫火灾，周太皇太后移居仁寿宫。第二年，清宁宫修缮完工，周太皇太后仍回清宁宫。

三、外戚周家

周太皇太后之弟长宁伯周彧，家有赐田，官员请求加以核查，皇帝说算了。周太皇太后说："奈何以我故椓（wěi）皇帝法！"（《明史·孝肃周太后传》）意思是怎么能因为我而不遵守国法呢！于是，将超出土地归于官府。

明英宗周贵妃娘家与钱皇后娘家相反，周贵妃的父亲周能为锦衣卫千户。周能死后，其长子周寿嗣职。后升周寿为左府都督同知（从一品），后来又晋升为伯。周寿依仗为当朝太后的弟弟、皇帝国舅，骄横贪婪。

其一，时正值严禁勋戚乞请庄田，唯独周寿冒禁乞请通州田62顷，即6200

亩。皇家全数划给他。在宝坻（今在天津）占田 500 顷，又要再得 700 余顷，合计约 12 000 亩，受到弹劾，皇帝却全许之。

其二，周寿的家人经常劫掠商船，为非作歹。

其三，成化十七年（1481）周寿升为侯，子弟同日授锦衣官者七人。成化帝死，弘治帝立，加周寿太保，其势更为嚣张。

其四，周寿又与建昌侯张延龄争田，两家家奴，相互斗殴，群臣不满，纷纷上章。太后二弟长宁伯周彧与寿宁侯张鹤龄至聚众相斗，都邑震骇。

其五，兄弟并为侯、伯，位三公，史称"前此未有也"！

外戚周家，从天顺，经成化、弘治、正德、嘉靖五朝，在七八十年间，依仗皇家，受爵升职，侵夺民利，为所欲为，为害一方，既损害皇家的根本利益，更侵夺百姓的重大利益。又与建昌侯张延龄争田，家奴相殴，交章上闻。还多次挠乱盐法，侵公家利，有司厌苦之。

弘治九年（1496）九月，吏部尚书屠滽同九卿联合上书，说：

勋戚诸臣不能恪守先诏，纵家人列肆通衢，邀截商货，都城内外，所在有之。观永乐间榜例，王公仆从二十人，一品不过十二人。今勋戚多者以百数，大乖旧制。其间多市井无赖，冒名罔利，利归群小，怨丛一身，非计之得。迩者长宁伯周彧、寿宁侯张鹤龄两家，以琐事忿争，喧传都邑，失戚里之观瞻，损朝廷之威重。（《明史·外戚传》）

强调外戚、勋臣之害深重，明廷、勋戚尤应鉴之。

第二十三讲

林氏四代

明朝有林姓一家人,四代人之间,出了三位祭酒、五位尚书,这在明朝276年历史上,是绝无仅有的。这一门的家风、家教,有什么经验值得借鉴的呢?

一、正派之家

林家是闽县(今在福建省福州市)人。《明史》记载林家第一代考中进士的,叫林元美,永乐十九年(1421)第三甲第一〇五名进士。他做过江西抚州府知府,算个厅局级官员。林元美的精力,主要放在对儿子的培养和教育上。

林家第二代进士是林瀚,他自幼用功,勤奋读书,明成化二年(1466)中二甲第三名进士。授翰林院庶吉士,就是在翰林院读研究生,毕业后任翰林院编修(正七品)。他在明宪宗成化帝死后,参与编修《明宪宗实录》,任经筵讲官——给弘治帝讲课。这是皇帝身边的近臣、文臣。林瀚表现出色,改任国子监祭酒。后升礼部侍郎,仍管国子监。林瀚主管国子监十年,有一件事,青史永垂。

什么事呢？国子监生员，原来没有宿舍。家庭贫寒子弟，在外面租房子住，是一项经济负担。林瀚在主管国子监的十年期间，节省伙食等费用，一年有数百两银子，在官库储存，他用这笔钱，逐渐营建宿舍，师生不用再租房居住。明朝的这项善举，是从林瀚开始的。后来一直影响到清朝国子监的制度。

林瀚人品端正，勤恳敬业，官升吏部侍郎。再官拜南京吏部尚书。后因年老乞休。

林瀚平素刚毅方正，得罪了大太监刘瑾。这时他依靠的上司纷纷罢政。刘瑾借茬修理林瀚，污他为奸党，贬谪他到外地做官，他被迫退休。刘瑾被杀，林瀚官复原职，不久，致仕。后病卒，年八十六。谥文安。

林瀚为人，谦虚厚道，坦然自守。九个儿子，其中庭㭿、庭机最有出息。

二、三位祭酒

林家一门，三代出了三位国子监祭酒。

我先介绍明朝的国子监。明朝有三个国子监：北京国子监、南京国子监和中都国子监。

南京国子监，明初在南京设国子监，是为全国最高学府。国子监祭酒为从四品。

中都国子监，洪武八年（1375）设，国子监祭酒为从四品，洪武二十六年（1393）罢。

北京国子监，永乐元年（1403）设，国子监祭酒为从四品。

国子监是"天下贤关，礼义所由出，人材所由兴"（《明史·职官志二》）。国子监祭酒都是从四品。

林瀚家三代出了三人为国子监祭酒：

第一代国子监祭酒为林瀚，前面已经介绍。

第二代国子监祭酒为林瀚的第三个儿子林庭机，嘉靖十四年（1535）进士。改庶吉士，授检讨，迁司业，升南京国子监祭酒。

第三代国子监祭酒林燫，为林瀚之孙，林庭机长子，嘉靖二十六年（1547）进士。改庶吉士，授检讨。后升国子监祭酒。

林家一门，自祖父林瀚、儿子林庭机、孙子林燫，三代为国子监祭酒，《明史·林瀚传》说："前此未有也。"这成为学坛的一段佳话。

三、五位尚书

林家还有一段佳话。祖父林瀚退休在家，次子林庭㭿于弘治十二年（1499）中进士。先官兵部主事（处级），又升兵部职方郎中（局级），又任苏州府知府。时苏州频年闹大水，林庭㭿"疏请停织造，罢繁征，割关课备振"（《明史·林庭㭿传》）。一次上奏未准，再次上奏，才获旨准。后以父亲年老，请假归乡。这时林庭㭿之子林炫已中进士，官礼部主事，请假探亲。这样，祖父、儿子、孙子，一家三代进士，聚集一堂。史载："三世一堂，乡人称盛事。"（《明史·林瀚传》）

我特别要讲一下林家出了五位尚书：

第一位，林瀚官拜南京兵部尚书。

第二位，林瀚次子林庭㭿，官工部尚书。林庭㭿中进士后，传承家风，正直做人，勤慎做事，在湖广任布政使（副省长），政绩卓异，升右副都御史，回京任工部侍郎。当时大兴坛庙工程，又兴西苑宫殿、北京沙河行宫，他屡次请以俭约先天下。又因水旱灾害，乞请停采大木、罢除烧造。由工部侍郎升为工部尚书，加太子太保。

第三位，林瀚第三子林庭机，嘉靖十四年（1535）中进士。后升为南京国子监祭酒，再升工部尚书。年老致仕，万历九年（1581）卒，年七十六。赠太子太保，谥文僖。

第四位，林瀚之孙林燫，为林庭机长子。嘉靖二十六年（1547）进士。改庶吉士，授检讨。后升国子监祭酒。隆庆改元，擢礼部右侍郎，充日讲官。北边形势紧急，条上备边七事。改吏部，调南京吏部，署礼部事。魏国公徐鹏举废长立幼，燫持不可。万历元年（1573）进工部尚书，转礼部尚书。卒后，赠太子少保，谥文恪。

第五位，林烃，为林庭机次子。嘉靖四十一年（1562）进士。授户部主事，历广西副使。因灾异极陈矿税之害，请释逮系诸臣。不报。终南京工部尚书，致仕。

林氏一门，荣耀四代，出了三位国子监祭酒，五位尚书，能够阖门做到：知书达理，内行修洁，言行一致，史书称赞。这在明朝276年的历史中，仅此一家。

还有一个小故事：林家谥号——林瀚，谥文安；第三子庭机，谥文僖；孙林燫，谥文恪。都谥"文"字，这是偶然巧合，还是必然之果？可以说，既是巧合，也是必然。这在明朝，也是只有林氏一家而已。

明代福州林氏一门，处人处事，为官为民，奉行一条祖训家规，这就是：养正心，走正道，务正学，亲正人。

第二十四讲

独宠万妃

成化帝朱见深是明朝第八位皇帝，十八岁继位，在位23年，死时四十一岁。他幼年时期，伴随皇父英宗亲征、被俘、被囚、复辟等大起大落的命运，亲身经历了作为皇太子被立、被废、再被立的反复折腾。另一方面，明朝已经建立百年，永宣之治的余波还在，各种危机都还在酝酿之中，恰逢难得的太平之世，朱见深一辈子生活在深宫里，精神上和物质上都可以得到极大满足。这种奇特的人生际遇，使得成化帝演绎出不少奇特的故事。

一、两次婚礼

朱见深虚岁三岁时，明英宗在"土木堡之变"中被俘。他的奶奶孙太后，将他立为太子，并把他放在身边养育。孙太后有一位宫女，姓万小名贞儿，山东诸城万家庄（一说在诸城市舜王街道，另一说在原桃源乡万家庄）人。（侯云昌主编《诸城名人》）父亲万贵为县吏，被贬谪到顺天府霸州（今河北省霸州市）。她四岁被选入宫，聪明机智，善解人意，在明英宗母亲孙太后宫里为宫女。她比朱见深大十七岁,这时已经二十岁了,悉心照料年幼的见深。朱见深小时候很难见到父亲和母亲,是奶奶孙太后和宫女万氏给予他温暖的呵护和教育,特别是万氏,亦奴、亦母、亦姐、亦妃,每天形影不离,成为他的感情寄托。

朱见深十五岁时,孙太后去世,他与万氏的亲密关系很快升温。但因出身和年龄的反差太大,明英宗和钱皇后、周贵妃,绝不可能让万氏成为朱见深的正妻。明英宗亲自为朱见深选太子妃,选了三位女子,分别是王氏、吴氏和柏氏,

明宪宗朱见深像

王氏排在第一。但是没来得及册立，明英宗病重、去世，事情就耽搁下来。但明英宗遗命见深百日后完婚。

太后做主，选中吴氏。成化帝于天顺八年（1464）七月二十一日，册吴氏为皇后，并举行了隆重的婚礼。吴皇后，顺天（今北京）人，父亲吴俊为羽林前卫指挥使。吴皇后知书达理，雅好音律，自当主持六宫，母仪天下。但吴皇后很快便与万贵妃发生冲突，并杖责了万贵妃。万贵妃向皇帝哭诉，求皇上做主。八月二十二日，刚刚册立一个月的吴皇后，就被成化帝给废了。废后吴氏搬到西内别馆居住，其父兄戍登州陵。

两个月后，成化帝举行第二次大婚礼，皇后为王氏。

四个月的时间里，皇帝两次举行大婚，这在紫禁城的历史上，也是唯一的。原因虽然很多，但不可忽视万氏的力量。

二、彗星多现

摆在皇后王氏面前的大难题是：如何处理同万贵妃的关系。

新皇后王氏，聪明贤惠，很有智慧。王皇后"终其身，不十幸，无所妒忌"（《罪惟录·王皇后列传》）。一辈子受到成化帝宠幸不到十次，但她对丈夫恪尽妻道，毫无怨言。而面对万贵妃的专宠，史书说她："万贵妃宠冠后宫，后处之淡如。"（《明史·后妃传》）其结果呢？史书说她"母仪两朝，寿过八十"，被誉为明史中"最尊且寿"的皇后。明成化帝的王皇后，先后做了23年皇后、18年皇太后、13年太皇太后，共计54年。王皇后居上不骄，居下不忌，心地善良，言行知礼，看得淡，想得开，心胸宽，气量大，这是王皇后幸福人生和健康长寿的秘诀。

成化帝的后妃，《明史·后妃传》记载为五人。第一任皇后吴氏被废掉，幽居西宫。第二任皇后是王氏。另一位邵妃生下兴献王朱祐杬，后来成为嘉靖帝的祖母，也得善终。还有一位是纪妃，后面再详细讲。只有万贵妃在五位后妃中，受到专宠，始终不衰。

万氏在成化二年（1466）正月，生下皇长子，成化帝大喜，派太监往名山大川寺观挂袍行香，敬祈祷佑，遂封为贵妃。但是，这位皇子当年夭殇。这年万贵妃三十七岁，此后不再怀有身孕。

成化帝没有儿子，朝廷内外甚为担忧，言者每请多选妃嫔，多生儿子，以广继嗣。成化四年（1468）九月初三日夜，发生了一个奇怪天象：天空出现彗星，向东北移动，五天之后，便形成一条三丈多长的巨大尾巴，直指西南。从这天开始，彗星凌晨出现在东方，其尾西指，黄昏则出现在西方，其尾东指，直到十一月十四日，才逐渐消失，历时70天。这是明朝建立百年以来，在天际运行时间最长、范围最大的一次彗星，引起朝野恐慌。

朝臣们将这一现象，与没有皇子、专宠的万贵妃联系起来。但成化帝嘴硬说："内事也，朕自主之。"（《明史·后妃传》）于是万贵妃更加恃宠而骄。她身边的太监，稍不如意，即遭斥逐。其他妃嫔御幸怀有身孕，遭到饮药堕胎的不计其数。但是，万贵妃一手难以遮天，百密必有一疏。成化五年（1469）四月，贤妃柏氏生下一位皇子朱祐极。这一次成化帝并不急着册立太子，直到成化七年（1471）十一月，才册立皇子朱祐极为皇太子。谁知刚过去两个月，皇太子突然生病，刚病了一天竟然死了。于是人们纷纷猜测，一定是万贵妃下的毒手。

三、相随崩逝

人们要问：万贵妃比成化帝大17岁，不是短暂受宠，而是终身专宠，直到五十八岁薨逝，这是为什么呢？她用的什么迷魂药将成化帝迷住了呢？

一是美。"丰艳有肌"，丰满艳丽，肌体健壮。美是宠妃、爱妃的共同特质。但也有书说她"貌雄声巨，类男子"，并不艳丽。万贵妃究竟长得如何，既没有《长恨歌》描述，也没有影像记录，更没有人亲眼见过，即使当时有宫女、太监见过，也没有留下文字记载，所以人们只能根据想象去推测。俗话说"情人眼里出西施"，所以在成化帝眼里，一定是美的。

二是媚。聪颖机警，善谀帝意。作为爱妃，美丽是条件之一，迎合是条件之二。史书说万贵妃："机警，善迎帝意。"（《明史·后妃传》）聪明机智，善于迎合皇上，是万贵妃的特殊本领。

三是刚。女人柔是美，刚也是美。成化帝爱喝酒，万贵妃"常戎装侍酒"；成化帝喜骑马，常出游，万贵妃"每上出游，必戎服佩刀侍立左右"，博得皇帝的宠爱。"上每顾之，辄为色飞。"（沈德符《万历野获编》）成化帝幼年因皇父大起大落，缺少安全感，尤其需要女性的爱护。史书有说法："末嬉（妹喜）冠男子之冠，桀亡天下"（《晋书·五行志上》）；唐武宗贤妃王氏，十三岁入宫，善歌舞，性机悟，喜游猎，着戎装，"每畋苑中，才人必从，袍而骑，校服光侈，略同至尊，相与驰出入，观者莫知孰为帝也"（《新唐书·后妃传下》）。人们将成化帝的万妃同唐武宗的贤妃相比。

四是智。笼络群下，细察动静。运用手腕，掌控皇帝，后宫妃嫔，难得侍幸。史书写她："且笼络群下，令觇（chān）候动静。"（《明宪宗实录》卷二八六）其他妃嫔有孕，派人用药，进行堕胎。身边太监，一忤妃意，立遭斥逐。万贵妃编织了一个控制整个后宫的严密的贵妃网。

五是缘。万贵妃的反常举动，必然遭到官员反对。然而，官员愈谏，宠爱愈笃。大臣见朝廷数年没有皇子出生，言官劝帝恩泽普霖，成化帝拒不接受，且宠万贵妃益甚。萝卜白菜，各有所爱，这就是缘。

万贵妃过于奢华。初居**昭德宫**，后移**安喜宫**，进封皇贵妃，服用器物，奢侈至极，四方珍奇，归己名下。万贵妃酷爱宝石，"京师富家，多进宝石得宠幸，赏赐累巨万"（韩邦奇《苑洛集》）。大太监梁芳就是靠"日进美珠珍宝悦妃意"（《明史·梁芳传》）而飞黄腾达的。万氏一门，父兄弟侄，恩泽普受，异乎寻常。赏赐金珠宝玉，多得无法计算。甲第宏侈，田连州县，佞幸出外，科敛民财，倾竭府库，骚扰百姓。

花开有谢，贵妃暴死。怎么死的？书有两说：一说是万贵妃命鞭挞一宫婢，愤怒至极，气咽痰涌，一口气憋死；另一说是《罪惟录》的记载"或曰左右缢万死"，就是被其身边的太监或宫女勒死的。这自然是无法考据了。成化帝惊闻万贵妃噩耗，不语久之，长叹曰："万侍长去了，我亦将去矣！"（《明史·后妃传》）于是，悒悒无聊，寝食不安，同年崩逝。

逛一逛

昭德宫

万贵妃在成化二年（1466）到成化十二年（1476）之间住的寝宫。成化十二年（1476）万氏进封皇贵妃后搬到安喜宫居住。

安喜宫

明宪宗朱见深宠妃万贵妃居住的宫殿，万氏于成化十二年（1476）进封皇贵妃时开始居住，一直居住至成化二十三年（1487）春。成化二十三年（1487），万贵妃暴卒于安喜宫，独葬天寿山皇陵区之西南隅万娘坟中。

第二十五讲

冷宫得子

成化帝独宠万贵妃,使得自己缺少子嗣。但他没有想到邂逅一位广西土司女儿纪氏,竟与她演绎出一段历史故事。

一、纪妃其人

纪妃,姓纪,名字不详,贺县(今广西壮族自治区贺州市)人。她本是广西一位土司的女儿。成化年间,明军出征,这个女孩被俘入宫,成为宫女。纪氏,非常聪明,做事勤敏,通晓书文,受命看守内府的珍藏宝物。这时,万贵妃特受宠,嫉妒其他妃嫔。后宫如怀有身孕的,便设法秘密进行堕胎。文渊阁大学士彭时、礼部尚书姚夔曾为此谏言,成化帝说:"内事也,朕自主之。"(《明史·后妃传》)并不理会。万贵妃更加骄横。太监一忤其意,立即斥逐。后宫御幸有身孕而被用药堕胎者,难计其数。有的妃子,生下儿子,却被害死。柏贤妃生悼恭太子,后被万贵妃所害。

一天,成化帝偶然到内府珍藏文物处,见到管理书画、器物的纪氏,进行询问，对答满意。成化帝一高兴，就在内府珍藏文物的地方，幸了纪氏，遂怀有身孕。万贵妃知道后，又嫉妒又怀恨，令宫女给纪氏钩下胎儿。宫女向万贵妃谎报纪氏是"病痞"，而非有孕。纪氏就被贬谪到西内安乐堂居住。安乐堂在金鳌玉蝀桥（今北海大桥）西头，棂（líng）星门北，羊房夹道内。凡宫人病老或有罪，就先发到此堂，待年久再发到浣衣局。

纪氏十月怀胎，到了产期，生下一儿，就是朱祐樘，也就是后来的弘治帝，即明孝宗。万贵妃命守门太监张敏，将新生小儿在水里溺死。张敏惊讶道："上未有子，奈何弃之？"（《明史·孝穆纪太后传》）于是，将小儿藏匿起来，偷偷用粉汤蜜糖哺育。万贵妃派人到处寻找，也没有找到。待小儿长到五六岁时，都没有敢剪掉胎发。这时，废后吴氏，谪居西内，靠近安乐堂，密知这件事，也亲自往来哺养，而成化帝一直不知道。

成化帝自万贵妃生的皇长子和贤妃生的太子死后，一直没有生男孩，皇帝无嗣，宫廷内外，朝廷上下，全都为之忧心。

成化十一年（1475），已经二十九岁的成化帝召太监张敏梳头，照镜叹道："老将至而无子！"张敏立刻跪地奏道："死罪，万岁已有子也！"成化帝愕然，问安在。对曰："奴言即死，万岁当为皇子主。"太监怀恩从旁顿首奏道："敏言是。皇子潜养西内，今已六岁矣，匿不敢闻。"（《明史·孝穆纪太后传》）

二、喜见皇子

成化帝得知已有皇子后，立刻大喜，想见皇子。

于是，成化帝当天幸西内，派遣太监前往迎接皇子。内臣到纪氏居所，纪氏知道儿子从未见过皇父，怕儿子见了之后，不知所措。因为皇宫里的男人——太监，都不能穿黄色袍子，都没有胡须。皇宫里只有皇帝一人，穿黄袍、有胡须。于是纪氏抱着皇子边哭泣、边教导说："儿去，吾不得生。儿见黄袍有须者，即儿父也。"(《明史·孝穆纪太后传》) 就是说，儿啊，你见到一位身穿黄袍，脸上长胡须的人，就是你父亲，扑上去，喊皇父！于是，给皇子穿上小绯袍，乘小舆，拥至阶下，头发披地，走投帝怀。成化帝将儿子抱在膝上，抚视久之，既悲又喜，流着泪说："我子也，类我。"(《明史·孝穆纪太后传》) 是我的儿子，很像我！派太监怀恩赴内阁，传告事情原委。群臣闻知，皆大欢喜。次日，入贺，起名祐樘，颁诏天下。当年十一月，立皇子祐樘为皇太子。

朱祐樘被立为太子后，得到成化帝生母周太后的保护。时周太后居仁寿宫，跟皇帝说："以儿付我。"此后小太子朱祐樘跟着周太后住在仁寿宫。一天，万贵妃召太子朱祐樘吃饭，周太后跟他说："儿去，无食也。"孩子，你去了不要吃东西！皇太子到了，万贵妃赐食，说："已饱。"给他羹喝，说："疑有毒。"万贵妃生气地说："是儿数岁即如是，他日鱼肉我矣。"这个孩子这么小就这样，将来还不以我为鱼肉吗？(《明史·孝穆纪太后传》)

纪氏交出皇子后，自己被封为妃。她由西内安乐堂，移居西六宫的永寿宫。成化帝也数次召见纪妃，相与饮酒，很是欢快。万贵妃听说后，日夜哭泣，埋怨并叹息道："群小绐（dài）我！"(《明史·孝穆纪太后传》) 这群小子，欺骗我！

万贵妃知道自己受骗了，会甘心而不报复吗？

三、连环疑案

同年六月，纪妃暴死。纪妃的死因，有说是万贵妃密设毒酒害死的，也有说是自缢死的。没有史料可查，算是一桩疑案。

有记载说：朱祐樘出生后，头顶有一方寸处没长头发。有人说，这或许是药物中毒所致。

总之，人们认为：纪妃之死，实万妃害死的；张敏吞金自杀死，是因怕万妃报复。

仁寿宫（宁寿宫）

逛一逛

仁寿宫（宁寿宫）

位于紫禁城的东北部，清乾隆时改建为宁寿宫区。明代这一片地区比较空旷，只建有不多的几座宫殿：仁寿宫、哕鸾宫等，是供太后太妃养老的宫区。明代先后居住在仁寿宫的太后太妃，较著名的有：成化年间的周太后，天启年间的郑太妃（万历宠妃）、李选侍（光宗宠妃），崇祯末年的懿安皇后张氏（天启皇后）。

永寿宫前石影壁

逛一逛

永寿宫

内廷西六宫之一。建于明永乐十八年（1420），初名长乐宫，明万历四十四年（1616）更为现名。清代的永寿宫因为距离慈宁宫、养心殿最近，所以屡次作为筵宴场所，在公主下嫁时宴请女眷。

万贵妃此时已经怀孕无望，遂放松了对其他嫔妃的监督，成化帝接连得了多位皇子。久之，帝后宫生子渐多，太监梁芳等恐怕太子年长，他日继立，将治己罪，合伙建议万妃劝成化帝易储。会泰山地震，占卜者谓：应在东宫。成化帝心里害怕废立之事才作罢。

朱祐樘即位后，追谥母亲纪氏淑妃为：孝穆慈慧恭恪庄僖崇天承圣纯皇后，迁葬茂陵，别祀奉慈殿。弘治帝悲念母亲，特遣太监蔡用前往，了解母亲娘家人情况，得到"纪父贵、纪祖旺兄弟"的信息，回宫奏报。弘治帝大喜，改父贵名为贵，授为锦衣卫指挥同知；改祖旺名为旺，授为锦衣卫指挥佥事。并赐予第宅、金帛、庄田、奴婢，数量之多，不可胜计。追赠太后父为中军都督府左都督,母为夫人。遣官修太后在广西贺县的祖茔,置守坟户,守护坟茔。但是,后又查,为不实,遣戍贵和旺。弘治三年(1490),礼部尚书耿裕奏道:粤西兵乱之后,田地抛荒,人民奔窜,岁月悠远,踪迹难明。建议参考明太祖与高皇后,在宿州建庙,春秋祭祀故事。可定拟太后父母封号,立祠桂林致祭。弘治帝曰:"皇祖既有故事,朕心虽不忍,又奚敢违!"(《明史·后妃传》)于是,封纪后父为庆元伯、母为伯夫人,在广西桂林府立庙,岁时祭祀。弘治帝流泪允准。

第二十六讲 连中三元

明朝有位商辂（1414—1486），今浙江省杭州市淳安县人，连中乡试、会试、殿试第一。《明史》说："终明之世，三试第一者，辂一人而已。"（《明史·商辂传》）有明一代，殿试89科，而解元、会元、状元集于一身者，只有商辂一人。而明清500多年，进士考试201科，高中进士51624人，而乡试、会试、殿试第一者，也只有商辂一人。

一、三元连中

明清的科举考试，继承隋唐以来的科举考试传统，略有变通。在童试考秀才之后，主要分为三级：第一级为乡试，在省城举行，由学政（相当于教育局局长）主持，朝廷派乡试主考官，中试者第一名称解元。第二级由礼部主持，在**京师贡院**考试，朝廷派会试主考官，中试者第一名称会元。第三级为殿试，由皇帝主持，中试者分为三甲（等），第一甲第一名称状元。新科状元可以从奉天（皇极）门、端门、午门、承天门（天安门）、大明门的中门走出；免试入翰林院庶吉士；直接授修撰（从六品）等。

　　明朝行政系统，皇帝之下，设立内阁，辅助皇帝。内阁设大学士，人数不固定，一般为五至七人。其下设六部——吏、户、礼、兵、刑、工。皇权与相权，经常有矛盾：皇权过大，内阁只备顾问，没有实权；相权过大，遇上弱势皇帝，威胁皇权。洪武十三年（1380），宰相胡惟庸以"叛国罪"被杀，罢丞相不设，内阁权力，归于六部。洪武帝朱元璋直接领导六部。这实际上等于皇帝兼宰相，其好处是权力集中，减少行政环节，提高办事效率，其坏处是皇权得不到制约，

北京贡院旧影

逛一逛

京师贡院

乡试（秋闱）与会试（春闱）的场所。清代京师贡院在内城东南，代表东方文明之意。原为元朝礼部旧址，明永乐十三年（1415）改为贡院（一说为明正统年间事），万历二年（1574）拓建。

专制君主更易专制。而且这样做必须有一个前提条件，就是皇帝每日亲政、勤政，否则会导致行政机构运转失灵。

永乐帝以后，内阁地位逐渐提高。到他儿子洪熙帝、孙子宣德帝时，内阁权力，日渐加重。宣德帝为他年幼的儿子继位，制定了内阁票拟制度，凡事由各衙门提出方案，内阁大学士为皇帝草拟处理意见，司礼监代表皇帝朱笔批示。皇权运作，皇帝用了两手：权力交内阁，票拟交内监，二者相制约，皇帝操君权。所以到弘治帝继位时，皇帝不用操心朝廷的日常事务，由内阁和司礼监维持国家机器的正常运转。

明代内阁大学士，据《明史·宰辅年表》统计为189人。成化朝的内阁有个特点，清一色的学问官。如陈文，正统元年（1436）殿试榜眼（一甲第二名）；刘定之，该科会试第一名、殿试探花（一甲第三名）；彭时，正统十三年（1448）殿试状元；而商辂，已如前述。商辂身历正统、景泰、天顺、成化四朝，他的事功主要在成化朝。

商辂，不仅学问超群、为官正直，而且丰姿瑰伟、仪表堂堂。因此，明英宗帝钦点商辂为状元，并简任为展书官，在皇帝身边文学侍从，以备顾问。

二、反对迁都

天有不测风云。土木堡之变，英宗被俘，刹那之间，政局动荡。郕王朱祁钰替代正统帝，改年号为景泰，这就是景泰帝。当时，蒙古瓦剌，大兵压城，国都北京，危在旦夕。朝廷面临两大难题：一是要不要迁都南京？二是要不要保卫北京？

面临上述两大政治难题，在朝大臣无法回避，不能含糊，必须回答。一方，以徐有贞为首，主张迁都。其连带的问题是，不必保卫北京。另一方，以于谦等为首，反对南迁。其连带的问题是，誓死保卫北京。

商辂在这个临大事、决大议的面前，坚决反对迁都，主张积极抗敌。《明史》记载:"徐珵(有贞)倡南迁议,辂力沮之。"商辂反对首都南迁,主张抵抗瓦剌。当时于谦为兵部尚书,他为兵部左侍郎。他的志向志趣、品格品性与于谦非常相似!商辂后官兼左春坊大学士,赐第南薰里。

商辂像

商辂在南宫复辟后,被革职,斥为民。虽然明英宗每每怀念:"辂,朕所取士,尝与姚夔侍东宫"(《明史·商辂传》),而不忍弃之,但天顺年间,竟不再任用。

政治天气,风雨无常。明英宗崩驾后,成化帝继位,商辂重新得到重用。

三、智斗汪直

成化三年(1467)二月,商辂被召回北京,受命以原官入内阁。商辂疏辞,成化帝说:"先帝已知卿枉,其勿辞。"(《明史·商辂传》)意思是先帝皇父已经知道你冤枉,你就不要推辞了。商辂接任后,上疏建言八条:勤学、纳谏、储将、防边、省冗官、设社仓、崇先圣号、广造士法。成化帝都接受了。并请恢复成化元年(1465)以来因建言而被贬斥的官员职位,于是罗伦、孔公恂等也都恢复了原官。

在成化时期,商辂先后担任兵部、户部、吏部的尚书,在内阁竟达十年。商辂为官正直,不容邪恶,甚至对皇帝宠信的大太监汪直,也敢于建言,维护正义。及至对于当今皇帝宠爱的万贵妃,也敢不给面子,拒绝所请。

先说第一件,敢劾大太监汪直。成化十三年(1477),设西厂,太监汪直总管。明朝先后设立锦衣卫、东厂、西厂、内行厂等具有特务性质的机构，侦缉四出，任意抓人，屡兴大狱，酷刑逼供，卖官鬻爵，无法无天。汪直之督西厂，任施威风，数兴大狱。(《明史·汪直传》)

商辂率同官员，条陈受宠信太监汪直11大罪，言：圣上您偏听偏信汪直，而汪直又寄耳目于一群小太监。他们都自说秉承您的密旨，以此专事刑杀，擅作威福，贼虐善良，无恶不作。自从汪直用事，官员不安其职，商贾不安于途，庶民不安于业，若不立即除去，那么，"天下安危，未可知也"(《明史·商辂传》)！

成化帝看了商辂等的条陈后，大不高兴，说："用一个太监，怎么会危害天下，谁主此奏者？"命司礼太监怀恩传旨，严厉诘责。商辂正色回奏，略曰：

朝臣无大小，有罪皆请旨逮问，（汪）直擅抄没三品以上京官。大同、宣府，边城要害，守备俄顷不可缺，（汪）直一日械数人。南京，祖宗根本地，留守大臣，（汪）直擅收捕。诸近侍在帝左右，（汪）直辄易置。（汪）直不去，天下安得无危？(《明史·商辂传》)

大学士万安、刘珝、刘吉也引义慷慨，怀恩、梁芳等稍稍收敛。商辂向同列谢曰："诸公皆为国如此，辂复何忧。"(《明史·商辂传》) 时兵部尚书项忠等也弹劾汪直，成化帝遂罢西厂。商辂等奏罢西厂，是明史以正压邪的一件大事。

汪直虽不视厂事，却宠幸如故，必然反扑。他们攻谮商辂曾收纳指挥杨晔的贿赂，商辂心不自安。这时，御史戴缙大颂汪直之功，并请恢复西厂。商辂见势，遂极力求去。成化帝允准，诏加少保，赐敕驰传归。商辂既去，朝中士大夫更加俯首事从大太监汪直，没有人敢与汪直相抗争。

再说第二件，敢犯万贵妃玉颜。万贵妃看重商辂的名望，拿出她父亲的画像，让商辂在上面题赞，给润笔费金银绸缎非常厚重。商辂极力推辞，来者说这是万贵妃的意思。商辂说："非上命，不敢承也。"(《明史·商辂传》) 不是皇上的钦命，不敢应承。万贵妃不高兴，商辂也不在乎。

一年，天空出现彗星。给事中董旻、御史胡深等弹劾不称职大臣，涉及商辂。

御史林诚也诋毁他,但成化帝不听。商辂便请求免官。成化帝发怒,命令逮捕这些言官,加重惩罚。商辂说:"臣尝请优容言者,今论臣反责之,如公论何?"(《明史·商辂传》)成化帝喜悦,上述董旻等官杖责后恢复原职。商辂后升兵部尚书,又兼文渊阁大学士。成化十三年(1477),进谨身殿大学士。

商辂退休后,华盖殿大学士刘吉,见其子孙林立,叹道:"吉与公同事历年,未尝见公笔下妄杀一人,宜天之报公厚。"商辂答:"正不敢使朝廷妄杀一人耳。"(《明史·商辂传》)居家十年卒,年七十三。谥文毅。有《商文毅疏稿略》《商文毅公集》等存世。

商辂为人,平粹简重,宽厚有容,临大事、决大议,毅然莫能夺。《明史》赞道:"商辂,侃侃守义,尽忠献纳,粹然一出于正。"历史对商辂的评价是一个字:正。人的一生,得个"正"字,足矣!

第二十七讲 成化御窑

成化帝有内阁大臣和司礼太监票拟批红，逐渐疏离朝臣。那么，他在宫里都做些什么呢？

一、喜好艺术

明成化帝读书、绘画、写字、听戏，有较高的艺术造诣。他还特别喜欢收集珍宝和古玩，甚至还曾经打算仿效明成祖，派人出洋收集。他宠爱的万贵妃也有同样的雅好，派出宦官到全国各地采办。如历代名人字画和金银、青铜器、雕器、瓷器、骨器、木器、漆器等；还有陕西、辽东的药材，中国东北、朝鲜的海东青、白鹊、文鱼，辽东、山西、陕西的皮货，浙江、南直的花木，四川的生漆，江西、浙江的瓷器，广东、广西的珍珠，湖广的鱼鲜；还通过广州、泉州、宁波等市舶司搜罗异域的宝石、珊瑚、珍珠、香料、珍禽等。另派宦官往浙、闽、川、滇、陕开采银矿，往辽东、湖广等处淘金、采金，往江南督办织造，往江西景德镇烧造瓷器。

景德镇御器厂在经历宣德朝短期高度发展之后，到成化年间，再现高峰，宫廷御瓷，出现斗彩鸡缸杯，名扬天下，直到今天还被人们津津乐道，在拍卖市场拍出天价。

什么是明成化斗彩瓷器？就是明朝成化年间烧制的、斗奇争艳、彩色缤纷的瓷器。斗彩瓷器的烧造工艺大致是：先将瓷胎画青花，上釉，入窑经1300℃高温烧制；再在釉上绘画红、黄、蓝、绿等各种色彩的图画和纹饰，二次入窑经600℃至800℃低温烧制完成。釉下青花与釉上彩画争相斗艳，因色彩鲜丽而得名斗彩；斗彩瓷器虽在宣德创烧，却在成化精美，因而称"成化斗彩"。

二、斗彩双杯

明成化斗彩瓷器中，名气最大的是斗彩鸡缸杯和斗彩三秋杯。

第一，明成化斗彩鸡缸杯。从这件瓷杯子的名字中，我们可以知道：

时代——明代成化时期烧造。

工艺——斗彩，什么叫斗彩，上面已经讲过。

图案——以鸡为图。这件瓷杯的外壁，绘两组相同鸡群：均为一公鸡、一母鸡、三雏鸡。画师以娴熟的画技，画出母鸡和公鸡的沉稳、雏鸡的顽皮，活灵活现，跃然瓷上。鸡群周围，洞石清秀，幽兰碧青，牡丹吐艳，一派春意盎然的景象。

器型——缸杯，类似水缸的器型、敞口的杯子。

所以，成化斗彩鸡缸杯，是明成化年间烧制的斗彩工艺的以鸡为主要图案的缸型的杯子。

成化斗彩鸡缸杯，胎体轻薄如纸，釉质晶莹如玉，杯内光素无纹饰，杯底铭文成化年款。鸡缸杯的微妙在于：杯体娟秀，胎薄如纸，构图自然，色彩淡雅，形像生动，完美协和，有动有静，情趣盎然，技艺卓绝，宛如天成。

斗彩鸡缸杯为御用酒杯。说起饮酒，文献记载一小故事：金章宗曾偕宠妃，月下游幸琼华岛（今北京北海公园琼岛）。二人对坐，饮酒和诗。帝出上联曰：

"二人土上坐。"妃对下联曰:"一月日边明。"明朝宫廷,已喝白酒。酒味浓烈,故用小杯。相传成化帝与万贵妃,明宫月夜,碰杯戏饮。这件明成化鸡缸杯由故宫博物院藏。

成化斗彩鸡缸杯,在明朝万历时期就价值连城,深受万历皇帝喜爱。明沈德符《万历野获编》记载:"成窑酒杯,每对至博银百金。"明代郭子章撰《豫章陶志》曰:"成窑鸡缸杯为酒器之最。"清初大收藏家高士奇《成窑鸡缸歌注》曰:"成窑酒杯……名式不一,皆描画精工,点色深浅,磁色莹洁而质坚。……鸡缸上画牡丹,下有子母鸡,跃跃欲动。"清代朱彝尊《曝书亭集》云:"万历窑器,索金数两。宣德、成化款者倍蓰之。至鸡缸,非白金五镒市之不可。"镒,为20两。一只鸡缸杯,清朝中期值100两银子。乾隆帝有"鸡缸最为冠"的赞誉诗句。

第二,明成化斗彩三秋杯。这件明成化斗彩三秋杯,故宫博物院藏,高3.9厘米,口径6.9厘米,足径2.6厘米。为什么叫三秋杯?因画面描绘的是秋天景色,而秋季指农历七、八、九月三个月,称为"三秋",故有"三秋杯"之称。这件三秋杯,轻灵娟秀,薄如蝉翼,釉彩淡雅,画意清新。外壁绘两组山石、兰花、绿草,几只飞蝶,翩跹起舞,翻飞上下,栩栩如生。拿着瓷器,手的指纹,从背面看,纹理清楚。杯底有"大明成化年制"款。相传是成化帝专为万贵妃烧制的,

明成化　斗彩鸡缸杯

共烧瓷杯五对,选出这一对最好的而将其余的毁掉,并处死烧制工匠,工艺失传,瓷土用绝。这一对三秋杯,成为传世精品、孤品、神品。

要说三秋杯,必说孙瀛洲(1893—1966)。孙瀛洲先生原是河北冀县农民,后为北京敦华斋古玩店老板。他学勤业精,20世纪40年代,曾以40根金条,从当铺买到清宫流散出的一对斗彩三秋杯。回到家里将之珍藏,老婆孩子都不让看,一人关在屋里欣赏,甚至于妻子三番五次催促吃饭,都浑然不动。1956年,他将这对孤品三秋杯,捐献故宫博物院。

成化瓷器之所以精美,原因之一是清官督陶。

明成化　斗彩三秋杯

成化斗彩,传世罕见,在此举两例。
第一例,1999年4月,在香港苏富比中国文物艺术品拍卖会上,一件明成化斗彩鸡缸杯,拍出了2917万港元的天价,刷新中国瓷器的最高拍卖纪录。
第二例,2014年4月8日,又一件明成化斗彩鸡缸杯,在香港苏富比中国瓷器及工艺品拍卖会上,以2.8124亿港元成交,再次刷新中国瓷器的最高拍卖纪录。

三、何瓛督陶

在朱祁镇、朱祁钰兄弟天子的 30 年期间，于御窑瓷器，有一件大事：永乐十九年（1421）烧毁的皇宫三大殿及乾清、坤宁二宫，于正统六年（1441）重建告成。三殿二宫建成，需要大量瓷器。

成化时有一位贤能清廉的督陶官何瓛（huán），被派往景德镇。何瓛的事迹，《先别驾西野公传》记载：何瓛，华亭（今上海）人。自幼聪颖，长得非常隽秀，作文赋诗，众人惊讶。但是，参加科考，六次落第。连连下第，怏怏不乐。一位张公惜才，建议他去做官。他到吏部，竞聘任职。让他作饶州别驾。别驾，就是副职。当时有句民谚："宁愿做县正，不愿做州副"。民间也说："宁做鸡头，不做凤尾。"他愿意做县的正职，而不想做州的副职。心里不乐，又去找张公。张公说：饶州的副职，虽官府在府城鄱阳，却有衙署在景德镇。所职掌事务，只有御窑厂一事，没有杂务，劝他就职。于是，何瓛携带家眷到景德镇上任。

当时，成化帝要御用龙凤瓷器，欲以宣德窑为范型，照样烧造，务求精美。何瓛闻命之后，既苦恼，又担心。他日思夜想，战战兢兢，会同工匠，共同密商。于是，选取精细材料，绘制最佳图样，每次烧窑，放置上百成千的瓷胎。然后，何瓛整肃衣冠，与同事一起，默默祷祝。瓷器经过窑火，产生窑变——或器型变，或颜色变，如蓝白色变为红色，等等。大家额手相庆，烧窑完全成功。上呈瓷器，宫中称旨。

由是，何瓛三年任满，又任三年，考核满意，再留任三年。何瓛在饶州连任九年。他要离任，多处延请，一概不去。最后离职，浮梁县官民，景德镇工匠、市民，有的背着慈母，有的搭起帐篷，夹道相送，盛况空前。

仁者高寿。何瓛居官，清廉勤慎，体恤民情。如窑变的瓷器，不可再现。他将这些窑变的精品，没有上交，因为交了，朝廷再要，再到哪里去找呢！于是，将这些窑变极品，储藏仓库，加以封存。景德镇人感激何公，高恩大德，为民造福。

何公不攀富贵。宁王看中他的孙子，要结为姻亲。他认为：福兮祸所伏，此或非福，毅然谦辞。后来宁王败落，何公高明，得以显现。

何璘退休后，家居悠闲，读书著述，游戏泉石，20年后卒。寿八十五。正如《论语·雍也》里说的"仁者寿"。

第二十八讲 张后擅宠

弘治帝朱祐樘是明朝第九位皇帝，也是北京皇宫第七位主人。前面我讲过，他秘密出生在西宫安乐堂，直到六岁才第一次见到皇父，当年被立为太子。九岁正式开始读书，十八岁娶张氏为太子妃，当年继位，立妃为后。从此，独宠张后，没有妃嫔。这在明朝是唯一的。

一、张氏皇后

张皇后，兴济（今在河北省沧州市）人。父名峦，以乡贡入太学，为人敦厚，重信义。母亲金夫人，据说梦月入怀而生张后，颇有几分神秘的色彩。成化二十三年（1487），张氏被选为太子妃。同年，朱祐樘十八岁，即皇帝位，年号弘治。张氏被册为皇后。

弘治元年（1488），太监郭镛请选秀女，储于宫中，拟等朱祐樘服完丧后，册封二人为妃，以便繁衍子嗣。因在服丧期间，便搁置了。第二年，礼科右给事中韩鼎又提出选妃问题。朱祐樘虽然同意韩鼎意见，但为张皇后所制而没有实现。

张皇后呢，则靠祈祷来乞求子嗣。

　　周太皇太后选了两个美人，一为郑氏，一为赵氏，在宫中服侍朱祐樘。后来郑美人生下一个儿子。周太皇太后向朱祐樘致贺，他感到很为难，因为不知如何跟张皇后说。周太皇太后说："这事好办，孩子就算是张皇后生的。然后诏告天下，立为皇太子。"张皇后也赞成这样做。这个孩子就是朱厚照，后来的明武宗正德皇帝。

明孝宗朱祐樘像

有一次,张皇后想制作一件珍珠袍,就跟弘治帝说,须差太监王礼去广东的珠池采取,这样才整齐好看。弘治帝没有同意,但珍珠还是要给的,便叫王礼到内库去检选。王礼从成祖朱棣以下诸帝所储的珍珠中,选择了一些光泽晶莹的,制为袍服。事情办妥之后,弘治帝才责备王礼说:内库有的是好珍珠,你却要借故去广东。去后难免生事坏法,扰乱百姓!这回且罢,今后再这样,必定剥皮示众!

明孝宗张皇后像

弘治帝去世后，儿子朱厚照继位为正德皇帝，张皇后成为张太后；正德帝无子，去世后以兴献王儿子朱厚熜继承皇位，这就是嘉靖帝。张太后便成为皇伯母，直到嘉靖二十一年（1542）她去世。这位张皇后仗着皇后、皇太后、皇伯母的三个身份，庇护自己亲戚，在外为非作歹，正是一人得道，鸡犬升天。整个明代，外戚之被宠，没有超过外戚张家的。

二、张氏兄弟

张皇后之父张峦，父以女贵，由一介书生，一跃而为都督同知，再封寿宁伯，进寿宁侯，死后赠昌国公。既无政绩，也无武功，却公、侯、伯占全了。

张峦有两个儿子：张鹤龄和张延龄，俱封侯爵。张氏兄弟，强抢民田，横行霸道，争夺民利，如虎似狼，漫无法纪。北方占地还不满足，又跑到南方泰州（今江苏省泰州市）搜刮民田。老百姓惊骇，大祸来临。有大臣急切疏奏，请求把已被侵占土地还给百姓，戒谕张鹤龄遵守法度，他的家僮等人，应该在官府登记而禁止其出入，所有帮闲、帮凶等无籍之徒，通通驱逐，勿使其继续为恶。这种为民请命的正义之声，根本没有得到朱祐樘的回应。

弘治帝的暧昧态度，助长了张氏兄弟的气焰，他们又染指商业。弘治六年（1493），皇帝纵令张氏家族开店设肆，邀截商人货物，垄断市场，自都城内外坊市，到通州张家湾以及河西务等处，所有民利民产，全部被其侵夺。弘治九年（1496），发生了周太皇太后之弟周彧与张皇后的兄弟张鹤龄两家纷争，成群结伙，手持器械，聚众斗殴，轰动京城。皇亲国戚，尚且如此，既失观瞻，亦损朝威。大臣为此上疏说："皇上听说此事后，难道能够无动于衷吗？勋戚之家开设店铺，引起老百姓的怨恨，戚属之间也容易结仇，怨恨愈积愈深，仇则一结而不易解。"弘治帝朱祐樘怎么办？周家手心是肉，张家手背也是肉，最后只是张榜禁谕，问题不了了之。

盐税是明朝一项重要的财政收入，国家专管，需要批件，颁发凭证，实行专营，也是暴利行业。周、张两家外戚，走皇门，搞特权，千方百计，牟取暴利。弘治十七年（1504）年初，周寿家奏买两淮残盐80万引，张寿龄家奏买长芦、两淮残盐96万余引。有大臣上书指出：万一王府皇亲及左右贵幸之人援例奏请，不好拒绝，照例赐予，则又没有那么多盐引。再说，将灶丁现在煎的盐都给了他们，商人支盐更难；而且他们一出盐场，弊端百出，阻坏盐法，使商贾不通。希望皇帝收回成命，不使私门日富，而国计日亏。皇帝照旧答应了周寿和张鹤龄的请求。于是，大臣们又纷纷上奏，申明利害。而朱祐樘却说：不要说了。直到弘治十八年（1505）朱祐樘去世之后，周、张两家的"残盐"尚未支完。户部尚书韩文提出，凡是尚未提取之盐，全部停止支给，而武宗朱厚照继承父志，下令仍然听其买补。

张氏兄弟不仅对财富贪得无厌，而且还到皇宫去胡作非为。他们以皇帝亲戚的关系，任意出入禁中，太监何文鼎对此十分反感。有一天，张氏兄弟去宫中观灯，朱祐樘陪他们饮酒。中途，朱祐樘要上厕所，便将皇冠摘下交给执事之人。张氏兄弟趁机戏将皇冠戴了一下。此外，延龄喝醉了酒，还奸污了宫人。太监何文鼎怒不可遏，手持武器大金瓜在他们饮酒的幕外等候，准备击杀张氏兄弟。因为太监李广给张氏兄弟走漏了风声，他们才侥幸逃脱了。次日，文鼎上疏竭力劝谏，朱祐樘不仅不听，反而十分生气，将何文鼎交锦衣卫拷问，追究主使者，文鼎说："有二人主使，但拿他不得。"问是何人？答曰："孔子、孟子。"朱祐樘怒气难消，在张皇后的授意下，将何文鼎杖死在南海子。（沈德符《万历野获编》）

是非颠倒，何时是了？时候一到，恶有恶报！

三、恶有恶报

明弘治帝去世以后，张皇后成了慈寿皇太后，而张氏兄弟是正德帝的舅父，所以在正德时期，张氏家族仍然是势焰熏灼的。有人奏诉张延龄阴谋为逆，正德帝朱厚照下令多官会审。张氏兄弟十分惶惧，张太后只好出面斡旋，张鹤龄也送了大量的贿赂，马马虎虎，敷衍搪塞，事态平息。

正德帝死后，因没有儿子，其堂弟朱厚熜入继大统，年号嘉靖。嘉靖帝是过继的，以生母为太后，以张太后为皇伯母。张氏的地位不及从前。按说张氏兄弟在政治上失去了强有力的庇护，应大大收敛，然而他们继续作恶。这就不可避免地得到恶报。

嘉靖初年，张延龄的婢女偷了点钱去布施一个和尚，延龄为此杀了这个婢女与和尚。另外有个指挥叫司聪，历来为延龄放债，欠了他500两银子，延龄索债很急，用乱棒将司聪打死，还召来其子司升，命令他若将其父尸体焚毁，就可以免去其欠债。司升告发了延龄。此时，张太后以皇伯母名分居于仁寿宫，与朱厚熜母子关系并不好，也就没有力量庇护其兄弟。朱厚熜下令将其关进刑部监狱。

这时，有人上奏说张鹤龄私通益庄王，造符咒以魇帝星，嘉靖帝立即下令逮捕。张鹤龄在从南京押往北京的途中死去。又有人告张氏兄弟及其子侄以巫术魇镇嘉靖帝及其母亲；延龄家人往来仁寿宫，盗窃内藏，并侦察皇帝的动静，等等。嘉靖帝大怒，逮捕张延龄等几十人。张太后穿上破旧的短衣，坐卧在禾秆编成的席藁上，表示自己有罪，以为延龄请命，但嘉靖帝仍然不肯饶恕。嘉靖二十一年（1542）八月，张太后去世，张延龄彻底失去了后台。后张延龄终被斩于西市。张氏外戚肆虐半个世纪，历经弘治、正德、嘉靖三朝，终遭"恶报"。

明太祖朱元璋鉴于汉唐外戚之祸，制定了自汉以来最严厉的"家法"，规定天子、亲王之后、妃、嫔，只能在民间慎重选聘，不由勋旧、士宦家中选。意在政治上他们没有奥援，以免外家祸朝。有明一代，外戚在政治上是十分孱弱的。但是，由于皇帝和宠妃的纵容，像张氏、周氏这样的外戚飞扬跋扈、横征暴敛，成为危害社会的一个毒瘤。

第二十九讲

宗室之害

明朝自始至终存在三大社会毒瘤：宦官、外戚和宗室。宦官，我讲了王振；外戚，我讲了周家和张家；"宗室"，这是什么意思？即以明太祖朱元璋为共同祖宗，其子孙分封各地做藩王，他们的家室，就称作宗室。宗室子弟，有好的也有坏的。宗室中有人借助特权，作恶多端，为害一方，成为公害。

一、恶贯满盈

我讲一讲明朝荆王之子朱见潚（sù）的恶贯满盈行径。朱元璋孙子洪熙帝的孙子的孙子荆王朱见潚，已经是第六代皇胤。见潚兄弟三人：荆王妃魏氏生子见潚、见溥，夫人王氏生子见澋。母子兄弟不和，反目成仇：魏氏钟爱老二见溥，金帛珍宝，加倍给他。这引起了长子见潚的不满。父死，见潚以长承袭爵位，大权在手，疯狂报复。他将亲生母亲魏氏禁锢，减其饮食，活活饿死。接着设局骗胞弟见溥来王府射箭，见溥一到，命人将其捆绑，亲用铁尺捶击，见溥哀号求饶，见潚将其口塞住，又用铜锤将其击毙，怕他复活，再用铁火筷子从其肛门捅进去。事后谎报见溥骑马，因马惊摔死。见溥妃子何氏，到王府朝见太妃，见潚将其强奸，并拘留不放。

见潚又想私通堂弟见潭之妃茆（máo）氏，见潭的母亲马氏知道后，加紧提防。见潚大怒，将马氏抓进王府，剃去头发，痛抽一百多鞭子。还将堂弟见潭抓进宫里，与其母捆在一起，用装满土的袋子压在他们面部，使其窒息而死。接着又把茆氏抓到王府，将其强奸。他无缘无故地将堂弟镇国将军见溢（fǔ）、见淲（biāo）拘禁起来，减其饮食，以致饿死。

见潚又纠集一批地痞恶少，为非作歹。只要听说哪家有美女，就前去抢来。他还截没官粮，强掠商旅，搜刮钱财，坏事做尽。

他的同父异母弟见澋，秘密上疏，告发其罪。朝廷勘问，具得实情，遂将见潚押到北京。本应处以极刑，弘治帝却说：见潚罪大恶极，法当处死；但念亲亲，不忍加刑，从轻曲宥，削夺王爵，降为庶人，并禁锢起来。将王府辅导官通通罢黜，说见潚犯罪是他们阿谀逢迎的结果。见溥之妃何氏本是受害者，却命其自尽。见澋因没有及早奏报，减其岁禄三分之一。这是一件满纸荒唐的裁决。几个月后，见潚上奏其弟见澋有不法之事，见澋则再次揭发见潚谋为不轨。经查，见潚购置弓弩，操练船马，收藏兵器，图谋不轨。最后令见潚自尽。这个畜类，终遭恶报。

二、横霸一方

再讲一个弘治帝弟弟寿王的故事。寿王要往封国保宁府，按照规定，给船700艘，车400辆，宫人不给俸粮；军校四个人一辆车，每辆给银二两四钱。寿王嫌少，要求给船900多艘，军校二人用车一辆。兵部反对，说：官校横暴，甚于虎狼，地方大官，也受凌虐。他们把多余船只装载私盐，并多余车辆索银辞退。又说"现亲王赴国所用车船，比宣德、成化时增加了几倍"。建议以后亲王赴国，给船最多不得超过700艘。寿王赴国时，王府的宦官宋祥、赵凤等，所过之处，捆绑并拷掠官吏，要他们奉献茶果钱。州县官吏，不胜其扰，只好向富户借钱，以满足他们的贪欲。到了临清，州吏探听德州贿赂银子约300两，报告给兵备按察司副使陈璧，暗示陈璧照这个数目行贿，但陈璧拒绝送贿，以致宋祥、赵凤都对他衔恨在心。一天，宋祥等指挥王府太监借故殴打陈璧。陈璧不屈，被打得血流满面。当时，寿王所部各船军校也手执木梃登岸，捣毁民舍，抢掠货物，引发临清商民，群起游行罢市。朝廷哗然并且查获宋祥所贩私盐6.3万余引，但最终朝廷糊涂了事，并未严惩祸首。

再讲一个为维护宗室利益而逮捕62位言官的重大事件。弘治九年（1496）四月，弘治帝下令将六科给事中庞泮等42人、十三道监察御史刘绅等20人，共62人关进锦衣卫狱。事情牵连上百人。这在明史上是空前的。

事情的缘起。洪武帝第十八子岷王朱楩封藩湖广武冈州。其后人岷王朱膺钎，纵使属下为恶，被武冈知州刘逊制裁。岷王大怒，便给刘逊罗织罪名，上奏朝廷。弘治帝偏袒宗亲，下令锦衣卫前往武冈逮捕刘逊。刑科给事中庞泮等上奏说：岷王迁怒刘逊，刘逊固然难逃其罪责，朝廷也不能偏听偏信。且岷王所奏之事，牵涉近百人。锦衣卫官校是朝廷亲军，只要不是谋反大罪，祖宗以来未尝轻易派遣锦衣卫前去抓人。请令法司转知镇守、巡按官员察勘，则事之曲直自然不能掩盖。奏上，弘治帝大怒，认为科道官太不懂事了，下令一次逮捕了几十名言官，以致六科和十三道御史的衙门都空了。这是一件大事，于是，吏部尚书屠滽率六部九卿等上书救援。他们说：科、道乃朝廷的耳目，就是要培养其敢言之气。如果随意将其关进监牢，摧折其锐气，势必驱使他们趋利避害，惟知缄默观望，保持禄位而已。以后若有重大事情，还有谁肯为朝廷说话！弘治帝只好下令，释放庞泮、吕献等人，但每人仍罚俸三月，表明言官仍然有错，只是圣上"大恩"才放了他们。（《明史·庞泮传》）至于刘逊，则逮至京城，下到锦衣卫狱，然后贬去四川都司，做一名断事，专理刑狱。皇帝和亲王的尊严就这样被保全了。此前，荣王曾请给辰州、常德田2000顷，山场800里，民舍市廛千余间，刘逊和

巡抚韩重，顶着不给，青史留名。(《明史·刘逊传》)

三、宗藩之弊

"有明诸藩，分封而不锡土，列爵而不临民，食禄而不治事。"(《明史·诸王传·序》)这固然是吸取历史教训，考虑当下，本意不错。但重大制度制定，还要考虑可持续性。如出城省墓，请而后许；生育子女，需先请名；人口倍增，禄米不继；又如，俸禄供养，衣食无忧，不工、不农、不军、不学、不商，无所事事，游手好闲，闲久生祸。

明初，朱元璋把20多个儿子分藩到全国，镇守要地，巩固根本。事物有阳，必然有阴。宗室贵族，享有特权：封藩负面影响，已有智者指陈，可不仅被拒谏，反遭镇压。藩王之变，南宫夺门，共有六次，社会震荡，损失重大，此其一。藩王人口繁衍，全靠国家供养，国力不堪重负，难以为继，此其二。弘治时，修订了《问刑条例》，规定宗室出城必须报批，宗室不能干预地方行政，不能参加科举，不能当官，不能经商，只许坐吃俸禄，享受尊崇地位。

诸王、宗室自然也知道自己的地位特殊，除了谋反朝廷，其余的杀人越货、生活腐化算不得什么，大不了被送到凤阳高墙去。此外，他们是"寄生虫"，毋须读书习艺，因此不免既愚且顽，干起坏事来往往超出常人想象。当然，皇帝也总是以亲亲之谊对他们包庇、纵容。所有这些，构成了诸王、宗室为非作歹的主、客观条件。

明朝第九位皇帝朱祐樘继位时，明朝已经运行120余年，户口繁多，经济发展，边事稍晏，天下太平。从英宗开始，明朝已经连续出现了英宗、成化两位孩童或少年皇帝，弘治皇帝朱祐樘，又是一位十八岁的少年皇帝。接下来，是十五岁的正德皇帝和十五岁的嘉靖皇帝。明朝已经失去了开创时期的勃勃生机，表现出颓遏的趋势。

第三十讲

荒唐正德

正德帝是明朝继洪武、建文、永乐、洪熙、宣德、正统、景泰、成化、弘治之后，第十任皇帝。他十五岁继位，在位16年，活了三十一岁。他天性聪颖，但厌恶读书，好骑射，喜巡游，是明朝最荒唐的皇帝。典型事例，就是"豹房"。正德二年（1507）"作豹房"（《明史·武宗本纪》）。什么叫"豹房"呢？开始是以养豹而得名。豹房占地大，建筑多，有数百间房屋，又别建禁苑，筑宫殿，造密室，勾连栉列，暗室联通，后来成为正德帝的宫外之宫，园外之园，他自称为"新宅""家里"。皇帝的寝宫是皇宫里的乾清宫，但是正德帝在位16年，至少一半时间住在豹房，甚至有专家研究说，从建豹房起，他就一直住在豹房。豹房在哪里呢？不在皇宫，而在宫外，约在今北海公园西南一带的地方。正德帝在豹房做些什么呢？

一、迷恋乐舞

正德帝每天召来教坊（音乐团、舞蹈团、歌唱团、戏剧团、杂技团）的乐人，到豹房演戏。敕礼部发文,取河间(今在河北省沧州市)等府乐户,到教坊承应。于是官员押送伶人,日以百计,会聚京城。到京后,选拔其技艺精湛者,给口粮,给建房。正德帝夜间微行到教坊司,观看诸乐人乐舞及演奏。正德帝还在豹房游玩,"日率小黄门为角觝(dǐ)蹋鞠之戏,随所驻辄饮宿不归,其入中宫及东西两宫,月不过四五日"(《武宗外纪》)。宫词云:

花帽监丞一两行,西华门外冷秋霜。

绛纱车仗吹香过,去伴銮舆宿豹房。(《冬青馆古宫词》卷三)

豹房有个用花言巧语谄媚正德帝的奸佞之臣,叫钱宁,他诱导皇帝荒淫无度,深讨皇帝的喜欢和恩宠。正德帝在豹房,恣声伎为喜,纵淫欲为乐。后钱宁事发,被裸体绑缚,籍没家产,得玉带2500条、黄金十余万两、白金3000箱等。后寸磔钱宁于刑场。他的养子11人全斩首,子永安六岁为都督,因年幼免死,妻妾发功臣家为奴。(《明史·钱宁传》)

明朝皇帝喜欢养鸟兽,有虎房、豹房、鸟房、鹰房、狗房、猫房等,算是皇家动物园。兽房里面有虎、豹、犬、象、犀牛、白水牛、海豹、番狗(藏獒)、貂鼠、猞猁狲、长颈鹿等,百鸟房里则专门畜养珍禽异鸟,如孔雀、白

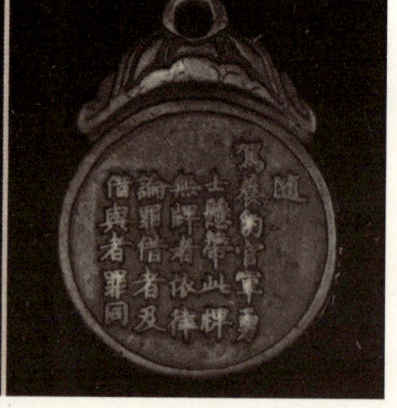

明正德 "随驾养豹官军勇士" 铜牌

鹤、文雉、金钱鸡、五色鹦鹉等。畜养动物的数量，史书记载："至天顺年间，二万三百余个只；弘治年间，二万九千四百余个只；正德年间，二万九百三十余个只。"（严从简《殊域周咨录》卷十一）明朝对这些动物的管理，虎、豹、犀牛、大象等，各有职秩、品级，如虎食将军俸禄、象食指挥使俸禄等。畜养动物，耗费巨大。嘉靖时，豹房养土豹一只，"至役勇士二百四十名，岁廪二千八百石，占地十顷，岁租七百金"（沈德符《万历野获编补遗·内府畜豹》）。正德帝玩虎、赏豹，有一次"狎虎被伤，不视朝"（《明史·武宗本纪》），玩虎受伤，不能临朝。

二、荒淫酒色

先说酗酒。正德帝酗酒，经常随行带着酒杯、酒勺、酒瓮，走到哪儿，喝到哪儿，醉到哪儿，睡到哪儿。有书记载："所至辄醉，醒即复进以为常。"（《武宗外纪》）一次，正德帝到宣府，"命群臣具彩帐、羊酒郊迎，御帐殿受贺"（《明史·武宗本纪》）。这座帐殿为"铺花毡幄，百六十二间，制与离宫等，帝出行幸皆御之"。大明皇帝，醉卧帐里。佞臣江彬，导引皇帝，多次夜入人家，强索妇女，纵酒淫乐，忘记回宫，夜宿民宅，而称作"家里"。正德帝与江彬，联骑铠甲，君臣难辨，入豹房，同卧起。（《明史·江彬传》）正德帝在豹房，常醉枕钱宁，酣睡不醒。百官早朝，等到傍晚，皇帝还未起床，只好退朝回家。

再说迷色。正德帝十五岁登极，在豹房设浣衣局，豢养女宠，蓄集乐工、美女、太监等，朝夕处此，不居内廷。（《武宗外纪》）佞臣进献能歌善舞的回女12人入豹房，歌舞演出，通宵达旦。后来正德帝经常微服出宫，甚至到外地巡幸。巡幸所过，阅选美女，充浣衣局，数字不清，浣衣局仅每年用柴炭就高达16万斤。车驾所至，近侍先掠民女，以充幸御，至数十车。各地处女寡妇，闻听皇帝来游幸，纷纷择配，有的抢光棍强作婚配，一夕殆尽。下举三例。

马美女，为将官马昂的妹妹，长得美艳，已婚怀孕。江彬谄媚贡献，将其送到豹房。马氏善骑射,长乐舞,尤会西域乐舞,还会民族语言,受到宠幸。马氏一门,鸡犬升天。无论大小,皆赐蟒衣。并在内城太平仓赐府第,熏灼动京师。正德帝尝从数骑过其第宴饮。言官吕经等言:"今马姬专宠于内,昂等擅权于外,欲祸机不发,得耶?"俱不报。有的御史以妹喜伐夏、妲己伐商、褒姒伐周为例,冒死进谏说:"积夏、商、周、汉、晋、唐之患于一时也。"仍不报。(《胜朝彤史拾遗记》卷四)

明武宗朱厚照像

刘美人，为晋王府乐户杨腾之妻。正德十二年（1517），正德帝幸大同，遍索女乐于太原。刘美人偕众妓杂进，正德帝遥见美人，悦其色，载以归，命为美人，大见宠幸。初居豹房，受到专宠。饮食起居，必与相偕，言事辄听。左右或触上怒，阴求刘美人，辄一笑而解。大太监骄横贵倨，但见刘美人，触地叩头，事若生母，呼为"刘娘娘"。正德帝要南征，秘密移送刘美人到潞河（今北京市通州区），约定大驾先发，而后他船迎美人。刘美人脱一簪赠帝行，并说："见簪而后赴。"正德帝将簪藏在衣服里，过卢沟桥，驰马失簪。及到临清（距京近千里），派太监召刘美人，美人辞道："无信物，不敢行！"正德帝于是单独乘船，昼夜疾航，回到通州亲迎刘美人，偕行而南。正德帝欲南行，廷臣舒芬等极力上疏谏止，但未被采纳，反被下令杖刑。（《胜朝彤史拾遗记》卷四）

王浣衣，名满堂，霸州王智的女儿，因为貌美，参选淑女，落选回家，不肯嫁人。她一天做梦，梦中神人说：若有赵万兴的来聘，就可以成婚。乡里一位和尚出入王家，知道此梦，话传出去。一位道士听说后，便改名易姓，贿赂那位和尚，让他前一天到女家说："你家明日会有大贵人到。"第二天，果然来一人，问其姓名，答："我赵万兴也。"阖家罗拜，遂以成婚。这人后来在牛栏山一带举事，被捕，斩于西市。正德帝特降旨，勿杀王满堂，没入浣衣局，入侍豹房，大获宠幸。嘉靖帝嗣位，她被放出浣衣局。因曾入浣衣局，故人称"王浣衣。"（《胜朝彤史拾遗记》卷四）

三、痴迷游玩

正德帝好玩武。后江彬等以边将幸入豹房。又立内教场，选佞幸之人，赐国姓（朱），为义子，其中正德七年（1512）九月，一次就"赐义子一百二十七人国姓"（《明史·武宗本纪》）。设什么"四镇兵""外四家兵"，以佞臣江彬兼职统领，为总管。正德帝自领太监善骑射者为一营，称中军。晨夕操练，呼噪鸣炮，火炮之声，达于九门。时诸军都衣黄罩甲，就是金绯锦绮，必加罩于甲上。正德帝亲自检阅，称为"过锦"，就是眼观如锦。内军在遮阳帽上披戴靛染天鹅翎，以示尊贵——大者拖三英，次者拖二英。尚书王琼得赐一英，戴着下教场，以此为殊荣。后巡狩所经之地，侍郎、巡抚、御史等也如此穿戴，叩见正德帝。（《武宗外纪》）这真是一场滑稽闹剧！

武宗身在豹房，却也不时临朝，发出的谕旨，批示的奏章，让太监刘瑾等代笔。

正德帝的皇父弘治帝一生没有册立嫔妃，专宠张皇后。弘治帝弥留之际，对这位顽童太子很不放心，拉着大学士刘健的手，嘱托他把厚照辅佐成为正德有为之君，所以年号"正德"。但是，弘治帝根本想不到他的独子即位后，既不正德，也不作为，荒唐顽劣，无以复加。这时，明朝的太平盛世已然过去，大明的基业开始动摇，内有太监刘瑾专权，外有两次藩王之乱，流民起义更是此起彼伏，再加上蒙古鞑靼兴起，不断南下骚扰。正德皇帝的荒唐，既毁了自己，也毁了大明——加剧了朝政的腐败和社会的危机。

第三十一讲

忠奸相搏

明代弊政之一是宦官专权。明武宗正德帝时太监刘瑾专权乱政，就是一个突出例证。皇帝听政之地的奉天门庭院，不幸也成了刘瑾演出专擅闹剧的舞台。

一、太监专权

刘瑾（1451—1510），陕西兴平人。弘治时服侍皇子朱厚照（正德帝）于东宫。正德帝即位后，为司礼监太监，成为太监的大头目。

正德二年（1507）三月二十八日，刘瑾召集群臣到奉天门（太和门）广场内金水桥前，命全都跪着，听他宣示所谓的"奸党"，包括大学士刘健、谢迁二人，尚书韩文等五人，还有侍郎、御史，以及王守仁（阳明）等，《明史·刘瑾传》记载他列出53人（一说56人）的名单，敕令吏部让这些人都查令致仕（退休）。这样一来，朝臣中的反对派被扫荡殆尽。一些参劾过刘瑾的大臣姓名被写在御座旁屏风上，刘瑾准备寻机报复。对一些不肯依附和微露不满的人，他也滥发淫威，打击陷害。右都御史杨一清因不附刘瑾，被刘瑾扣上"滥用军费"的罪名，逮捕入锦衣卫狱，后经大学士李东阳救援得免，先后被罚米 600 石输边。钦天监杨源因天变上言灾祸，意指刘瑾专权，被刘瑾廷杖 60，谪戍肃州，途中死亡。

御史陆崐，归安（今浙江省湖州市）人，进士，带领十三道御史上疏抨击正德帝宠幸太监，日事宴游，说：居住宽广宫殿，怎知百姓栖身茅屋不避风雨的疾苦；穿绫罗吃美食，怎知百姓身处冬寒暑热饥饿的困苦；骑马打猎享乐，怎知百姓困顿苦难申冤无门的痛苦。疏上，触怒，谕旨：全都下狱，各杖 30，除名为民。陆崐等被捕入狱，各杖 30，免除官职。其中黄昭道、王弘、萧乾元三名御史人在南京，命即在南京阙下杖之。(《明史·陆崐传》)

还有一位御史叫蒋钦，江苏常熟人，进士，接连三次被廷杖：第一次是同陆崐等一起"逮下诏狱，廷杖为民"《明史·蒋钦传》。第二次是三天之后，他单独上疏，痛斥奸臣。疏入，结果再杖 30，下狱。第三次是又过三天，再上疏，斥奸臣——"臣昨再疏受杖，血肉淋漓，伏枕狱中"《明史·蒋钦传》。他在疏中希望正德皇帝，将大太监刘瑾的头割下，悬挂在午门！又说：如果我被杀，那就使我同古代忠贤之人龙逄（páng）、比干一起在地下游玩！史书记载：蒋钦在夜间起草第三封奏疏时，灯下听到鬼声。蒋钦说：我疏上之后，会身罹大祸，这是先祖显灵要我不写这个奏疏吗？于是，他整理衣冠，站起来说：如果是我的先祖，就大声告诉我！刚说完，声音从墙壁里发出，益加凄惨。蒋钦叹道：既已做御史，就得义而忘私，如果我缄默不语，辜负了国家，也为先人羞！于是奋笔疾书，曰："死即死，此稿不可易也！"(《明史·蒋钦传》)鬼声停止。天亮，疏入，再杖 30。杖后三日，死于狱中，年四十九。

二、忠臣诤谏

正德三年（1508）六月二十五日，正德帝御奉天门（太和门）早朝听政。早朝罢，群臣叩头拜起，将要退朝的时候，忽然在御道上发现一封匿名文书，就是匿名信。信的内容是揭露司礼监太监刘瑾的罪行。御史将这封匿名文书上呈给正德帝阅览。刘瑾当场发泄淫威,他宣布文武百官不许退朝,都要跪在奉天门前。刘瑾站在奉天门台基上,气势骄横,态度恶劣,斥责臣僚,辱骂官员,威逼群臣举报写这封匿名信的人。时值伏天,烈日当空,地面烘烤,热气袭人,没有荫凉,也没水喝。官员们长时间跪在庭院砖地上,口干舌燥,汗流浃背,饥肠辘辘,痛苦难言。由下朝跪到午后,昏倒十多人,中暑死了三人。(《明武宗实录》卷三十九)刘瑾无动于衷,命内监将昏倒者拖出去。

百官在将近一天的罚跪后,并没有供出写匿名文书的人。刘瑾气怒之下,命锦衣卫将跪伏在奉天门的文武官员300余人全部逮捕下狱,造成了正德帝即位以来的大冤狱。

日暮,300多位朝廷官员被逮入狱,消息传出,震动京城,激起官民万分愤怒。这时,大学士李东阳挺身而出,直言诤谏。

李东阳(1447—1516),湖南茶陵人。东阳早慧,四岁时就能写一尺见方的大字。明景泰帝听说后,心里很喜欢,曾把他抱在膝盖上,还给他糖果吃。李东阳十八岁中进士,入翰林院,后授编修。他做过侍讲学士,是东宫太子的老师,官一直做到礼部尚书、文渊阁大学士。他在朝50年,入阁15年,历景泰、天顺、成化、弘治、正德五朝,享年七十岁。相传北京府右街李阁老胡同因李东阳在此居住过

李东阳像

而得名。李东阳是明朝著名的文学家、书法家。罢政回家，宾客盈门，许多人慕名来请写字、求文章。堂堂当年宰辅，并未积下什么产业，还要仰赖文字酬金来补贴家用。一天，夫人拿着纸墨进来，李东阳表示身体疲倦不想写，夫人道："今日设客，可使案无鱼菜耶？"（《明史·李东阳传》）就是说今天请客，能让餐桌上没有蔬菜和鱼肉吗？要以字换钱，去买鱼肉啊！东阳无奈，提笔写字。还有一个故事，大学士李东阳过生日，他的两个门生鲁铎和赵永，都先后官国子监祭酒，二人相约以"二帕为寿"，一翻柜子，里面没有。怎么办呢？想起厨房里有乡亲带来的干鱼，就带干鱼去看老师吧！但到厨房一看，"食过半矣"，只剩下半条干鱼，于是就提着半条干鱼去给老师祝寿。李东阳见后大喜，留下二人，让夫人烹鱼上菜，吃饭饮酒，极尽欢畅才离开。（《明史·鲁铎传》）东阳廉洁风操，由上可见一斑。

话说回来，大学士李东阳为300多位官员被关在监狱事，紧急上疏正德帝。他说：匿名文字，出于一人，各官朝拜，仓猝而起，岂能知见？一人之外，都成罪人。他们戴枷，互相猜疑，而且天气炎热，狱气熏蒸，若再拘禁，数日之后，人将不自保矣！特望皇上，降下纶音，先行释放，而后密访，查出匿名者，再置之典刑。东阳上了奏章，刘瑾也微闻这封匿名信是他的同类内臣太监写的，于是，正德帝下令将三百余官员从狱中放出，对匿名信事件也就不再追究。

三、凌迟处死

刘瑾"权擅天下，威福任情"，演出如此闹剧已是多次。《明史》说刘瑾"屡起大狱，冤号遍道路"。

正德四年（1509）八月，刘瑾遣御史安惟学等赴边清理屯田，大理寺少卿周东为取悦刘瑾，在宁夏伪增屯田数百顷，悉令交租，致使民怨沸腾。安化王朱寘镭以诛刘瑾为名发动叛乱，传檄边镇，关中大震。消息传到了北京，正德帝慌了

内宫墙

手脚,连忙颁示谕旨,减轻刑罚,赦免罪人,收取差官,免征租粮,赈恤流民。又起用前右都御史杨一清为提督,宦官张永总督军务,率兵讨伐朱寘镭。朱寘镭等人被宁夏游击将军仇钺擒获。太监张永在正德帝面前揭发刘瑾罪恶,于是正德帝贬刘瑾到凤阳。后在抄家时,发现了大量金银财宝,更搜得衮袍、伪玺、衣甲、弓弩、穿宫牙牌等物,正德帝大吃一惊,怒曰:"瑾果反!"(《明史纪事本末》卷四十三)

正德五年(1510)八月二十五日,花甲之年的刘瑾被依律凌迟三天——据《国史旧闻》记载:"例该三千三百五十七刀,先十刀一歇一喝,头一日该先剐三百五十七刀,如大指甲片。"仇家有以一钱买他一脔(luán)肉生食者。这位当年不可一世的大太监,最后得到"磔于市,枭其首"的下场。

这些历史事件,过去常把罪责都算在宦官刘瑾头上。不错,刘瑾是有重要责任，但主要责任人应是正德帝。"上梁不正下梁歪"——有正德帝的荒唐，才有太监刘瑾的胡闹。刘瑾只是一条恶犬而已，在堂堂奉天门前，责辱大学士、尚书等高官，罚跪朝廷300多位官员，无非狗仗人势，皇帝怎么会不知道呢？刘瑾又怎么可以"矫诏"？

  刘瑾大太监做尽坏事，自己也得了个身败名裂的下场。李东阳和刘瑾，从正面和反面说明：做人做官，重在四正——养正心、勤正学、亲正人、行正道。

第三十二讲 西巡南征

正德帝最后的四年，几乎没有在皇宫居住，主要是在所谓西巡和南征中度过的。

一、天子西巡

苏州才子尤侗作《威武大将军》，描述正德帝巡游云："旌旗猎猎向北驻，楼船摇摇望南渡。豹房家里乐未终，更觅春江花月处。"(《池北偶谈·明史乐府》)正德九年（1514），正德帝开始出游。这年元宵节，**乾清宫**大火。正德帝说："好一棚大烟火也！"为重建乾清宫，"加天下赋一百万"(《明史·武宗本纪》)。而后，正德帝开始西行。他去过山西、陕西一带三次。他的身边，有一位叫江彬的武将陪伴。

江彬，原是蔚州卫指挥佥事，正德六年（1511），随总兵张俊入调中原，后在淮上作战时身中三箭，其中一箭中面颊穿出耳后，拔出箭头，继续战斗。他贿赂太监钱宁，得到正德帝的召见。皇帝看了他的箭伤，大为赞叹，留在身边，出入豹房，形影不离，升为都指挥佥事。江彬身材魁梧，刚强有力，左右开弓，精于骑射，谈及军旅，口若悬河。一天，正德帝搏虎为戏，叫钱宁帮忙，钱宁不敢向前，老虎逼近正德帝，幸亏江彬及时猛扑过来，这才得救。从此，江彬得到正德帝的宠信，被赐以国姓，认为义儿，揽权纳贿，无恶不作。

江彬向正德帝建议：边军骁悍，胜过京军，不如互调操练，想借机把边军调入京师。正德帝应允。朝臣普遍反对，阁老李东阳上《十不便疏》，反对边军入京。正德帝无奈，亲自到**乾清门**，坐等内阁发出圣旨，而李东阳并不奉诏。正德帝亲自发下诏旨，调边兵入卫，京军更番戍边。江彬多次向正德帝夸耀宣府乐工中的女子美丽多姿，劝他亲赴宣府，驰马疆场，游历边塞。他也衣锦还乡，夸耀故里。正德帝很想外出远行，看一看江彬描绘的千里驰骋、万里狼烟的壮阔场面。宣府、大同又接近蒙古，可以炫耀武功。何况还有如花似玉的女乐呢！

正德十二年（1517），正德帝微服出德胜门，刚到沙河，就被闻讯追来的大学士梁储等赶上，苦劝回銮；不听，继续前进。到居庸关，巡关御史张钦拒绝放行。不久，正德帝又秘出德胜门，直奔居庸关。御史张钦正好出关巡视，正德帝得以顺利出关。

正德帝到了宣府。江彬为他营建了镇国府第。这个名字是因正德帝封自己为"镇国公"。这座镇国公府第，不仅规模宏丽，还将豹房所贮的珍玩，运到府内，又有美女。江彬与正德帝夜间出行，闯入高门大户，强索妇女，任意作践。随行官兵，横行街市，强掠金银，捣毁民房。竟把一座繁华边陲重镇，搅得鸡犬不宁，百姓恐惧，白昼闭户，市肆萧条。

正德十二年（1517），鞑靼小王子率领五万兵马，分道南下朔州，与明军总兵官王勋所部在应州（今山西省朔州市应县）激战。正德帝亲率江彬等人增援应州。据《明武宗实录》记载，出现"乘舆几陷"的危险局面。战果是：斩敌首16级，官军死52人，重伤563人。有书说正德帝亲冒矢雨，临阵督战，斩敌首一级。正德帝兴奋不已，为应县木塔题匾——天下奇观。

乾清宫

逛一逛

乾清宫

明清皇帝的正宫，始建成于明永乐十八年（1420）。乾清宫正中设宝座。明清共有28位皇帝，在北京乾清宫治居。其中明朝有14位，清朝只有顺治帝和康熙帝两位在乾清宫治居，雍正帝移居养心殿后，乾清宫便作为皇帝约见廷臣、批阅奏章、处理日常政务和举行筵宴的场所。

乾清门

内廷的正宫门，坐北朝南，位于保和殿后三台之下紫禁城中轴线上，明永乐十八年（1420）建成。乾清门外东西两侧各有一排低矮狭窄的房屋：东侧南向有房屋12间，主要是六部九卿的临时办公场所；西侧南向也有房屋12间，是军机处及其他相关机构的场所。明初在奉天门（太和门）御门听政，相应的内阁机构分布在奉天门外两侧。清朝，特别是顺、康、雍、乾等朝，主要在乾清门御门听政，所以相应的内阁机构也分布在乾清门的两侧。

山西应县木塔,塔上"天下奇观"匾额为明武宗所题

这年立春日,宣府照例要举行"进春"仪式。正德帝别出心裁,安排了盛大的戏剧演出,还命人准备数十辆马车,装载和尚和妇女,妇女都手持彩球,马车奔驰,妇女手上彩球与和尚光头相碰,正德帝见了,竟然哈哈大笑。

此后,他在京城再也住不下去了,频幸宣府、大同和太原等地,驱驰数千里,所过皆骚然。给事中石天柱刺血草疏谏止,内阁也发出了"如此不亲政事,往昔宗藩之乱将又会发生"的警告,正德帝均置之不理。西巡之外,还有南征。

二、御驾南征

正德十四年（1519）二月，正德帝要南巡，群臣伏阙，力行谏阻。正德帝称病不上朝，并将黄巩、陆震等为首者打入诏狱。不久，正德帝又要出外巡游，大臣集体阻谏，导致了一场君臣之间的激烈冲突。为了劝阻皇帝南巡，舒芬等遭到廷杖。

舒芬，进贤（今在江西省南昌市）人，正德十二年（1517）考中状元。"芬丰神玉立，负气峻厉，端居竟日无倦容。"（《明史·舒芬传》）他有骨气，敢建言。舒芬等107人，上疏谏止正德帝外出巡游。正德帝震怒，命舒芬等"跪阙下五日，期满复杖之三十"（《明史·舒芬传》）。舒芬等列队跪在午门前，一天、两天、三天、四天、五天，连续跪了五天。堂堂大明状元，罚跪在午门前，连续五日，成何体统！

有一名官员名张英，见皇帝不理不睬，便"自刃以谏"，就是以自杀的方式，逼使皇帝接受大臣建议。幸亏在场的卫士发现，上前夺下他手中的刀，张英才得以不死。正德帝拒谏，内阁大学士集体辞职。正德帝无奈，对他们"温旨慰留"；他们也给皇帝一个面子，勉强答应继续留任。后来事情闹大，正德帝大发淫威，下令对罚跪的舒芬等107名官员，在午门前实行廷杖。后来又增加押在锦衣卫监狱的黄巩等39人，这样共有146人受廷杖，阙下杖死者11人。那位张英前次自杀未遂，这次却被"杖杀"了。舒芬受杖后，伤势严重，被抬到翰林院的院里。翰林院掌院学士（一把手）怕得罪上司，"命摽（biào）出之"，就是要把他架出去。舒芬说："吾官此，即死此耳！"（《明史·舒芬传》）——我在翰林院做官，就死在翰林院！后被贬官福建。舒芬裹着创伤，离京上路。

舒芬在廷杖中捡了一条命，熬到嘉靖帝即位。世宗即位，召复故官。回了北京的舒芬不改诤臣气节，他会同杨慎等，为"大礼"谏言，跪伏左顺门哭谏，又遭到嘉靖帝的廷杖，还被罚俸三月。不久因母丧归里，病死于家，年四十四。世称"忠孝状元"。以舒芬为代表的明朝士大夫，有高尚的精神，就是正气，就是正义！

谏止南巡后不久，宁王朱宸濠以入朝监国为名，举兵叛乱。战报传京，决定亲征。部队刚到良乡，得到王守仁捷报：已经获捷，擒住宁王。正德帝本来可以胜利班师，但他不许声张，继续前进。一路上游山玩水，勒索地方，十二月到南方，滞留数月，到正德十五年（1520）七月，正德帝自称"奉威武大将军方略讨平叛乱"（《明史·王守仁传》），将平叛之功归于自己。随行大学士梁储、蒋冕等苦劝，正德帝才开始有回师之意。这一年的闰八月在南京举行献俘活动，正德帝身着戎服，统帅将士，命将朱宸濠等松绑放开，再指挥士兵擂鼓鸣金将其抓获。正德帝仍觉不过瘾，又要将朱宸濠放之湖上，再亲自将他抓获，经大臣劝解，才算作罢。

三、豹房暴死

献俘之后，正德帝自南京回北京。九月，途经淮安的清江浦，正德帝游兴大发，忽然想独自泛舟捕鱼，结果船翻落水，左右急忙救起，众侍卫高呼："万岁龙也！龙狎（xiá）水。"但这位真龙天子却在惊吓之余又受了风寒，得了病。十二月，车驾到达通州，赐朱宸濠自尽，焚尸扬灰，亲属十人斩首，已死者被戮尸。又将结交朱宸濠的钱宁、陆完等人逮捕，均裸体反缚，插上标识，杂列俘虏队中。进京之后，正阳门前，举行了盛大的凯旋仪式——文武百官，凯归官将，俘虏及其家属，数千余人列队，活着的插上标牌写上姓名，死了的则悬首于木竿之上，都挂上白色的飘带，远望白色弥漫一片，数里不绝，萧杀肃穆。正德帝身穿戎服，立马于正阳门下，阅视良久，不知所感，人们普遍认为这是不祥之兆。

事情也巧合，四天后，正德帝在大祀南郊时，只拜了一拜，就呕血伏地，不能成礼，从此卧病不起。正德十六年（1521）三月十四日，正德帝死于豹房，才三十一岁。死时只有两个太监在身旁。

第三十三讲

阳明先生

在明清时期，无论哪位皇帝入主皇宫，都离不开中国传统文化核心的儒家学说。而儒学自春秋战国之后，历经2000多年发展，有过三次高峰。第一次在西汉，经董仲舒儒学推成经学。第二次在宋代，朱熹建立了理学体系。第三次在明朝弘治、正德年间，形成王阳明的心学。

就王阳明个人而言，在五百年前，王阳明达到了《左传》提出的"立德、立功、立言"这"三不朽"的境界。

一、午门廷杖

王阳明喜欢对着书本，凝思苦想，他问老师："怎样算第一等事？"老师答："只有读书。"

王守仁（1472—1529），字伯安，浙江余姚人，母亲怀孕14个月才生他，五岁还不会说话。这位王守仁，曾在绍兴筑室称阳明洞，因而被人们称为王阳明。阳明祖母，年逾百岁卒。阳明九岁时，其父王华考中状元，后来做了弘治帝的老师。十一岁时，父亲接他和祖父住到北京。路过镇江金山寺，祖父带他和朋友们饮酒吟诗。大家还没成句呢，王阳明忽然在祖父身边大声吟道：

金山一点大如拳，打破维扬水底天。

醉倚妙高台上月，玉箫吹彻洞龙眠。

就是说，如果从空中俯瞰，金山好像一个拳头打破了扬子江；而妙高台高到可以把月亮当作倚靠，玉箫吹响动听，打搅龙王睡眠。众人惊异，命他再作一首。王阳明随口吟道：

山近月远觉月小，便道此山大于月。

若人有眼大如天，还见山小月更阔。

说如果从下往上仰视，看到的是山比月亮大；而如果从天上往下俯视，看到的是渺小的山和阔广的月亮。他不仅出口成诗，而且诗意高远，内含哲理。

到北京后，王阳明开始就塾读书。对王阳明的幼年影响更多的是他的祖父王天叙。王阳明为人胸次洒落，吟歌自得。阳明的父亲身在官场，见他豪迈不羁，常常为之担忧，而他的祖父却对他充满信心。阳明疑道："第一等事是读书学做圣贤罢？"这颗理想的种子，在少年的心田种下，终究会生根发芽。

十三岁时，母亲郑氏去世，这是阳明人生中经历的第一个大挫折。他回老家居丧尽礼三年，又回到北京。途中，他先去了长

王阳明像

城居庸关一带。当时蒙古一直威胁明朝,王阳明想出关去看个究竟。他骑马射箭,经过历练,既弓马娴熟,又磨炼了意志。

十七岁时,他奉父命去洪都(今江西省南昌市)结婚,岳父是他的远方亲戚,做江西布政司参议。他在岳父家住了一年半,从早到晚练习书法,把衙门里积攒的纸竟全部写完,悟出写字的道理,他说:我起初学字,对着古帖临摹,只学得字的外观,入后提着笔,不轻易落纸,先凝思静虑,把精神会聚一起,字体默运在心,然后下笔,如此好久,才通得字法。

十九岁时,祖父去世,父亲回乡守孝,召集阳明及从弟、妹夫等一起学习经义。王阳明白天随众课业,晚上便搜取经典诵读。随着读书修养的长进,王阳明在举止上也端容慎言。

二十一岁,阳明考中举人,二十二岁会试失败,接着又一次会试失败,直到二十八岁,考中弘治十二年(1499)进士,二十九岁被授为刑部主事。王阳明到而立之年结束了第一阶段人生。这是他最快乐的一段时光,沐浴在父祖两代双亲的爱和教育里,读书、写字、赋诗、游历、求道、习兵,对知识的追求如饥似渴,独立思考读书的道理,奠定了扎实基础。

王阳明入仕后,便受到大太监刘瑾的残害,人生蒙受大挫折。正德元年(1506),刘瑾逮捕御史戴铣等20余人。王阳明疏救,惹怒了刘瑾,被缚午门外,遭廷杖40,阳明气绝,很久才苏醒。

二、龙场悟道

在监狱半年后,王阳明被谪贵州龙场驿。受他牵连,父亲由礼部侍郎罢官,刘瑾败死后官复原职,后故去。

刘瑾派人在路上要加害阳明,这已被阳明所预料。阳明行到钱塘江边,深夜佯为投江,将衣冠鞋子浮在水上,遗诗云:"百年臣子悲何极,夜夜江涛泣子胥。"

以此蒙蔽了前来追杀的人。就这样，历千难万险，来到贵州龙场驿，做了个驿丞。龙场，在今贵州省贵阳市修文县，这里万山高耸，多为苗民。苗人见他无处落脚，睡在草树之中，便帮他搬到一个山洞居住。洞口直上直下，山洞很低，也很窄小，没有家具铺盖，王阳明住在洞里，以草为被褥。这个山洞后俗称"玩易窝"。后来，他找到大些的洞穴，人在里面可以直起身来。现在当地人们把它叫作"阳明洞"。王阳明曾在洞里修行。王阳明对当地老百姓因俗化导，教他们削木为梁柱，割草为盖，建造房舍。百姓们就伐木为屋，以栖阳明。王阳明教他们找来黏土，做成土坯，烧窑制砖，再伐些大树做梁架，盖成一组房屋，有"何陋轩""君子亭""宾阳堂"。王阳明把房屋布置起来，将之分成不同的功能区，把带来的图书，整齐摆放，屋外还种上松、竹、芍药。驿丞官小俸微薄，王阳明就带着驿卒出去找平坦地块，放火烧荒，翻土下种，农耕收获，得以温饱。

  王阳明在艰苦境遇中，静思默想，琢磨"格物"之说。这"格物"二字，出自《大学》。古人言道："欲明明德于天下者，先治其国。欲治其国者，先齐其家。欲齐其家者，先修其身。欲修其身者，先正其心；欲正其心者，先诚其意；欲诚其意者，先致其知。致知，在格物。"修身、齐家、治国、平天下，这四者以"修身"为基础。怎样才能修养身心以完善自我呢？朱熹说：修养身心有一个顺序：格物，致知，诚意，正心，修身。

  这样，"格物"就成为"三纲八目"链条的起点。格物，就是探究万物的规律。但怎么实践呢？王阳明曾经对着窗前的竹子冥思苦想，从这具体的竹子，探究万物发展的规律。如今，王阳明身处龙场驿这个偏僻艰苦而又安静优美的环境，穷荒无书，只有苦思，夜以继日，回忆过去，咀嚼学问，回顾好骑射、好任侠、好辞章、好神仙、好佛氏，以及为学、为官的种种体验，一天夜里，终于"顿悟"：格物致知，当自求诸心，不当求诸事物。他喟然曰："道在是矣。"王阳明的学说，可以概括为两句话：

  第一，格物致知，致良知。 就是：探索万物规律，要透过表面，以心格物，

浙江余姚王阳明故居

用心思考，用心总结，探求规律。要"致良知"，通过启发、教育、力行，使人性之善得到发扬，透出光明。

第二，知行合一，重视行。就是：知中有行，行中有知，也就是边知边行，不是先知后行，也不是先行后知，而是知行合一，重视行。其中，更加强调"行"。

王阳明得到顿悟，高兴得在睡梦里大呼大叫。后来又经过不断论证、贯通、讲学、著书，得到众多学者认同，世间遂有"阳明学"。

三、此心光明

嘉靖七年（1528）十一月，五十七岁的王阳明在广西平乱过程中旧病复发,一面上疏乞归,一面乘船往家乡走。船行到南安府(今江西省赣州市大余县),他的门人周积在那里做推官,遂赶来拜见。王阳明咳喘不止,半晌,才慢慢问道:你近来进学如何?周积回答:被政务牵累。周积问:道体如何?阳明道:病势危亟,只存些元气罢了。十二月二十九日早晨,阳明命传周积如侍,周积站立好久,才见阳明慢慢睁开眼睛,看向周积,说:我去了!周积泪如泉涌,回问道:先生可有遗命?阳明微微地笑了一笑,说:此心光明,还有什么说的。瞑目而逝。

当我读到这段史料时,不禁心潮澎湃。王阳明这一生只有 57 年,三十岁之前过得悠游自在,衣食无忧,受到良好的教育和关爱。但是他走上仕途以后,却处处艰难——做学问难,传播学问难,做君子难,完成事功更难。廷杖之辱、牢狱之祸、奸臣陷害、文人嫉恨、烟瘴之地、草树穴居、辗转山林、带兵征战、肺炎痢疾、缠绵不去。所以他这一生,受到的苦大大多于尝到的甜。但阳明先生在临死时说的最后一句话,竟是"此心光明"。

第三十四讲

三十八天

正德十六年（1521）三月十四日，明正德帝病死于豹房。这位三十一岁的荒唐天子，竟然没有留下一个儿子。那么，谁来继承皇位呢？

一、兄终弟及

正德帝没有儿子。按照明朝的家法，"父死子继，兄终弟及"，就是父亲死了，儿子继承；没有儿子，兄弟继承。但是，正德皇帝既没有皇子，又没有亲兄弟，就只好看看堂兄弟里有没有合适的人选。他的皇父弘治帝倒是有几位兄弟，最大的弟弟是朱祐杬。

朱祐杬，出生在未央宫，后更名为**启祥宫**，成化二十三年（1487）封兴王，藩国在湖广安陆州（今湖北省钟祥市），但是他已经在正德十四年（1519）去世，谥献，所以又称兴献王。兴献王的王位，由他的世子朱厚熜继承，而朱厚熜是正德帝的堂弟。于是，内阁首辅杨廷和把目光聚焦于这位远在湖北、十五岁的兴王朱厚熜。

> **逛一逛**
>
> **启祥宫**
> 内廷西六宫之一。始建于明永乐十八年（1420），起初名为未央宫。明嘉靖十四年（1535）因世宗之父兴献王朱祐杬在这里出生，更名为启祥宫。清晚期改名为太极殿。

杨廷和（1459—1529），四川新都（今在四川省成都市）人。父春，湖广提学佥事。廷和出身读书人家，性格沉静，风姿秀美，聪明过人，年十二，中举人。十九岁时先其父成为进士，弘治时，改庶吉士，入翰林院，授修撰。参加《大明会典》《明宪宗实录》纂修，书修成后，为日讲官、太子老师。正德时，晋文渊阁大学士，参与机务。杨廷和因得罪大宦官刘瑾，被降二级，后来恢复，官至吏部尚书、武英殿大学士。正德帝突然驾崩，作为当朝内阁首辅，杨廷和做了几件大事。

杨廷和像

从正德十六年（1521）三月十四日正德帝死于豹房，到四月二十二日嘉靖帝登极，杨廷和总理朝政38天。

二、总理朝政

首辅杨廷和在总理朝政的38天里，做了哪些大事呢？

第一，特殊时刻，奏定皇位。当正德帝暴死又无嗣的紧急之时，大学士、首辅杨廷和举着《皇明祖训》提出："兄终弟及，谁能渎焉！兴献王长子，宪宗之

文渊阁

逛一逛

文渊阁

明清皇宫的文渊阁,先后有三座:第一座是明太祖在南京皇宫里修建的文渊阁,正统年间毁于火;第二座是永乐帝迁都后,依照南京文渊阁的样子在北京皇宫里兴建的文渊阁,明末李自成撤离北京时毁于火;第三座是乾隆时专为贮藏《四库全书》而在文华殿后兴建的文渊阁。

孙,孝宗之从子,大行皇帝之从弟,序当立。"(《明史·杨廷和传》)大学士梁储、蒋冕、毛纪都赞同(当时大学士仅有四人)。于是,令中官入启皇太后,杨廷和等候于左顺门下。一会儿,中官奉遗诏及太后懿旨,宣谕群臣,一如杨廷和所请,皇位继承人敲定。这既稳定了朝廷政局,又不违背明朝制度,杨廷和在危难之时立了安邦定国的大功。而此时朱厚熜正在今湖北钟祥过着他的悠闲王爷生活。

朱厚熜(1507—1567),祖父朱见深是成化皇帝,父亲朱祐杬是弘治帝的弟弟。弘治帝于成化二十三年（1487）继承皇位，同年，十二岁的朱祐杬被封为兴王，弘治五年（1492）成婚，年十七，王妃为蒋氏，就是嘉靖帝的生母。两年后从北京到安陆就藩。朱祐杬身为亲王，享有显贵的地位和优厚的待遇，"岁禄万石，府置官属。……冕服车旗邸第，下天子一等。公侯大臣，伏而拜谒，无敢钧礼"（《明史·诸王传》）。但行动也受到严格的限制和约束，甚至出城也得向皇帝请假，不经皇帝批准，不许出城一步。这也就使朱祐杬过着豪华富贵而又无所事事的生活。他好读书，喜以文事自娱，经史子集，无不涉猎其间，对医书也颇有兴趣。朱祐杬还经常出银出粮，抚恤和救济灾民，博得乐施行善的名声。但远离京师，整天囿于王府，消闲无事，使他感到有一种说不出、道不明的郁闷和无聊。当地盛行道教，朱祐杬崇信道教，跟道士往来密切。这对朱厚熜的影响是很深刻的。

安陆州是一座历史悠久的古城，山林茂密，汉水蜿流。朱厚熜作为兴王的独生子，备受宠爱，"非笔墨间所能述者矣"（《钟祥县志》）。这就形成了他任性、虚荣、高傲、懒散的性格。

朱厚熜五岁，父亲亲自教他读书写字，"口授诗书，手教作字"。年龄稍大后，又设置书馆，命讲官按时给朱厚熜讲书。当时湖广提学副使张邦奇督察学校有方，府学生员，竞相努力读书。朱祐杬特令朱厚熜去应试。张邦奇安排两个书案，自己用北面的一张，而让朱厚熜用南面的一张。考试及格，朱厚熜就入府学读书。（《明史·张邦奇传》）他天资聪敏，对所学诗书常"不数过辄成诵"，对于"孝经大义"及"先王至德要道"也无不通晓。他虽然是个十多岁的孩子，但举止"凝重周旋中礼，俨然有人君之度"（《明世宗实录》卷一）。

兴王正值英年，体貌英伟，身体康健，但正德十四年（1519）夏天炎热，他不幸中暑，半月后死去，年仅四十四岁。父亲早逝，使十三岁的朱厚熜懂事了许多。按照明朝制度，亲王去世，其世子要守孝三年，其间不得袭封王位。朱厚熜便以王世子的身份代理府事，经受了锻炼，增长了才干。正德十六年（1521），其母蒋氏上奏朝廷，以"岁时庆贺、祭祀，嗣子以常服行礼非便"（《明武宗实录》卷一九七）

为由，请求朱厚熜提前袭封王位，正德帝颁诏允准。于是朱厚熜就正式袭封兴王。

第二，总理朝政，三十八天。 正德帝死，嘉靖帝立，中间皇位空缺整整38天，实际上是大学士、首辅杨廷和在主持朝政。他令太监张永、武定侯郭勋、兵部尚书王宪选各营兵，分布皇城四门、京城九门及南北要害，以遗命宣布革除正德弊政：其一，罢威武营团练诸军，革皇店及军门办事官校悉还卫。其二，豹房番僧及少林僧、教坊乐人、南京快马船，诸非常例者，一切罢遣。其三，以遗诏释遣四方进献女子，停京师不急工务，收宣府行宫金宝归于内库。其四，裁汰锦衣诸卫、内监局旗校工役，总共148 700余人。其五，减漕粮1 532 000余石。其六，中贵、义子等恩幸得官者，大半皆斥去。（《明史·杨廷和传》）这引起一群既得利益者的不满，他们趁杨廷和入朝，携带白刃，准备行刺。事闻，派营卒百人，护卫他上下班。

第三，铲除江彬，去除隐患。 佞臣江彬，既领锦衣卫，又官东厂，权势熏天，坏事做尽，拥兵京城，随时可能发动叛乱，杨廷和决心除掉这个大患。考虑到江彬有家丁数千，又与宫内有着千丝万缕的联系，"廷和密与司礼中官魏彬计，因中官温祥入白太后，请除彬。时坤宁宫安兽吻，即命彬与工部尚书李𨰥镪入祭。彬礼服入，家人不得从。事竟将出，中官张永留江彬、李𨰥饭，太后遽下诏收彬。彬觉，亟走西安门，门闭。寻走北安门，门者曰：'有旨留提督。'江彬曰：'今日安所得旨？'"（《明史·江彬传》）门者将江彬逮捕，抄江彬家，得黄金70柜，白金2200柜，其他珍宝，不可数计。江彬既诛，京师久旱，遂下大雨，中外相庆。

三、功在社稷

在皇位空缺的特殊时期，杨廷和依靠张太后，与朝臣同心协力，铲除奸佞，稳定局面，时人赞为"救时宰相"。

惊心动魄的38天平安度过，朱厚熜继承皇位，是为嘉靖帝。作为首辅大学士,杨廷和辅佐嘉靖帝两年,彰显士人风骨。朱厚熜登位后,因兴献王的尊号问题,多次召杨廷和"从容赐茶慰谕",杨廷和不顺帝意,嘉靖帝不悦。廷和等三奏,帝留中不下。嘉靖帝亲予手敕,杨廷和以"臣不敢阿谀顺旨",封还手诏。杨廷和先后"封还御批者四,执奏几三十疏"。嘉靖帝以廷和有定策之功,先后四次封赏,廷和"四辞而止"。而后,嘉靖帝崇道教,事斋醮,廷和劝阻,不听;又派太监督催织造,廷和再劝阻,仍不听。嘉靖帝再派太监到内阁,督促杨廷和撰拟敕告,廷和以"民困财竭",请毋遣。嘉靖帝不听,警告曰:"毋渎扰执拗。"廷和还是力争,言:"臣等与举朝大臣、言官言之不听,顾二三邪佞之言是听,陛下能独与二三邪佞共治祖宗天下哉?"(《明史·杨廷和传》)廷和没有办法,请求退休。嘉靖三年(1524)正月,嘉靖帝允准首辅杨廷和辞官回家。杨廷和虽诛大奸,决大策,扶危定倾,功在社稷,但嘉靖七年(1528),纂修《明伦大典》告成,御定"大礼议"时诸臣逆鳞之罪,以杨廷和"法当僇(lù)市",但对其"宽大处理","削职为民"。(《明史·杨廷和传》)嘉靖八年(1529)六月卒,年七十一。

第三十五讲 大礼之议

嘉靖帝以堂弟的身份继承堂兄的皇位，引发了帝系的改变。明朝帝系有两次改变：第一次是燕王朱棣发动靖难之役，从侄子建文帝手里夺取皇位，帝系便由懿文太子朱标、建文帝一系，转为明成祖朱棣一系。第二次是朱厚熜继位，帝系由明弘治帝、正德帝一系，转为明嘉靖帝一系。伴随帝系的转变，发生了激烈的"大礼议"之争。我们先从两个故事说起。

一、两个故事

第一个故事。明朱厚熜为继承正德帝的遗位，从安陆到北京后，由哪个城门进入皇宫？按明朝规定，男性只有皇帝才能从中门进入，争议的焦点是：朱厚熜是作为过继给弘治帝的儿子，以太子身份进宫，还是以皇帝身份进宫？礼部按太子即位礼仪，请朱厚熜从东安门进皇城。朱厚熜则说：皇兄遗诏里说让我即位当皇帝的，礼部这么说算怎么回事！礼部回复说：您现在还是王，不是帝，不能从中门进入。朱厚熜的车驾已到城外，就是不进城。礼部没有办法，最后应允他由大明门中门等进入,到皇极殿(太和殿)登极,年号为嘉靖,就是嘉靖皇帝。

第二个故事。嘉靖帝母亲蒋氏从湖北安陆到北京后,先是嘉靖帝的母亲生气不入京,因为朝臣欲让嘉靖帝奉明孝宗为皇考。继是嘉靖帝的母亲从哪个城门进入皇宫?按明朝规定,女性只有皇后大婚才能从大明门、承天门(天安门)、端门、午门、皇极门(太和门)的中门进入。争议的焦点是:蒋氏以王妃身份进宫,还是以太后身份进宫?礼部奏请:"圣母至京,宜由东安门入。"(《明史纪事本末》卷五十)嘉靖帝不准;再议由大明门左侧门入,又不准;最后朱厚熜断然下令:走大明门中门入!正僵持着,嘉靖帝的母亲生气了,闹起脾气,拒不入京。嘉靖帝听到生母这般境遇,痛哭不止,提出不想当皇帝了,要"奉母归"——母子都回湖北老家去!大臣们吓坏了,如果他们母子都回老家,空缺的皇位怎么办?最后决定妥协一步:按朱厚熜的意思办。嘉靖帝的母亲这才从通州起程,由大明门中门进入皇城,依次都走中门,进入宫城,同即将当皇帝的儿子朱厚熜团聚(《明史纪事本末》卷五十)。

二、三个事件

正德十六年(1521)四月二十二日,朱厚熜告祭天地宗庙,在隆重登极大典中,登上皇位,改年号为嘉靖,这就是嘉靖皇帝。嘉靖帝坐上宝座后,又惹出三个事件。

第一个事件:左顺门事件。左顺门是紫禁城皇极殿(太和殿)前,左边的门。这是由紫禁城东侧进入皇极殿(太和殿)的必经之门,因事件发生在左顺门,所以称左顺门事件。这个事件是关于新皇帝生父上尊号的争议。争议的焦点是:明孝宗弘治帝朱祐樘,是朱厚熜的过继父亲,朱祐杬则是他的生身父亲,这如何上尊号?这在明朝没有先例,《明会典》也未作明确规定。首辅杨廷和等主张称孝宗弘治帝为皇考,而称兴献王朱祐杬为皇叔父。这时,刚中进士的孚敬(后改

左顺门（协和门）

逛一逛

左顺门

午门内东庑正中之门。建于明永乐十八年（1420），开始时称左顺门，嘉靖时改称会极门，清顺治年间改称协和门。

右顺门

午门内西庑正中之门。建于明永乐十八年（1420），开始时称右顺门，嘉靖时改称归极门，清顺治时改称永和门，清乾隆元年开始称为熙和门。

名张璁）和桂萼，揣摩并迎合帝意，提出尊朱祐杬为皇考，孝宗朱祐樘为皇伯父。这场争论，长达三年。

嘉靖帝于嘉靖三年（1524）追尊兴献王为皇考恭穆献皇帝。丰熙等反对的大臣200余人，在左顺门外跪伏高呼："高皇帝！孝宗皇帝！"嘉靖帝派太监宣谕退下，从早到午，众臣硬是不退。皇帝下令抓八人震慑一下。其他大臣非但不退，反而大哭，声震阙庭。嘉靖帝大怒，命内臣将跪伏官员的名字全部录下，193人被下诏狱，左顺门跪伏事件被镇压下去。几天以后，对丰熙等八人严加拷讯，充军边疆。四品以上官员夺取俸禄，五品以下官员180余人被廷杖，致死17人。嘉靖帝称明孝宗弘治帝为皇伯考，张太后为皇伯母，他的亲生父亲为皇考、亲生母亲为圣母，并昭示天下。

第二个事件：太庙事件。 太庙，是皇帝的宗庙，供奉皇帝先祖。嘉靖帝觉得他的父亲也应该有庙号，其神主也应供入太庙。但这显然不符合明朝朱氏祖宗家法。神主入太庙，必须是生前为皇帝的人，而兴献王根本不够资格。大臣和嘉靖帝相持不下，只好采取折中的办法，先在太庙旁边建一座献皇帝庙。直到嘉靖十七年（1538）九月，嘉靖帝的父亲被称为献皇帝睿宗，祔于太庙，位跻武宗正德帝之上。

第三个事件：南京太庙事件。 明朝在北京和南京各有太庙。嘉靖十三年（1534）南京太庙被大火烧毁，借此机会，嘉靖帝下令将太庙的同庙异室制，改为多庙制，就是给明朝每位已死的皇帝各建一座庙，共九座庙，同时在九庙旁边给自己的父亲修世庙，这样十座庙排在一起，就看不出哪个是太庙，哪个是世庙。结果，嘉靖二十年（1541）九庙全部毁于大火，嘉靖帝认为是上天惩戒，于是恢复了同庙异室制，但还是顺便把兴献王的神主也奉入太庙。

至此，长达20年的所谓"大礼议"之争，才告结束。

三、强化皇权

第一，嘉靖帝执意要称兴献王朱祐杬为皇考，而称孝宗弘治帝为皇伯父。他深知：事情的关键是首辅杨廷和。嘉靖帝先后用加爵、增禄、赐茶、慰谕杨廷和，"廷和先后封还御批者四，执奏几三十疏"（《明史·杨廷和传》），而不肯顺从帝意。这时新科进士张璁及桂萼等迎合上疏谓"当继统，不继嗣"（《明史·杨廷和传》），就是只

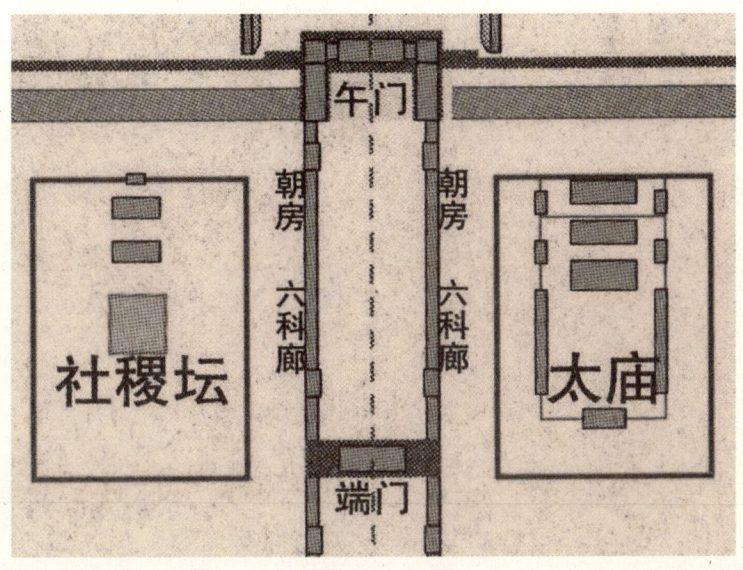

太庙、社稷坛平面图

逛一逛

太庙

皇家祭祀已故帝后的祖庙,并予以功臣配享。太庙位于午门外东侧,始建于明永乐十八年(1420)。太庙的前殿有九间,两翼有东、西庑,后面是寝殿。北京太庙现建筑保存完好,1950 年改名为北京市劳动人民文化宫。

社稷坛

皇帝祭祀土神、谷神的地方。位于午门外西侧,始建于明永乐十八年(1420)。清沿明制,为社、稷合祀一坛之制。祭社稷之礼,每年春祈、秋报皆以仲月上戊日祭太社、太稷之神,以后土句龙氏、后稷氏配。民国初年曾经辟为中央公园,也称稷园。今为中山公园。

继帝位，不继承嗣。于是，嘉靖帝先后将杨廷和、梁储、蒋冕、毛纪、石珤等大学士及一些大臣免掉，而启用张璁、桂萼等阿谀逢迎之臣，并以廷杖、关押、谪戍、削职、减俸等措施，压制反对意见，使其意志得以实现。

大礼议，争论的基本内容是封建礼制。礼乐制度和祭祀典礼，在封建时代是国家第一等大政。"国之大事，在祀与戎。"嘉靖初年"大礼议"之争，争论的问题在今天看来似乎是小题大做，但在皇朝时代，这些都是关乎国家命运和皇室兴衰的大事，直接涉及皇权的强化和削弱。朱厚熜利用手中的皇权，以倔强的性格和执拗的偏颇，排除了大多数朝臣的反对，取得了胜利。通过大礼议，嘉靖帝坐稳了皇位，掌握了实权。

第二，颁布《明伦大典》。嘉靖六年（1527）诏修《明伦大典》，翌年告成。该书从理论上论证在"大礼议"论战中，嘉靖帝是正确的，即提供理论支撑。修书官员，多得到晋升：张璁由新科进士，七年之间，官少傅兼太子太傅、吏部尚书、谨身殿大学士；桂萼于正德六年（1511）中进士，后官知县，升为礼部尚书兼翰林学士，不久迁吏部尚书，《明伦大典》成，加少保兼太子太傅。

第三，诏定议礼诸臣罪。杨廷和有"诛大奸，决大策，扶危定倾，功在社稷"（《明史·石珤传》）的功勋，却落得"法当僇市，姑削职为民"（《明史·杨廷和传》）的下场。其子杨慎，虽为状元，因为逆鳞，发配剑齿，最终死于戍所。

事实表明：历史曲折，总回原点；任性邪恶，终归失败——嘉靖帝死后，其子朱载垕继位，是为隆庆帝。隆庆帝为杨廷和平反，复原官，赠太保，谥文忠。张璁、桂萼之流，终被历史唾弃。

第三十六讲

大江东去

杨廷和有一位状元儿子，就是千古名篇《临江仙·滚滚长江东逝水》的作者、著名文学家杨慎。

一、高中状元

杨慎（1488—1559），四川成都人，宰相杨廷和之子。幼年机警敏锐，十一岁能诗。十二岁仿作《古战场文》、贾谊《过秦论》，长老惊异。到了北京，赋《黄叶诗》，大学士李东阳看了很赞赏，收作门下学生。正德六年（1511）殿试[①]第一，就是中了状元，才二十四岁，授翰林院修撰。杨慎曾奉使过镇江，到丹徒，拜见在老家的原大学士、首辅杨一清，阅览他家的藏书。每有叩问请教，杨一清都能背诵如流。杨慎既惊讶，又敬佩，于是更加勤奋，博览群书。杨慎常对

[①] 明清士人要走完科举考试全程，须过前三关——童试、乡试、会试，和后三关——殿试取进士，朝考取庶吉士、散馆取翰林。读书人一路过关斩将，方能有资格在保和殿考进士、中金榜、点翰林，从而在朝为官，实现理想。

人说:"资性不足恃。日新德业,当自学问中来。"(《明史·杨慎传》)杨慎秉承杨廷和忠耿执着的家风,不做佞臣,而做忠臣。正德十二年(1517)八月,明武宗正德帝微行出游,刚出居庸关,杨慎得到信息,立即抗疏恳谏。不久,正德帝因病回到京城。正德帝病死,嘉靖帝嗣位,杨慎担任给新皇帝上课的经筵讲官。

二、蒙受廷杖

嘉靖帝因"大礼议"而恨杨廷和、杨慎父子。父亲旧怨未息,儿子新怨又结。

第一,罚俸。 嘉靖三年(1524),杨廷和刚辞官回乡,时为大学士、又是杨廷和政敌的桂萼等,奏请升杨慎为翰林学士,皇帝采纳。杨慎连同36人上书:"臣等与萼辈,学术不同,议论亦异。……臣等不能与同列,愿赐罢斥。"(《明史·杨慎传》)嘉靖帝看到奏疏后,勃然大怒,加以切责,罚俸两个月。

第二,廷杖。 一个月后,杨慎又与学士丰熙等为"大礼议"疏谏,并偕同朝廷大臣,跪在左顺门(今协和门)外力谏。有人奏告:群臣在左顺门撼门大哭,声彻殿庭,为首的是杨慎。嘉靖帝闻奏更怒,命在朝廷上,再廷杖杨慎等七人。

第三,遣戍。 杨慎等因聚哭建言案,被谪戍永昌卫(今云南省保山市)。杨慎在谪戍路上险遭杀害。因为杨廷和当首辅时,被斥逐的锦衣卫冒滥官员,这时伺机在路,企图谋害杨慎,实行报复。杨慎沿途防范,抱病跋涉万里,病愈不堪,抵达戍所,卧床不起。嘉靖帝每问起杨慎状况时,阁臣为保护杨慎,以老病回奏,嘉靖帝才稍微缓解。杨慎闻知后,情绪更加低落,放纵饮酒。(《明史·杨慎传》)

第四,勤学。 杨慎在长期遣戍期间,以书为伴,读书不停,著书不停。他不仅读了大量的书,而且写了大量著作。在明朝文人中,读书之多、记诵之博、著作之富、文采之丽、骨鲠之硬、士节之正,推杨慎为第一。除诗文外,杂著一百余种。

第五,悲歌。 嘉靖八年(1529)廷和病故,杨慎奔告巡抚,请于朝廷,获准归乡，治理丧事。他办理完丧事后回到戍所。杨慎七十岁那年，私自回成都，巡抚派官兵，被抓捕而回。两年后，杨慎长期忧愤，患病而死，享年七十二岁。杨慎与解缙、徐渭被誉为明代三大才子，并行于世。杨慎一生，影响最大的作品是《临江仙·滚滚长江东逝水》。

罗贯中名著《三国演义》，以杨慎《临江仙·滚滚长江东逝水》开篇；历史电视剧《三国演义》又以其作主题歌歌词，大江上下，长城内外，家喻户晓，妇孺皆知，甚至五湖四海，也是广为人知。咏史名词《临江仙·滚滚长江东逝水》，悲怆地唱道：

滚滚长江东逝水，浪花淘尽英雄。是非成败转头空：青山依旧在，几度夕阳红。

白发渔樵江渚上，惯看秋月春风。一壶浊酒喜相逢：古今多少事，都付笑谈中。

词的上片，开首两句，令人想到杜甫"无边落木萧萧下，不尽长江滚滚来"和苏轼"大江东去，浪淘尽，千古风流人物"。"是非成败转头空"，是对上两句历史现象的总结，从中可看出杨慎阅尽人间沧桑，胸怀旷达，情意超脱。"青山依旧在"是在讲地，讲空，讲不变；"几度夕阳红"是在讲天，讲时，讲变化。世间万象，变中有不变，不变中有变。《心经》讲："色即是空，空即是色。"色，在这里是指实，相；空，在这里是指虚，无。在时与空、虚与实、人与事、喜与悲的变幻中，杨慎感悟道："滚滚长江东逝水，浪花淘尽英雄。"这一切如日月升落，草木荣枯。

词的下片，展现了一个白发渔樵，独钓江雪，任凭惊骇涛浪，不管是非成败，清酒一壶，友朋夜逢，纵论古今，谈笑而已。寂寞悲苦的杨慎，仰观日月运行，沐浴秋月春风。历史的兴替，人物的悲欢，都只不过是酒中的谈资，助兴的话柄。

三、不朽之作

《宋词三百首》中选录六篇《临江仙》，其中包括欧阳修与苏东坡的《临江仙》，都各具特色。杨慎的这首《临江仙·滚滚长江东逝水》，慷慨激昂，悲壮恢宏，亦虚亦实，浑然大气，是《临江仙》中的翘楚之作。时过近500年，依然震撼人心，为什么呢？因为杨慎有惊世的才华，非凡的阅历，悲喜的家庭，跌宕的人生。杨慎这个人，相门之子，大明俊彦，二十四岁，高中状元，烈火烹油，繁花似锦。但是，大喜也杨慎，大悲也杨慎。因触犯"龙颜"，遭廷杖，被遣戍，蒙羞辱，离家乡，死戍所，达35年。天赋的才华，地画的监牢，奇特的人生，坎坷的经历，使杨慎的心灵拥有更加深刻的人生感悟，使杨慎的辞章展现更加淡定的纯净意境。青山不老，看尽炎凉事态；醉酒笑语，释去心头重负。宇宙永恒，人生短暂；江水不息，青山常在。

　　风平而后浪静，历险才能淡定。杨慎经历家庭盛衰、个人浮沉的特殊境遇，在成败得失之间，总结人生际遇，探索人生哲理，抒历史兴衰之感，咏人生沉浮之慨，散溢高洁情操，展现悲壮胸怀。既有大英雄功成名就后对前景的空疏与孤独，又有大名士落魄悲苦后对名利的淡泊与轻蔑。杨慎一首《临江仙·滚滚长江东逝水》成为千古绝唱，前人所无，后人难再。

　　杨氏一门四代，出了"一首辅一状元六进士"："一首辅"是杨廷和，杨廷和在明朝成化、弘治、正德、嘉靖四朝为官；"一状元"是他的儿子杨慎；"六进士"是杨廷和，其父杨春，其弟杨廷仪，其子杨慎与杨惇，其孙杨有仁。在杨廷和的家族中，最为人知的、影响最大的，就是明代大才子、也是中国文学史上的大才子杨慎。

　　事应为而不可为，虽力为也不能为，仍然为之，这就是风骨，如杨慎。坚持理想，与命运搏斗，虽可能被摧毁，但不能被征服，这是人们敬仰的崇高品格。做何选择，都是智慧。

第三十七讲 嘉靖宫变

就在嘉靖皇帝"大礼议"取得节节胜利之际,他的后宫接连出现凶信。

一、三后早死

嘉靖帝是明朝后妃最多的皇帝,仅有封号的后妃就有60多位。但是,嘉靖帝的三位皇后,皆相继故去,不得善终。

第一位是陈皇后。嘉靖元年(1522),由张太后做主,陈皇后入主后宫,成为嘉靖帝的第一位皇后。嘉靖帝因厌恶张太后而累及陈皇后。嘉靖七年(1528)九月,嘉靖帝与怀有身孕的陈皇后聊天,见两位妃子过来进茶,便拉住这两位妃子的手抚摸,陈皇后见状便站起来要离开,嘉靖帝立即大怒,陈皇后被吓得流产,没过几天,便死去了。

第二位是张皇后。在陈皇后死的当年十一月,嘉靖帝立张顺妃为皇后。六年之后,嘉靖十三年(1534),在新年伺候嘉靖帝吃饭时,张皇后刚刚提起张太后为弟弟求情,"上震怒,立褫(chǐ)冠服,鞭挞之,斥谴以去"(沈德符《万历获野编》)。

张皇后受到惊吓，郁郁寡欢，不久死去。

第三位是方皇后。张皇后被废后，德妃方氏被册为皇后。因为嘉靖帝怀疑方皇后害死了宠妃曹氏（后面补叙），在嘉靖二十六年（1547），后宫发生大火时，方皇后被大火围在宫里，嘉靖帝竟然阻止他人抢救。方皇后虽未当场烧死，但终因烧伤和惊吓，十多天后，就去世了。

此后，嘉靖帝不再立皇后。

明世宗朱厚熜像

二、生母去世

嘉靖帝和生母蒋太后母子感情很深。在兴献王突然去世的艰难时日里，在母子俩刚刚进宫的风波中，母子二人相依为命，蒋太后成为嘉靖帝青少年时期的精神依托和情感支柱。蒋氏识文断字，在安陆王府时，曾著《女训》一卷。嘉靖帝亲自作了序文，将这卷《女训》与记述明太祖马皇后生平的《高皇后传》，以及明成祖徐皇后的《内训》等三篇，刊印成册，公布天下。这就把蒋太后与马皇后、徐皇后放在同等位置，给母亲以巨大的荣耀。嘉靖十七年（1538）十二月初四日，这位做了30年王妃、17年皇太后的蒋氏去世。母亲的去世，使嘉靖帝悲痛不已。于是他精心筹划蒋太后的葬地。

当初，兴献王死后葬在其封地湖北安陆境内的松林山。大礼议后，兴献王被尊为献皇帝，陵墓被升格为显陵，松林山被封为纯德山，安陆州被改为承天府。考虑到承天府离北京太远，遂有意将显陵北迁，与蒋太后合葬在北京天寿山长陵之西的大峪山。然而当嘉靖帝从大峪山视察返京后，主意变了，打算把蒋太后梓宫南祔显陵。但是，显陵的情况如何呢？嘉靖帝决定亲自去一趟，于是就有了所谓"嘉靖南巡"。

嘉靖十八年（1539）二月十六日，嘉靖帝启程南巡。扈从的官员有大学士夏言、礼部尚书严嵩等重臣，120名锦衣官校和8000名旗校前呼后拥。护卫官兵6000名，供旗校使用马匹有3000多匹。二月二十八日，嘉靖帝一行抵达河南卫辉境内。忽然有股旋风绕驾不散。嘉靖帝很惊恐，忙问随侍道士陶仲文，此兆主凶还是主吉？陶仲文说主凶，声称要发生火灾。嘉靖帝有些慌乱，令陶仲文做法事禳除火灾。陶仲文说："火终不免，可谨护圣躬耳！"（《明史纪事本末》卷五十二）当天夜里四鼓时分，行宫突然起火。火借风势，越烧越旺，浓烟腾空，四处火光。在慌乱中，侍卫们竟找不到嘉靖帝身在何处。幸亏锦衣卫指挥陆炳镇静不乱，"排闼直入"，将被火海包围、不知所措的嘉靖帝背到安全地带，使他幸免于难。(《明世宗实录》卷二二一)火灾造成严重的损失,许多太监、宫女被烧死,所带法物、宝玉多被焚毁。这场大火是随从宫女乱丢未熄灭的蜡烛造成的。多名官员,因失职,或遭廷杖,或黜为民。

经过26天的长途跋涉,嘉靖帝到达承天府,回到阔别18年的故居。三月二十四日,嘉靖帝离开承天府,踏上归途。通过实地视察显陵,嘉靖帝的意向又有了变化,他打算让其父仍葬显陵,而其母蒋太后葬北京大峪山。四月十五日,嘉靖帝回到皇宫。接着,赴大峪山工地进行察看。经过一番详细的了解,嘉靖帝终于打定了主意,确定将太后的梓宫南运到显陵。同年闰七月,蒋太后梓宫由运河水道运抵承天府,与兴献王合葬显陵。

嘉靖帝的后妃先后生下八子五女,但大多早亡。到嘉靖帝去世时,仅剩一子一女。最让他痛心的是皇太子朱载壡——不到四岁立为太子,他生而灵异,不喜纷华靡丽,小心斋慎。尝见上叩头曰:"儿不敢。"时时举手曰:"天在上。"(《明世宗实录》卷三四六)嘉靖帝奇其不凡。嘉靖二十八年(1549),嘉靖帝为十四岁的太子举行加冠及讲学典礼。谁知两天之后,太子忽然患病,御医诊治,但无效果。只见太子忽北面拜曰:"儿去矣!"正坐而死。太子死后,嘉靖帝就剩下两个儿子,他长期不立皇太子,但是到嘉靖四十四年(1565)又死了一个二十九岁的儿子,仅存的儿子朱载垕,就是后来继位的隆庆皇帝。皇子、公主相继去世,给嘉靖帝带来了极大的痛苦,甚至是恐惧。

三、壬寅宫变

嘉靖帝吃丹药,性情格外暴躁,残酷虐待宫女,无端打骂折磨,使她们身心受到摧残,经常处于极其悲惨的境地。嘉靖帝还相信道士秘方,用宫婢的经血烧炼"丹铅"。这种惨无人道的折磨,把宫女逼上了绝境。受辱宫女,串通起来,秘密谋划,进行报复。

嘉靖二十一年（1542）十月二十一日夜里，发生了一件让嘉靖帝险些丢掉性命的"宫变"。因这一年是壬寅年，史称"壬寅宫变"，又称"嘉靖宫变"。事情的经过是这样的：

明朝皇帝的寝宫在乾清宫，只有皇后可以与皇帝同住，其他妃嫔等仅是奉召进御，不能在此过夜。有的书记载：明代乾清宫后部的暖阁，共有九间，每间分上下两层，共有27张床。皇帝夜里随意选择房间和床位就寝，生人很难弄清他睡在哪里，确保安全，以防不测。尽管皇帝防范巧妙，但对嘉靖帝身旁侍奉的宫女来说，则是没有秘密可言的。

这天夜里，嘉靖帝已经熟睡，杨金英等十几个宫女便溜进他的寝宫，准备将他勒死。开始时，宫女杨玉香将丝绳递给苏川药，苏又传给杨金英，杨金英则拴好绳套，另一宫女用黄绫抹布蒙住嘉靖帝的脸；其他宫女一拥而上，掐脖子的、压前胸的、按胳膊腿的，杨金英就势把绳套在嘉靖帝的脖子上，另两个宫女姚淑翠和关梅秀用力拉紧绳套。但是，杨金英误把绳套打成死结，拉了好久也没把嘉靖帝勒死。宫女张金莲见事不成，产生动摇，跑去报告方皇后。

方皇后闻讯赶来解救，见皇上气息已绝，急忙派太监去找御医许绅。许绅值夜班，闻讯入内，见气已绝，就死马当活马医，"急调峻药下之，辰时下药，未时忽作声，去紫血数升，遂能言，又数剂而愈"（《明史·许绅传》）。许绅用猛药，历六个小时，嘉靖帝才口吐紫血，多达数升，苏醒过来。不久，许绅得病，说：因宫变事，我自知若不能救活必遭杀身之祸，因受惊悸，非药石所能医治也。不多久，果然去世。许绅，北京人，后官太医院领院事、工部尚书。明朝医官最显赫到尚书者，只许绅一人。

嘉靖帝虽被抢救过来，但因惊吓过度，器官受到损伤，身体病弱，不能理事，对"谋逆"宫女的处置，由方皇后主持。方皇后将杨金英等16名宫女凌迟处死。因方皇后妒忌，在嘉靖帝病不能言时，将嘉靖帝宠幸的端妃曹氏和宁嫔王氏牵连进去，"磔端妃曹氏、宁嫔王氏于市"（《明史·世宗本纪》）。

嘉靖帝后宫不宁，连续三位皇后都不得善终，母亲蒋太后去世，皇子、公主大多早亡，嘉靖帝又遭宫女绳勒气绝，宠妃被连带处死，真是一地鸡毛，不可收拾。嘉靖帝情绪消沉，更加沉迷于方术丹药，从嘉靖十九年（1540）开始，他20多年基本不上朝，而且从乾清宫搬出，住到西苑的西宫。

　　嘉靖皇帝早年丧父，中年丧三后，晚年丧太子；又脾气极坏，鞭打皇后，皇后遭火灾，且见死不救，何况对待宫女呢！己无德，自招祸——这就是嘉靖皇帝留下的历史教训。

第三十八讲 沉迷方术

明朝的皇帝，多尊儒崇佛。嘉靖帝则痴迷道教，从祈祷消灾，到祈天求子，再到祈求长生不老，越来越痴迷，越来越疯狂。皇帝20多年来基本不上朝，深居西宫，"祷祀日举，土木岁兴，郊庙不亲，朝讲久废"（《国榷》卷六十四），皇宫、西苑到处设醮坛，朝廷大臣轮值行礼，尚书大学士亲撰青词，最终却因服食丹药加速死亡。

一、宠信道士

嘉靖帝自幼生长在湖广安陆，受其父影响，自幼熟悉道教。嘉靖三年（1524），有一名来自江西龙虎山上清宫的道士邵元节，被嘉靖帝征召进京，封他总领天下道教，赐金印、银印、玉印、象牙印各一方。这是嘉靖帝沉迷方术的开始。

嘉靖十年（1531），已经结婚近十年、二十五岁的嘉靖帝，一直没有子嗣，便在皇宫御花园的钦安殿，设立祈嗣醮坛。祈嗣斋醮正式开场时，嘉靖皇帝亲自行礼，文武百官，争先影从，香火缭绕，弥漫皇宫。

嘉靖十二年（1533）八月，皇长子出生，但两个月后死了。三年之后，皇二子朱载壑出生，这让三十岁的嘉靖皇帝，非常高兴。嘉靖十六年（1537）这一年，嫔妃们连续生下五个皇子，虽夭折两个，但留下三个。嘉靖帝认为这是祈嗣斋醮的结果，于是更加频繁地举行斋醮，除钦安殿，又在皇宫北面煤山和北海之间，建造大高玄殿，举行安神大典。对邵元节更是极尽恩宠。为他建府第，赐禄米，授庄田3000亩，派校尉40名，供其役使，封赠他的父母，授官他的子孙，官拜礼部尚书，赐一品官服。这时，有两位御史上书，说皇帝求子在施仁政，不在求神仙，嘉靖帝将这两位御史谪戍边卫。一位翰林也上书规劝，却被下狱拷打，贬戍边地，永不叙用。嘉靖十八年（1539），邵元节病死。嘉靖帝应想一想："神仙"都没有长寿，自己能长寿吗？"神仙"都病死而没有成仙，自己又怎能成仙呢？可嘉靖帝没有反思，更加迷信道教。

嘉靖帝又开始宠信道士陶仲文。陶仲文做过县吏，曾被邵元节推荐到皇宫设坛布法。嘉靖帝南巡时将他带在身边，他预卜了卫辉行宫火灾。后来皇太子出痘，陶仲文祈祷祛病，皇太子的病果然好了。于是嘉靖帝给他封号，命他总领道教事，恩宠超过邵元节。

嘉靖二十一年（1542）壬寅宫变后，嘉靖帝搬出乾清宫，住进西苑。从此，不亲郊庙，不临日讲，不见朝臣，长达24年。他在西苑做什么？炼丹吃药，祈求长生。除了大兴土木、大肆举办各种斋醮活动之外，还服用"先天丹铅"药。这种丹药，用少女经血炼制，因而先后三次大选了760名八岁至十四岁的幼女和少女入宫，以备炼丹。有一位无锡进士顾可学，说用童男童女的尿液炼制成药，可以长生不老。嘉靖帝把这个人任命为工部尚书、礼部尚书、太子太保，领大学士的俸禄。时人嘲笑说："千场万场尿，换得一尚书。"（沈德符《万历野获编补遗·尚书被嘲》）陶仲文又创"二龙不相见"之说，太子虚位20年。（《明史·陶仲文传》）嘉靖帝喜欢祥瑞、逢迎，于是佞臣纷纷献白雁、玉兔、瑞龟、寿鹿、嘉禾、甘露、仙桃、灵芝。一天，御幄旁出现一个桃子，说是从天上掉下来的，赶紧告祭祖庙。

御史杨爵上疏，力陈崇道之非，力斥妖邪之妄。嘉靖帝震怒，将杨爵下诏狱。杨爵在狱中遭受酷刑，被打得几次昏迷。自杨爵等少数官员以谏玄修而遭重惩，内外官员遂争相谄媚取容，再没有敢谏言迷信妖邪的大臣。

继邵元节病死后，陶仲文又病死。这时，嘉靖皇帝已经五十四岁，仍然执迷不悟，而且越陷越深。

二、西苑青词

青词，是一种道家文体，在道教举行斋醮时，献给"天神"的荐告祝文，用朱笔写在青藤纸上，所以叫青词。一般用骈体文，辞藻华丽，对仗工整。嘉靖帝的青词，是无耻文人的无耻之作。嘉靖十八年（1539）十二月，嘉靖帝在西内无逸殿，安排一个为他写青词的班子，每日值班，随时应召。这个写作班子，可没有道士，全都是重要的官员，如太师郭勋、大学士夏言、礼部尚书严嵩以及袁炜等。善写青词的人，多得到提拔重用。

翰林侍读袁炜入值西苑，撰写青词，最受皇帝宠幸。嘉靖皇帝有时半夜想起有事要让天神知道，就写个条子，让太监递给值班的大臣。袁炜下笔立成，辞藻华丽，表意细微，受到皇帝称赞。嘉靖帝在西苑永寿宫养猫，名叫狮猫。一天，狮猫死了，嘉靖帝十分难过，为表示对爱猫的深情，命制作金棺，葬于万寿山之麓。又命儒臣为狮猫撰写悼文，荐度超升，进入天界。诸臣以题目难作，故意推辞，拖延时间。唯有这个佞臣、奸臣袁炜，吹嘘拍马阿谀为文，内有"化狮成龙"等语，嘉靖帝看后，龙颜大悦。由于擅长写青词，袁炜官阶直升到户部尚书、礼部尚书、武英殿大学士、建极殿大学士。袁炜品性极差，无耻之尤，善阿谀，会逢迎，但犯众怒，积怨多，患病归乡，中途死亡，年五十八，人皆恶之。

（《明史·袁炜传》）

还有王金，为国子监生，杀人罪当死，畏罪逃亡，隐匿在通政使赵文华家。王金以仙酒献赵文华，文华又献给嘉靖帝。一日，嘉靖帝要秘殿扶乩（jī），各地派人采集灵芝。四方献灵芝，汇聚在御苑。王金贿赂太监，得灵芝万株，聚为一山，号万岁芝山。王金又伪造五色龟进献。嘉靖帝大喜，遣官告祭太庙，那个袁炜也上表祝贺。王金又伪造《诸品仙方》《养老新书》，与所制金石药并进。嘉靖帝服用后，稍感精神较好。没多久，帝大渐，遗诏归罪王金等，命正典刑，下狱论死。后宥王金等免死，编口外为民。（《明史·王金传》）

三、嘉靖西宫

嘉靖帝在**西苑**兴建永寿宫，因在皇宫之西，又称"西宫"。嘉靖帝45年的君主人生，以嘉靖二十一年（1542）"壬寅宫变"为分界，大体说来，前一半居住在皇宫，后一半居住在西宫。

永寿宫原为燕王的旧宫，嘉靖帝改名永寿宫。"壬寅宫变"，嘉靖帝差点儿被宫女勒死，惊魂难定，想移宫外，于是搬到永寿宫。自西苑肇兴，就经营永寿宫、玄极殿、大高玄殿等。以玄极殿为拜天之所，当正朝之奉天殿；以高玄殿为内朝之所，当正朝之文华殿。又建清馥殿为行香之所。后建斋宫、紫宸宫、万法宝殿等。嘉靖帝既迁西苑，不再临朝听政，惟日夕事斋醮。凡入直撰玄诸佞臣，皆附丽其旁，就是内阁大臣，也昼夜供事，不再到文渊阁。于是，君臣上下，崇

> **逛一逛**
>
> **西苑**
> 紫禁城西侧的皇家园林，明清皆称西苑。东至紫禁城，景山以外，北、西、南三面皆临皇城。面积约是紫禁城的六倍。中心地带为南、中、北海，水面相连通，中海、北海称太液池，加上南海称三海。现北海公园开放，南海、中海为办公区。

明嘉靖　五彩藻纹盖罐

奉道教，朝真醮斗，近30年，与嘉靖帝社稷相终始。直到隆庆帝继位，将永寿宫夷为平地。（沈德符《万历野获编》）

到嘉靖四十年（1561）十一月二十五日，夜火大作，宫宇陈设，乘舆服御，先朝异宝，尽付一炬。这是天火吗？不是，是人祸。相传这天夜里，嘉靖帝与尚美人，在貂帐里，新幸饮酒，玩耍烟火，半痴半醉，半睡半醒，引发火灾。其中有数年才能得到八两的龙涎香，也煨烬于火。到嘉靖四十五年（1566）八月，命拜未被册封的尚美人寿妃，赠其父为骠骑将军、右军都督佥事。封妃之日，距嘉靖帝六十寿诞仅两天。据一位宫中太监说，尚氏承恩时，年仅十三，至册封为妃，则已十八矣。（沈德符《万历野获编》）

永寿宫火灾后，嘉靖帝暂住玉熙殿，又迁玄都殿，但都不宜帝居。时严嵩为首辅，请移驻南宫，就是明英宗为太上皇时所居住的地方。英宗复辟后，将南宫修饰完整，华美壮丽，胜过永寿宫。但是，嘉靖帝以南宫为当时英宗逊位受锢之宫，不祥，心里厌恶，不愿入住。当时正兴皇宫三大殿工程，于是分拨建材，兴筑永寿宫。嘉靖帝大悦，不到三月，宫殿告成，即日徙居，赐名万寿。嘉靖帝死后，宫殿残破，断垣坏础，蔓草丛生。（沈德符《万历野获编》）

"纣之迹，周之鉴也。"（《国榷》卷二十二）商纣劣迹，周王为鉴。西苑万寿宫像一面镜子，将嘉靖帝纵淫放荡、胡作非为、专制滥权和丑恶灵魂，映现得淋漓尽致。皇权应当被约束，君权必须受监督。

第三十九讲

海瑞上疏

从嘉靖四十一年（1562）开始，嘉靖帝步入生命的最后五年。特别是海瑞上疏谏诤，令嘉靖皇帝先怒而后省思。国事和家事交织，伴随他生命的谢幕，风雨飘摇，一一展开。

一、海瑞上疏

海瑞（1514—1587），字汝贤，琼山（今在海南省海口市）人。刚直不阿，颇有声名，长期在地方做官，直到嘉靖四十三年（1564），升户部主事，成为京官。时嘉靖帝在位年久，不亲朝政，深居西苑，专意斋醮。督抚大吏，争上符瑞，礼官上表，隆重庆贺。廷臣自杨最、杨爵得罪后，对于时政，无敢言者。海瑞见大臣持禄而好谀，小臣畏罪而

海瑞像

结舌，不胜愤恨。于是，在嘉靖四十五年（1566）二月，海瑞冒死上疏谏诤。

第一，指出嘉靖帝的过失及严重后果。 他说：陛下则锐精未久，妄念牵之而去，反刚明之质而误用之。至谓遐举可得，一意修真，竭民脂膏，滥兴土木，二十余年不视朝，法纪弛矣。数年推广事例，名器滥矣。二王不相见，人以为薄于父子。以猜疑诽谤戮辱臣下，人以为薄于君臣。乐西苑而不返，人以为薄于夫妇。吏贪官横，民不聊生，水旱无时，盗贼滋炽。陛下试思今日天下，为何如乎？

第二，指出朝臣阿谀谄媚的欺君之罪及背后的原因。 他说：盖天下之人，不直陛下久矣。古者人君有过，赖臣工匡弼。今乃修斋建醮，相率进香，仙桃天药，同辞表贺。建宫筑室，则将作竭力经营；购香市宝，则度支差求四出。陛下误举之，而诸臣误顺之，无一人肯为陛下正言者，谀之甚也。然愧心馁气，退有后言，欺君之罪何如！他又说：夫天下者，陛下之家。人未有不顾其家者，内外臣工皆所以奠陛下之家而磐石之者也。一意修真，是陛下之心惑。过于苛断，是陛下之情偏。而谓陛下不顾其家，人情乎？诸臣徇私废公，得一官多以欺败，多以不事事败，实有不足当陛下意者。其不然者，君心臣心偶不相值也，而遂谓陛下厌薄臣工，是以拒谏。执一二之不当，疑千百之皆然，陷陛下于过举，而恬不知怪，诸臣之罪大矣。《记》曰："上人疑，则百姓惑；下难知，则君长劳。"此之谓也。

第三，指出嘉靖帝崇道以求长生成仙的荒诞。 他说：且陛下之误多矣，其大端在于斋醮。斋醮所以求长生也。自古圣贤垂训，修身立命曰"顺受其正"矣，未闻有所谓长生之说。尧、舜、禹、汤、文、武，圣之盛也，未能久世，下之亦未见方外士自汉、唐、宋至今存者。陛下受术于陶仲文，以师称之。仲文则既死矣，彼不长生，而陛下何独求之？至于仙桃天药，怪妄尤甚。昔宋真宗得天书于乾祐山，孙奭（shì）曰："天何言哉？岂有书也！"桃必采而后得，药必制而后成。今无故获此二物，是有足而行耶？曰"天赐者"，有手执而付之耶？此左右奸人，造为妄诞以欺陛下，而陛下误信之，以为实然，过矣。

第四，指出嘉靖帝幡然悔悟重振朝纲的光明前景。他说：陛下诚知斋醮无益，一旦翻然悔悟，日御正朝，与宰相、侍从、言官讲求天下利害，洗数十年之积误，置身于尧、舜、禹、汤、文、武之间，使诸臣亦得自洗数十年阿君之耻，置其身于皋、夔、伊、傅之列，天下何忧不治，万事何忧不理。此在陛下一振作间而已。释此不为，而切切于轻举度世，敝精劳神，以求之于系风捕影、茫然不可知之域，臣见劳苦终身，而终于无所成也。

二、怒而省思

海瑞上疏，酣畅淋漓，正气凛然，动之以情，晓之以理，时隔400多年之后，我们仍然能够真切地感受到他忠君爱国的炽热情怀。

当嘉靖帝看到这篇疏文时，他的反应：

第一，是暴怒。"帝得疏，大怒，抵之地，顾左右曰：'趣执之，无使得遁！'"就是嘉靖帝看到海瑞的谏疏，大怒，扔到地上，对左右说：快去把他抓来，别让他跑了！宦官黄锦在旁边说："此人素有痴名。闻其上疏时，自知触忤当死，市一棺，诀妻子，待罪于朝，僮仆亦奔散无留者，是不遁也。"（《明史·海瑞传》）

第二，是沉默。嘉靖帝暴怒之后，便是默然。过了一会儿，嘉靖帝又取过奏疏，仔细读，一天读了好几遍，留在身边几个月。在这期间，嘉靖帝尝说："此人可方比干，第朕非纣耳。"（《明史·海瑞传》）意思是海瑞可以比作批评商纣王的比干，那么我不就是葬送商朝的纣王吗！嘉靖皇帝为此大病一场。

怎么收场呢？嘉靖帝烦懑不乐，召阁臣徐阶议内禅，就是将皇位禅让给自己的儿子。他说："海瑞言俱是。朕今病久，安能视事。"又说："朕不自谨惜，致此疾困。使朕能出御便殿，岂受此人诟詈耶？"（《明史·海瑞传》）意思是我自己不谨慎珍惜，得了病。如果我能上朝理政，哪至于受到这个人的批评。于是，将海瑞下诏狱，追查谁是主使者。又移案到刑部，刑部判其死罪。

两个月以后，嘉靖皇帝就死了。提牢主事听说后，认为海瑞可能会被起用，就设酒馔（zhuàn）款待海瑞。海瑞以为要赴西市被斩首，便大吃大喝起来，也没问为什么。监狱主事官附耳对海瑞说："宫车适晏驾，先生今即出大用矣。"（《明史·海瑞传》）意思是：皇帝刚死了，先生会马上出狱，获得大用！海瑞问："真的吗？"随即大哭，尽呕出所吃的饮食，昏倒在地。并通宵达旦，哭不绝声。果然，嘉靖帝死，海瑞获释，恢复原职。海瑞上疏，深深地触动了嘉靖帝，这时他已经病入膏肓，不久于人世，但是他还是反思了自己的行为，克制住心里的愤怒，没有杀海瑞。然而，他并没有停止服食丹药。

三、临终思乡

海瑞上疏对嘉靖皇帝的震动非常之大，他大病一场，打算重回故地承天府。他对首辅徐阶说："朕病十四月矣，不见全复。兹就大志成一，南视承天，拜亲陵。取药服气，此原受生之地，必奏功。诸王不必朝迎，从官免朝，用卧辇，至七月还京。"（《明世宗实录》卷五五五）徐阶从安全、健康及国家安定几个方面，给他做了分析，恳切劝他打消这个念头。一贯固执的嘉靖皇帝，这次没有坚持。

自从45年前离开故土来到北京，十五岁的少年已经是六十岁的行将就木之人，这期间嘉靖帝只有在三十三岁时为了母亲安葬之事南巡回到故乡一次，此后便一直没有再回去过，也没有再亲自到陵前祭拜父母。这种思乡之情，还是真挚的。但是，直到这时，嘉靖帝还是考虑回到故乡吃丹药，效果可能会好，真是不可救药了。

嘉靖四十五年（1566）十月，嘉靖帝到万法坛祈祷上天，遭到雨淋。回到宫里便口吐白沫，胸中憋闷，从此卧床不起。拖到十二月十四日清晨，嘉靖帝突然昏迷，身边的侍从赶紧把他抬回乾清宫，当天中午便驾崩，享年六十岁。他于嘉靖二十一年（1542）离开乾清宫后，已经24年，24年来，这是他唯一一次躺在皇帝的寝宫乾清宫里，离开了这个世界，也离开了皇帝的宝座。

第四十讲 窝囊裕王

世上哪有不爱儿子的父亲呢？嘉靖皇帝也有过无子的焦虑、得子的喜悦，未尝没有舐犊之爱、骨肉之情，但是都被他对衰老、死亡和传位的恐惧之心所代替，对权位和长生的狂热追求，压倒了血脉亲情。沉迷修炼得道的嘉靖皇帝，祸害了国家，祸害了自己，也祸害了子孙。他的皇三子裕王朱载垕[①]，就是在这种扭曲的父子关系中，度过了窝囊的29年。

一、皇父不见

嘉靖帝有八个儿子，其中皇长子、皇五子、皇六子、皇七子、皇八子这五个皇子，都未满周岁而早殇。剩下的只有皇二子、皇三子、皇四子。皇太子只能在这三位皇子中选择，怎样选择呢？

[①] 载垕，《明史》如此记载。但《明世宗实录》卷二〇〇记载：嘉靖十六年（1537）五月己卯朔，上命皇第三子名载基(jī)、第四子名载圳。上亲告太庙；遣公张瑢、伯陈鏸，辅臣夏言，尚书顾鼎臣、许赞、严嵩、张瓒祭告七庙；侯郭勋祭告献皇帝庙；令宗人府登籍《玉牒》。

老大死了，就选老二。皇次子朱载壑，四岁被册立为皇太子，十四岁举行冠礼（成人礼），刚过了两天就死了。所以，再选皇太子就只能在老三和老四，也就是皇三子和皇四子中选择。这老三和老四同父异母，生日只差一个半月。

先说老三，就是皇三子朱载坖，后来的隆庆帝。嘉靖十六年（1537）正月，嘉靖帝的杜康嫔生下皇三子朱载坖。嘉靖十八年（1539）二月，年仅两岁的朱载坖被封为裕王。比他小一个半月的同父异母弟弟朱载圳被封为景王。他们兄弟俩，其实都是皇太子朱载壑的陪衬。嘉靖二十八年（1549）三月，嘉靖帝为皇太子举行加冠礼，从此太子就可以出阁就学了。谁料刚过了两天，十四岁的皇太子朱载壑突然病死。之后，道士陶仲文提出"二龙不得相见"——就是不能同时有两条龙出现，给嘉靖帝很深刻的影响。嘉靖帝对此，奉为圭臬（niè）。嘉靖帝长期与皇三子、皇四子隔离，就是过年过节前来问安，他也尽量不见面。不仅不见面，嘉靖帝还命建造裕王府和景王府。嘉靖三十二年（1553）春天，两位还没有结婚的裕王和景王，就被嘉靖帝撵出皇宫，搬到王府居住。

嘉靖三十四年（1555）十月，裕王长子出生，就是后来的万历帝朱翊钧。这是嘉靖帝的长孙，但裕王长期见不到皇父，自己结婚后生了儿子，也不敢奏告皇父，更不敢声张。嘉靖帝最喜欢的一位宫女把这个好消息告诉了嘉靖帝，谁知"上怒而谴之，宫中股栗，莫知所为"《毂山笔麈》卷二）。礼部出面请示要告祭郊庙、社稷，诏告天下，令文武群臣称贺。但没想到嘉靖帝却说："这些礼仪，都是皇太孙之礼，遣官奏告玄极宝殿及奉先殿，群臣不必称贺，不必颁诏天下。"这位将近五十岁当了爷爷的皇帝，对长孙的出生非常冷漠。礼部侍郎闵如霖上贺表说："庆贤王之有子，贺圣主之得孙。"嘉靖帝览后大怒，用剑击打贺表，高声喊道："斩了他，斩了他！哪能先贺儿子后贺我。"最后命给这位侍郎降三级俸禄，降职为南礼部尚书。

裕王既得不到父爱，欲得到母爱，也受到皇父的阻挠，不让其母子见面。裕王住到宫外的王府之后不到一年，母亲杜康妃便去世了。生母病重时，裕王不能进宫探望,死了之后,母亲的葬仪被皇父一再贬低。亡母备受冷落,寒的是裕王的心。

嘉靖帝为什么要这样对待裕王呢?嘉靖帝追求的人生目标是八个字:长生不老,永坐皇位。然而,皇子、皇孙的存在,让他担心要让出皇位;皇子、皇孙的长大,就表明他的年老,而他是特别忌讳变老的。嘉靖帝对长生和皇位的狂热贪求,扭曲了皇家父子亲情,也扭曲了嘉靖帝的家庭,给裕王带来了无尽的痛苦和困惑。

二、储位不定

最折磨裕王的是,自己的皇太子名分始终没有得到确认,步步悬疑,频频出险。本来,皇太子朱载壑突然病死后,按照齿序,裕王应该被立为皇太子。但是嘉靖帝直到去世也没有再立太子。他不仅不立太子,而且还故意把裕王朱载坖和小他一个半月的景王朱载圳放在一个平等的位置,一切礼仪待遇,都以"二王"并称。同时分府,同时结婚,同样冠服,同样俸禄。这种看似平等,实际上是降低了裕王作为长子的地位。所有请立皇太子,或提出二王应出阁讲读、行冠礼、定婚期、册封王等,或提出应长次有序、有所区别,以及裕王应留在宫里等,都遭到嘉靖帝的拒绝和打击。如太仆杨最建言被杖死,赞善罗洪先建言太子应出阁读书被削籍为民。

皇帝对立储的暧昧,使朝臣们都卷入了二王争立的政治漩涡里。史料记载:二王出宫分府结婚后,人们议论纷纷,首辅严嵩的儿子严世蕃找到裕王府官员高拱,试探底细,高拱也含糊其词。(《皇明大事·阁臣》)至于裕王朱载坖,更是深深陷入忧郁和恐惧之中。

三、做好皇子

裕王也并不是孤立无援的。在朝廷里,有大学士徐阶等一派政治力量,而在裕王府，则有一个老师群体，他们全是翰林出身，有编修、侍讲、侍读等，虽官阶不高，但影响很大，且始终维护和忠诚于裕王，希望有朝一日能辅佐裕王做一番事业。他们是高拱、陈以勤、殷士儋、张居正等。他们给裕王确定的对策是：打造裕王"好皇子"的形象。督促他克制自己的欲望，收敛自己的嗜好，韬光养晦，谨慎从事，避免出错，委曲求全，塑造一个忠君孝父、沉稳持重、循分守礼、生活简朴、姬妃稀少、处事谦和的形象。

嘉靖四十四年（1565），裕王的竞争对手景王竟突然病死，嘉靖帝也病入膏肓。裕王对皇父倍加恭孝，在府里设醮，为父皇祈福祈寿；派王府太监到宫门问安，博得仁孝的美名。就这样，裕王以超常的忍耐、惊人的毅力，等待继承皇位的那一天。因为这时，嘉靖帝的八个儿子已经死了七个，只剩下皇三子裕王朱载垕。所以，嘉靖帝皇位的继承人，只有一人——皇三子裕王朱载垕，别无选择。

但是，裕王朱载垕在青少年时期，扭曲的经历、扭曲的教育、扭曲的个性、扭曲的家庭，使其人性中"恶"的一面，没有被"善"化，却被隐藏、包装，一旦翻身，改变条件，地位独尊，大权在手，受到长期压抑的他开始疯狂放肆，不仅使自己三十六岁盛年死去，留下十岁孩童继位，而且严重动摇了明朝皇权根基，大大加速了大明皇朝的衰落。

第四十一讲 隆庆登极

16世纪中叶,明朝处于国势衰颓,危机四伏的衰退阶段。自明英宗土木堡之变以后,明朝从辉煌步入下滑的轨道。特别是经过正德和嘉靖61年的折腾,国家千疮百孔,百废待兴。时代呼唤出现一位"中兴之君",而隆庆皇帝做到了吗?

一、隆庆新政

所谓隆庆新政,就是打着嘉靖帝的旗号,把嘉靖帝的政令都反过来。比如:

第一,宣布大赦。对因向皇帝建言而受迫害的官员,平反、复职、重用、追谥、褒恤,并惩办谄媚助恶的官吏。

第二,禁止斋醮,拆毁或摘匾道观神坛,逮治方士。

第三,对嘉靖帝的生父生母削减祀礼。

第四,停止土木营建,蠲免部分赋税逋欠。

除了国家大政,隆庆帝还把被扭曲的家庭伦理关系加以翻转。他最耿耿于怀的是生母杜康妃受到的不公平待遇,因此给予彻底翻转。他在给父亲嘉靖帝议定谥号的同时，将生母与先皇并列同尊，给母亲上皇太后的谥号，举行隆重的追祭仪式。决定将母亲与先皇合葬于永陵。又封赠已故的外祖父为庆都伯，由舅舅继承爵位，赐禄千石。

接着，隆庆帝又赶紧为年已五岁的儿子举行命名典礼。可怜这个孩子由于皇祖父的忌讳，隆庆帝作为裕王，不敢正式奏告，也不敢请名，所以都五岁了，还没有起名，还是"黑户口"。隆庆帝将这个孩子正式取名为朱翊钧。隆庆二年（1568）又立朱翊钧为皇太子，这就是未来的万历

明代青田石"东宫　图书"皇太子印

帝。御定每年八月十七日为皇太子千秋节。隆庆六年（1572）朱翊钧虚十岁，隆庆帝为他举办了冠礼。典礼接踵举行，仪式盛极一时。皇宫的**钟粹宫**建成于明永乐十八年（1420），初名咸阳宫，嘉靖十四年（1535）更名为钟粹宫。隆庆五年（1571）改钟粹宫前殿名兴龙殿，后殿名圣哲殿，为皇太子朱翊钧的住所。

对死去的景王，收回他的庄田，召回他的遗孀亲属。"其妃还京，孤嫠（lí）困悴，几不聊生；乳母至行乞，门若阒（qù）。"（《国榷》卷六十四）就是说，景王死后，王妃守寡，困顿憔悴；景王乳母，竟至乞讨；门庭冷落，可以罗雀。

二、又懒又贪

隆庆帝登上皇位后，倒是不修玄、不养道士，但是他完全脱掉了"好皇子"的外衣，成为一个懒惰、贪财、好色的皇帝。

钟粹宫

逛一逛

钟粹宫

内廷东六宫之一,建于明永乐十八年(1420),初名咸阳宫,明嘉靖十四年(1535)改名为钟粹宫。明隆庆五年(1571)改钟粹宫的前殿为兴龙殿,后殿为圣哲殿,为皇太子的居所,后复称钟粹宫。清咸丰帝幼年曾居住在此,同治年间慈安太后也曾居住在此。

第一,特别懒惰。隆庆帝的懒惰,主要表现在怠政。隆庆改元刚刚十天,他就连续宣示"免朝"。隆庆帝三十一岁继位,正是精力旺盛、年富力强的年华,但他表现为"四个很少"——很少上朝听政,很少批览奏章,很少经筵日讲,很少躬祭庙祀。即使上朝,也是不咨询,不表态,不批示,不干事。朝臣上奏谏言，他也不理不睬。

第二，特别贪财。 史书说他"欲罄天下库藏输内府，以济旦夕之用"（《明通鉴》卷六十四）。隆庆三年（1569）四月，隆庆帝谕户部，取太仓银30万两。隆庆五年（1571），先后下诏取光禄寺银50万两，而当时光禄寺存银只有18万两。隆庆六年（1572）再下诏取太仓银十万两。明朝的库银主要分为两种：一是库银，就是户部账上和库里的银钱，也就是国家或国库的银钱；二是帑银，是皇帝账上和内库的银钱，也就是皇帝的私房钱。库银，皇帝可以下令动用，但必须经过户部；帑银，皇帝可以不通过户部，直接花销。上面讲的这90万两白银，就是从国库拨入内帑，归他个人支配。

第三，特别贪玩。 朱载垕像他皇父一样爱玩，喜欢瓷器、珠宝等。如瓷器仅一次谕旨就让江西景德镇御器厂烧造瓷器十余万件套（《明穆宗实录》卷六十五）其数量之大，种类之多，工期之紧，超过嘉靖。隆庆帝还特别喜欢黄金，诏以户部银六万买黄金一万两进用。有了黄金，还要珠宝，骚扰天下。这些白银、黄金、珠宝、瓷器，供隆庆帝在后宫挥霍享受。

第四，特别好色。 明人沈德符回忆道："幼时曾于二三豪贵家，见隆庆窑酒杯茗碗，俱绘男女私亵之状，盖穆宗好内，故以传奉命造此种。"（沈德符《万历野获编》）隆庆帝一再下诏，多选宫人，每次都在300人左右，为此竟在江南地区引发"拉郎配"的风潮。他频繁封授妃子，甚至临死前一个月还封了四位妃子。

以上这些，看似纵情享乐，荣华富贵，而实际上是以透支身体作为代价。由于色痨引发中风，朱载垕做皇帝五年半，就荒淫病死了，年仅三十六岁。

三、内阁三辅

好皇子变身如此皇帝，叫人怎么不担心，国家怎么办？内阁辅政帮了大忙。隆庆帝纵有再多问题，但有一个突出优长，就是对重要大臣比较信任，放手让他们主政。隆庆朝，始终有一个强势内阁在运转主政。

隆庆朝先后入阁任大学士的有九人，时称"九相"。内阁首辅，先后有三人：

第一位首辅徐阶（1503—1583），今上海人。小时候刚满周岁，就落入枯井里，救出三天才苏醒；五岁随父出行，从山上摔下，衣服挂在树上，得以不死。科考中探花。嘉靖三十一年（1552）入阁，嘉靖四十一年（1562）任首辅，在嘉靖、隆庆交替时，颁布一系列措施，纠正前朝弊病，被誉为杨廷和式的救世首辅。

第二位首辅李春芳，徐阶致仕后接替做首辅。李春芳是嘉靖二十六年（1547）状元，为人温和，诚心笃行，渊学宏才，受高拱排挤，上疏乞休，先后五上，后致仕回乡，得善终。

第三位首辅高拱，原为隆庆帝在东宫的老师，因徐阶推荐入阁，后继任首辅。

此外，还有一位大学士，虽不是首辅，但地位迅速上升，才干得以展现，他就是张居正。他是唯一一名隆庆朝大学士，进入万历朝内阁，并成为首辅。俺答汗之孙把汉那吉来降，总督王崇古受之，请于朝，乞授以官。朝议多以为不可，高拱与张居正力主之，遂排众议请于上，而封贡以成。封高拱为少师兼太子太师、尚书、大学士，建极殿大学士。高拱以边境稍宁，恐将士惰玩，请敕边臣，严为整顿，并时遣大臣阅视。官至中极殿大学士。（《明史·高拱传》）

因为这个强有力的内阁，始终在正常运转，隆庆帝在不到六年的时间里，完成了明朝历史上的两件大事。

第一件大事是，实现明朝与北方蒙古俺答汗的"隆庆和议"。自明正统以来，由于北疆不靖，烽火连绵，"三军暴骨，万姓流离，城郭丘墟，刍粮耗竭，边臣首领不保，朝廷为之旰食之"（《明史·方逢时传》）。京师戒严，不得安宁。"隆庆和议"之后，边费由年近百万两，减到二三十万两；"九边生齿日繁，守备日固，田野日辟，商贾日通，边民始知有生之乐。"（《明史·方逢时传》）换来了西北部边境数十年的和平，直到明末。

第二件大事是，继嘉靖后，任用戚继光等抗倭，取得胜利。开放海禁，发展贸易,也就是"海上丝绸之路",允许民间私人在海上贸易,重启中西交流的大门。

　　这两项业绩,使隆庆帝的懒倦和放纵,似乎在一些人的视野中,都变得无足轻重了。其实,功是功,过是过。正确的历史态度是,肯定功绩,为后人提供历史经验;批评过错,为后人提供历史镜戒。

明穆宗朱载垕像

第四十二讲

父子帝师

明朝皇太子有老师,小皇帝也有老师。这样,"帝师"的数量就比较多。明朝唯一的一对父子帝师、父子宰辅,就是陈以勤和陈于陛。父亲陈以勤是裕王朱载垕的老师,在裕王继位后做了宰辅;儿子陈于陛是皇太子朱翊钧的老师,朱翊钧登极后也做了宰辅。

一、裕王之师

嘉靖帝整日沉迷于方术,父子关系淡薄,相见时日极少,甚至经年不得一见。裕王的俸禄,不能按时发放,后竟连续三年,不给发放。裕王不敢申请,王邸生活,极为窘迫。怎么办呢?裕王身边的官员,花费千金,贿赂首辅严嵩的儿子严世蕃。世蕃见钱眼开,立即嘱咐户部官员,补发三年欠俸。

裕王身边有一位老师叫陈以勤(1511—1586),四川南充人。嘉靖二十年(1541)进士,选庶吉士,授翰林院检讨。迁修撰(从六品),进洗(xiǎn)马(从五品)。这个"洗马",不是给御马洗澡,而是管太子事务的官员。做什么呢?《明

史》说:"洗马掌经史子集、制典、图书刊辑之事。"(《明史·职官志》)

裕王分府后不久,陈以勤就入王府工作,正值东宫位号未定,皇储争夺激烈,裕王最困难的时期。陈以勤为人淡泊,性格内向,但聪慧敏捷,言语谨慎。一天,严世蕃背着其他人,跟陈以勤和高拱说:"闻殿下近有惑志,谓家大人何?"(《明史·陈以勤传》)高拱故为谑语,陈以勤严肃地说:国本已经默定很久。裕王出生以后,名字从后从土,这就是为君的意思。故事,诸王讲官止用检讨,今兼用编修,与其他王不同,这是首辅的意思。您常说首辅是社稷之臣,您怎么能说这种话?严世蕃默然去,裕邸乃安。

陈以勤为讲官九年,虽有羽翼之功,却无张扬之意。裕王尝书"忠贞"二字赐给老师陈以勤。陈以勤掌管翰林院,后升礼部侍郎,执掌詹事府。裕王府的书面文字,大多由陈以勤执笔。陈以勤多次劝谏裕王,规左右,戒属垣,就是管好自己人,看好自家门,多方调理,保护裕王。

嘉靖帝死,三十岁的裕王即位,年号隆庆,这就是明穆宗隆庆帝。陈以勤以做皇子时的旧臣,上书十件事,就是定志、保位、畏天、法祖、爱民、崇俭、揽权、用人、接下、听言。其中揽权、听言两条,尤其殷切。嘉靖帝诏嘉其忠愍(mǐn)。隆庆元年(1567)春,陈以勤为礼部尚书兼文渊阁大学士,又加少傅兼太子太傅,改武英殿大学士。陈以勤一再上疏,力言崇尚节俭,请隆庆帝"宫室之奉,但仍旧贯;乘舆服食之物,悉加裁省;凡宫中冗聚之人,奇巧之玩,无名赐予,无度取索,一切黜而罢之"(陈子龙《皇明经世文编》卷三一〇)。但隆庆帝既怠政又怠学,很少御门听政,也很少听老师讲课。太监、妃嫔、宫女、佞臣、奸臣围绕在皇帝左右,但陈以勤坚持请皇帝励精修政,学习经典。皇帝心动,想有所举措,因宦官所阻,上疏留中,未能落实。

隆庆四年(1570),陈以勤条上时务因循之弊,建言:慎重用人、惩治贪官、广用人才、训练民兵、重视农谷。隆庆帝嘉许,下所司议。时高拱掌吏部,心怀嫉妒,搁置其疏。

当时内阁辅臣徐阶和高拱不和，明争暗斗。朝中大臣，各找靠山，互相攻击，但陈以勤中庸不阿，也无私人。后徐阶下野，赵贞吉入阁，高拱又与赵贞吉互掐。待张居正入阁，内阁斗争更为复杂。陈以勤与高拱为旧僚，与赵贞吉为同乡，而张居正则为新科进士，也不能调解，因此请求辞职。隆庆帝念师之恩，给他吏部尚书衔回乡，享受乘驿站舟车回乡。

陈以勤乡居十年，七十大寿，隆庆帝颁银币祝贺，且敕有司慰问。又过六年病死。赠太保，谥文端。陈以勤究竟是位老师，是位书生，而不是政客，也不是佞臣，知进知退，晚节清誉。后来高拱被逐，仓皇出国门，叹道："南充，哲人也。"《明史·陈以勤传》赞道：陈以勤诚心辅导，献纳良多。后贤济美，继登相位。

隆庆帝批准陈以勤退休回乡时，把陈以勤的儿子陈于陛召到身边重用。

二、幼帝之师

陈于陛（1536—1596），隆庆二年（1568）进士，选庶吉士，授编修。隆庆四年（1570），三十三岁的陈于陛被隆庆帝召到身边，给年仅八岁的皇子朱翊钧做日讲官，曾疏请早立皇太子。两年后，隆庆帝去世，十岁的朱翊钧继位，这就是万历帝。万历初，陈于陛参与编纂嘉靖、隆庆两朝实录，官侍讲学士，掌翰林院。

万历十九年（1591），陈于陛官拜礼部侍郎，领詹事府事。后任吏部左侍郎，教习庶吉士。他奏言，"元子不当封王，请及时册立豫教，又请早朝勤政"（《明史·陈于陛传》），都没有批复。又进礼部尚书，仍领詹事府事。

陈于陛少年时，从父陈以勤，熟悉国家礼制。身为史官，研究史学，以前代皆修国史，疏言："臣考史家之法，纪、表、志、传，谓之正史。"他引据宋朝的例子，建议皇帝下诏，设局编修明史，"使一代经制典章，犁然可考，鸿谟伟烈，光炳天壤，岂非万世不朽盛事哉"！万历帝下诏从之。（《明史·陈于陛传》）

同年夏，首辅王锡爵退休，陈于陛为礼部尚书兼东阁大学士。他上疏建言"亲大臣、录遗贤、奖外吏、核边饷、储将才、择边吏"六件事。奏疏最后说："以肃皇帝之精明，而末年贪黩成风，封疆多事，则倦勤故也。今至尊端拱，百职不修，不亟图更始，后将安极？帝优诏答之，而不能用。"（《明史·陈于陛传》）

这年冬天，万历帝贬斥北京和南京言官30多人。大学士赵志皋、陈于陛、沈一贯及九卿，分别上疏力争。尚书石星请罢自己的职务，以宽免诸臣，都不接纳。陈于陛又特疏申救。万历帝怒，厌恶大学士陈于陛疏救，谪戍诸言官到边远地方。后乾清宫、坤宁宫火灾，陈于陛请亲临议政，结果不报。

陈于陛建议不被采纳，遂申请退休，皇帝不许。这年秋，官二品三年任期已满，改为文渊阁大学士。当时内阁四人：赵志皋、张位、陈于陛和沈一贯，都是同年生，理政和谐，而万历帝拒谏更严重，君臣否隔，陈于陛以自己不能补救，忧形于色，他在内阁值班时，一边叹息，一边看影子的移动。

万历二十四年（1596）十二月，陈于陛病死在其工作岗位上。

三、何以帝师

陈以勤、陈于陛父子为帝师，父子俱为宰辅，父子都清廉，父子都善终，这在明朝官场上是罕见的。《明史·陈于陛传》评价："终明世，父子为宰辅者，惟南充陈氏。"又评说："天之报之，何其厚哉。"（《明史·高仪传》）这是因为：父子厚德，苍天报答。

封建王朝是"家天下"，皇帝的儿子，特别是太子，是帝位的继承人，自古以来形成了一套成熟的教育模式。明代幼年皇帝或太子、皇子，一般八岁左右出阁读书，从此，他的老师们就一直伴随在身边，从启蒙写字，到心理疏导、言行举止、礼仪典范、书法绘画，无不谆谆教导。

四川陈氏父子，世德博学，严谨修身，因而受到朝廷与群臣的嘉誉，得为父子帝师、父子宰辅，是为世人的榜样。

第四十三讲 说三娘子

　　北方蒙古之患，对明朝形成长期困扰。永乐皇帝七次北征，最终病死于征讨途中。正统皇帝做了蒙古瓦剌的阶下囚。嘉靖年间蒙古骑兵年年内犯，几度攻至京畿。事情到隆庆时出现转机，双方以封贡实现和平。万历帝始终坚持对蒙古的封贡政策，使明朝最后的50年与蒙古没有发生大的战争。这一局面的实现，与一位传奇的蒙古妇女相关，她就是三娘子。

一、嫁俺达汗

　　隆庆四年（1570）正月，内阁首辅高拱奏调名将王崇古总督宣大、山西军务，以对付势力正盛的蒙古鞑靼俺答部。王崇古采取对鞑靼诸部分化的策略，集中兵力，部署要害，采取主动，重点防御，初步改变了明军被动挨打的局面。同年九月，鞑靼部上层爆发了重大的矛盾，俺答汗与其孙把汉那吉因争夺"三娘子"而火并。

　　三娘子（1550—1613），原名钟金哈屯，哈屯是蒙古语，意思相当于皇后，是蒙古土默特部一位美丽聪明、精于骑射的奇女子。她知书达理，通蒙古文字，是一位优秀的蒙古妇女。她是蒙古俺答汗的外孙女，本来已受袄儿都司聘，但被俺答汗强夺取。袄儿都司很愤恨，俺答汗没办法只好把孙子把汉那吉所聘的孙媳妇给了袄儿都司。把汉那吉说："我祖妻外孙，又夺孙妇与人。"（《明史纪事本末》卷六十）这使把汉那吉气愤至极，遂率部分部众归顺明朝。明朝抓住机会做双方工作，终于在隆庆五年（1571）以封贡实现和平。明朝封俺答汗为顺义王，封把汉那吉为昭勇将军，其他诸首领如黄台吉等也各封为将军、都督同知、千户、百户等职，赐以绯袍金带等高级官式冠服；同时，同意立即开市，与蒙古开展经济交流。

在双方交往中，三娘子对汉族文化产生了迷恋和向往，她相夫教子，在蒙古地区推行汉法，维护边境安宁，发展封贡互市关系。

万历帝登极以后，继续奉行与俺答封贡的政策。先后在宣府、大同、山西、陕西、宁夏、甘肃等地开设 13 处马市。又批准在这些地方开设月市。东西 5000 里，无烽火之警，行人不持弓矢，百姓得到安居之乐。

明朝形成如此局面，一个重要原因，是得到了俺答汗和三娘子夫妇的合作和支持。万历三年（1575）十月，呼和浩特城修成，俺答汗奏请赐名，万历帝赐名"归化"，并赐予金币、佛像。俺达汗为保持与明廷间的贡赐、马市、民市的贸易，万历六年（1578）又主动提出以《大明律》约束部众。（瞿九思《万历武功录·俺答列传》）

二、嫁黄台吉

万历九年（1581）十二月，俺答汗病死，顺义王的封号将由他的长子黄台吉（又名辛爱、乞庆哈）嗣袭，而黄台吉要继承顺义王的权力，就必须拥有俺答汗留下的部属和三娘子的部属。按照当时蒙古习俗，儿子可以继承非生母以外的父亲的所有妻妾。黄台吉是一位骁勇善战的蒙古战将，早在嘉靖间便以士马雄冠诸部。(叶向高《四夷考·北虏考》)但黄台吉对三娘子怀有敌意,因为自从俺答汗娶了三娘子,便抛弃了原配妻子,即黄台吉的母亲,同时对父亲俺答汗与明朝建立封贡关系,也不以为然。黄台吉认为这一切都是由于父亲听从了三娘子的蛊惑,所以俺答汗在世时,黄台吉就经常羞辱这位后母。如今,出于权力和地位的需要,黄台吉不得不向三娘子提出要纳她为妻。但三娘子认为黄台吉年老多病,不从。

三娘子在蒙古诸部中,本来就亲自率领一万精骑,再加上俺达汗留下的四万骑兵,兵精马壮,实力雄厚。她不愿意嫁给继子黄台吉,便率部西去。明朝要继续维持封贡关系,三娘子成为关键人物。

此时,万历帝任命的西北防务总督是郑洛,他决意要促成这桩特殊的政治婚姻,利用三娘子在蒙古的特殊地位和作用来实现西北的安宁。

明《九边图》之"大同"

郑洛,《明神宗实录》作雒①,字禹秀,河北安肃人。嘉靖三十五年（1556）进士,历仕登州推官、山西参政,以辅佐总督王崇古、巡抚方逢时实现俺答封贡有功,升浙江左布政使,万历二年（1574）改巡抚山西,不久移镇大同,三年后入为兵部侍郎。万历七年（1579）,以兵部左侍郎总督宣府、大同、山西军务。这是一位熟悉西北形势、坚持封贡的干练官员。

郑洛分析,如果三娘子另立一支,黄台吉虽王也无益。若三娘子和黄台吉的政治婚姻不能实现,蒙古的内乱将直接破坏封贡的稳定局面。于是,他即刻派人赶往三娘子营帐,细加劝说,向三娘子表明:"夫人能归王,不失恩宠,否则塞上一妇人耳。"（《明史·郑洛传》）三娘子深明大义,遂答应与黄台吉成亲。黄台吉与三娘子结为婚姻,贡市恭谨。郑洛以功升兵部尚书。

万历十一年（1583）闰二月,根据郑洛的奏报,万历帝册封黄台吉为顺义王,赐予大红五彩纻丝蟒衣一袭,彩缎八表里,封其长子撦力克（扯力克）袭龙虎将军。三娘子与黄台吉婚后的第二年,她督促黄台吉大会蒙古各部首领,重申与明朝议订的条款:"凡一切贡市,悉仿先王父故事,敢议约,及不如约者,请以天帝击之。"（瞿九思《万历武功录·黄台吉列传》）黄台吉从此心悦诚服,与三娘子合作,推动蒙汉互市,安定蒙汉边境。

三、三嫁四嫁

万历十三年（1585）二月,黄台吉病故。按照世袭关系,俺答汗的孙子、黄台吉的儿子撦力克将成为第三代顺义王。但年轻英俊的撦力克不想娶比自己年长且色衰的三娘子为妻。于是,三娘子率领自己的一万亲军,筑城别居。于此,郑洛一面做三娘子的工作,一面派人到撦力克的营帐劝说:"夫人三世归顺,汝能

---

① 郑洛,《明世宗实录》和《明进士题名碑记》均作"洛";《明神宗实录》作"雒"。因《明神宗实录》为明光宗朱常洛之后修,故讳"洛"而作"雒"。明史为清人修,则直书不讳,作"郑洛"。

与之匹，则王，不然，封别有属也。"（《明史·郑洛传》）终于促成撦力克和三娘子结成夫妻。

万历十五年（1587）三月，万历帝颁诏，撦力克袭封顺义王，同时敕封三娘子为忠顺夫人，并授予三娘子和俺答汗的婚生子不他失礼、撦力克和原配的婚生子晃兔台吉，同为龙虎将军。从此，撦力克也继续执行封贡政策，凡"应酬番汉事务，委三娘子理之"（《宣化县志》卷十七），安定了蒙汉边境的和平局面。

20年过去，万历三十五年（1607）四月，撦力克死去。此时，撦力克的长子晃兔台吉已经先死，由其孙子卜石兔继承顺义王。这得到了蒙古数十个部落的支持。但是，三娘子与俺答汗的孙子索囊台吉，见卜石兔年幼，图谋篡夺嫡系，便离间卜石兔和忠顺夫人三娘子的关系，阻止他们成婚。大乱一触即发。

宣大防务总制涂宗浚延续了郑洛的传统，做三娘子的工作，取得她的支持。万历三十九年（1611）五月，老年三娘子，抛下与索囊台吉的血缘亲情，与自己重孙辈的卜石兔成婚。不久，三娘子又增加了约束部众的规矩条约14条，使条约增至36条，恢复了边市贸易。（王士琦《王云筹俎考·封贡》）

万历四十年（1612）五月，三娘子去世。三娘子主持部务和政务30余年，是蒙古女英雄，她的传奇永留史册。噩耗传来，万历帝赐祭葬七坛，赙绢、帛也并从优给予。

万历帝始终坚持皇父隆庆时定下的封贡政策不动摇，依靠朝臣边将，从而完成了他处理蒙古问题的得意之笔。

"边氓释戈而荷锄，关城息烽而安枕。"（《晋乘蒐略》卷三〇）这是明朝立国200多年以来所不曾有过的汉蒙接合地带和平安定的局面。

耄耋者说三　衰落与更替

皇宫的主人是明神宗朱翊钧万历帝（在位48年）、明光宗朱常洛泰昌帝（在位1个月）、明熹宗朱由校天启帝（在位7年）、明思宗朱由检崇祯帝（在位17年），和与之交叉的清太祖努尔哈赤天命汗（在位11年）、清太宗皇太极天聪汗（在位10年）和崇德帝（在位8年），明代四朝、清代两朝，共70年［明万历元年（1573）至清崇德八年（1643）］这段时期，中国历史处于天崩地解，皇宫则处于更换主人的大变局时期。

本部分在时间上，属于明朝后期、清朝初期。这个时期，中原出现以李自成、张献忠为首的农民起义，东北女真—满洲的努尔哈赤在万历十一年（1583）起兵，万历四十四年（1616）建国号后金，这两件大事明廷却全然不知。明朝由衰落到覆亡。清朝入主中原，大明皇宫易主。

本部分为44—65讲，主要讲述此期宫廷内外的历史故事。包括张居正、李成梁、熊廷弼、孙承宗、文震孟、袁崇焕、李自成、张献忠、杜松、满桂、史可法、汤若望、努尔哈赤、皇太极、多尔衮、孝庄太后、董鄂妃等人物及其故事。

经过明清之际的大变革，清朝皇帝入主皇宫。清朝对明朝皇宫没有焚烧、拆毁，而是加以利用、修缮，并改皇极殿、中极殿、建极殿名为太和殿、中和殿、保和殿，改承天门为天安门等。改原皇后居住的坤宁宫，为既是萨满祭祀的场所，又是皇帝与皇后大婚的洞房，等等。清朝不在京外设藩王府邸，而设建在北京内城（唯理亲王府例外）。特别是建"三山五园"，即万寿山清漪园（颐和园）、香山静宜园、玉泉山静明园和畅春园、圆明园，以及避暑山庄和木兰围场。当时花费全国民脂民膏，今日成为世界文化遗产。

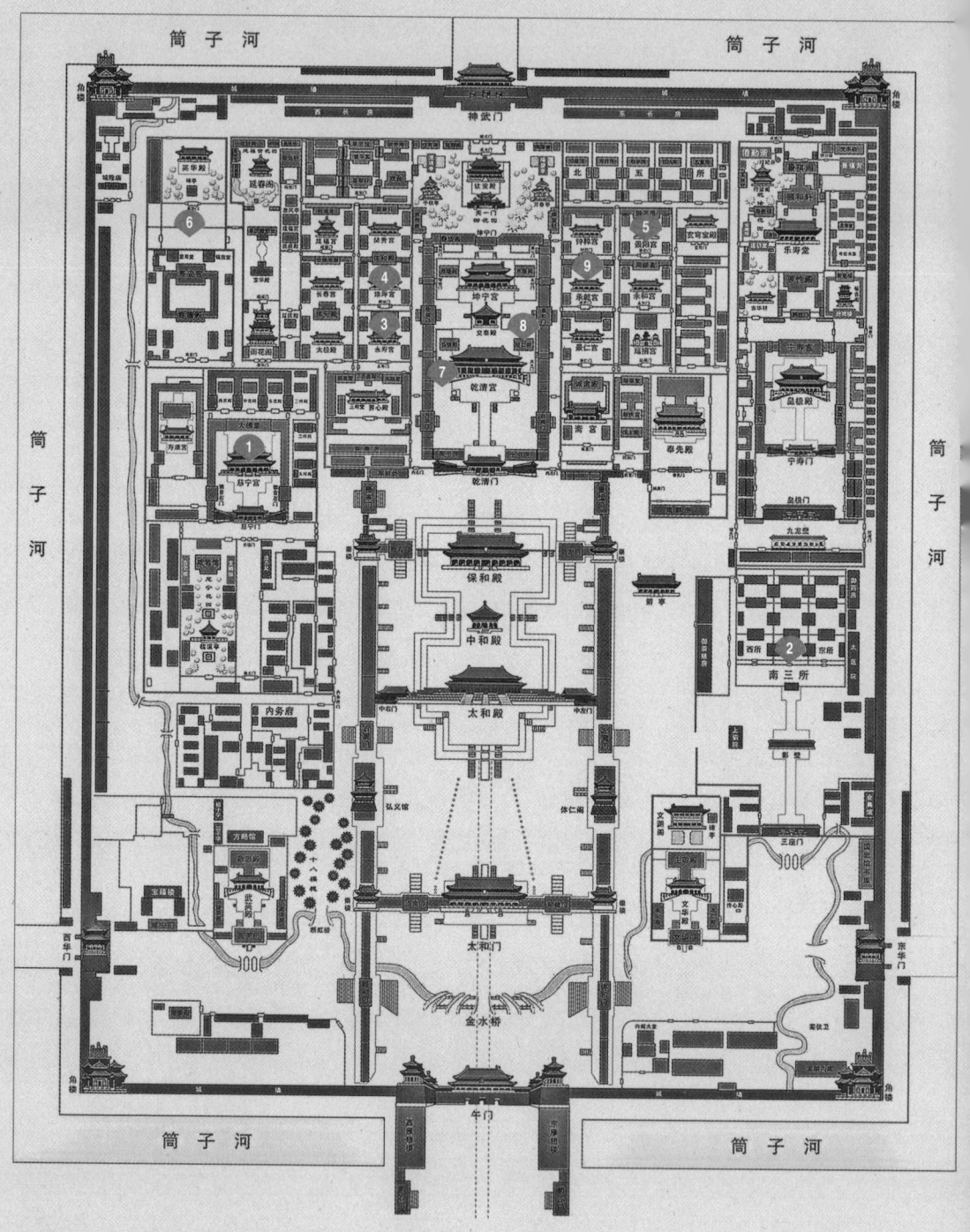

北京故宫平面图

① 慈宁宫　④ 翊坤宫　⑦ 懋勤殿
② 慈庆宫　⑤ 景阳宫　⑧ 昭仁殿
③ 毓德宫　⑥ 咸安宫　⑨ 承乾宫

第四十四讲

少年天子

明朝有两位少年天子：一位是十岁继位的正统帝朱祁镇，另一位是十一岁继位的万历帝朱翊钧。万历帝出生以后一直没起名字，跟父亲战战兢兢地生活在裕王府，直到五岁时父亲继位做了皇帝，他才正式起了名字，六岁被立为皇太子，十一岁继位，成为紫禁城里第二位少年天子。

万历帝从十一岁到五十八岁，统治天下48年，是明朝十六帝中在位时间最长的皇帝。少年天子按照隆庆帝的遗嘱，倚靠三个人——生母李太后、宦官大伴冯保和内阁首辅张居正，一面做勤奋学习、认真履职的好皇帝，一面在皇宫里享受着穷奢极欲的生活。

一、严母太后

万历帝的生母李太后，漷县（今北京市通州区）人，嘉靖四十二年（1563）在裕王府生下儿子朱翊钧，隆庆元年（1567）三月被册封为贵妃。万历帝继位后，希望并尊两宫，大太监冯保欲取媚于贵妃，便向大学士张居正建议：两太后并尊。

在张居正的运作下,尊万历帝嫡母陈皇后为仁圣皇太后,尊其生母李贵妃为慈圣皇太后,这样,李太后便跟陈太后平起平坐了。陈太后住在**慈庆宫**,李太后住在**慈宁宫**。接着,张居正请李太后照顾小皇帝起居,李太后就搬到乾清宫,和儿子万历帝住在一起,并把内廷之事交给冯保,外朝大权交给张居正。

李太后教子很严,小皇帝若不读书,就召来罚长跪。每御经筵前,令仿效讲官先在面前进讲。每逢上朝,五更到小皇帝寝所,呼曰"帝起",令左右给小皇

李太后像

慈宁宫花园鸟瞰图

逛一逛

慈宁宫

位于紫禁城内廷隆宗门外西侧。明嘉靖十五年（1536）以仁寿宫故址撤大善殿更建而成，为明朝前代皇贵妃等所居之所。清朝沿用明制，于顺治十年（1653）重修，始为皇太后所居之正宫。

帝取水洗脸，并扶他登辇上朝。小皇帝事太后恭谨，而诸太监奉太后懿旨，往往管制太过。小皇帝在宫里设宴喝酒，令内侍唱歌，辞以不能，取剑击之。经左右劝解，就用割头发来替代。第二天，太后闻知，传语张居正具疏切谏，并为小皇帝起草罪己的检讨书。又召小皇帝长跪，历数其过错。小皇帝涕泣请求改过。万历帝对母亲李太后非常敬畏，亲政后仍畏惧三分。

万历帝十六岁大婚后，太后跟张居正说：我不能早晚照顾皇帝，担心他的问学、勤政，先生有师保之责。要朝夕教诲，完成先帝凭几之谊。"因赐坐蟒、白金、彩币。"后性严明。万历初政，委任张居正，综核名实，几于富强，后之力居多。"(《明史·后妃传》)

慈庆宫，明代始称清宁宫，清代改建为南三所

> **逛一逛**
>
> **慈庆宫（清宁宫）**
>
> 明代所建，原址位于东华门内三座门迤北，今撷芳殿一带，始称清宁宫，原是太子住的地方。天启末年，张皇后曾在此居住，称慈庆宫。

二、大伴冯保

冯保，司礼监大太监，很聪明，多心计。冯保因怨恨高拱，与张居正暗中交结。

万历帝即位，高拱以皇帝年幼，为防太监专权，奏请限制司礼监大权，权力归内阁。又命言官上疏弹劾冯保，并拟旨驱逐冯保。高拱使人知会张居正，张居正表面应诺，暗里告诉冯保。冯保诉告李太后说，高拱擅权，不可容忍。李太后点头。明日，召群臣入，宣两宫太后和万历帝诏。高拱以为是驱逐冯保，但宣诏历数高拱之罪并驱逐高拱。高拱突遭打击，跪伏在地，竟不能起。张居正扶其出宫殿，雇辆骡车，出宣武门。张居正遂取代高拱为首辅。

万历帝初即位，冯保从早到晚，服侍他起居，小皇帝稍有不当之处，立即奏报慈圣太后。幼小的万历帝对大伴冯保，又依赖，又害怕，更不喜欢，经常以恶作剧捉弄冯保。

万历帝上朝时，冯保侍奉在侧。言官雒遵上疏："保一侍从之仆，乃敢立天子宝座，文武群工拜天子邪，抑拜中官邪？欺陛下幼冲，无礼至此！"（《明史·雒于仁传》）张居正刚死，万历帝命逮捕冯保，遣送南京，籍没家产，金银百余万，珠宝无其数。居家数年，死。

三、师相居正

张居正（1525—1582），字叔大，江陵（今湖北省荆州市）人。少年颖敏，灵秀异人。嘉靖二十六年（1547）进士，眉清目秀，须长到腹。张居正满腹经纶，勇敢任事，胸有城府，豪杰自许。严嵩、徐阶、李春芳、高拱先后为首辅，都很器重张居正。

对于幼小的万历帝来说，张居正既是他的老师，又是他的首辅。张居正给万历帝开经筵、日讲，学习的内容都是儒家经典，教化内容多，道理也深奥，小皇帝理解起来很困难。张居正对万历帝可谓尽心尽力。他考虑到皇帝年纪小，挑选了先代治乱的经验，编成《帝鉴图说》一书，选取历史中正面81个、反面36个，共117个故事，配上图画，图文并茂，生动活泼，用通俗语言，给皇帝讲解。如"谏鼓谤木"，说的是尧舜在位，虚己求言，门前设敢建言的鼓，敢批评的木，招引贤人，击鼓书木，批评自己的过错。再如"解网施仁"，说的是商汤出巡，见有人设网捕鸟，他让人把网解开三面，让鸟飞翔，百姓称赞说，汤的仁德，惠及鸟兽，何况人乎！又如"脯（fǔ）林酒池"，说的是夏桀无道——脯，就是肉干，肉干挂得像树林；酒池，大得可以行船，荒淫无度，终于亡国。又如"游幸江都"，说的是隋炀帝巡游江都，船只数千艘，长二百余里，背拉纤者，锦彩为袍，靡费奢侈，不久隋亡。这些生动的历史故事，讲述修身治国道理，便于少年天子理解。万历帝十三岁时，自书十二事于座右自警：谨天戒、任贤能、亲贤臣、远嬖（bì）佞、明赏罚、谨出入、慎起居、节饮食、收放心、存敬畏、纳忠言、节财用。（《明史·神宗纪一》）

然而好景不长。这时万历帝渐备六宫，太仓银钱多入内库。张居正呈户部收支数目，说每年入不敷出，请万历帝量入为出，防止浪费。疏上，留中。万历帝又令工部铸钱给花，居正以利少弊多制止。言官请停苏、松织造，不听。又请裁外戚升官数目，万历帝虽曲从，但不高兴。

张居正没有察觉，万历帝对这些谏言越来越不耐烦了。

李太后也火上浇油，她训小皇帝太严，每切责时说："要是张先生知道，奈何！"于是万历帝特别害怕张居正。及小皇帝长大，心里讨厌张居正。这时发生一件事情。乾清宫小太监孙海等导小皇帝游戏。太后命冯保逮捕孙海等，杖而逐之。张居正又条其党罪恶，请斥逐，而令司礼及诸内侍自己讲过错，由小皇帝决定去留。然后就劝小皇帝："戒游宴以重起居，专精神以广圣嗣，节赏赉（jī）以省浮费，却珍玩以端好尚，亲万几以明庶政，勤讲学以资治理。"（《明史·张居正传》）万历帝迫于太后，不得已，皆报可，但心里对冯保和张居正非常记恨。

不久，张居正病死，万历帝为此辍朝，谕祭九坛，优礼有加。当初，小皇帝所喜欢的太监张诚不受冯保喜欢，被贬斥在外，这时万历帝秘密让张诚举报冯保和张居正。于是，揭发两人交结、恣横贪婪、宝藏超过天府。御史羊可立也追论居正罪。又有人说："金宝万计，悉入居正。"（《明史·张居正传》）帝命司礼监张诚等偕锦衣指挥、给事中抄张居正家。张诚等到之前，荆州守先录其人口，子女多遁避空室中。后揭封开门，饿死许多人。张诚等尽发其诸子兄弟所藏，得黄金万两，白金十余万两。以罪状示天下，子弟俱发戍烟瘴之地。

最令人匪夷所思的是,曾经那么倚重张居正和冯保的李太后,当儿子对二人翻脸时,向她解释的理由竟然是一个"钱"字:说这两个人家资甚厚,籍没可助大婚。助谁的大婚?万历帝的弟弟、李太后次子潞王朱翊镠(liú)。李太后立即就不反对了。张居正的噩运,不仅是他个人的噩运。隆庆、万历初年颇有成效的改革,从此夭折,明朝进入了衰败时期,《明史》说:"明之亡,实亡于神宗。"皇权摆脱自律和监督,会畸形膨胀,并为所欲为,但历史依然客观存在,时势如地球自转公转。

历史与时势显示,在万历朝及其前后,世界发生巨大变化——大明皇朝在走向衰落,西方大国在新兴崛起。于国外,开启大航海、大崛起的时代,尼德兰爆发资产阶级革命,英国战胜西班牙而取得海上霸权,法国建立了波旁王朝,俄国沙皇在极力扩张,葡萄牙人取得在澳门贸易资格,日本丰臣秀吉统治,扬言要

故宫西北角楼

"席卷明朝四百余州,以为皇国之版图",并两次入侵朝鲜。荷兰组建东印度公司,并被荷兰国会授予宣战、媾和、占领、筑炮台等权力,不断进犯中国领海,侵占澎湖。利玛窦等西方传教士来到中国的北京传教。于国内,大明王朝已200多年,进入腐朽衰落的轨道,特别是经过正德、嘉靖连续60年折腾,元气大伤。万历中期以后,吏治腐败,军队哗变,民变四起,满洲变乱——比他大四岁的努尔哈赤,竟成为埋葬明朝的一个掘墓人。

万历帝在张居正死后,该如何应对国际和国内的变局呢?

第四十五讲 酒色财气（上）

明神宗万历帝惩治张居正，教训冯保，满足太后事佛敛财的需求后，终于从皇父为他编织的羁绊中解脱了，但他又跳进另一个羁绊之中。这就是明朝官员雒于仁向万历帝提出的应戒"酒、色、财、气"的《四箴》。其实，西汉杨秉曾说："我有三不惑：酒、色、财也。"（《后汉书·杨震列传附杨秉传》）明朝雒于仁则提出戒"酒、色、财、气"的"四箴"。我们看一代诤臣雒于仁的故事。

一、一代诤臣

万历帝掉进什么羁绊中呢？他，将经筵和日讲改成进章，读不读自便；他，早晨不用五点起床上朝，只要愿意，早朝就可取消；他，郊庙祭祀可不必躬亲，万历帝在位48年，仅去**天坛**祭祀四次（成化帝和弘治帝，每年都亲往天坛祭祀）；他，批答奏章有内阁和司礼监代行。那么，万历帝每天都忙什么呢？万历十七年十二月二十一日（1590年1月25日），雒于仁一份《四箴》奏疏，揭开了这个问题之谜。

明代玉"寿"字执壶

大理寺评事雒于仁,冒死上了一道奏疏《四箴》,说:

臣入京阅岁余,仅朝见于皇上者三。此外惟见经年动火,常日体软,即郊祀庙享,遣官代之。圣政久废而不亲,圣学久辍而不讲,臣以是知皇上之恙,药饵难攻者也。惟臣《四箴》可以疗病,请敬陈之。皇上之病,在酒、色、财、气者也。(《明神宗实录》卷二一八)

大意是说:臣我来京工作一年多了,只见过皇上三次。听说皇上身体不好,免掉一切传谕,郊祀庙享都委派官员代理,政务久废而不亲自处理,经筵久停而不亲临讲席。我知道这都是皇上身体不好的缘故。所以臣敬陈《四箴》。

皇上之病,在酒、色、财、气者也。夫纵酒则溃胃,好色则耗精,贪财则乱神,尚气则损肝,以皇上八珍在御,宜思德将无醉也。(《明神宗实录》卷二一八)

以上这四种病胶绕身心,哪里是药石可以治的?今陛下春秋鼎盛,犹经年不朝,过此以往,更当何如?

最后,雒于仁献上四条箴言:酕(nóng)醄(xǔ)勿崇;内嬖(bì)勿厚;货贿勿侵;旧怨勿藏(《明史·雒于仁传》)。就是:酒要少喝,妃要少纳,财要少占,气要少生。

天坛祈年殿

逛一逛

天坛

明清两代皇帝祭天的地方。位于北京外城东南,初名"天地坛"。建于明永乐十八年(1420),为天地合祭之所。嘉靖九年(1530)改立天、地、东、西分祀之制,于嘉靖十三年(1534)始称天坛。周以重垣,北圆南方,取"天圆地方"之意。坛内主要建筑多位于中轴线上,南端三层圆形汉白玉石建圜丘坛,为皇帝冬至祭天之地;圜丘北为皇穹宇。北端为祈年殿、皇乾殿,是春季皇帝祈求五谷丰登之处。1918年辟为天坛公园。

毓德宫（永寿宫）内景

逛一逛

毓德宫（永寿宫）

内廷西六宫之一。建于明永乐十八年（1420），开始名为长乐宫。嘉靖十四年（1535）更名为毓德宫；万历四十四年（1616）更名永寿宫。明为妃嫔、清为后妃的住所。光绪时前后殿均为收贮御用物件的大库。

二、万历辩解

万历帝看后，如芒在背，勃然大怒。这一年他死了三个孩子，包括皇四子常治，心情格外坏。大年初一，他在**毓德宫**西室御榻前，召见辅臣申时行、许国、王锡爵、王家屏。他手上拿着雒于仁的奏疏给申时行，接着就絮絮叨叨地开始辩解说：

他说朕好酒。谁人不饮酒，若酒后持刀舞剑，非帝王举动，岂有是事？

又说朕好色，偏宠贵妃郑氏。朕只因郑氏勤劳，朕每至一宫，他必相随，朝夕间小心侍奉。勤劳如恭妃王氏，他有长子，朕着他调护照管，母子相依，所以不能朝夕侍奉，何尝有偏？

他说朕贪财，因受张鲸贿赂，所以用他。昨年李沂也这等说。朕为天子，富有四海，天下之财，皆朕之财。朕若贪张鲸之财，何不抄没了他？

又说朕尚气。古云：少时戒之在色，壮时戒之在斗，斗即是气，朕岂不知，但人孰无气！且如先生，每也有童仆家人，难道更不责治？如今内侍、宫人等，或有触犯，及失误差使的，也曾杖责，然亦有疾疫死者，如何说都是杖死？（《明神宗实录》卷二一九）

万历帝以雒于仁为"沽名"而气自己，遂将奏本递给申时行，并说："你去票拟重处。"

申时行接着皇帝的话说："他既沽名，皇上若重处之，适成其名，反损皇上圣德，唯宽容不较，乃见圣德之盛。"（《明神宗实录》卷二一九）说完，将其奏疏缴放在御前。

万历帝又取其疏，再授申时行，让他详阅，并说："朕气他不过，必须重处。"申时行说："此本原是轻信讹传，若票拟处分，传之四方，反以为实。臣等愚见，皇上宜照旧留中为是。"（《明神宗实录》卷二一九）又将其疏送到御前。

万历帝再说："如何设法处他？"申时行等说："此本既不可发出，亦无他法处之。还望皇上宽宥，容臣等传语本寺堂官，使之去任可也。"（《明神宗实录》卷二一九）万历帝听后点头。这时天颜稍和，气消了很多。

数日之后，雒于仁借病回乡，遂斥为民。很久之后，病死。

万历帝虽不承认自己沾上酒、色、财、气四个字，但这准确地概括了万历帝生活的基本状态，而且预示了他未来的走向。

这个雒于仁，何许人也？他是陕西泾阳人，万历十一年（1583）进士。任肥乡、清丰知县，有惠政。万历十七年（1589），调入京师，为大理寺评事。这是正七品的小官。他的父亲雒遵，官吏科都给事中，是大学士高拱的门生。万历帝初即位，冯保窃权。万历帝御殿，冯保辄侍侧。雒遵言："保一侍从之仆，乃敢立天子宝座，文武群工拜天子邪，抑拜中官邪？欺陛下幼冲，无礼至此！"（《明史·雒于仁传》）雒遵的这道奏疏也被万历帝留中。不久，雒遵遭冯保陷害，被贬三级，调出京城。冯保被斥后，雒遵官复原职，后官四川巡抚。雒遵和雒于仁父子，都是刚直不阿的正直官员，也都是正人君子。

三、万历贪杯

万历帝是不是贪杯？雒于仁是确有所指的。万历帝时年二十八岁，正是年富力强的青年，却"腰痛脚软，行走不便"。甚至连在宫里看望他生母李太后，都四肢无力，行走不了。这其中原因很多，但雒于仁认为，贪杯伤害了皇帝的御体。他说："皇上八珍在御，宜思德，将无醉也。"（《明神宗实录》卷二一八）

历史上，嗜酒皇帝，已有先例。辽朝穆宗耶律璟，是辽太宗耶律德光的长子。他二十岁继位，嗜饮酒，求长生。应历十三年（963）正月，昼夜饮酒长达九天。十六年（966）正月初一，因为白天夜里饮酒，不接受群臣朝贺。闰八月的一天，他观看野鹿进入驯鹿群，立在马上喝酒，边喝边看，直到傍晚。十二月的一天，到一位大臣家饮酒，连续几天几夜。十八年（968）正月初一，在宫中大宴会，不受朝贺，连饮三天三夜。这年的端午节，又是连饮几天几夜。十九年（969）正月，从十一日到月末，连续饮酒20个日夜。这个辽穆宗耶律璟，不光嗜酒，还求长寿，他听信一位女巫的药方，就是取活人男子的胆和药喝，不几年就杀了很多人。这个耶律璟最后呢？欢饮酩酊大醉，夜里回到行宫，被近侍小哥、盥洗人花哥和厨师辛古等弑杀，年仅三十九岁。

万历帝贪杯，比契丹人耶律璟差多了，但这过量、过多的酒——"何酖味是耽，日饮不足，继之长夜，此其病在嗜酒者也。"（《明神宗实录》卷二一八）雒于仁说，万历帝喜欢酒，白天没喝够，长夜继续喝，这就是"嗜酒"。雒于仁说："纵酒则溃胃。"嗜酒的坏处，远不止于此。

嗜酒，不仅是伤肠胃，也不仅是伤身体，更不仅是伤品德，而是误家、误政、误国。这当为"嗜酒"者戒！

第四十六讲 酒色财气（下）

雒于仁给万历帝上应戒"酒、色、财、气"的《四箴》疏，前面说"酒"字，下面说"色、财、气"三个字。

一、迷恋女色

雒于仁的戒色箴说："艳彼妖冶，食息在侧。启宠纳侮，争妍误国。成汤不迩，享有遐寿。汉成昵姬，历年不久。进药陛下，内嬖勿厚。"（《明神宗实录》卷二一八）

皇帝有几人不贪色的？但不能过度迷恋女色，以致伤身、误国。《明史·后妃传》记载，万历帝有一后二贵妃，即浙江余姚王皇后和光宗生母王贵妃、福王生母郑贵妃。可从这段简略记述中，看不出万历帝后宫生活的实际情状。

万历帝十六岁时，举行大婚典礼，迎娶一后二妃，即王皇后、刘昭妃和杨宜妃。婚后不到两年，万历帝就下旨，连续选民间大量淑女入宫。原来，他的祖父嘉靖帝在嘉靖十年（1531）三月一次就册封了九嫔，他要向祖父看齐。于是，他于万历十年（1582）三月，也册封了九嫔。其中，来自北京大兴的郑淑嫔于第二年就被晋为德妃，一年后又晋封为贵妃，她就是著名的郑贵妃。此后，他又下诏选民间淑女二百人入内。

二、勤于敛财

雒于仁的戒财箴说："竞彼镠镣，锱铢必尽。公帑称盈，私家悬罄，武散鹿台，八百归心，隋炀剥利，天命难谌。进药陛下，货贿勿侵。"（《明史·雒于仁传》）

万历帝怠于临政，却勤于敛财。前面讲过，曾经最倚重张居正和冯保的李太后，当儿子对张居正变脸时，她接受的理由竟然是这俩人家资甚厚，籍没可助其另一子办理大婚。可见万历帝母子的心理——聚敛钱财，大于一切。

万历敛财，花样繁多，如：加派织造，加征羊绒，加烧瓷器，采办珠宝，开办皇庄，广设皇店，收纳官员的罚俸、捐俸，来钱最多最快的是派出矿监税监，到全国各地开矿征税，甚至妄指民间良田美宅之下有矿脉，肆意敲诈勒索。还派出税监，在城镇、关津、路口设置许多税卡，盘剥人民。当时人说："矿不必穴，而税不必商。民间丘陇阡陌，皆矿也。官吏农工，皆入税之人也。"（《明史·田大益传》）

以珠宝为例。万历三十四年（1606），万历帝为母亲李太后呈上一份珠宝礼单：

御用监制金册一副，金龙钮宝一颗，黄丝绶绦全金级（钑）云龙宝箱宝池箱三个，黄织金纻丝衬里黄线绣黄纱宝囊金锁钥事件全，珠翠金累丝嵌猫睛丝青红黄宝石珍珠十二龙十二凤斗冠一顶，金钑龙吞口博鬓金嵌宝石簪如意钩全，皂罗描金云龙滴珍珠抹额一副，金累丝滴珍珠霞帔挽儿一副、计四百一十二个，珠翠面花二副、计十八件，金丝穿八珠耳环二双，金丝穿宝石珍珠排镮二双，金嵌宝石珍珠云龙坠头一个，白浆衣玉谷圭一枝，金钑云龙嵌宝石珍珠符叶提头浆水玉禁步一副、计二挂，开珊瑚碧甸子金星石紫线宝黄红线穗头全青纻丝描金云龙滴珍珠舄（xì）两

明神宗朱翊钧像

只,金累绿结丝嵌宝石双龙龙凤鸾凤宝花九十六对,金万喜字锋、计五千副,索金银万喜字锋、计八千副,索金盛用浑贴金沥粉云龙红漆刱金云龙宝匣、冠盏(lú)胭脂木谷圭霞帔禁步匣九个,铜镀金锁钥事全。(《明神宗实录》卷四一七)

户部办送足金一千四百三两八钱,七成五色金一千两,银一千六百两;猫睛二块,重一钱八分;祖母绿六块,重四钱二分;青宝石四百六十八块,重二百七十四两五钱;红宝石五百四十七块,重一百六十四两一钱;黄宝石十二块,重一两八钱;各样圆珍珠大珠各一颗,头样珠一百二十七颗,大样珠三百三千(十)六颗,一样至十样珠共一万二千八百十一颗,白玉料一十一斤,珊瑚料一斤三两,玛瑙料一斤,金星石料一斤,水晶料一斤,碧甸子一斤,翠毛一千六个。(《明神宗实录》卷四一七)

下面再举织造的例子。原来南方省区每年承担丝绸织造的是苏州、松江、杭州、嘉兴、湖州,万历时又增加常州、镇江、徽州、宁国、扬州、广德等府州分造,年征解额增加一万余匹。对南直隶浙江诸府纻丝、纱罗、绫绸、绢帛等织品的加派,始于万历四年(1576),当时的理由是自己大婚需要;至万历九年(1581),又题派了一次,是15万套匹,理由是潞王的大婚、寿阳长公主的出嫁和慈圣太后的圣诞。到万历二十七年(1599),又诏令派征41 900套匹;万历三十二年(1604),复派26 000套匹;万历三十八年(1610),再派4万套匹,此时也不再编造名目,只要金口一开,要多少地方上就得解进多少,总计自万历九年(1581)至三十八年(1610),苏杭额外织造总数已达25万套匹,以三年耗资百万计,则此30余年的织造,已耗去1000多万两白银。

陕西织造的羊绒著名,弘治、正德间偶而征派过,嘉靖、隆庆时也征过。万历御用袍服多采用羊绒,起初每年要解进宫中约千匹,到万历二十三年(1595),竟至74 700余匹,按当时价格估算,这些羊绒织品共值160余万两银子。

福王要就藩,万历帝要地方拨4万顷田地。这相当于400万亩地。哪里来的田地?强行侵夺而已。

三、万历变卦

万历帝对朝臣建言,或拒绝,或留中,或虚应,或变卦。

万历帝自乾清宫和坤宁宫火灾后,就居住在后宫的启祥宫。万历帝在启祥宫有一段君王戏言的史事。万历帝派太监作为矿监或税监,到各地搜刮钱财,激起民愤,以陈奉和马堂为例。御马监太监陈奉到湖广,作恶多端:"鞭笞官吏,剽劫行旅,商民恨刺骨";到荆州,"聚数千人噪于途,竞掷瓦石击之";到武昌,激民变,"吓诈官民,僭称千岁,其党至直入民家,奸淫妇女……以致士民公愤,万余人甘与奉同死";民众气愤,誓必杀之,陈奉逃匿到楚王府,得以幸免,而其被捉获的党徒16人投入江中。天津税监马堂到临清,"中人之家,破者大半,远近为罢市。州民万余纵火焚堂署,毙其党三十七人"。其他各地税监矿监,作恶多端,民怨极大。首辅沈一贯奏请撤回税监矿监,结果是:"帝皆不闻。"(《明史·陈奉传》)

翊坤宫

逛一逛

翊坤宫
内廷西六宫之一。明永乐十八年(1420)建成,开始名为万安宫,嘉靖十四年(1535)改名翊坤宫。明清为妃嫔所居,现建筑完好。

事情在万历帝病危时出现转机。万历三十年（1602）二月十六日巳时（9—11时），万历帝病危。急召辅臣及部院大臣到启祥宫外。万历帝在启祥宫后殿西暖阁，独召首辅沈一贯到病榻前。这时坤宁宫王皇后、翊坤宫郑贵妃因"养疴"不在身边，李太后面南立，皇太子朱常洛及诸王罗跪于前，万历帝具冠服席地而坐。沈一贯进来后叩头毕，万历帝说："沈先生来，朕羔甚虚烦，享国亦永，何憾！佳儿佳妇，今付与先生，先生辅佐他，做个好皇帝，有事还谏正他，讲学勤政。矿税事，朕因三殿两宫未完，权宜采取，今宜传谕，及各处织造、烧造俱停止……朕见先生这一面，舍先生去也。"（《万历起居注》三十年二月十六日）沈一贯呼万岁，称谢，并说：圣寿无疆，何乃过虑如此？望皇上宽心静养，自底万安。不觉失声。这时，皇太后、太子、诸王皆哭。万历帝从地上起来上床。沈一贯等回到内阁朝房值班拟旨。

到了二更，长安门守门官递送"圣谕"到内阁，内容如前。二更后，万历帝稍微好转。十七日早，"上遣文书官至内阁，取回前谕"（《明神宗实录》卷三六八）。就是万历帝派太监到内阁，要把前一天所下的圣谕取回。众官不给，太监硬要，还是不给。太监上前抢着圣谕往外跑，朝廷官员就追，乱成一团，竟然被太监抢去了。（沈德符《万历野获编》）这成何体统！

大学士沈一贯奏称："昨恭奉圣谕，臣与各衙门俱在朝房直宿，当下悉知，捷于桴（fú）响，已传行矣"。但"顷刻之间，四海已播，欲一一回，殊难为力。成命既下，反汗非宜，惟望皇上三思，以全盛德大业，以增遐寿景福。"（《明神宗实录》卷三六八）万历帝说："朕前眩晕，召卿面谕之事，且矿税等项，为因两宫三殿未完，帑藏空虚，权宜采用，见今国用不敷，难以停止，还着照旧行。待三殿落成，该部题请停止。"（《万历起居注》三十年二月二十日）堂堂皇上，出尔反尔，国君戏言，内阁奈何！

酒、色、财、气这四个字，一直伴随万历帝走到最后。

第四十七讲

立储风波

明朝有四大名妃：永乐帝权贤妃、成化帝万贵妃、万历帝郑贵妃和崇祯帝田贵妃。其中，万历帝和郑贵妃，围绕立储而起风波——是立皇长子、王恭妃生的朱常洛，还是立皇三子、郑贵妃生的朱常洵？这场争论，称作"立储风波"。事情要从郑贵妃说起。

一、郑氏贵妃

万历帝有八个儿子，其中皇二子、皇四子和皇八子都是一岁夭折，其余五个皇子，能够竞争皇位的只有皇长子朱常洛和皇三子朱常洵。皇后无子，皇长子常洛虽不是嫡出，但年龄居长；皇三子常洵虽齿序老三（老二已死），但母亲郑贵妃受宠。朱明家法，有嫡立嫡，无嫡立长。万历帝认为子以母贵，想立郑贵妃生的朱常洵。这场立储风波长达30年。

皇长子朱常洛的母亲，姓王，本为万历帝生母李太后在慈宁宫的宫女。一天，万历帝去看李太后，太后不在，王宫女在，就心血来潮，幸了这位王宫女。王宫女怀孕,老太后发现,便问是怎么回事,王宫女照实说了。明宫故事,宫中承宠,必有赏赐,作为日后验证;还有文书房内太监做记录。当时万历帝觉得不光彩,没有赏赐给王宫女信物。一天,万历帝陪侍李太后吃饭,太后话点到这里,但万历帝不回应。李太后命取出内起居注给万历帝看,并好言相劝说:"吾老矣,犹未有孙。果男者,宗社福也。母以子贵,宁分差等耶?"(《明史·后妃传》)于是,万历十年(1582)四月,封王氏为恭妃。八月,朱常洛(泰昌帝)降生。

王恭妃住进景阳宫。这是东六宫中离乾清宫最远、最小的一座宫院。王恭妃住在这里,受到万历帝的冷落,如同被打入冷宫。不久郑贵妃因生皇三子朱常洵,晋封皇贵妃,但恭妃并未晋封。

景阳宫

逛一逛

景阳宫
内廷东六宫之一。建于明永乐年(1420),初名长阳宫。明嘉靖十四年(1535)更名景阳宫。明代是妃嫔所居之地。清代改为收贮图书之处。

这个情况引起朝臣们的猜疑，莫非皇上要立郑贵妃的儿子朱常洵为储君？于是，君臣间开始了关于立储的所谓"国本"之争。这场"国本"之争，可以分作三个回合。

第一个回合，首辅申时行率先上奏，请立皇长子为皇太子。万历帝始终不表态，后来表示要到皇长子十五岁再册立。但到了皇长子十五岁这年，万历帝提出三个儿子一并封王，暂不立储。理由是要等待皇后生子。

第二个回合，朝臣们提出让皇长子朱常洛出阁读书。万历帝则提出皇三子要与皇长子同时出阁读书。经过大臣力争，才勉强同意皇三子晚一年出阁读书。

第三个回合，朱常洛的冠婚大礼，万历帝是一拖再拖，勉强给太子选婚了，却不办婚礼。直到朱常洛二十岁，李太后趁皇帝入侍，问他为什么。万历帝说："彼都人子也。"什么叫"都人"？"都人"就是宫女，"都人之子"是宫女所生的儿子。太后大怒道："尔亦都人子！"（《明史·孝定李太后传》）万历帝的妈妈当年也是宫女被幸才生下他的啊！万历帝触到太后的痛处，非常惶恐，跪地不起。

由于皇储未定，官员们或猜测立朱常洛，或猜测立朱常洵，两派门户，党争激烈。

二、福王就藩

皇长子虽然被册立为皇太子，但是围绕郑贵妃和立太子之事，传言不断，妖书四起。比如，有一封匿名信，假托"郑福成"，有人附会"郑"指郑贵妃，"福"指福王朱常洵，"成"指郑贵妃与福王立储、册后成功。万历帝大怒，敕锦衣卫搜捕，后捉一人，处以极刑。

但万历帝仍是一如既往地宠爱郑贵妃和皇三子福王朱常洵。王恭妃作为太子母亲，没有万历帝的批准，就见不到太子。万历三十九年（1611）王恭妃病危，当时年已三十岁、立为太子已十年的朱常洛闻讯后，请求探视生母，获旨得准。

朱常洛带着十岁的儿子朱由校（后为天启帝）赶到景阳宫，但"宫门犹闭，抉钥而入"（《明史·后妃传》）。有人解释作踹开宫门，冲进宫室。王恭妃眼瞎，看不见儿子和孙子，就用手抚摸儿孙的衣服，拉着儿子，失声哭泣，说了一句："儿长大如此，我死何恨！"（《明史·后妃传》）不久，王恭妃在幽闭中死去。

相反，郑贵妃母子却一直得宠。皇太子册立后，次年正月，福王开始出阁读书，同时通知朱常洛讲学暂停，这一停便是十多年。随后，着手操办福王婚礼，耗银30余万两。福王结婚后该就藩了。郑贵妃不愿意让自己的儿子离去，朝臣们纷纷上疏，催促福王就藩，以确保太子地位。万历帝既不能违背祖制，便找出种种借口，来拖延福王就藩的日期。

第一个借口是福王在洛阳的府邸还未建成，结果由工部拨银40万两，修建了一座豪华的府邸，而当年万历帝的弟弟潞王府的造价是17万两，已经豪华至极。

第二个借口是必须给足四万顷田地。首辅叶向高据理力争，郑贵妃却派人质问叶向高："先生全力为东宫，请也稍微惠顾福王一点。"叶向高回答："我这样做，正是为福王着想。趁此宠眷时到封国去，赏赐一定丰厚，宫中财宝如山，可以随心所欲。"福王还是不肯就藩。

第三个借口是来年祝贺皇太后七十寿诞。李太后说："我儿潞王也可以来祝寿吗？"万历四十二年（1614）二月，李太后去世。这个理由也就不存在了。同年，福王离开北京，1172艘船只，载着他和他的妃嫔、儿女、官员和1100名卫卒，前往封国洛阳。

在福王之国的第二年，又发生了梃击案。

三、梃击之案

万历四十三年（1615）五月初四日，有个男子，手持枣木棍，闯入太子朱常洛居住的慈庆宫，见人便打，一直打到殿前的檐下才被抓住。这人叫张差，后供出系由郑贵妃手下太监引导而闯入慈庆宫，时人怀疑郑贵妃欲谋害太子。消息传开，舆论大哗，要求查个水落石出。大学士吴道南谘问编修孙承宗，孙答："事关东宫，不可不问；事连贵妃，不可深问；庞保、刘成而下，不可不问也；庞保、刘成而上，不可深问也。"（《明史·孙承宗传》）郑贵妃闻之，便对万历帝哭泣。万历帝说："须自求太子。"（《明史·后妃传》）郑贵妃向太子哭诉。贵妃拜，太子亦拜，贵妃哭泣，太子亦哭泣。

万历帝去找王皇后商量。王皇后一直受到冷落，对郑贵妃的专宠也十分不满，同情朱常洛的处境。王皇后答道："此事老妇亦不作主，须与哥儿面讲。"哥儿是对太子的爱称。这时，郑贵妃过来了，太子也过来了，俩人争了起来。朱常洛认为："张差所为，必有主使。"郑贵妃光着两只脚，指天发誓，嘴里不停地喊着："奴家万死，奴家赤族。"万历帝见了，非常生气。朱常洛见皇父生气，便态度有所缓和，改口说道："此事只拿张差是问就可以了。"万历帝朱翊钧这才眉开眼笑，连连点头："哥儿说的是。"

万历帝下了一道谕旨："疯癫奸徒张差持梃闯入青宫，震惊皇太子。朕思太子乃国家根本，已传谕本宫添人守门，关防护卫。既有主使之人，即着三法司会同拟罪具奏。"（文秉《先拨志始》卷上）

次日，也就是五月二十八日，朝廷大臣都到慈宁宫听诏，这是近20年来，万历帝难得的一次召见朝廷群臣。万历帝说："前几天，忽然有个叫张差的疯癫之人，闯入东宫伤人，外廷有许多闲话。你们谁无父子，竟要离间我们父子，如今此事只需将本内犯人张差、庞保、刘成凌迟处死，其他人不许波及。"说着，他拉住朱常洛的手说道："这个儿子极孝顺，我很喜爱。"然后又转过身来，面对群臣说："太子已是青春盛年，如果我有别的意思，何不很早就改立。况且福王已经就藩洛阳，距离北京数千里，没有我的宣召，他能自己飞来吗？"万历帝又让太监把三位皇孙牵到石阶上，让大臣们认一认，接着又说："我的几位孙子都已长大成人，还有什么话可说。"他接着又问太子："你有什么话要说，可以直接对各位大臣讲,不要有所顾忌。"朱常洛明白父亲的用意,便大声说:"像张差这样疯疯癫癫的人,正法算了,不必株连。"第二天,张差磔死,庞保、刘成在内廷击毙,至此"梃击案"乃定)。(《明神宗实录》卷五五二)

崇祯三年(1630)七月,郑贵妃薨。郑贵妃身经万历、泰昌、天启、崇祯四朝,长达50余年。福王朱常洵,后来在洛阳,被李自成起义军杀死。

万历帝、郑贵妃与朝臣之间,围绕着皇储问题,闹腾了30年,说明当时朝廷大臣有一定的话语权,也有政治的影响力。万历帝是个优柔寡断的人,患得患失,拖而不决,致使朝廷与百姓都受到巨大损失。

第四十八讲

定陵之谜

万历帝这一生,最重视的工程,莫过于他自己的寿宫,也就是自己的陵墓——定陵。何以见得?请听我讲。

一、五次前往

万历帝二十岁就着手修建寿宫——自己的坟墓。正当青春年华的皇帝,如此关注自己陵寝的营建,令人费解。这是有原因的。他的皇父生前没有营建陵墓,死后匆匆建陵安葬,不仅陵墓规制偏小,而且陵址也没选好,没过几年就发生地基下陷的现象。他最敬佩爷爷嘉靖帝,在生前营建了一座豪华的永陵,规模仅次于长陵,而设计施工,皆冠于诸陵。

万历十一年(1583)正月,万历帝下了一道谕旨,提出要在闰二月,亲自到昌平天寿山春祭,同时勘选寿宫基址。这是万历帝第一次勘查吉壤地址。同年九月,万历帝第二次奉太后、后妃等,前往天寿山勘定寿宫吉地。经过反复比较,他决定将寿宫吉地定在大峪山,这里主势尊严,山峦起伏,水星行龙,金星结穴，左右四辅，六秀朝宗。

寿宫吉地选定后，万历帝很高兴，人未返京，先赏赐有功人员。一年以后，万历十二年（1584）九月，万历帝同两宫皇太后和众后妃，并有内阁大学士和吏、户、礼、兵、刑、工部的尚书随行，来到大峪山选定的吉地。第二天，又在大峪山邻近的山头眺望，天朗气清，景色秀美，两宫太后不禁为儿子选定的风

明世宗嘉靖帝的永陵

水宝地连连颔首称善。这是万历帝第三次亲自勘查寿宫吉壤。

万历十三年（1585）八月，大峪山陵墓破土开工。万历帝派首辅申时行前往主持仪式，申时行尚未离京，就有人对选定的吉地提出质疑。虽然没有影响开工，但万历帝心里总是不舒服。他把大峪山图，又仔细地看了一遍，忽然发现西北角有一石块隆起，挡住了视线。他越看心里越别扭。不久，万历帝第四次去天寿山。最后还是定在大峪山，工程继续进行。

吉壤确定了，万历帝提出仿永陵规制营建。时任礼部侍郎、日讲官朱赓随即上疏表示异议，提出"昭陵（隆庆帝陵）在望，制过之，非所安"（《明史·朱赓传》）。万历帝将奏疏留中。

万历帝的寿宫，选材非常讲究，都用苏州烧制的金砖铺地面，光亮如漆，敲之有声。砌墙用山东临清烧制的城砖，宽大厚实，十分坚固。当时临清为寿宫烧砖的窑户有近百家。还有一种花斑石，采自河南浚县，五彩斑斓，明亮如镜，用来铺地或装饰墙面。

经过两年施工，到万历十六年（1588）秋天，寿宫主体工程基本完工。九月初十日，万历帝率后妃、阁臣、公侯勋臣、六部尚书等第五次前往大峪山，亲阅寿宫。新铺的神道，宽7米，长约3000米，走到尽头，跨过两组石拱桥，便来到寿宫。外罗墙门、宫墙门、祾恩门、祾恩殿、棂星门，层层递进，围以宫墙，肃穆气派。最里面是寿宫主体宝城和地下玄宫。

万历帝下到玄宫，走过砖砌隧道，又走过40米的石隧道，再通过甬道，跨进带门楼的石门，就进入了玄宫。整座玄宫，前殿、中殿、后殿和左右配殿连成一体，总面积1195平方米。（中国社科院考古所等编《定陵》）

玄宫后殿是放置帝后棺椁的地下宫殿，高大宽敞，地面铺石，砌工整齐，磨制平整，细腻光滑。走出玄宫，万历帝在临时搭设的幄帐中喝了茶，并奖赏陵工有功人员。

万历十八年（1590）六月，大工告竣。营建陵寝的开支已超出800万两（《明史·礼十二》），这相当于全国两年赋税收入的总和。

万历帝从二十岁开始运作此事，四次亲自勘查选址，一次亲阅寿宫，时间延续八年，终于大功告成。此后，他不再提及阅寿宫之事，更没有举行任何庆典仪式，这是因为二十八岁的万历帝，已经沉醉于酒色财气之中，怠于临政，贪图安逸，不愿再受远途颠簸之苦。

二、入葬波折

万历四十八年（1620）四月初六日，万历帝的王皇后去世，万历帝按礼部所议命将王皇后安葬地宫。六月初九日，开挖定陵地宫隧道。到二十六日，王皇后已逝去将近三个月，尚未入葬。首辅方从哲上疏："大行皇后崩逝已近三月，旧例，梓宫发引，只在百日内外，今时已迫，而册谥未定，神主、牌位未写，发引之期将在何日？"（《明神宗实录》卷五九五）万历帝令尽快办理。谁知到七月二十一日，万历帝崩逝。泰昌帝朱常洛即位后，开始筹办万历帝和孝端皇后的丧礼。他亲定皇父陵寝为"定陵"，又将送葬日期定在九月二十八日。然而大礼未行，泰昌帝却于九月一日去世。四个多月，紫禁皇宫，三起大丧。天启帝即位后，命大行皇帝和大行皇后葬礼如期举行。

礼部右侍郎孙如游等 24 位官员被任命为护丧提督大臣，8000 名官兵奉命抬棺。由于棺椁中陪葬物品太多，棺椁格外沉重，杠绳多次更换，四里多路，到德胜门，已经入夜。行到巩华城，主杠突然压断，棺椁右侧，一角坠地。十月初三日，帝后棺椁，葬入地宫，现场实况，一片狼藉，捆扎随葬物品箱的绳子都没有拆掉，有的木杠也没撤下。这是因为，抬杠之人，怕被埋入地下，慌乱逃出地宫。

早在万历帝第四次勘查寿宫基址时，他对左右的人说过：今外廷诸臣，为寿宫事争言风水，夫在德不在险，从前秦始皇营骊山，何尝不求选风水，结果不久就被掘开，选求何益？（《明神宗实录》卷一六六）还真让他给说着了，1956 年到 1957 年，经国务院批准，中国考古工作者对万历帝后定陵地下宫殿进行发掘，出土各类器物 3000 多件，1959 年就原址建定陵博物馆。

三、青花龙缸

在定陵地宫中殿，万历帝和两位皇后宝座前面，摆放着三口青花瓷大龙缸。这组青花瓷大龙缸高约 70 厘米，口径 70 厘米，底径 58 厘米。主体纹饰五爪龙盘旋于缸体之上，昂首张目，龙鳞乍立，五爪勾张，翻云腾雾，气势非凡。缸体上部有"大明嘉靖年制"六字款。

据当年第一个进入地宫的庞中威先生回忆，当定陵地宫刚被打开时，先扔下一只公鸡试探是否有毒气，公鸡飞出，人们放心了，考古工作者才下去。他们发现缸内储满灯油，油面上有三个灯捻。这就是传说中的"万年灯"。有人认为，因防火灾，灯没点燃，是象征性的摆设。也有人认为，当时是点燃了，因地宫大门关闭，氧气耗尽，油灯熄灭。

其实，万历朝御窑，有一个关于大龙缸的传说故事。万历年间，皇帝谕旨：景德镇御窑厂烧造大龙缸，并派太监潘相督陶。这尊大龙缸，体量大，缸体厚，

定陵地宫

看一看

定陵

明神宗万历帝朱翊钧及其两个皇后的陵墓。明十三陵之一，位于明长陵西侧，始建于万历十二年（1584），历时六年建成。其地宫于1956年发掘，出土大量珍贵文物，已列专室陈列。

技艺精，难度高，时限紧。太监潘相传旨：克期完工，完美无疵，奉送北京，否则斩首！御窑工匠，全心全力，夜以继日，烧成一炉，微有瑕疵，再烧一炉，或有璺（wèn），或变形，反复烧制，全都失败。

太监潘相，督责严厉。御窑的工匠，或受呵斥，或遭鞭笞，惶恐不安，人人自危。万般无奈之时，有一个人挺身而出，他就是把桩（领班）师傅童宾。童宾为烧成大龙缸，为了工友安全，面对熊熊窑火，纵身一跃，投入烈焰，以身殉职。

童宾铜像

当日熄火，翌日开窑。巨丽龙缸，豁然出窑。而童宾，身躯化作青烟，灵魂升上天空。童妻痛哭收尸，奠酒三祭，葬凤凰山。乡人感泣，尊为窑神，立祠祭祀。从此，烧窑必祭窑神童宾。这就是景德镇佑陶灵祠、风火仙师庙的由来。

在今景德镇市古窑民俗博览园广场上，矗立着窑神童宾铜像，高9.9米，重8.8吨，通高15.9米，铜像庄严，气势雄伟，纪念工匠英雄童宾。

这个故事，在景德镇，在御窑厂，感动天地，哀泣鬼神，祭祀往者，激励来人。正如清朝督陶官唐英所说：

一旦身投烈焰，岂无妻子割舍之痛与骨肉锻炼之苦？而皆不在顾，卒能上济国事，而下贷百工之命也，何其壮乎！（唐英《火神童公传》）

第四十九讲 后金崛起

万历中后期,有"万历三大征"——平定宁夏哱(bā)拜、播州杨应龙的叛乱,又取得援朝抗倭的胜利,而在西北,继承隆庆封贡成果,利用三娘子的政治婚姻,维持了与蒙古数十年的和平局面。因此,万历帝陶醉于用兵胜利,享受着午门献俘的威武得意,却忽略了一个潜在的强大敌人——东北女真建州部首领努尔哈赤。

一、努尔哈赤

嘉靖三十八年(1559),努尔哈赤出生于今辽宁抚顺新宾满族自治县永陵镇赫图阿拉村一个女真人家庭。他比万历帝年长四岁。他的祖父觉昌安和父亲塔克世,都是明朝的地方官。他没有上过学,少年时就参加劳动。他十岁丧母,十九岁分家单过。努尔哈赤常到山里挖人参、采蘑菇、拾木耳,将这些东西运到抚顺马市去卖,赚钱贴补家用。

万历十一年(1583)二月,明辽东总兵李成梁率军直捣女真阿台驻地古勒寨。阿台妻子的祖父是努尔哈赤的祖父觉昌安。觉昌安为使孙女免于战难,城内部民减少伤亡,便同努尔哈赤的父亲塔克世一同进城,打算劝说阿台投降。古勒寨地势险峻,防守严密。明军久攻不下,死伤惨重。后与城里的内奸,里应外合,城被攻破。明军占领古勒寨后,进行大屠杀。觉昌安、塔克世也不幸被明军杀死。

努尔哈赤的盔甲

努尔哈赤得到父、祖蒙难的噩耗，捶胸顿足，悲痛欲绝。他质问道："我祖、父为何被害？你们与我有不共戴天之仇！"明朝派官员谢罪说："不是有意的，是误杀！"朝廷赏给努尔哈赤敕书30道，马30匹，并命他承袭父职，任建州左卫指挥。这一年，努尔哈赤二十五岁。他先后八次到北京朝贡，取得万历帝信任，升任左都督、龙虎将军。

万历十一年（1583）五月，努尔哈赤以报父、祖之仇为名，以"十三副遗甲"，率领五六十人的队伍，拉开了反明战争的历史帷幕。时女真各部间，彼此纷争，战伐不已。努尔哈赤运用"顺者以德服，逆者以兵临"（《清太祖实录》卷一）的两手策略，逐步统一了女真各部。

清朝兴起，明朝灭亡，从辽东建州女真古勒寨揭开了序幕。星火燎原，蚁穴溃堤，古今中外，概莫能外。这点火星，这个蚁穴，在萌发时，细如芥末，对立的双方都没注意到。然而，它燃烧为熊熊烈火，汇合为奔腾洪水，能将大厦吞噬，会将王朝冲垮。

二、建立后金

努尔哈赤从万历十一年（1583）起兵，到万历四十四年（1616）建立大金，其间33年。努尔哈赤在这期间，统一了女真各部，建州地域东到鸭绿江、图们江，东北到乌苏里江沿海，西达大兴安岭，南接明界。一个新的满洲民族共同体正在形成中。建州的军队，发展为八旗军队。漠南蒙古与建州联姻，尊努尔哈赤为"昆都仑（恭敬）汗"。

万历四十四年（1616）努尔哈赤建立"大金"，年号天命，定都赫图阿拉。

令人奇怪的是，努尔哈赤从起兵到陷抚顺，36年间——统一建州，吞哈达，并辉发，灭乌拉，创建八旗，制定满文，建立大金，居然没有受到明朝一次军事打击。明朝长期对建州女真的忽视、轻视、无视、蔑视，反过来不得不吞下自己酿成的苦酒。

天命三年即万历四十六年（1618）正月，天命汗努尔哈赤对诸贝勒大臣发布"七大恨"，令告天布民，接着，计袭抚顺城，强拔清河堡。

万历帝对天命汗的回答是："经略出关，援兵四集，大彰挞伐，以振国威！"（《明神宗实录》卷五六九）就此开启困扰万历、泰昌、天启、崇祯四朝的辽东战事。

三、辽东大战

万历帝决定发兵征剿，予后金毁灭性打击。起用杨镐为辽东经略，赐尚方剑，杨镐的作战方案是：军分四路，钳形包围，分进合击，捣其都城。

西路，从西面进攻赫图阿拉。以总兵官杜松为主将，率官兵二万余人，总兵官三员。

北路，从北面进攻赫图阿拉。以总兵官马林为主将，官兵二万余人。

南路，从南面进攻赫图阿拉。以辽东总兵李如柏为主将，官兵二万余人。

东路，从东面进攻赫图阿拉。以总兵刘綎（tīng）为主将，约为二万余人。

万历四十七年即天命四年（1619）二月十一日，辽东经略杨镐在辽阳誓师，并取尚方剑，令将此前临阵逃跑的指挥白云龙，当场枭首示众。誓师后，各路兵总共十万余人，号称47万，兵分四路，分进合击，捣向赫图阿拉。

明军来势凶猛，后金如何对策？努尔哈赤说："凭尔几路来，我只一路去！"（《明史纪事本末》辽左兵端）这就是集中优势兵力，逐路击破明军。

明军西路主将杜松，二十八日从沈阳起行，第二天到抚顺关。杜松是将门之后，一员虎将，但骄傲轻敌，急贪首功。史载：松，与胡骑大小百余战，无不克捷，敌人畏之。杜松急贪首功，说："我必生擒努尔哈赤！"杜松带着扭械准备北京午门献俘。他率军在夜渡浑河时，酒意正浓，袒露胸怀，挥舞大刀，裸骑径渡。众将请他披甲，杜松笑道："入阵披坚，岂壮夫事。老夫束发从军，不知甲重几许！"《明季北略·卷一》谁知，努尔哈赤早已派人在浑河上游筑坝蓄水，这时"决上流，师冲如雨"。兵士们脱衣涉河，陡然水涨，"水深没肩"，淹死多人。辎重渡河困难，"尚遗车营、枪炮在后"《明神宗实录》卷之五八〇。杜松率前锋渡河后，到萨尔浒山口扎营。三月初一日，杜松军驰至萨尔浒。分兵结营为三，杜松亲自率领先锋军准备击敌。

努尔哈赤率六个旗兵四万余人，以绝对优势兵力，突然猛攻萨尔浒山的明军。骑兵纵横驰突，越碍破阵，一鼓攻下萨尔浒明军大营。接着六旗骑兵，驰援吉林崖。时后金军两股共八旗兵汇合攻击。杜松奋战数十余阵，要聚占山头，以高临下，不意树林复起伏兵，对垒鏖战，天时昏暮，彼此混杀。《明神宗实录》卷五八〇 杜松虽左右冲杀，但矢尽力竭，落马而死。抚顺路军覆亡。

初二日，北路马林闻杜松兵败，急忙转攻为守：马林等军组成"品"字形营阵。主将马林，将门出身，好诗文，工书法，交游名士，自许甚高，图虚名，无将才。

努尔哈赤还是集中兵力，分三口吞掉马林的品字战阵。马林惊恐，策马先奔，余众大溃，全营皆没。马林两个儿子战死在尚间崖。潘宗颜营溃战死，其死时骨糜肢裂，惨不忍闻，年三十六。明北路马林军，除主将马林仅以数骑逃回开原外，全军覆没。

初三日，努尔哈赤杀八牛祭纛（dào），庆祝连破两路明军的胜利，并激励将士迎接新的驰突。

初四日凌晨，努尔哈赤率兵在赫图阿拉坐镇指挥；命大贝勒代善、二贝勒阿敏、三贝勒莽古尔泰、四贝勒皇太极等统领八旗大军，疾驰阿布达里冈，迎击明东路刘綎军。

刘綎，抗倭名将刘显之子，是明军的勇将。他身经数百战，名闻海内。他善用大刀，"所用镔铁刀百二十斤，马上轮转如飞，天下称'刘大刀'"《明史·乔一琦传》)。他嗜酒，每临阵饮酒斗余，激奋斗志。

初五日，刘綎进到距赫图阿拉70里的阿布达里冈，隐伏在山麓、丛林、险隘中的后金伏兵四起，将刘綎军拦腰切断而攻其尾部。这时努尔哈赤设计骗刘綎，用杜松阵亡衣甲、旗帜，装扮明兵，乘机督战。綎始开营，即遭兵败。皇太极等率兵从山上往下驰击，上下夹攻，首尾齐击。刘綎奋战数十合，中流矢，伤左臂。

刘綎像

刘綎真是条汉子。又战，刘綎面中一刀，截去半颊，犹左右冲突，手歼数十人而死。其养子刘招孙，负刘綎尸，手挥刃，拼死战，亦被杀。

明军杜松、马林、刘綎三路军败北，经略杨镐急令南路李如柏回师。李如柏，为名将李成梁之子，放情酒色，贪淫跋扈，怯懦蠢弱，接到杨镐檄令后，急命回军。后自杀。

至此，萨尔浒大战，以明朝军失败、后金军胜利而结局。萨尔浒之战成为中国军事史上以少胜多的经典战例。

萨尔浒之战后，明朝由进攻转为防御，后金由防御转为进攻。所以，萨尔浒之战是明朝和后金兴衰史上的转折点。

第五十讲

红丸疑案

前面讲到，万历四十八年（1620）明朝出现一场危机——从七月二十一日到九月一日，40天中，万历、泰昌两任皇帝先后去世，天启皇帝朱由校匆忙继位，朝野震荡。

泰昌帝朱常洛正当三十九岁壮年，为何继承大统仅一个月，就突然死去？这成为明朝皇宫的一桩疑案，即"红丸案"。

一、祸起女宠

朱常洛作为万历帝的长子，因为母亲是宫人，不受皇父待见，他也被连累受到皇父的冷落。万历帝宠爱郑贵妃，爱屋及乌也喜爱郑贵妃生的儿子，朱常洛曾遭遇郑贵妃策划"梃击案"的恐吓。因为迟迟坐不稳皇太子的位子，坎坎坷坷，忐忐忑忑，朱常洛始终处在孤独、压抑、恐惧之中，直到十八岁才出阁读书，又长期辍读，文化素养不高，更没有高雅爱好，终日在后宫沉湎于酒色之中。

直到他三十九岁，万历帝驾崩，他才登上皇位，年号泰昌，是为泰昌帝。万历帝临终前留下遗嘱，册郑贵妃为皇后。泰昌帝继位后，郑贵妃以此要求泰昌帝立她为太后，此举遭到朝臣反对。此时，郑贵妃还留居在乾清宫，她像变了个人似的，对泰昌帝极尽谄媚拉拢，并投泰昌帝之所好，从侍女中挑选八位美女献给皇帝。泰昌帝欣然接受。此后，圣容顿减，病体由是大剧。

明光宗朱常洛像

泰昌帝妃嫔不少，最重要的有三位：太子妃郭氏，泰昌称帝时已去世；才人王氏，天启帝朱由校生母，已去世；淑女刘氏，崇祯帝生母，也已去世。当时他最宠爱的是李选侍，为了跟另一位李选侍相区别，且称"西李"。郑贵妃想做太后，西李想做皇后，两人沆瀣一气。

泰昌帝八月初一登极，不久患病，日渐加重。十一日是他的生日，称万寿节，免去庆贺仪式。十二日，郑贵妃和西李以探病为名，催请册立的日期。泰昌帝勉强出殿，召见首辅方从哲，命封郑贵妃为皇太后、西李为贵妃。结果受到礼部的抵制。礼部尚书孙如游谏止，说："先帝在日，并未册封郑贵妃为皇后，且今上又非贵妃所出，此事如何行得？"泰昌帝何尝不懂，新君即位后，只能追封嫡母和生母为太后。如今自己的生母还没追封为太后，怎么能封郑贵妃为太后呢！

二、两粒红丸

十四日，泰昌帝病势日重。这时掌管御药房的司礼监秉笔太监，是原来郑贵妃宫里的内医崔文升，郑贵妃请他给泰昌帝看病。崔文升诊视后认为，邪热内蕴，应该服通剂药清内火。结果服药之后，泰昌帝腹痛肠鸣，腹泻不止，一天一夜竟至三四十次。一连两天，一泻如注。

十六日，泰昌帝下诏说自己几夜不眠，每天只喝少量稀粥，头晕目眩，四肢无力，难以走动。迫于压力，郑贵妃不得不搬出乾清宫，住进慈宁宫。泰昌帝病情传出，人们无不惊诧。

二十日，大臣们上疏请册立朱由校为太子，入居东宫慈庆宫。泰昌帝说朱由校身体虚弱，未准，并说应封西李为皇贵妃，被群臣拒绝。

二十六日，泰昌帝在乾清宫召对英国公张惟贤、首辅方从哲等，皇长子朱由校也侍奉座侧。泰昌帝把群臣叫到床前，说："朕见卿等，甚喜。"《明光宗实录》卷七大臣们劝他谨慎用药，他说他已经两旬没有进药了，并再次口谕封西李为皇贵妃。没等他说完，西李便把朱由校叫到屏帷内，工夫不大，朱由校被推搡而出，说西李要求封她为皇后。泰昌帝默然。

二十九日，泰昌帝再次在乾清宫病榻上，召见首辅方从哲等13员大臣。先谕册立西李为皇贵妃，其次谕立皇太子，使他将来成为尧、舜一样的明君。再次语及寿宫事。大臣说，皇考（您皇父）陵寝已经告竣。泰昌帝说："是朕的寿宫。"大臣说："圣寿无疆！"复次问有鸿胪寺官进药，人在哪儿？辅臣奏道：李可灼自己说有仙丹，但未敢轻信。还是宣李可灼进宫。李可灼进来，说些吃药的话。大学士刘一燝说："臣家乡两个人吃这种药，一人有效，一人有害，不太安全。"礼部侍郎说："不能轻易吃。"皇帝还是要吃。大臣退出，进来一个奶妇，用人奶和药，皇帝喝了下去。一会儿，太监说："暖润舒畅，思进饮食。"《明史·韩爌传》卷一）下午，又吃了一丸。御医和大臣都认为不能再吃。三十日，未见大臣。九月初一天刚亮，急召诸臣，上已崩矣！

这种药丸是红色的，故称"红丸"。这桩案件，史称"红丸案"。这两粒红丸，到底是什么药？为什么吃一丸见好，再吃一丸竟毙命？这成为明朝皇宫的一桩疑案。再联系郑贵妃的作为，先是"梃击案"，继是住在乾清宫不走，接着进献美姬，再联系到她原来宫里的崔文升进泻药，还有进药前后，李可灼同太监鬼鬼祟祟的非正常往来，桩桩件件都指向"谋害"之嫌，使人疑窦丛生。

三、留下难题

泰昌帝继位一个月就死去，留下两个难题。

第一个难题是如何纪年。万历皇帝去世，泰昌皇帝继位，一个月后去世，天启皇帝继位。这样，万历四十八年（1620）先后存在万历、泰昌、天启三位皇帝，经过大臣们反复讨论，最后采纳御史左光斗的建议，以当年八月前为万历四十八年,八月初一日后为泰昌元年(1620),明年为天启元年(1621)。众臣同意。

第二个难题是寿宫问题。万历帝后的寿宫早已准备好了,而泰昌皇帝遗体葬在哪里呢?马上修造一座寿宫是不可能的。后来大臣们终于想起有一座空着的寿宫,那就是景泰帝在位时为自己修建的寿宫,后来因为英宗复辟,他失去皇位,死后没有葬在那里。这样,经过修缮,天启元年(1621)才将泰昌帝遗体入葬,称为"庆陵"。

由泰昌帝的死,我联想到明朝有四位长期郁闷的皇子,继位后寿命都不长。

第一位是洪熙帝朱高炽,从燕王世子到皇太子,其地位一直受到两位弟弟的觊觎,摇摇晃晃,凶凶险险,到四十五岁才继位,结果在位11个月就驾崩了。

明光宗朱常洛的庆陵

第二位是成化帝朱见深，先被册立为皇太子，后被废为沂王，再被册立为皇太子，在位23年，终年才四十岁。

第三位是隆庆帝朱载垕，两岁被封为裕王，之后长期不得立为皇太子，在位六年，终年才三十五岁。

第四位是泰昌帝朱常洛，虽是皇长子，长期不被册立为皇太子，直到十九岁才被立为皇太子，还有同父异母弟福王朱常洵在争位，被辍学不让读书，在位仅一个月，三十八岁去世。

由上面四位皇子长期肝郁不舒、憋闷生气的史实看，洪熙帝、成化帝、隆庆帝、泰昌帝这四位皇帝，在位平均才七年多，他们有那么优越的物质条件，住房、起居、饮食、医疗等都是天下最优越的，却都不满四十周岁而死。这说明：物质条件不是影响寿命的最主要因素，而心理与精神因素与人的寿命有极大关系。生气、恐惧、焦躁、郁闷、孤独、压抑、消沉、放纵，都是非常不利于健康的心理和精神因素。

第五十一讲

慌乱继位

天启帝朱由校是明朝第15位皇帝。明朝此时已经走过200多年,进入了衰亡的轨道,政治腐败,民变四起,后金崛兴,灾害频仍,到明朝覆亡仅剩下23年。这种不祥的端倪,从他继承皇位时的混乱之中,就显露出来。

一、无知顽童

万历三十三年(1605)十一月十四日晚上,朱由校出生在皇宫,他的父亲朱常洛正盼着早点生个儿子,以维持皇太子地位,又怕万历帝不喜欢他生儿子,忐忑不安。"光庙(即朱常洛)差年老宫人柴德女赴仁德门外报喜。光庙于星月之下独步殿陛,彷徨不安。先监(陈)矩立奏神庙(即万历帝),即转奏慈圣皇太后,阖宫欢忭。柴德女还报,光庙乃喜。"(《酌中志》卷三)

皇长孙朱由校的出生并没有激起万历帝丝毫的热情。过了一个月,他才下诏通告全国。来年二月,他并没有进封朱由校的祖母王氏及生母王氏,而是过了两个多月以后,才晋封朱由校的祖母王氏为皇贵妃,晋封朱由校的生母王氏为才人。

直到万历帝驾崩，在长达近 15 年的时间内，无论廷臣怎样奏请，万历帝都不同意册立长孙为皇太孙，也不让他出阁读书。

万历四十二年（1614）二月，李太后逝世。她在弥留之际遗嘱，令立朱由校为皇太孙。一年多以后，万历帝传谕圣母也曾遗嘱，欲册立皇太孙。（《明神宗实录》卷五八四）但就是不立皇太子为"储君"，皇太孙为"储贰"。在皇权时代，立"储贰"与立"储君"同样重要。

明熹宗朱由校像

不仅如此,万历帝也反对让朱由校出阁读书。

不做皇太孙,不读书,又生活优裕,朱由校每天在宫里做什么呢?爬树、掏鸟窝、养猫、斗鸡、逮蟋蟀、捉迷藏、爬山、赏花、划船、溜冰、游戏、看戏、演戏、骑马、打猎。他小时候,宫里正在修建三大殿,他对泥瓦工、木工、雕刻等,都不陌生,据说是个很好的木匠。

我重点说一下他养猫的事。大约从宣德朝开始,宫中养猫渐成风气。朱由校这位皇孙更对猫有特殊的嗜好,他不仅爱猫,而且对猫的特性还颇有研究,知道猫吃了一种草,就会醉得昏迷不醒。为了取乐,他就故意给猫吃这种草,让猫死去活来。他所喂养的猫,雄的称某小厮,雌的称某丫头。后来当了皇帝,他好猫如故,还给猫封官晋爵。凡是有头衔的,称某老爷,或某管事,并按照赏赐宫中太监的惯例,给它们发赏,无聊透顶。

在乾清门月台前,丹陛下面,有一条暗道,俗称"老虎洞",高1.8米,宽1.1米,长约10米,供太监们穿行。朱由校晚上常在洞中同太监、宫女玩"捉迷藏"游戏。此洞至今完好。

万历四十七年(1619)三月,就在萨尔浒大战败报传来时,朱由校的母亲王才人病逝。王氏,顺天府人,一入宫,就在东宫侍候皇太子朱常洛,后为选侍。在东宫时,长期遭到皇太子宠妃李选侍的凌辱和殴打,心情忧郁,常在夜里偷偷哭泣流泪,以致年纪较轻就离开了人世。母亲去世一年多,刚登上皇位一个月的皇父又去世了。

乾清宫月台前丹陛下的"老虎洞"

本来爷爷万历帝临死前留下遗嘱：皇长孙宜及时册立、进学。（《明光宗实录》卷二）但是皇长孙还没来得及立，皇太子朱常洛继位成了皇帝，皇长孙朱由校变成了皇长子。泰昌帝谕旨九月初九日册立朱由校为皇太子，但这个吉日良辰还没到，泰昌帝朱常洛就死了。

从九月初一日泰昌帝去世，到九月初六日朱由校继位。在这短短的五天中，尚未继位的朱由校置身于后宫、内廷和外朝的争斗之中，史称"移宫案"。这年他虚岁十六。

二、储皇移宫

泰昌帝刚一去世，就发生"移宫案"。这个案子，包括两次"移宫"：一次是储皇"移宫"，另一次是西李"移宫"。

朱由校的母亲死了，泰昌帝就把朱由校交代给"西李"照料。泰昌帝吞下"红丸"死后，"西李"封为皇后的幻想破灭，封为皇贵妃的愿望也落空，她便紧紧抓住小朱由校，以巩固自己在宫中的地位。怎么办呢？这位"西李"想了一招，自己和小皇帝同住在一起，天启小皇帝住乾清宫，自己也住乾清宫。这是有先例的，当年万历帝十周岁登极，他的生母李太后就曾搬到乾清宫住，与万历帝朝夕相处，有时母子还睡在一张床上。可李太后是万历帝的亲妈，而"西李"不是天启帝的亲妈！为了巩固地位，她在乾清宫与心腹太监李进忠等人，策划挟持朱由校，不让他离开乾清宫。这个李进忠，就是魏忠贤的原名。她甚至将朱由校藏闭在乾清宫暖阁里，不让他出来为泰昌帝守灵。

大臣们认为谁拥有少主朱由校，谁就能控制皇权，"西李"非可托之人，要尽快使朱由校暂时离开乾清宫，摆脱"西李"的控制，才能稳定大局。哀悼仪式一结束，大学士刘一燝等责问道："皇长子当柩前即位，今不在，何也？"原东宫伴读、司礼监秉笔太监王安说："为李选侍所匿耳！"刘一燝大声喝道："谁敢匿新天子者！"王安说："徐之，公等慎勿退。"（《明史·刘一燝传》）说完，便入宫请见朱由校，但"西李"不同意。首辅方从哲及诸大臣赶到乾清宫门外，要见朱由校，把守宫门的太监手持木棍，不让进入。这时，兵科都给事中杨涟，冲出人群，对着太监，大骂道："奴才！皇帝召我等，今已晏驾，若曹不听入，欲何为！"（《明史·杨涟传》）太监们自知理亏，慢慢退开，诸臣直入，呼喊万岁。王安乘其不妨，冲进暖阁，把朱由校拉出来。诸臣见到朱由校，立即叩头，高呼"万岁"，拉着朱由校就往宫外走。太监从寝阁急出，大呼："拉少主何往？主年少畏人！"（《明史·杨涟传》）有的太监撕扯衣服，要夺朱由校回宫里。杨涟等边推搡、边斥责太监说："殿下群臣之主，四海九州，莫非臣子，复畏何人！"（《明史·杨涟传》）群臣簇拥着朱由校往外走。"西李"着急，马上派李进忠等众太监追出来，要朱由校回到乾清宫。杨涟、王安等人奋力推开众太监，保驾护行；大臣分列左右，连扶带推，拥着朱由校往外跑。刚跑到乾清宫门外，宫内众太监又追了上来，紧紧拉着朱由校的衣服不放，并号叫："你们挟持皇长子到何处？"杨涟毫不畏惧，一

乾清门

面严厉怒斥他们，一面与诸臣一起把朱由校抱入轿内，直奔文华殿。辰时（7—9时），诸臣行礼完毕，"西李"又派人来纠缠，要朱由校回到乾清宫。诸臣见势如此，经过紧急商议之后，迅速把朱由校请到太子居住过的慈庆宫居住。

朱由校避居慈庆宫，暂时摆脱了"西李"的控制；但"西李"仍占居乾清宫，直接妨碍朱由校举行登极典礼。下一步，是"西李"移出乾清宫，把乾清宫腾给新继任的皇帝朱由校。

三、西李移宫

九月初二日起，诸臣的目标转入要"西李"离开乾清宫，到宫妃养老之地仁寿殿。时内阁首辅方从哲两边讨好，主张缓议。刘一燝等则说："西李"既不是嫡母，也不是生母，按照本朝家法，必须搬出，不容迟缓！大多朝臣，给予支持。这时"西李"仍不搬出乾清宫。群臣激情，愤恨不已。

初五日，杨涟等大臣，不顾一切，劝首辅方从哲，要按原定时间举行登极大典。这时，"太监往来如织"，气氛异常紧张，"西李"爪牙纷纷出来，进行威胁。杨涟怒斥道："能杀我则已，否则，今日不移，死不去！"（《明史·杨涟传》）大学士刘一燝等也催促，声色俱厉，声彻御前。朱由校这几天是由太监王安陪伴，王安告诉他母亲曾被"西李"欺侮之事，朱由校痛哭，这才派人传达他的谕旨："先帝选侍李氏等，着于仁寿殿居住，即日搬移。"（《明熹宗实录》卷一）

"西李"无奈，在责骂声中，于当天午时离开乾清宫，移居仁寿殿。皇长子朱由校在同一天，由慈庆宫回到乾清宫。这两场"移宫"闹剧，演出五天，落下帷幕。

初六日，按照预定计划，举行新君登极大典，这位新君就是天启皇帝。

在明朝的皇帝中，只有朱由校一人在登极的时候，还是一个既不是皇太子，又没有念过书的可怜虫。这个皇帝在慌乱中继位，又在未来的七年里，不仅把明朝推向更深的灾难，而且自己也在二十三岁死去，成为明朝历史上最短命的皇帝。

第五十二讲

客、魏当道

天启朝政治的一个特点，是客、魏当道。客，是指天启帝保姆客氏；魏，是指太监魏忠贤。这俩人狼狈为奸，沆瀣一气，依靠并控制天启帝，排斥异己，打击忠良，弄得朝廷内外乌烟瘴气。

一、狼狈为奸

明代后宫规定，后妃生下孩子，都有专门保姆伺候，时称"奶婆""奶口"。客氏（1581—1628），北直隶定兴县（今在河北）人，侯二之妻，生下一个儿子侯国兴，十八岁入宫做朱由校乳母。两年后，侯二死，客氏未再嫁，长期住在宫里，伺候朱由校。朱由校从小被她伺候，特别喜欢吃她做的饭，所以对她既信任，又离不开。客氏为人"淫而狠"《明史·魏忠贤传》，她有点文化，身材苗条，有几分姿色，性情放荡，心狠手辣。

魏忠贤（1568—1627），原名李进忠，北直隶肃宁县（今在河北）人，有妻、女。好骑射，擅弓法，有胆识，善决断。但他从小不走正路，吃喝嫖赌，打架斗殴，无所不为，是个地痞无赖。因欠下赌债，自宫当太监。后来设法到皇长孙朱由校的母亲王才人身边，为她打理膳食，从而接近朱由校，千方百计讨好他。魏忠贤为人"猜忍阴毒"（《明史·魏忠贤传》），就是猜忌心强，阴险毒辣。

魏忠贤自从勾搭上客氏，地位迅速上升。客氏住在乾清宫西北的**咸安宫**，这里本是太后太妃居所。乾清宫与永寿宫之间的凤彩门，是客氏与魏忠贤约会之地。他们还各自在西市街（今北京丰盛胡同）建造豪宅，客氏居街北，魏忠贤居街南，相距很近。

这一对男女，一个淫而狠，一个阴而毒，他们利用天启帝的信任，依仗天启帝的羽翼，获得无限权力、地位、封赏和荣誉。大字不识的魏忠贤，竟然晋升为司礼监秉笔太监。按照内阁大臣拟写的意见，替皇帝批答奏章，从而执掌大权。他们戕害忠良，扰乱后宫，结为阉党，无恶不作。

逛一逛

咸安宫
位于寿康宫后，长庚门内，为明代建筑。清康熙二十一年（1682）改建。康熙时废太子允礽也曾被禁锢在这里。雍正七年（1729）设咸安宫官学。乾隆十六年（1751）改寿安宫。

二、戕害忠良

先说杨涟。天启四年（1624）春，京畿地带连续发生地震，宫殿摇动，天启帝也生了病。六月，都察院左副都御史杨涟写了一份奏疏，罗列魏忠贤24大罪状，并写道："掖廷之内，知有忠贤不知有皇上。"（《明史纪事本末》）"羽翼将成，骑虎难下，太阿倒持，主势益孤，不知皇上之宗社何所托！"（文秉《先拨志始》卷上）请求将魏忠贤正法，敕客氏搬出皇宫。但这份奏章却摆在魏忠贤面前。

魏忠贤阅疏，特别害怕。于是，他每天盘算着杀杨涟。后阉党大理丞徐大化弹劾杨涟招权纳贿，并捏造杨涟收熊廷弼贿赂。许显纯乃自编狱词，坐杨涟贪赃两万，将杨涟逮捕。士民数万，拥道呼号，所历村市，焚香建醮，祈祐杨涟生还。杨涟下锦衣卫狱后，锦衣卫指挥佥事、掌镇抚司许显纯，酷法拷讯，体无完肤。次年七月，在夜间将杨涟击毙，死时其年五十四。

再说万燝。万燝，江西南昌人。万历四十四年（1616）进士，任刑部主事。后调为工部营缮司主事，升员外郎，负责铸造钱币之事。当时修建明泰昌帝庆陵的工程，经费奇缺，铸钱所需铜料更加匮乏，万燝急得焦头烂额。他向

明代太监塑像

宝源局的人询问尽快得到铜料的办法，宝源局的人都说：宫里内官监堆积着许多破烂铜器，估计不下数百万，只要移文索要，旦夕可得。万燝移文内官监，请拨给废铜。魏忠贤认为这是无视他的权威，未予理睬。

万燝等铜下炉，托熟人打听，才知道是因魏忠贤所阻。万燝上疏，请求查发内官监废铜以便铸钱，供给庆陵工程。在魏忠贤挑拨下，朱由校下旨诘责万燝。（《三朝野记》和《明史·万燝传》）

这时，万燝已迁工部屯田司署郎中事，督建庆陵。他又奏言废铜、陵工诸事，痛斥魏忠贤的罪恶：魏忠贤曾经侍奉先帝，陛下宠爱忠贤，恐怕也是因为其曾经侍奉先帝的缘故吧。但魏忠贤对于先帝的陵工，却毫不在意。臣曾章发废铜，竟不肯给。我前些日子曾去过香山碧云寺，见到忠贤为自己建造的坟墓，规制甚为弘敞，可以与祖宗陵寝相比。还建有生祠、佛宇，所费金银当有数百万。为自己坟墓则如此，为先帝陵寝则如彼，忠贤之罪，已足诛杀。

当时天启帝正因为皇次子夭折而难过，魏忠贤便趁机挑唆，说万燝选在皇上哀痛之时上疏，这是明摆着有意刁难皇上。天启帝发出谕旨：

陵工费用浩繁，内府废铜能几，局中何人见知？万燝轻信奏请，前旨已明。今又僭言渎扰，陷朕不孝，且皇子薨逝，便来激聒，好生狂悖无礼。着锦衣卫拿来午门前，着实杖一百棍，革了职为民，永不叙用。（《明熹宗实录》卷四十三）

圣旨一下，数十名小太监蜂拥冲入万燝寓所，抓头发，扯衣服，把万燝拖出门来。一路上宦官们拳打脚踢，棒击棍殴，到行刑地点时，万燝已气息奄奄。来到午门前，喝令重打。一百杖毕，万燝昏死。太监们又拽住万燝的脚，倒拉着转了三圈。往外拖时，两边又拥上来数十名小宦官，拿着利锥照着万燝身上乱戳，万燝被扎得千孔流血，四天后死去。

客、魏就是要让大臣们知道，谁想与魏忠贤过不去，谁就要被杖死，气焰何等嚣张！

三、扰乱后宫

天启帝的皇后张嫣为人正派,知书达理,客、魏便把张皇后当作天敌,用计使皇后堕胎,造谣皇后出身卑贱,挑拨帝后的关系。

裕妃张氏怀孕,遭到客、魏忌恨。裕妃逾期未产,客、魏却在天启帝面前拨弄是非。天启帝便命把张裕妃关进冷宫,断绝饮食。裕妃在雨天爬到院中喝房檐流下的雨水,最后凄惨死去。

惠妃范氏生下皇二子,晋为贵妃。后皇二子死,范贵妃失宠,又得罪客氏,被打入冷宫。

成妃李氏侍寝时,偷向皇帝为范妃求情,客、魏得知后,挑拨天启帝革其封号,幽禁冷宫,断其饮食。因李成妃接受张裕妃被饿死的教训,藏些食物,坚持半个月,后来被斥为宫人。(《明宫词》)

冯贵妃更惨。天启帝出宫郊祀,客、魏竟派人杀死冯贵妃,谎称病死。天启帝竟然信以为真,不做追究。

总之,凡是天启帝临幸过的宫妃,客、魏必下毒手。泰昌帝遗下的赵选侍跟客、魏不和,客、魏便传旨令她自杀。赵选侍把泰昌帝早年赐予的珠宝等罗列在桌上,沐浴礼佛,投缳而死。

客、魏之所以屡屡得手,是因为依仗天启帝的信任、支持和放纵。而堂堂天启皇帝,不仅善恶不分,而且连后妃和儿女也不能保护。他先后得三子二女,全部夭折。长子朱慈然,生下后很快就死了。次子朱慈焴,活了八个多月死了。三子朱慈炅,出生没多久就被立为皇太子,也是活了八个多月就死了。两个皇女也都死去。关于皇子皇女夭折的原因,有说是被太监操练的炮声惊吓死的,有说是宫里养猫太多,被猫叫惊吓死的,有说是被炭火熏死的,当时没有追查,也就成为历史疑案。

但是有一件事情值得关注。天启帝病重的时候,魏忠贤曾经给张皇后出了个主意，让张皇后假装怀孕，取他侄子魏良卿的儿子为皇后的儿子，待天启帝驾崩后，由张皇后垂帘听政，立魏良卿为摄政，等这孩子长大再立为皇帝。张皇后严词拒绝，后魏忠贤未敢轻举妄动。

由此可见，魏忠贤的狼子野心，客、魏狼狈为奸，甚至觊觎皇位！

在明朝200多年历史上，太监为祸最严重的有正统、正德、万历和天启四朝。而天启朝最为严重，危害最大。魏忠贤之所以屡屡得手，是因为有客氏相助，又得到皇帝的依靠。其根源还在于天启帝。天启帝从小家庭关系扭曲，没有接受过良好教育，更没有经受过实践历练，而生活优裕，地位至高，所以这种人一旦大权在握，既不能"齐家"，也不能"治国"，更何谈"平天下"！

第五十三讲 辽河三战

明朝与后金于天启元年至二年（1621—1622）的两年时间（实际时间为一年），在辽河以东的沈阳、辽阳与辽河以西的广宁，进行了三场大战。这三场决定明清命运的大战，是怎样进行的，其影响如何？

一、沈阳大战

前面讲过萨尔浒大战，一年后即万历四十八年（1620），万历帝死，泰昌帝立而又死，天启帝再立，一年之间，先后有三位皇帝。天启帝又是一个才十六岁、没有文化、不懂军事、只知吃喝玩乐的皇帝。这个时期，后金军事动向，或东，或南，或西，故意虚张声势，迷惑明军防御。后金汗努尔哈赤利用这个天时，倾巢而出，突袭沈阳。

天启元年（1621）三月十二日，努尔哈赤亲率八旗大军，六万多人，扬言要攻打蒙古，绕开沈阳行进，来麻痹明军。到离沈阳较近时，突然调转方向，直奔沈阳城下。沈阳是一座大城，城坚池深，防御完备，兵强马壮，战斗力强，由骁勇敢战的贺世贤任总兵官。

由赫图阿拉到沈阳约200里路,后金军急行两天,兵临沈阳城下。主力部署在辽河支流浑河北岸原野,安营扎寨;另一部分兵力,包围沈阳城。努尔哈赤派人在城下劝降,并叫阵:贺世贤要是投降,封高官,给厚禄;要是英雄好汉,就出城交锋,决一雌雄!

贺世贤是一员猛将,同蒙古骑兵作战,屡获胜利,怎能吞下这口气。十三日,贺世贤一面集结兵力,一面喝酒壮胆。他喝得半醉半醒,命打开城门,放下吊桥,率领骑兵,直冲而出,奔向八旗军阵。努尔哈赤率八旗兵,以静迎动,一片呼喊,冲向明军。贺世贤陷于八旗军的包围圈中。他挥起铁鞭,奋力拼杀,后金骑兵,死伤数十,但寡不敌众,后金军乱箭齐发,射向贺世贤:中箭一支拔下,再中一支再拔下,身中四箭,落马而死,何其悲壮!总兵战亡,群龙无首,四散溃逃。

接着,八旗军全面攻打沈阳城。城中内奸,散布谣言,涣散民心,乘机打开城门,吊桥绳断,八旗官兵,蜂拥而入,沈阳城破。明军民被杀,据说七万人。

《满洲实录》之"太祖克沈阳"图

接着，四路援军，分路赶到，亦遭惨败。

明军的优势是"凭坚城，用火炮"，弱势是"步兵为主，不利野战"；八旗军的优势是"集中兵力，野战争锋，铁骑冲突，速战速决"，弱势是"军无后勤，不利久战"。八旗军攻城，一般是七至十天，因为八旗军是"亦兵亦农"，有战事，传令分散各地各户的官兵，自带干粮、弓箭、骑马集合，一般需一天，战后回家又要一天，行军一至两天，而围城攻城时间只有三至五天。明军守城，如坚持五天，待敌撤退，进行截击，即可获胜。贺世贤舍长取短，兵败身死，坚城失守。这是多么沉痛的教训！

努尔哈赤攻陷沈阳后，收集粮食、枪械，马不停蹄，直奔辽阳。

二、辽阳大战

辽阳曾是辽、金陪都，明朝辽东首府，辽东经略驻地，城高池深，重兵守卫，防御坚固。

天启元年（1621）三月十八日，努尔哈赤兵逼辽阳城下。他依然将主力集中在城外平原，派部分军队围城。战法依旧是先劝降，再叫阵。辽阳总指挥是辽东经略袁应泰，手下五员总兵率军固守。袁应泰本应汲取沈阳失守的教训，闭城固守。但他是进士出身，虽诗文不错，却不懂军事。

十九日，袁应泰下令：打开城门，放下吊桥，亲率骑兵，出城应战，图立大功。他统军到城外五里野地，面对努尔哈赤军阵，摆下阵势。当天傍晚，袁应泰大帐与努尔哈赤大帐，相对而立。两军冲突，拉开战幕。一场激战，明军失利。总兵官侯世禄、李秉诚、梁仲善、姜弼、朱万良先后战死。袁应泰急忙调转方向，向辽阳城里狂奔，明军溃乱，尸体狼藉。袁应泰败回城里，八旗军四面攻城。

二十日，袁应泰见大势已去，自焚先死，军心涣散。

二十一日，又是里应外合，谯楼（指古代城门上建造的用以瞭望的楼）着火，城破小西门。于是，八旗军蜂拥而入，占领辽阳城。随之，明朝大小70余座城堡，完全失陷。按察御史张铨被俘，结果如何？后面再讲。

辽阳之战，袁应泰仍然没有发挥明军之所长，而暴露其所短；努尔哈赤仍然发挥八旗军之所长，而避其所短。袁应泰以短击长，所以失败；努尔哈赤以长击短，所以取胜。

努尔哈赤夺取辽阳后，决定将都城由赫图阿拉迁到辽阳。在此之前，满洲都城都是山城，现在都城迁到平原，这是满洲发展史上的一个转折点。

努尔哈赤在半月之内，先后占领辽河畔最重要的两座城池，后都城先迁到辽阳，再迁到沈阳。从此，明朝完全失去辽河以东的土地，辽河以东为后金所有。

八旗军得胜后，回到赫图阿拉。在休整后，兵锋指向辽河以西的广宁。

三、广宁大战

明朝除了内廷乱局之外，辽东也出现乱局。这主要表现在辽东经略熊廷弼与辽东巡抚王化贞之间的矛盾，史称"经抚不和"。熊廷弼属东林党，王化贞属阉党，朝廷上的党争，影响到辽东局势。努尔哈赤安插有奸细，对明朝的矛盾很了解，并加以利用。广宁，是辽西首要重镇，也是辽东巡抚的驻地。为了御守广宁，熊廷弼提出东面借助朝鲜、南面在海上、西面在陆地，统筹兼顾，三个方面，进行部署，就是"三方布置策"。这个方策听起来很好，但难以坐实。巡抚王化贞则提出：沿着辽河布设，每里一岗，每岗数人，全线防御。这个方案，也好听，问题在于：要是辽河结冰怎么防？一岗几人怎么抵挡后金骑兵冲突？还有一个方案，就是广宁以东三镇，每镇万人，成"品"字形，结阵防守，互相应援。

天启二年（1622）正月二十日，努尔哈赤率领八旗军，向辽西广宁进发。时值寒冬，辽河冰封，八旗大军，横队百余里，履冰渡河，冲破"一"字形防线后，先攻"品"字形阵最突出的西平堡。明军守将罗一贵，率三千兵守城。八旗军五万人攻城。城下积尸,几与城平。罗一贵眼中一箭,继续指挥。二十三日,矢尽弹绝,向北一拜,说:"臣力竭矣!"(《明史·罗一贯传》)遂自刎。三千明军,无一投降,全部殉国。城陷。接着,镇武堡和闾阳驿也失陷。

八旗军直奔广宁。巡抚王化贞正在看军报,参将江朝栋闯进来说:"事急矣,快走!"他们奔向马厩,马被窃走,只余下骆驼。用骆驼驮着四个箱子,走到城门。城门已被叛兵把持,阻止其出城。打开箱子,里面没有金银,只有文书。叛兵打破王化贞的脸,王化贞逃出。

二十四日,后金得到探报:广宁守军散逃,成为一座空城。努尔哈赤怕中空城计。命再探。广宁生员士绅等来说:确实是空城。努尔哈赤仍有怀疑,派大贝勒代善等再探。代善带人进城考察,回报:明军确已逃走,无兵守城。二十五

雪后太和殿

日，努尔哈赤才率军进驻广宁城。

接着，后金军连陷辽西40余座城堡，直到宁远（兴城）以北。辽西粮食、牲畜、人口被掠入后金。

于是，在一年之间，明朝整个辽东地区落入后金之手。后经努尔哈赤之子皇太极的经营，原明朝辽东都司（山东北部除外）和奴儿干都司辖境区域，约300万平方公里的土地和部民，全部归后金所有。

天启小皇帝刚即位，就让努尔哈赤给了一个下马威。

第五十四讲

宁锦大捷

明天启六年（1626）努尔哈赤兵犯宁远，七年（1627）皇太极兵犯宁远和锦州，均遭惨败。明军获得大胜，史称"宁锦大捷"。

一、宁远大捷

努尔哈赤既获得夺取沈阳、辽阳和广宁的巨大胜利，又遭遇汉民反抗和严重旱灾的巨大困难，怎么办？聪明统治者的办法是发动战争，缓和内部矛盾，抢掠粮食吃饭。

天启六年（1626）正月，努尔哈赤亲率八旗大军，指向袁崇焕坚守的宁远（今辽宁省兴城市）。明辽东经略高第，阉党分子，胆小如鼠，命令自锦州到山海关，军民全部撤退到山海关以内。妇孺老病，背井离乡，死尸载道，一片悲声。宁前道袁崇焕却坚决不撤，率领兵民万人，守卫宁远。高第命令他撤，他说："我宁前道也，官此，当死此，我必不去。"（《明史·袁崇焕传》）别人说他兵单势薄，他说："独卧孤城以挡虏耳！"拒绝经略高第的错误指挥。

战前，袁崇焕率领军民修缮城池，坚壁清野，清查内奸，部署红夷大炮。刚部署完，后金军号称20万大军到宁远，一场大战，即将开始。

二十三日，后金军四面围城。袁崇焕指挥从城上放红夷大炮，"一炮歼敌数百"。后金收军回营。

清太祖努尔哈赤像

二十四日，后金官兵用楯车推着兵士，靠近城墙挖城打洞。袁崇焕亲自带勇士从城上用铁丝吊火球顺下烧后金挖城士兵。后金穴洞攻城，又遭失败。城上施放红夷大炮，炮打之处，一片火海，八旗官兵，死伤遍野。兵士抢运尸体，到远处砖窑焚化。天晚，后金军撤回大营。

二十五日，努尔哈赤亲自督战，后金军再度蜂拥攻城。八旗兵退缩不敢前进，巴雅剌（护军）挥刀督阵，兵士进而再退，退而再进。突然，火炮再击，所击之处，一道火海，八旗官兵，人仰马翻。突然，哭声一片。从城上遥望，一员大将受伤，用皮革包裹，众兵抬着，号哭奔逃。这个受伤的大员，有人认为就是后金军统帅努尔哈赤。

二十六日，后金军一部继续攻城、掩护撤退，一部涉冰渡海，烧略觉华岛。

宁远之战，以明军胜利、后金军失败而结束。

宁远古城

努尔哈赤因被炮击伤，当时消炎药不行，便以温泉疗伤，可能感染败血症，同年八月十一日，一代雄杰天命汗努尔哈赤死亡。

努尔哈赤第八子皇太极继承汗位。皇太极为雪父之仇，也为巩固汗位，又策划发动进攻宁远和锦州的宁锦之战。

二、宁锦大捷

明军取得宁远大捷后，天启帝提拔袁崇焕为辽东巡抚，山海关—宁远—锦州，组成一条关宁锦防线。辽东经略王之臣驻山海关，巡抚袁崇焕驻宁远，总兵赵率教驻锦州，分兵御守，互相援应。宁锦之战分为两个战场：锦州和宁远。

锦州激战。天启七年（1627）五月十一日，皇太极率领八旗军，分左、中、右三路，指向后金军进入辽西走廊的第一座坚城——锦州。

十一日，后金军兵临锦州城下，距城一里，安营布兵，包围锦州。皇太极先派人招降，明守城总兵赵率教应付、和谈、拖延。第二天，皇太极率军攻城，赵率教督兵严守。皇太极战不胜，又和谈；谈不成，再攻城。和战交替，半个多月。赵率教坚持"凭坚城"、不出战。这是袁崇焕指示他吸取沈阳贺世贤、辽阳袁应泰的教训。

袁崇焕像

皇太极见锦州城攻不下，便留下部分军队继续围困锦州，亲率主力去攻宁远。

宁远激战。二十八日，后金军进抵宁远。皇太极说：

> 昔皇考太祖攻宁远，不克；今我攻锦州，又未克。似此野战之兵，尚不能胜，其何以张我国威耶！（《清太宗实录》卷三）

袁崇焕派出名将满桂率精锐出城，背依坚城，上有火炮，两军驰突，马颈相交，矢镞（zú）纷飞，炮火配合，明军骁勇杀敌，后金军招架不住，先退缩，再撤退。明军跟进，追杀不放，敌军大败，退回锦州。

皇太极率军退回锦州后，发动八旗官兵，再次攻打锦州城。明军全面御守，施放炮灰，八旗不敌，败下阵来。

总计，宁锦之战，先锦州，后宁远，再锦州，明军官兵，人人敢死，大小数十战，敌败而去。这是"数十年未有之武功也"（《袁督师事迹》）！

三、历史启示

明军为什么能战胜后金军？

自明万历四十六年（1618）努尔哈赤向明朝挑起战争，到天启六年（1626），八年以来，明朝一失抚顺，二失清河，三失开原，四失铁岭，五失沈阳，六失辽阳，七失广宁，八失义州，没有打过一次胜仗。而这次宁锦之战，却恰恰相反，后金一败再败，而明军一胜再胜。人们不禁要问：这是为什么？后金军连着攻陷八座城池，这又是为什么！

当然两军胜败的原因是复杂的、多元的；但是，真理是朴素的、简明的——明军之长是"凭坚城，用大炮"（《明史·袁崇焕传》），之短是野战争锋、马颈相交；后金军之长是"集中兵力、骑兵冲突、拼死决斗、速战速决"，之短是攻占坚城。

明朝辽东巡抚袁崇焕的高明之处是："凭坚城，用大炮"，以己之长，击敌之短；而沈阳贺世贤、辽阳袁应泰、广宁王化贞等都犯下以己之短、攻敌之长的错误。这些是明军取得宁远大捷和宁锦大捷的基本原因,也是明军连失八城的基本教训。当然,军队的后面是政治,明廷君主无能、政治腐败是其辽东最后败局的根本原因。

第五十五讲

天启张后

明朝皇后的挑选、生活和命运是怎样的呢？本讲选择明熹宗天启帝的皇后张嫣，作为一个典型例子，来看她是怎样度过其作为皇后的一生的。

一、皇后挑选

明朝皇后挑选，是在全国海选。

明熹宗天启帝的皇后张氏，名嫣，祥符（今在河南省开封市）人。她的父亲张国纪为生员。张皇后出生，有一个传说：张国纪家很穷，早上起来出去，见道旁有一个丢弃的女婴，躺在霜雪中，没有死，也不哭，很奇怪。这时有一位和尚路过，跟张国纪说："此女当大贵，可收养之。"张国纪便抱起这个弃婴回家抚养。时间是万历三十五年（1607）十月初六日，这个女婴就是后来的张嫣皇后。

张嫣小时候纯洁娴静，笑不露齿。七岁时，或洒扫庭院，洗衣做饭，或习做女红，阅览书史。十三四岁，窈窕端丽，绝世无双。

天启元年（1621）三月，天启帝诏选天下十三到十六岁的淑女。张嫣随参选的淑女约 5000 人，到了北京，经历初选、复选、终选等复杂过程。

天启帝循照祖制，命礼部，选淑女，择为后，充正宫。（《明熹宗实录》卷六）首先，分遣太监初选，每百人一组，内监观察其高、矮、胖、瘦，落选者千人；其次，太监察视淑女的耳、目、口、鼻、发、肤、腰、领、肩、背、声音等，有一项不合法相者，去之，落选者又 2000 人；又其次，由太监拿量器，测量女子的手足，量完后让她们分别周行数十步，以观其丰度等，淘汰者复千人。再次，遣老宫娥引淑女到密室，探其乳，嗅其腋，扪其肌理，入选者得 300 人。最后是，在宫中考察其性情、诗书、修养等，入选者仅 50 人。（《明懿安皇后外传》）从海选得到的 5000 人，再经过多次筛选，最后选中 50 人，真可谓百里挑一。

司礼监秉笔太监刘克敬，总理皇帝选后之事。后宫由住在慈宁宫的刘太妃（万历帝的刘昭妃），掌管太后宝玺。最后由天启帝钦定。

初试：刘克敬主持，查其书法、口算、诗词、音乐、歌舞等，测评文化素养，从中选中三人，就是张嫣、王氏和段氏。这三人，"面如观音，色若朝霞映雪，又如芙蓉出水；鬓如春云，眼如秋波，口若朱樱，鼻如悬胆，皓齿细洁，上下三十有八，丰颐广颡（sǎng），倩辅宜人；颈白而长，肩圆而正，背厚而平；行步如青云之出远岫，吐音如流水之滴幽泉；不痔不疡，无黑子创陷诸病"（《明懿安皇后外传》）。上面的描述有点像小说家言，但可以反映出那个时代的审美情趣和健美标准。

复试：由宫女引张氏到密室，由刘太妃进行复试。

前文述及刘太妃选出三人，是在什么地方选的呢？《明实录》记作元辉殿。在元辉殿选定的三人，暂居此殿，以待钦定。（刘若愚《酌中志》卷十七）

钦定：最后将张嫣引见到天启帝面前，天启帝非常喜欢张嫣。这年张嫣十五岁，长得身体修长、丰满、清爽、秀丽。钦定张氏为皇后，王氏和段氏为皇妃。

二、端庄皇后

天启元年（1621）四月二十七日，天启帝与张皇后大婚，时天启帝十七岁，张皇后十五岁。张皇后因得宠爱，而受到客氏和魏忠贤的嫉恨。因此，张皇后在坤宁宫并不安宁，未能躲过"三灾六难"。"三灾"包括：

小人难防，险遭伤害。 魏忠贤用万金招募一个大盗，夜里潜入坤宁宫。夜晚，皇后关门，将就寝，卸妆后，坐在紫檀马桶上。突然听到声音，见贼影晃动，皇后一声喊，贼惊吓坠地。皇后惊起，呼召宫人，以绳缚贼，将奏交天启帝处置。魏忠贤害怕，请交给他处理后命锦衣卫杀之。

客、魏设计，受到诬陷。 当时有个孙二，犯重罪，在狱中。魏忠贤以出狱和重金为诱饵，设计孙二编造张皇后为自己所生，给张国纪为养女。客氏又在宫中散布流言，并对天启帝说：罪人孙二之女，不宜玷辱宫闱。天启帝曾怀疑，几次打算废后。天启帝到坤宁宫见皇后，又恋恋不舍，便开玩笑说："你是重犯孙二之女吗？"皇后答道："皇上若信浮言，妾岂敢久辱宫禁，愿早赐废斥。"（《明懿安皇后外传》）张后起身进入内室，天启帝跟过去道歉。两人对坐御膳，和睦如初。

怀孕堕胎，失去元子。 天启三年（1623），张皇后怀孕。客、魏设法使皇后堕胎，天启帝竟然失去元子。

张后闯过"三灾"，又有"六难"。

水火不容，以正对邪。 张皇后与天启帝的乳母客氏为天敌。客氏见天启帝宠爱中宫皇后，内心嫉妒，非常不悦，常诘问天启帝："陛下取少艾而忘我乎！"意思是您娶了美貌少女而忘了我耶！客氏过生日，天启帝亲往祝寿，酣饮三日，笙歌喧庆。但皇后千秋节（生日），宫中冷清。

拒看内操，严守宫范。 一天，天启帝召皇后一同观看内操，就是太监和宫女共同操练。天启帝亲自为将，一列是宦官300人，绘制龙旗，迎风招展，列队于左；另一列是宫女300人，绘制凤旗，排列整齐，列队于右。皇后一看，说是有病，退席先回。

清静身心，自爱自重。 天启帝常携带"房中药"（春药）到坤宁宫，皇后收起来投入井中。她劝天启帝说：圣上身体清弱，宜为宗社自爱。张皇后在宫中，正襟端坐，暑不挥扇。

设计调包，魏氏摄政。 天启帝患病，病情危重。这时，魏忠贤想让张皇后假装怀孕，取他侄子魏良卿的儿子为皇后的儿子，张皇后垂帘听政，立魏良卿为摄政，等儿子长大再立。张皇后说：我从命也死，不从命也死，若不从命而死，可以见列祖列宗在天之灵！坚决拒绝！

天启临终，以正相待。 天启七年（1627）五月初六日，天启帝病。到七月末，移居懋勤殿。每召皇后侍疾。到八月十八日，病危。

劝立信王，稳定大局。 天启帝病危，张皇后劝其立信王朱由检。天启帝召信王朱由检入宫受遗命。天启帝指着皇后说："中宫配朕七年，每正言匡谏，获益颇多。今年少嫠（lí）居，良可矜悯，吾弟宜善视之。"（《明懿安皇后外传》）信王点头。皇帝崩。张皇后传遗诏，信王朱由检即位，这就是崇祯帝。

> **逛一逛**
>
> **懋勤殿**
> 明嘉靖十四年（1535）建于乾清宫西庑，与东庑端凝殿相对。取"懋学勤政"之义。藏贮图史书籍。清沿明制，凡图书翰墨之具皆贮于此。

三、懿安皇后

崇祯帝继位后，"上熹宗皇后张氏曰懿安皇后，仍居慈庆宫，颁诏于天下"（《明熹宗实录》卷一）。懿安皇后喜欢读书，也爱写字，临摹颜体，书法秀劲。又选择聪明知书的宫女，给她朗读唐诗宋词，长夜孤灯，静心学习。她还喜欢

坤宁宫

女红,用白绫制衣如鹤氅式,穿上礼佛敬香,在宫中被称为"霓裳羽衣",受到妃嫔和宫女们的赞赏。

天启帝死后,二十一岁年轻美丽的懿安皇后,竟被大太监陈德润暗想和她成为"对食"——明宫没有儿子的妃嫔、选侍等,有的以太监为伴侣,叫作"对食",或"菜户"。他们如同一家,貌似夫妇。魏忠贤余党、总管太监陈德润有个诡计。一日,皇后晨起,宫人说:"宫监陈德润,人品清雅,性亦谨厚,皇后何不召之入侍,使为菜户,用破岑寂,诸事有所倚托?"(《明懿安皇后外传》)懿安皇后奏报崇祯帝,命贬陈德润到南京明孝陵去种菜。

崇祯十七年(1644)三月十八日,李自成军队攻陷京师外城。当天,崇祯帝和皇后自缢死。十九日,宫内传言,内城已陷。宫女哭声如雷,纷纷奔出宫门。

懿安皇后自缢，但被宫女解救，自杀未遂。

懿安皇后的结局，《明史·后妃传》记载："李自成陷都城，后自缢。"还有三说：一说，逃到民间；二说，随李自成西去；三说，被李自成军师李岩解救后自缢。

天启帝张皇后的一生，既是荣华富贵的一生，又是悲惨结局的一生。从十五岁到三十八岁，作为皇后和懿安皇后，她自然是享尽荣华富贵，却又无法左右自己的命运。她，幼年凄苦，青年丧夫，盛年遭变，自缢身亡，在悲喜交织的命运中，度过了短暂的一生。

第五十六讲

九次落榜

这里讲一个跟故宫有密切关系的人物,就是十次考进士、九次落榜,第十次高中状元的文震孟。

一、名门之后

文震孟(1574—1636),长洲(今在江苏省苏州市)人,出身于名门之家。高祖文林,官温州知府,是位清官,死后缺钱丧葬,吏民凑钱千金,帮助办理丧事,但文林之子、其曾祖文徵明,时年十六岁,却婉言谢绝。于是,官民修建"却金亭"进行纪念。

他的曾祖文徵明(1470—1559),小时候并不聪慧,但肯于用功学习。临《千字文》,每天写十本。向当时著名的文学家吴宽学文学、书法家李应祯学书法、画家沈周学绘画,这些人都是他高祖的朋友。文徵明既学习用功,卓有成就,又为人谦和,受到尊重,与祝允明、唐寅、徐祯卿齐名,被誉为"吴中四才子"。他家结交的,都是当代文人名流,正像刘禹锡《陋室铭》所说:"谈笑有鸿儒,往来无白丁。"浓郁的文化氛围,是文家的第一个家风特点。

文徵明潜心于诗文书画,生活并不宽裕。巡抚俞谏曾"治水苏、杭诸府,修治圩塘,民享其利"(《明史·俞谏传》),官声很好,想送他钱,便指着文徵明身上穿的蓝衫说:"敝至此邪?"意思是衣服这样破旧啊?文徵明装作没听明白,说:"遭雨敝耳。"(《明史·文徵明传》)意思是因遭雨才这样子。俞谏竟然不敢再提馈赠金银的事。还有,宁王朱宸濠写信用重金聘任他,他以有病为由未去。正直的品格,是文家的第二个家风特点。

正德末年,巡抚李充嗣推荐,奏授文徵明为翰林院待诏。嘉靖初,参与编修《明武宗实录》,并侍讲经筵,还受赏赐,但文徵明觉得不自在,乞请回乡里。这在当时是一种士人风气,如柯维骐中进士后,50 年未尝一日服官。中间经历倭寇骚扰,庐舍焚毁,家庭贫困,坚持读书。"世味无所嗜,惟嗜读书。"

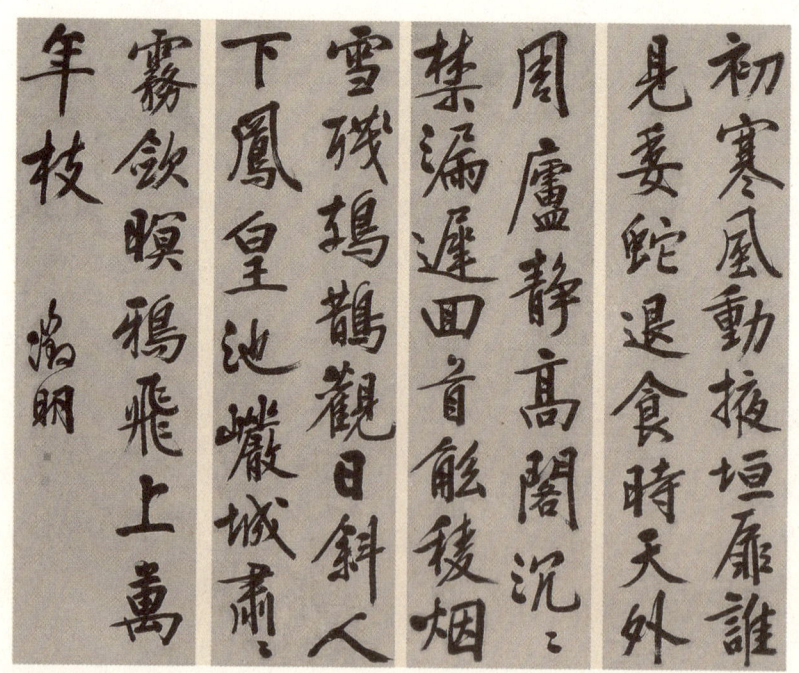

文徵明书法

（《明史·柯维骐传》）无心官场，潜心诗文书画，是文家的第三个家风特点。

文徵明声名大震。外国使臣，路经吴门，远望而拜，以未能见到文徵明为遗憾。四面八方，慕名人士，请诗文、求书画，接踵于道，而富贵人不易得到一文片纸，文徵明尤其不肯给王府和太监做颂诗谀文。王爷以珠宝、文玩相赠文徵明，他不启封，即退还。不攀附权贵，是文家的第四个家风特点。

徵明文墨，遍于天下。门下士子，四方人士，模仿之作，赝品太多，徵明不闻不问，听之任之。博爱胸怀，是文家的第五个家风特点。

一代诗文书画大家文徵明，于嘉靖三十八年（1559）病卒，年九十。

文徵明长子（文震孟的爷爷）文彭，为国子监博士。次子文嘉，能诗、工书、善画，还长于篆刻。（《明史·文徵明传》）文氏家族中出了多位男女诗文书画名家，是名副其实的书香名门。

文震孟就是生长在这样风骨清朗，饱润涵养，长于诗文，尤精书画的家庭氛围里。但他科场不顺，十次科考，九挫不馁。

二、九挫不馁

文震孟既聪明，又好学。他家有书馆，延请老师，教授子弟。一同读书的，有同辈的叔伯兄弟，有姑舅表兄弟，也有其他同伴。

文震孟走上一条读书科举的仕途之路，不达目的，誓不罢休。先是考秀才，经过县考、府考、院（省学政）考，都顺利通过，成为生员。接着在既是省城、又是陪都的南京，科考举人，也还顺利，成为举人。继而，到北京参加更高级的考试。他先后经过十次科举考试。

第一次赶考。他的家乡长洲，今苏州市吴中区，环境优美，交通便利。西北有著名的虎丘，临近寒山寺，唐人张继有一首《枫桥夜泊》："月落乌啼霜满天，江枫渔火对愁眠。姑苏城外寒山寺，夜半钟声到客船。"传遍大江南北。东有源出太湖的娄江，东南有京杭大运河。文震孟先参加礼部的会试，三场考试，顺利结束。发榜一看，名落孙山。这对文震孟来说，是人生遇到的第一次沉重打击。但他不服气，继续努力，准备再考。

第二次赶考。苏州到北京，约 3000 里。好在不走旱路，而走水路，乘京杭运河船只，晃晃荡荡，来到北京。来京士子，或暂寓亲友，或栖居会馆，或租房居住，或独卧寺庙。他住的条件，可能稍好，但比家乡，已差太多。经过严格检查，入闱静坐答卷。三场苦熬，又是落第。苏州是进士高产之地，文震孟两次落榜，垂首回乡，没有面子。他雄心不减，打算再试。

第三次赶考。他到北京，无心游山赏景，专心准备功课。这次，文震孟下决心定要榜上有名。发榜后，到皇城红墙（今北京市劳动人民文化宫南门前）观看，金榜无名。他索性在京多住几天，逛宣武门外琉璃厂书肆，经史子集，文房四宝，钟鼎彝器，历代法帖，名人字画，文物珍奇，琳琅满目，无所不有。他见识增广，信心增强，回到苏州，继续苦读。

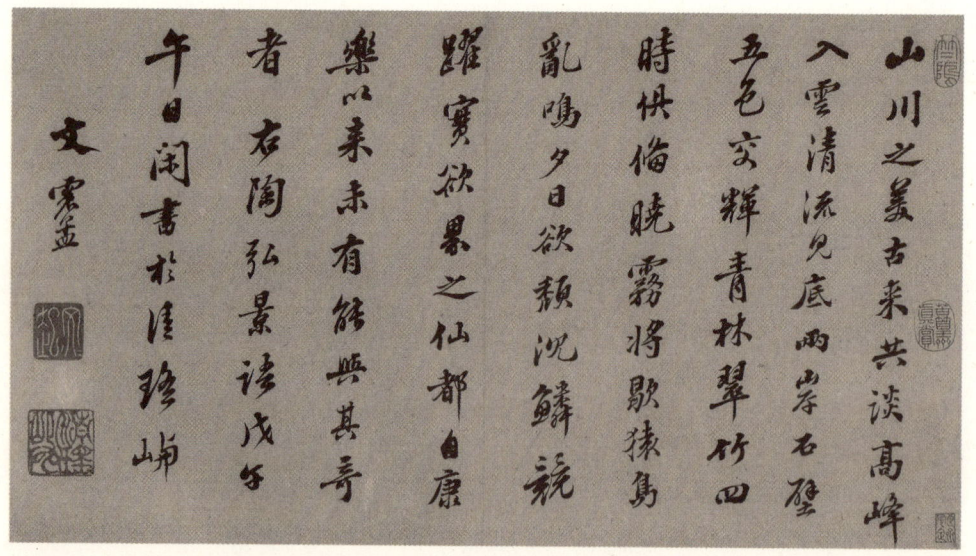

文震孟《行书陶弘景答谢中书书》

第四次，落榜；第五次，失败；第六次，下第！这对一个读书人来说，是人生最大的挫折，最重的打击！其意志薄弱者，早已心灰意冷，在回家路上，悲伤病死的，落发为僧的，转事书画的，放荡不羁的，比比皆是，不一而足。但文震孟继续读书，准备再考。

第七次，落第；第八次，落第；第九次，落第！他极度苦闷，却不灰心。为排解胸中郁闷，他畅游香山卧佛寺、西山诸佛寺，体验《孟子》的"天将降大任于是人也，必先苦其心志，劳其筋骨，饿其体肤，空乏其身，行拂乱其所为，所以动心忍性，曾益其所不能"。有曾祖文徵明应天乡试，七试不中的的经验，要有"忍性"，要有耐性，更要有"韧性"，要百折不挠，要愈挫愈奋！文震孟继续积极准备，参加第十次科考。

三、高中状元

文震孟科考九挫不馁，到天启二年（1622），第十次参加科举考试，高中状元，时四十九岁。授修撰，入翰林，任侍讲，就是给皇帝讲课。

当时魏忠贤专权，斥逐忠臣。文震孟气愤，上《勤政讲学疏》说：大小臣工，因循粉饰，官员上朝，长跪一诺，北面一揖，跪拜起立，如傀儡登场，这将使祖宗天下日销月削。疏入，魏忠贤乘天启帝看戏，摘录疏中"傀儡登场"四字，说文震孟"比帝于偶人（傀儡）"，不杀无以示天下，帝颔之。(《明史·文震孟传》)一日，讲筵毕，魏忠贤传旨，廷杖震孟八十。(《明史·文震孟传》)首辅叶向高、次辅韩爌力争，言官上章疏救。文震孟被降级外调，又被斥为民。讲官文震孟，敢讲真话，敢犯天颜，时称"真讲官"。

崇祯元年（1628），惩治阉党，起用正人，召文震孟入朝，官为侍读，充日讲官。又遭阉党余孽的暗算。文震孟在讲筵，态度严正，不畏邪恶，耿直规讽，营救大臣。后特擢文震孟为礼部左侍郎兼东阁大学士，入阁预政。他两次疏辞，皇帝不许。司礼太监曹化淳雅慕文震孟，让人转话，表示敬意，但他就是不与太监往来。文震孟做大学士仅三个月，就遭小人暗算，被免官回乡。仅半年，因外甥姚希孟之死，悲伤过度，卒，时年六十三。他有两个儿子文秉、文乘，文秉留下《先拨志始》等著作，文乘则"遭国变，死于难"(《明史·文震孟传》)。

有一位学者叫柯维骐，花 20 年时间著成《宋史新编》，他不满近世学者乐径易而惮积累的现象，特别重视务实，曾作左右二铭："以辨心术、端趋向为实志，以存敬畏、密操履为实功，而其极则以宰理人物、成能天地为实用。"(《明史·柯维骐传》) 文徵明、文震孟都是重务实的学者。

文震孟科举考试，九次落榜，第十次高中状元，这给后人树立一个样板：要有韧性，百折不挠，持之以恒，愈挫愈奋，才会成功。《明史》本传评论文震孟说："刚方贞介，有古大臣风。"苏洵《管仲论》说："夫功之成，非成于成之日，盖必有所由起。"文震孟的功成，既源于家庭文化良好的环境，更源于自身坚韧不拔的性格。

第五十七讲

崇祯之悲

明朝末代皇帝崇祯是一位悲剧人物。他童年丧母,刚愎独断,错杀良臣,不仅断了"中兴"之梦,而且断送了大明江山。

一、童年丧母

明清皇帝在乾清宫有多场悲剧,崇祯帝悲剧,是其中典型一例。北京有句民谚:北京城前三门,东崇文门崇祯帝亡明,西宣武门宣统帝亡清。当然,这是历史巧合,也是后人附会。

崇祯帝朱由检(1611—1644),明代末帝,年号崇祯。他父亲是泰昌帝,就是在位一个月的薄命皇帝,八月初一日隆重登极称帝,九月初一日吞下红丸归天,演绎出"红丸案",三十九岁就死去。泰昌帝有七个儿子,其中五个儿子早殇,只剩下朱由校(天启帝)和朱由检(崇祯帝)两位皇子。天启帝朱由校十六岁继位,在位七年,二十三岁死去。天启帝死后没有儿子继位。按照朱明家法,"父死子继","兄终弟及",就是说父亲死了儿子继承,没有儿子的由弟弟继承。

天启帝没有儿子，死后就由皇五弟朱由检继承，这就是崇祯帝。

朱由检，天启二年（1622）被封为信王。六年（1626）搬出皇宫，到信王府。七年（1627），天启帝死，崇祯帝立。朱由检做梦也没有想到自己有一天能做皇帝，这一年他十七岁。

朱由检当皇帝后，第一件事就是找他失去的母亲。

崇祯帝的生母是怎么回事呢？这要从泰昌帝的后妃说起。《明史·后妃传》记载，泰昌帝生前一妃、五选侍，都是悲剧结局——太子妃郭氏未及封后就病死；天启帝生母王选侍，也早死；东李选侍因魏忠贤乱政，愤郁而死；西李选侍最得宠，因"殴崩圣母（天启帝生母）"和"移宫案"也没有好结果；赵选侍，因得罪魏忠贤和客氏，被"矫旨赐自尽"，她"西向礼佛，痛哭自经死"（《明史·后妃传》）；还有一位就是崇祯帝的生母刘选侍。

崇祯帝生母刘氏，海州（今江苏省连云港市海州区）人，后隶籍北京。初入宫，为淑女。万历三十九年（1611）十二月生朱由检。崇祯帝的母亲，宫里称作刘娘娘。不久，刘娘娘失宠，后因受到切责，惊吓病死。泰昌帝朱常洛非常后悔，怕皇父万历帝知道，便将其秘密葬于西山。这一年，朱由检五岁（虚岁）。稍长大后，朱由检问身边近侍："西山有刘娘娘坟乎？"回答说："有！"（《明通鉴》卷八十）他派人秘密携带纸钱前往母亲坟墓烧纸祭奠。

朱由检做了皇帝，问左右宫女等人：我母亲是什么样子？谁也说不上来。有傅懿记说自己和刘娘娘曾同为淑女，隔屋居住，知道刘娘娘长的模样。于是照这位傅懿记的描述，由宫廷画师画了刘娘娘的像。像画成，在隆重仪仗导引下，由正阳门经大明门，穿承天门过端门，迎往皇宫。崇祯帝在午门前，跪迎已故母亲的画像。崇祯帝见到母亲画像，悲痛欲绝，泪如泉涌："帝雨泣，六宫皆泣。"（《明史·后妃传》）朱由检迎进母亲画像，将之悬挂在宫中。后来，宫中有人说所奉刘太后像"未肖"，就是不太像。崇祯帝派大太监到外公家，问七十五岁的外祖母徐氏。徐氏口授，绘像以进，左右都惊道："肖。"崇祯帝大喜，命卜吉日，跪伏归极门，迎入安奉于奉

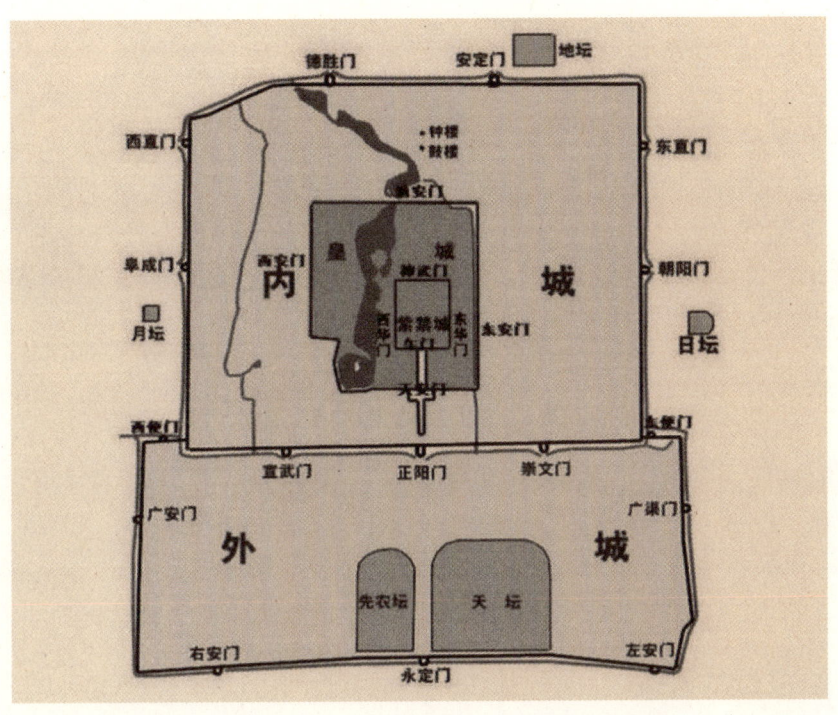

京城九门

> **看一看**
>
> **京城九门**
> 北京内城又称"京城""大城",内城有城门九座故又名"内九城",由朝阳门、崇文门、正阳门、宣武门、阜成门、德胜门、安定门、东直门、西直门组成,古代官职"九门提督"中的"九门"正是指这九门。

慈殿。朝夕上食,如其生时。(《明史·刘文炳传》)从这件事可以看出,幼年丧母对他的伤害至深。崇祯帝童年失去母亲是他人生的第一大悲。孤独、惊恐的皇子生活,"三案"、复杂的宫廷纠葛,是形成崇祯帝刚愎自用、易怒多变性格的重要原因。

崇祯帝登极后,很想有所作为,中兴大明皇朝。上任的第一板斧,砍向客、魏集团。这一举措,既得心应手,又颇得人心,当时真是人心大快、大快人心

崇祯帝行书"松风水月"横额,钤"广运之宝"

啊!但是,关内的农民军,关外的八旗军,两拳打击,双重困扰,导致崇祯帝内外交困,焦头烂额。本来,崇祯帝有志向,还算勤政,应当在"中兴之路"上一步一步地前进。但是,崇祯帝自以为是,刚愎自用,导致事与愿违,演出悲剧。

二、刚愎独断

崇祯帝性格的一个重要特点是:刚愎自用,独断专行。崇祯帝认为,明朝覆亡原因,都由"诸臣误朕"!他临死还不认错,也不自省。许多人同情崇祯帝,认为他是一个勤政之君。

他的悲剧原因之一,在于"生不逢时"。崇祯帝登极后,杀了太监魏忠贤,却起用太监高起潜等,对于宦官顽症,换汤不换药,改革无决心,仅做个案处理,没做制度改革。

崇祯十七年(1644),在严峻形势面前,他重用太监:命太监高起潜监军山海关,太监杜勋镇守宣府,太监曹化淳守广宁门(今广安门),太监王承恩提督京师全城防守。杜勋到任宣府后,不久"降贼"。廷臣要追究责任,崇祯帝受太监假情报的蒙蔽,传旨:"杜勋骂贼殉难,予荫祠。"(《明史·高起潜传》)不仅不加惩治,还建庙宇祭祀。李自成带着杜勋到广宁门外,原在西安的秦王、在太原的晋王也被押在广宁门外。杜勋在城下呼喊，要进城，见皇上。物以类聚，人以群分。守城的是太监，见城下呼喊的也是太监，就把杜勋用吊筐提到城墙上，同入大内。杜勋见崇祯帝，"盛称贼势，劝帝自为计"（《明史·高起潜传》）。崇祯帝左右大臣，请扣留他们，杜勋说："不可，如果不返，则二王危。"于是，将他放出，还是用绳吊筐缒（zhuì）下。杜勋还在广宁门做策反："吾曹富贵固在也！"（《明史·高起潜传》）鼓动大家都投降。不久，农民军攻打广宁门，曹化淳打开城门投降，此是后话。崇祯帝用人的一大特点—对太监是三个字：信，信，信；对忠良大臣也是三个字：杀，杀，杀！

三、错杀良臣

一杀王洽。明崇祯朝六部中的兵部，第一个下狱死的是兵部尚书王洽。王洽，临邑（今在山东）人，万历进士。王洽貌美，魁伟英俊，威严"若神明"；清廉，"其廉能为一方最"（《明史·王洽传》），意思是他既廉洁，又能干，是一方官吏中最为优秀的。崇祯元年（1628）十二月，王洽被任命为兵部尚书。他上任不到一年，就是崇祯二年（1629）十月，皇太极率八旗军兵临北京城下。侍郎周延儒说："世宗斩一丁汝夔，将士震悚，强敌宵遁。"（《明史·王洽传》）说的是，当年蒙古俺答兵临北京城下，嘉靖帝下令将兵部尚书丁汝夔斩首后，官兵震动，敌军撤退。周暗示这次皇太极兵临城下，首要的是将兵部尚书王洽斩首，以振奋将士守城御敌的决心。崇祯帝点头，将王洽下狱。这位兵部尚书，上任不到一年，虽有责任，却无死罪！第二年四月，王洽死于狱中，还要"论罪，复坐大辟"（《明史·王洽传》）。就是说"病死"还要定"大辟"（死刑）之罪。在明代，病死的官员与受死刑死的官员是不一样的，其死后评价、待遇、子孙科考、升迁等待遇也是不同的。

二杀袁崇焕。袁崇焕也是挂兵部尚书衔、蓟辽督师，在皇太极率领八旗军攻打北京城时，崇祯帝中皇太极"反间计"，恼羞成怒，不听大臣恳请慎重，"敌在城下，非他时比"的谏言，先将袁崇焕下狱，后将袁崇焕凌迟处死。(《明史·成基命传》)

三杀陈新甲。 陈新甲，四川长寿（今重庆市长寿区）人，万历举人，知晓边事，《明史》称他办事干练："军书旁午，裁答无滞。"崇祯十三年（1640）正月，为兵部尚书。时南北交困，内外危机。崇祯帝开始秘密同皇太极进行议和。陈新甲为兵部尚书，受命遣使关外，负责这项工作。崇祯帝先后手写书信数十封，交陈新甲同皇太极联系，崇祯帝觉得和谈丢面子，此事秘密进行，告诫他千万不能泄露。一日，陈新甲所派遣的兵部职方司郎中马绍愉回京，以机密文件报告。陈新甲深夜看完报告后，没有收起来，放在几案上。第二天早晨，陈新甲的家僮误以为是塘报稿（"塘报"相当于现代的《内部简报》），交付出去，进行抄传。于是，朝廷上下，舆论哗然。陈新甲辩称并不是自己擅自和谈。崇祯帝大怒，将他下狱。崇祯十五年（1642）八月，将陈新甲凌迟处死。(《明史·陈新甲传》)

崇祯朝17年间，"易中枢十四人，皆不久获罪"(《明史·张凤翼传》)。王洽、袁崇焕、陈新甲三位兵部尚书都惨遭磔刑，千刀万剐，不得全尸。崇祯帝刚愎自用，不听谏言，专制独断，酷刑大臣，必自食其果。唐太宗说：用功不如用过。崇祯帝如有唐太宗的大度与胸怀，对王洽、袁崇焕、陈新甲等，不仅能用其功，而且能用其过，那么，大明江山会是另一番局面，至少不会由他自己演出"末日疯狂"的悲剧。

第五十八讲

末日挽歌

崇祯十七年（1644），明朝在大清和大顺两面夹击下，岌岌可危。东阁大学士李建泰代崇祯帝出征，无异于给皇帝和朝廷打了一针强心剂，演出一曲明朝末日的挽歌。

一、慷慨请命

崇祯十七年（1644）正月，李自成军队进逼山西。崇祯帝临朝叹息说："朕非亡国之君，事事皆亡国之象。祖宗栉风沐雨之天下，一朝失之，何面目见于地下！朕愿督师亲决一战，身死沙场无所恨，但死不瞑目耳！"（《明史·李建泰传》）说完痛哭起来。

李建泰见状慨然说：臣家曲沃，愿意用家产充当军饷，不用官家发钱，请求带兵西征！李建泰，山西曲沃人。天启五年（1625）进士。国子监祭酒，颇著声望。崇祯十六年（1643）五月，升为吏部右侍郎。十一月，以本官兼东阁大学士，疏陈时政切要十事，帝皆允行。当李自成逼山西，李建泰虑家乡被祸，而家富于赀，可借以佐军，常与同官言之。所以当他看到崇祯帝流着眼泪说要亲征时，便站了出来，说出前面的话。

崇祯帝大喜，对李建泰慰劳再三，说："卿若行，朕仿古推毂礼。"（《明史·李建泰传》）古推毂礼，说的是周文王姬昌为礼贤下士，把自己的銮舆让给姜太公（姜子牙）坐，并亲自为姜子牙拉缰绳、手推车，表示对下属的优礼。李建泰退下后，便请恢复原御史卫桢固的官；授进士凌駉（jiōng）为职方司主事，并监军；参将郭中杰为副总兵，率领中军；推荐进士石㻞，联络延绥、宁夏、甘州、固原的义士，征讨立功。崇祯帝一概应允。还特别加封李建泰为兵部尚书，赐尚方剑，便宜从事。

二十六日，举行遣将典礼，就是出征饯行仪式。先是由驸马都尉万炜以特牲告太庙。万炜是万历帝亲妹妹瑞安大长公主的驸马，七十多岁，官至太傅，掌宗人府大印。尝以亲臣侍经筵，每逢皇帝在文华殿进讲，他佩刀侍卫在侧。李建泰西征，命万炜以太牢——猪、牛、羊告祭太庙。安排这样一位地位崇高的皇帝姻亲告祭太庙，可见崇祯帝对李建泰出征是非常重视的。

快到正午，崇祯帝登上正阳门城楼。卫士东西对列，从午门一直排到正阳门外，旌旗甲仗，蔚为壮观。内阁、五军都督府、六部、都察院、掌印官及京营文武大臣，冠服整齐，侍立两侧，鸿胪寺派人赞礼，御史负责纠仪，可谓隆重之至。一个即将覆亡的皇朝，同敌人勇敢作战虽不行，摆摆架势唬人倒还可以。李建泰上前辞行，崇祯帝奖劳有加，赐盛宴。御席居中，诸臣陪侍，崇祯帝亲自用金酒壶盛酒，给李建泰斟了三杯酒，还赐他手敕，上书"代朕亲征"四个大字。宴会结束后，太监为他披红戴花。在鼓乐声中，李建泰身佩尚方剑，带队出征。这是明朝最后一支从京师出征的队伍，寄托了崇祯帝太深切的期待。所以他才会用如此隆重的礼仪，为李建泰饯行。崇祯帝目送很久很久，才返驾回宫。大明朝的国运，崇祯帝的希望，都寄托于李建泰之军旗开得胜，保江山永固。

二、攻破定兴

当天大风扬沙，占卜的卦辞说"不利行师"。李建泰率部才走出几里路，所坐的轿子忽然轿扛折断，大家都觉得这是不祥之兆，刚被鼓起的士气立即消散。虽然李建泰这次调来了自己认为中意的下属，甚至西洋人汤若望都随军出征，负责火攻水战，但行军到京南50余公里的涿州，出征大军就逃散了3000多人。不久"兵食并绌（chù），所携止五百人"（《明史·李建泰传》）。

这时，李建泰惊闻李自成已打到山西，老家曲沃陷落，家中资财，散失一空，预期的粮饷打了水漂。他这一惊一急就病了，军队行动，慢了下来，每天不过走30里，官兵还在纷纷逃散。

走到定兴，守城知县一连三天，不准李建泰入城，并有一番对话。

问：大军不向敌，为何要进城？

答：军队没粮食，进城要粮银！

问：城里没有粮食和金银！

答：如不开门，我要攻城！

李建泰恼羞成怒，下令官兵攻城。这支出征大军，与农民军作战不行，攻自己城池还蛮行。城攻破后，杀死乡绅，鞭笞知县。堂堂宰辅兼督师的李建泰，出京第一仗，竟然是攻打自家县城，竟然屠杀天朝庶民，竟然鞭笞自家知县，竟然抢掠百姓粮米，完全违背出师初衷！

三、躲进保定

后来，李建泰率军到距离北京百余公里的保定府，残兵数百，请求入城。守城的同知邵宗元不答应，李建泰就拿出颁赐的印信给他看。邵宗元说："你获得过天子的厚恩，皇上曾经亲自登上正阳门，赐给你尚方宝剑，还给你斟酒，为你饯别。如今你不代皇上西征，却要叩关避贼吗？"一番话刺到了李建泰痛处，他大声斥责邵宗元，还举起尚方宝剑威胁他。堂堂尚方宝剑，拔出鞘头一遭，竟指向忠臣良将！幸好城上有人认识李建泰，这才放他进来，否则李建泰怕要重演攻打定兴的闹剧。

这时李自成军前锋已逼近保定，李建泰根本不敢前去拦击，只能蜗居保定城中。不久城陷，知府何复、乡官张罗彦等自杀。李建泰自刎不果，为李自成军俘获。后来李自成军失败，李建泰降清，被清召为内院大学士。三年后，李建泰因"受赃"罢官回家。后在故明大同总兵姜瓖（xiāng）降清又叛清时，李建泰在家乡曲沃与他遥相呼应。顺治七年（1650）李建泰兵败被擒。这次清廷没有宽容李建泰，而下令把李建泰杀掉。（《清世祖实录》卷四十七）

崇祯帝未曾想到：他在正阳门城楼上为大学士李建泰的"三赐"——其一，赐书"代朕亲征"，寄以重托，李建泰却攻打自家城池、鞭挞自家臣民；其二，金壶赐酒，亲为饯行，李建泰却违背初衷，投降求生；其三，赐尚方宝剑，鼓励杀敌，李建泰却做了清朝的内院大学士！

崇祯帝梦想的是，扶大厦之将倾，救江山于危殆；崇祯帝没想到的是，李建泰演出了一幕幕闹剧，奏出了一曲曲哀歌。此后，明朝再也没有实力派兵出征了，皇宫危在旦夕。

第五十九讲

煤山自缢

崇祯十七年（1644）春，中国政治舞台上主要有三股军事、政治势力：第一股是以朱由检为代表的大明，第二股是以多尔衮为代表的大清，第三股是以李自成为代表的大顺。大明、大清、大顺三股军政势力，到甲申年，也就是崇祯十七年（1644）春，进行了一场决定中国历史命运的大决战。三月十八日，天蒙蒙亮，随着李自成军攻破北京城广宁门（今广安门），皇宫内外上演了一场历史悲剧。

一、崇祯末日

崇祯帝曾想乔装逃出北京，但没有成功；也曾秘密召见舅表兄弟刘文炳和妹夫巩永固，谋划巷战，但都没有家丁。万般无奈，崇祯帝抱着必死的决心，回到后宫，他像疯子一样，挥剑砍杀妻女。

一杀皇后。崇祯帝对周皇后说："大事去矣！"周后跪下磕头说："妾事陛下十有八年，卒不听一语，至有今日。"（《明史·庄烈帝愍周皇后传》）周皇后先抚慰三个儿子，然后派太监将儿子送出宫，到外公家。然后回到屋里，哭泣着关上门。一会儿，宫女出来奏报："皇后领旨！"大明崇祯皇帝的周皇后被逼自杀了！

二杀贵妃。崇祯帝逼周皇后自杀后，又逼宠爱的袁贵妃自杀。袁贵妃被逼无奈，上吊自杀，但吊带断了，又苏醒过来。崇祯帝见袁贵妃没死，挥剑砍在她的肩上。崇祯帝又挥剑砍他的数位妃嫔，有的被砍死，有的被砍伤。

三杀公主。崇祯帝有六个女儿，之前已经死去四位，此时还有两位公主。一位是长平公主，十六岁，已经与周显订婚，因北京告警，便暂缓婚期。这天，崇祯帝提着宝剑，来到长平公主居住的寿宁宫。长平公主听说城已陷落，皇后上吊自杀，正惊恐万状，见皇父来到宫里，便急忙牵拉皇父的衣服，哭哭啼啼，哀求庇护。崇祯帝说："汝何故生我家！"（《明史·庄烈帝六女传》）不等女儿回答，便举剑砍向长平公主。一剑挥去，砍断左臂。可怜长平公主，连惊带吓，出血过多，昏迷了五天。后清顺治帝进京，长平公主请求出家为尼，清帝不许，命周显仍娶公主，并赐给土地、府邸、车马、金钱等。一年后忧病而死。另一位是昭仁公主，崇祯帝来到**昭仁殿**，又挥剑砍向可怜的小昭仁公主！

最后自杀。第二天，崇祯十七年（1644）三月十九日黎明时，内城失陷。崇祯帝在**万岁山**（今景山），自缢而死，太监王承恩从死。崇祯帝御书衣襟曰：

朕凉德藐躬，上干天咎，然皆诸臣误朕。朕死无面目见祖宗，自去冠冕，以发覆面。任贼分裂，无伤百姓一人。（《明史·庄烈帝本纪》）

崇祯帝死，大明朝亡。

二、太子下落

崇祯帝和周皇后临死之前，派太监将太子朱慈烺（lǎng）和定王朱慈炯、永王朱慈炤，送往他们外公周奎和田弘遇家。皇太子仓促到外公周奎家叩门，不得入，又到襄城伯李国祯家，家里无人。这时太监将太子献给农民军，李自成封太子为宋王，但太子拒绝。李自成将太子交部下管押，许其穿着便服到东华门外大

昭仁殿

逛一逛

昭仁殿

乾清宫东小殿，南向三间，明代所建。明崇祯帝自缢前，在此砍杀其女昭仁公主。东边是龙光门，可以直通东一长街。

行帝后遗体前致哀。李自成兵败撤出北京，太子被挟往潼关。李自成败死后，太子被献给清朝。多尔衮命周奎带长平公主和见过太子的大臣前去辨认，周奎咬定太子是假的。长平公主开始说是真的，被周奎打了一下后，便不敢再开口。多尔衮找来一批前明太监去刑部辨认，他们说是真太子，但太监们当晚便都暴亡。又引宫廷侍卫来辨认，侍卫都对朱慈烺跪下，结果他们也被杀害。明朝大臣们则说太子是假的。太子老师内阁大学士谢陞（shēng）也说太子是假的。第二年（1645）四月，狱中的"太子"以"假太子"罪名被处死。显然，只要说太子是真的，自己的命就不保；而说太子是假的，太子就没命了。面对生死选择，太子的外公、老师、大臣都选择了保自己的命。

崇祯皇帝自缢处

逛一逛

万岁山（景山）

明清两代皇家御苑。位于紫禁城北中轴线上。明永乐营建紫禁城时堆筑，起初名为万岁山，俗称煤山，清顺治十二年（1655）改称景山。全园占地23公顷，山上五峰，主峰高43米，清乾隆十六年（1751）在五座山峰上建有五亭。辛亥革命后，景山作为公园于1928年对外开放。

明末清初，关于太子下落，沸沸扬扬，不知所从。官书记载，比较慎重。《明史》记载："太子不知所终。"这是用了比较谨慎的官方曲笔。

三、外戚刘家

崇祯帝母亲早逝，他当了皇帝以后，找到宛平外祖父刘家，给予厚待。外祖母徐氏，年七十，崇祯帝对内侍说：太夫人年纪老了还聪明善饭，如果我的母亲健在，不知能活多大年纪呢！说着就流下眼泪。舅妈杜氏常跟孩子们说：咱们家无功德，因为刘太后的原因，才受皇帝大恩，需尽忠报天子。舅表兄弟刘文炳被封为新乐侯，弟刘文燿、刘文照也封爵。

十六日，李自成军攻西直门，形势紧急。刘文炳的朋友布衣黄尼麓仓促赶到，对刘文炳说："城将陷，君宜自为计。"（《明史·刘文耀传》）杜氏听到，命丫鬟找出绦绳，做成七八个环套，挂在楼上，又命男仆在楼下堆积柴薪，并派老仆将已经出嫁的女儿带回家，说："吾母女同死此。"（《明史·刘文耀传》）又考虑太夫人徐氏年老，不可一同俱焚，便与刘文炳商量，藏匿在朋友申湛然家。

十八日，崇祯帝派内使秘密召见刘文炳和妹夫巩永固。刘文炳回家报告母亲说："有诏召儿，儿不能事母。"母亲抚摸着刘文炳的肩背说：太夫人已经安排好了，我与你的妻子、妹妹死也不怕！刘文炳和巩永固再次来见崇祯帝，这时外城已陷。崇祯帝说："二卿所纠家丁，能巷战否？"刘文炳说："众寡悬殊，不能对敌。"崇祯帝愕然。巩永固奏道："臣等已积薪第中，当阖门焚死，以报皇上。"崇祯帝说："朕志决矣，朕不能守社稷，朕能死社稷。"（《明史·刘文耀传》）刘文炳和巩永固，悲怆涕泣，发誓效死，各驰归第。

十九日，刘文炳弟弟文照正在侍奉母亲杜氏吃饭，家人急入道："城陷矣！"文照碗落地，直看母亲。母亲起身登楼，文照及二女随从，文炳妻王氏也登楼。一家人对着崇祯帝母亲刘太后像，刘母率众哭拜，各自缢死。家人焚楼，人楼俱焚。

刘文炳归来，火势大，不得入，到后园，恰见申湛然、黄尼麓赶到，说："巩都尉已焚府第，自刎矣。"刘文炳说："诺。"将投井，忽停止，说："戎服也，不可见皇帝。"申湛然脱下自己的头巾给刘文炳戴上，刘文炳投井死。刘继祖归来，也投井死。刘继祖妻左氏见大宅起火，登楼自焚死，妾董氏、李氏也自焚死。刘文燿（yào）见府第焚，大哭道："今至此，何生为！"找到刘文炳死的地方，在井旁木板上书写"左都督刘文燿同兄文炳毕命报国处"，也投井死，刘氏阖门死者 42 人。（《明史·刘文燿传》）

崇祯帝的妹妹乐安公主，下嫁巩永固。永固，字洪图，宛平人，好读书，负才气。十八日，崇祯帝密召巩永固及刘文炳护行。巩永固叩头言：皇帝近亲之臣家里不藏武器，臣等难以空手搏斗。皆相向涕泣。十九日，都城陷。时公主已薨，未葬，永固以黄绳缚子女五人系柩旁，曰："此帝甥也，不可污贼手。"（《明史·公主传》）举剑自刎，阖室自焚死。

后申湛然被获，躯体糜烂以死。被子孙们藏匿在申湛然家中的太夫人徐氏（崇祯帝外祖母），最后也是悲剧。

隆庆帝女儿瑞安大长公主，万历帝同母妹，崇祯帝的姑奶奶，其驸马万炜和儿子长祚都被农民军杀死，长祚妻子和次子弘祚都投井死。

万历帝女儿寿宁公主，下嫁冉兴让。都城陷，冉兴让死于农民军的战火。

在生死关头，崇祯帝选择既不能守社稷，却能死社稷，国破家破人亡。外戚刘家、巩家等，国难当头，虽不能率兵御抗，却做到以死报国。崇祯帝在吊死煤山之际，应当是有一丝宽慰的。

第六十讲

士人殉国

在明末清初,为维护明朝江山而殉难者,为反抗清朝入主而殉国者,据乾隆朝《钦定胜朝殉节诸臣录》,共收录明末殉节之士4000余人。其人数之多,其悲壮之情,迈越前代,影响至今。仅举张铨、孙承宗和史可法三个故事,其爱国精神,以见一斑。

一、忠节张铨

张铨(?—1621),山西人,万历三十二年(1604)进士(《明史》有两个张铨,另一是安徽定远人,随朱元璋有战功,封永定侯)。张铨任辽东巡按御史,同辽东经略袁应泰驻守辽东首府——辽阳城。城破被俘后,原抚顺游击、投降后被努尔哈赤招为额驸的李永芳前来劝降,张铨不予理会;天命汗努尔哈赤诱以高爵厚禄,张铨山立而不跪,就是像山一样挺立,拒绝跪降。并声言:"我身为天子大臣,岂能屈膝!"后金贝勒举刀相逼,张铨引颈而待。问将他送回明朝如何?张铨说:"力不能杀贼,无颜求归!"皇太极敬佩他的忠诚精神,引宋徽宗和钦宗做例子，说从前徽、钦二帝被大金天会帝所擒，屈膝叩见，受封公侯的故事，劝他不必执迷不悟。张铨仍不为所动，只求速死。他说："我当今皇帝，天下一统，共主称尊，我岂屈膝而损大国之体耶？"我受朝廷厚恩，如降你们，遗臭万年。我有母有妻，还有五个儿子，你们要是生我，必致覆宗绝祀。"我一死之外，无他愿也！"（《清太祖实录》卷七）

最后，四贝勒皇太极见张铨志不可夺，命将张铨用绳勒死。但也有人说他是自缢而死。《明史·张铨传》记载："守三日，城破，被执不屈，欲杀之，引颈待刃，乃送归署。铨衣冠向阙拜，又遥拜父母，遂自经。"崇祯帝下诏为他在北京宣武门外建祠祭祀。

二、忠心承宗

孙承宗（1563—1638），今河北高阳人，相貌奇伟，胡髯戟张。说起话来，声音清亮。万历三十二年（1604），高中榜眼。有谋略，大学士吴道南问他："梃击案"当怎么办？孙承宗说："事关东宫，不可不问；事连贵妃，不可深问。庞保、刘成而下，不可不问也；庞保、刘成而上，不可深问也。"（《明史·孙承宗传》）天启帝即位，充日讲官，就是皇帝老师。皇帝每听承宗讲课后，都说"心开"，就是讲得精彩。不久，官礼部侍郎。他还"知兵"，熟悉军事。明失陷辽阳后，拜

孙承宗像

承宗为兵部尚书兼东阁大学士，仍兼帝师。广宁失陷后，王在晋任兵部尚书、辽东经略，驻山海关，要在关外八里地方再建一座城，加强防守。六品小官袁崇焕反对，认为应在宁远建城。王在晋不听，袁崇焕便写信给首辅叶向高，未回复，再写信。叶向高跟孙承宗商量，孙说我前去调查一下。首辅同意，皇帝准许。孙承宗骑马出关，袁崇焕陪同，到中前所，城内仅存两间破屋，满目所见，一片凄凉，不禁潸然泪下。他登上城楼，向东北眺望，遥见宁远形势，"天设重关，以护神京"；他认为宁远是山海关的天然"重关"，宁远不可不守。回到关上，同王在晋有一段对话。

孙问：旧城外八里建新城，旧城外"品"字坑、地雷为敌人设，为自己设？新城如守不住，数万新兵怎么办？

王答：将在山上建三个寨，以待溃卒！

孙问：兵未溃而筑寨以待之，不是教他们溃败吗？

王答：两座城比一座更保险。

孙说：不想恢复大计，而将关外屏障都撤掉，躲在关内图一时安逸，辽东岂不被敌人控制？

王在晋虽无言以对，却坚持在关外修筑重城。孙承宗和王在晋推心置腹地谈了七天七夜，王在晋仍不同意。但孙承宗、叶向高都支持袁崇焕主守宁远的意见，并在给皇帝讲课之暇，面奏所闻所见，顺便说了一句：王在晋不堪重用。随之，调走王在晋。遂有之后的宁远大捷。

孙承宗在阉党与东林党的党争中，虽为人忠正，胸有韬略，又为帝师，终被排挤，回到家乡。

崇祯二年（1629）皇太极率军入犯，进攻北京，孙承宗重被启用，再任督师，经袁崇焕等军民奋力，皇太极受挫回师，北京得以保全，并收复永平等四城，关内土地，得以完整。

崇祯十一年（1638），清睿亲王多尔衮等率军破长城、入内地，十一月初九日，清军兵攻高阳。县令雷之渤闻警先逃，告老还乡的原大学士、兵部尚书、督师孙承宗，本无守土之责，却率领全家儿孙、重孙、曾孙和乡民，登城拒守，以示与城共存亡。清兵攻城不下将退去，环绕城墙，呐喊三周，守城兵民，也三次呼应。清军说："此城笑也，于法当破。"(《明史·孙承宗传》)就是说呼喊时，带着胜利的欢笑，这座城可以攻破。于是，清军再次合围高阳城。激战一天一夜，城陷。大学士孙承宗被执，劝降。孙承宗说："我天朝大臣，城亡与亡，死耳，无多言。"说完面北，望阙叩头，投缳而死，年七十有六。随之，其子、孙、从孙都战死，妇女等自杀，阖府 30 余人，全都殉于社稷。(《明史·孙承宗传》)

三、忠诚可法

史可法（1602—1645）字宪之，北京大兴籍，祥符（今河南省开封市）人。可法短小精悍，目炯有光。崇祯元年（1628）进士，官凤阳巡抚、南京兵部尚书，"廉信，与下均劳苦；军行，士不饱不先食"(《明史·史可法传》)，士兵都愿意以死效力。

崇祯帝自缢后，凤阳总督马士英与阮大铖计议，要立福王为君，张慎言等说：立福王朱由崧有七不可，即贪婪、荒淫、酗酒、不孝、虐下、不读书、干预有司。史可法赞同。但还是立了福王。五月，议战守。史可法说："王宜素服郊次，发师北征，示天下以必报仇之义。"(《明史·史可法传》)升史可法为礼部尚书兼东阁大学士，仍掌兵部。史可法请督师，出镇淮安、扬州。史可法议分江北为四镇，驻镇扬州。

时朝廷上下极度混乱。为争官位，殿堂之上，大吵大闹，甚至拔刀互相追逐。史可法上疏：陛下……若躬谒二陵，亲见泗、凤蒿莱满目，鸡犬无声，当益悲愤。愿慎终如始，处深宫广厦，则思东北诸陵魂魄之未安；享玉食大庖，则思东北诸陵麦饭之无展；膺图受箓（lù），则念先帝之集木驭朽，何以忽遘（gòu）

危亡？早朝晏罢，则念先帝之克俭克勤，何以卒隳大业？战兢惕厉，无时怠荒，二祖列宗将默佑中兴。若晏处东南，不思远略，贤奸无辨，威断不灵，老成投簪，豪杰裹足，祖宗怨恫，天命潜移，东南一隅未可保也。(《明史·史可法传》)清军南下，形势严峻。史可法每缮写奏疏，循环讽诵，声泪俱下，听到的人，无不感泣。

清顺治二年（1645）正月，南明诸军缺饷，诸军皆饥。高杰到睢州，为许定国所杀。部兵大乱，屠掠睢州附近二百里殆尽。可法闻变，流涕顿足，叹道："中原不可为矣！"(《明史·史可法传》)

扬州史可法祠

清军攻陷盱眙（xū yí），援兵全军败没。史可法连夜赶回扬州。城中人斩关出逃，舟楫一空。史可法传檄援兵，无一至者。二十日，清兵至。明日，总兵李栖凤拔营出降。扬州官民，分阵拒守。旧城西门险要，史可法奋自亲守，并作书寄母妻说："死葬我高皇帝陵侧。"（《明史·史可法传》）两天后，清兵到扬州城下，炮击城西北隅，城破。可法自刎未遂，被执。劝降，拒绝，被杀。扬州知府任民育、同知曲从直、江都知县周志畏、两淮盐运使杨振熙等，都死于难。清军因扬州兵民拼死抵抗，大肆屠杀，"扬州十日"，惨绝人寰，流传至今。

史可法德高品洁。他因功所加少保、太子太保、少师、太子太师等，全都力辞不受。他身为督师、兵部尚书、大学士，但"行不张盖，食不重味，夏不簟（shà），冬不裘，寝不解衣"（《明史·史可法传》）。如除夕，写文书到夜半，疲倦索酒。厨师报告：肉已分给将士，没有下酒菜肴。他便取盐粒豆豉佐酒。可法善饮，数斗不醉，但在军中绝饮。是夕，进数十觥，伏思先帝，泫然泪下。

史可法面对敌军，坚强不屈。壮烈殉难，无法寻尸。一年后，家人以他生前袍笏（hù）招魂，葬于扬州城外梅花岭。（《明史·史可法传》）有史公祠纪念。

《明史》赞道："忠义奋发，提兵江浒，以当南北之冲，四镇棋布，联络声援，力图兴复。然而天方降割，权臣掣肘于内，悍将跋扈于外，遂致兵顿饷竭，疆圉（yǔ）日蹙，孤城不保，志决身歼，亦可悲矣！"有《史忠正公集》传世。

第六十一讲

改号大清

崇祯皇帝的天敌,分别是大顺的李自成、大西的张献忠和清朝的皇太极。下面讲皇太极改国号后金为大清。

一、少年励志

皇太极于明万历二十年(1592)出生在一个特殊的大家庭里,生母和庶母有16位,兄弟16个、姐妹8个,还有许多堂兄弟。皇太极少年励志,文武兼长。

女真人习俗,男儿五六岁学习骑马射箭,七八岁就驰骋山林、挽弓射猎。皇太极像许多女真少年一样,从小锻炼,娴熟弓马。史书记载他回忆儿时生活:"昔太祖时,我等闻明日出猎,即豫为调鹰蹴球。若不令往,泣请随行。"每个人"牧马披鞍,析薪自爨(cuàn)"(《清高宗实录》卷一五一)。这番话反映了他青少年时受过艰苦的骑射训练。史书又记载:"朕自幼随太祖出猎,未尝夺人一兽;军中所有俘获,未尝私隐一物。朕以存心正直,获承天眷。"(《清太宗实录》卷四十八)这说明皇太极在青少年时,极力培养自己"存心正直"的道德品格。

皇太极很幸运，在他七岁时，满文创立，并开始推广。努尔哈赤给儿子们请了师傅，教授满文。皇太极是最早学会满文的一批满洲少年之一。那时，努尔哈赤身边有一位浙江籍汉人，做汉文的文书工作。皇太极既学会满文，也粗通汉文。朝鲜史籍记载："闻胡将中惟红歹是仅识字云。"红歹是就是皇太极。所以，皇太极既精通满文，也粗通汉文，在他的兄弟和诸将中算是文化素养最高的。

皇太极七岁之后，努尔哈赤就"委以一切家政，不烦指示，即能赞理，巨细悉当"。这段话可能有些夸大，但可说明皇太极青少年时就帮助父亲处理家政。皇太极管理这个大家庭、处理各种复杂关系是很不容易的，说明皇太极在青少年时期受到了实际管理的锻炼。

有人觉得：皇太极出身帝王之家、子承父业、嗣承汗位应是顺理成章的事情，其实不然。皇太极虽是努尔哈赤的第八子，但他继承大位，历程复杂，因他有六个不利条件。

第一，幼年丧母。 皇太极的母亲叶赫纳拉氏孟古哲哲，十四岁嫁给三十岁的努尔哈赤。皇太极十二岁时丧母，这是皇太极继承大位的第一个不利条件。

第二，父亲太忙。 努尔哈赤起兵前十年，内忧外患，强敌四逼，日理万机，无暇顾及，也没有时间照顾他，皇太极少年生活有着极大困难。这是皇太极继承大位的第二个不利条件。

第三，外公仇家。 皇太极外公家叶赫部与建州部为敌。叶赫贝勒布寨曾纠合九部联军进攻建州，结果兵败。有书记载：努尔哈赤下令将布寨尸体劈为两半，一半归还叶赫，一半留在建州。从此，叶赫与建州结下不共戴天之仇。这是皇太极继承大位的第三个不利条件。

第四，排行居中。 皇太极兄弟16人，还有两个堂兄弟（阿敏和济尔哈朗），他既不居长，也不居幼。按满洲习俗，居长荣立军功，居幼则受到优待（如幼子继承制）。皇太极却是两边好处都沾不到。这是皇太极继承大位的第四个不利条件。

第五，没有同胞。 皇太极的兄长，褚英与代善是一母同胞；他的五兄莽古尔泰，有胞弟德格类、胞妹莽古济格格；他的十四弟多尔衮，既有胞兄阿济格，又有胞弟多铎。皇太极则颇为孤单，没有同母兄弟拥戴他。这是皇太极继承大位的第五个不利条件。

第六，母未封后。孟古哲哲生前没有做大福晋，就是没有皇后的名分。她的皇后位号是皇太极做大清皇帝后给追封的。皇太极既不是长子，又不是嫡子。这是皇太极继承大位的第六个不利条件。

清太宗皇太极像

皇太极少年生活的六个不利因素，促使他养成了重要的品格：一是自立，既然失去一些依靠，只有靠自己励志奋斗；二是协调，他为了生存和发展，便要协调上下左右关系，争取同情者和支持者；三是心计，在家庭兄弟、内外群臣复杂关系的夹缝中求生存、求发展；四是奋争，学文习武，多立战功，在父汗、兄弟和群臣中树立威信。

二、谋略制胜

皇太极二十岁随父征战，不久成为主旗贝勒，参与国家机务。皇太极"勇力绝伦，颇多战功"，二十四岁位列四大贝勒之一。皇太极，其骑射技艺，其文化素养，其管理才能，其办事公允，其心计韬略，其地位威望，都是满洲诸贝勒中的精英，有可能继承努尔哈赤的大位。

但是，努尔哈赤身后的大位，由谁来继承？当时没有嫡长继承制，女真人又有幼子继承传统。努尔哈赤为着巩固权位，先幽死胞弟舒尔哈齐，又杀死长子褚英。他在天命朝前没有立太子，临终前也没有留下传位遗诏。他晚年宣布《汗谕》：实行八和硕贝勒共议制——由八大贝勒推举新汗和废黜大汗。努尔哈赤死后，尸骨未寒，汗位之争，非常惨烈。当时诸贝勒中以四大贝勒——大贝勒代善，二贝勒阿敏，三贝勒莽古尔泰，四贝勒皇太极的权势最大、地位最高；还有多尔衮和多铎。皇太极在四大贝勒中，座次和年齿均列第四，为何能登上大位？

二贝勒阿敏是皇太极的堂兄，其父舒尔哈齐获罪被圈禁而死，自己也犯下大过，自然没有资格、也没有条件争夺大位继承权。

三贝勒莽古尔泰是皇太极的五兄，有勇无谋，生性鲁莽，军力较弱。这种人，可做统兵大将，但没有条件争夺大位。

大贝勒代善有资格、有条件、也有可能继承汗位。代善性格宽柔、深得众心，军功多、权势大，努尔哈赤曾暗示日后由其袭受汗位。天命汗说过："百年之后，我的幼子和大福晋，交给大阿哥收养。"大阿哥就是代善。皇太极怀大志、藏玄机，有帝王之才，但同乃兄代善争夺汗位继承，各方面均处于不利的地位，于是不得不施展谋略。这里有一个历史故事：努尔哈赤小福晋德因泽，讦告大福晋两次备佳肴送给大贝勒，大贝勒接受并吃了；又送给四贝勒，四贝勒不接受也没有吃；大福晋经常派人去大贝勒家，还在深夜外出宫院。努尔哈赤派人调查，情况属实，但不愿家丑外扬，便借故修理了大福晋。这件事在满洲贵族中曝光后，大贝勒代善的威望大降，已无力争夺汗位。皇太极借大福晋同大贝勒代善难以说清道明的"隐私"，施一箭双雕之计：即使大贝勒声名狼藉，又使大福晋遭到修理。大福晋是多尔衮的生母大妃阿巴亥（一说为富察氏）。大福晋在这次事件中只是受了点"伤"，但没有"死"，不久又重新得到努尔哈赤的宠爱。皇太极要争夺汗位，还要致大妃于死地。

同皇太极争位的还有多尔衮三兄弟。要削弱多尔衮的力量，就要处死大妃阿巴亥。大妃三十七岁，正值盛年，有三个儿子：阿济格二十二岁、多尔衮十五岁、多铎十三岁。在皇太极等四大贝勒的威逼下，她自缢而死（一说被用弓弦勒死）。阿巴亥死后，多尔衮三兄弟年幼，失去了依靠，没有力量同皇太极争夺大位。

白玉"大清受命之宝"

三、南面独坐

代善失势、多尔衮失母，皇太极在大位争夺中处于有利地位。新汗的推举议商，在庙堂之外进行。大贝勒代善的儿子贝勒岳托、萨哈廉到其父代善的住所，说："四贝勒（皇太极）才德冠世，深契先帝圣心，众皆悦服，当速继大位。"代善说："此吾素志也！"（《碑传集·和硕礼烈亲王代善传》）于是父子三人议定。第二天，诸王、贝勒聚于朝，代善将他们的意见告诉二贝勒阿敏、三贝勒莽古尔泰及诸贝勒。大家没有争议，取得共识。于是皇太极登上大位。皇太极从舒尔哈齐死到继位，中间经过长达15年的心智谋略，终于登上了大位。尔后又除掉了二贝勒阿敏、三贝勒莽古尔泰，协服大贝勒代善，改变了"四尊佛"并坐的局面，"南面独坐"，大汗位独尊，稳固了权力。

皇太极取得汗位后，继承父业，经过八年奋争，实现女真统一，完成东北统一。于是，改族名女真为满洲，改国号后金为大清。他死后第二年，清军进关，定鼎北京，入主中原。

第六十二讲 清朝入主

明崇祯十七年即清顺治元年（1644），历史上演了富有戏剧性的一幕。大明、大清、大顺三方的角斗白热化，大顺先覆灭大明，大清又覆灭大顺，最后大清胜出。

17世纪40年代，发生了两件现象相似而又性质不同的历史事件：清顺治元年三月十九日（1644年4月25日），中国北京被李自成军队攻破，明崇祯帝在煤山（今景山）披头散发，覆面仓皇，吊在树上，自杀身亡。清顺治五年十二月十八日（1649年1月30日），英格兰伦敦的上千名市民，走向白厅广场，目睹了国王查理一世被送上断头台。查理一世身首异处，悲惨而死。

这两个重要历史事件，时间只差五年；但两个事件的后果不同：崇祯帝上吊后，清朝取代明朝，中国历史仍沿着封建体制路线运行；而查理一世被议会判决处死后，英国历史，几经曲折，后沿着资本主义路线运行。

一、改朝换代

历史车轮滚动近200年，出现了一个谁也没有想到的变局：强盛的大英帝国，以坚船利炮打开了大清帝国的国门。清政府被迫签订《南京条约》,割地赔款——曾经盛极一时的大清帝国,逐渐变成了任西方列强宰割的羔羊。

所以,清朝是中国历史上一个难解难读的朝代:一方面,从历史纵向坐标来看,它曾经文纬武,寰宇一统,创造过"康乾盛世"的辉煌;另一方面,从历史横向坐标来看,它同列强的差距,愈拉愈大,蒙受了丧权辱国的耻辱。

顺治元年(1644)三月十九日,崇祯帝在煤山自缢,李自成率军进入北京,占领皇宫。

四月十三日,李自成率军与投降清朝的原明朝总兵吴三桂及清军,在山海关大战。

四月二十六日,李自成兵败,回到北京。

四月二十九日,李自成在武英殿举行即皇帝位典礼。典礼草草结束,放火焚毁部分宫殿和部分城楼,撤离北京。

五月初二日,清摄政睿亲王多尔衮率领清军占领北京,入主明朝紫禁城。

武英殿

十月初一日，顺治帝在明紫禁城皇极门举行登极大典。从此，清朝迁都北京，开启了268年的清朝历史，皇宫的主人也从明朝的皇帝换成了清朝的皇帝。

顺治帝入主紫禁城后，对故明三大殿进行修缮。顺治二年（1645），将修建后的皇极殿、中极殿、建极殿，依次改名为太和殿、中和殿、保和殿，突出一个"和"字。

明代皇城的城门，正门为承天门，后门为地载门。顺治八年（1651），承天门重修竣工，改其名为"天安门"，突出一个"安"字。第二年，皇城北门重修竣工，改其名为"地安门"，也突出一个"安"字。再加上皇城的东安门、西安门、长安左门、长安右门。这样，皇城的城门都突出"安"字。

清代皇宫三大殿的名称突出"和"，北京皇城城门的名称突出"安"，从一个侧面反映出清朝的执政者力求国家安定、民族和合的愿望。

二、皇位之争

清朝前两任大汗努尔哈赤和皇太极父子，都是叱咤风云的雄杰，但在北京皇宫举行登极大典的顺治帝，只有七岁，还是个乳臭未干的孩子。这是怎么回事呢？有人说，顺治帝是因他母亲孝庄太后与多尔衮的关系才继位的，实际情况是这样吗？

清崇德八年（1643）皇太极突然病故，由谁接班，未做交代。这时清朝的亲王、郡王有七人：皇太极长兄礼亲王代善、皇太极的弟弟睿亲王多尔衮、英郡王阿济格、豫郡王多铎，皇太极长子肃亲王豪格，堂兄郑亲王济尔哈朗和侄子颍郡王阿达礼，聚集在沈阳皇宫，秘密会议，商讨新君。

皇太极的长兄代善提出：豪格是"帝之长子，当承大统"。豪格谦让说："福少德薄，非所堪当！"多铎提出立自己，多尔衮说：还有大哥代善呢！多铎便说：当立礼亲王代善。礼亲王代善辞说自己年老。多铎马上提出立多尔衮。这样，就把注意力集中到皇太极的儿子、兄弟这个方向上来了。

这时，皇太极的长子豪格有些生气，便退出会场。会议休会，进行磋商。

继续开会后，济尔哈朗提出由皇太极六岁的皇子福临继位，再由睿亲王摄政。多尔衮顺势提出肃王豪格既然"无继统之意"，那就立先帝之子福临，不过他年龄还小，自己和济尔哈朗左右辅政，待幼君年长之后，当即归政。（《沈馆录》卷六）济尔哈朗和多尔衮唱了一出双簧，把豪格排斥在外了。他们最后达成共识：由六岁的皇子福临继位，由济尔哈朗和多尔衮辅政。

这个过程可以看出，这时清朝的皇位继承，采取的是贵族公推制。清世祖福临，是由贵族会议推选的，是经过诸王贝勒大臣认真讨论、反复酝酿、彼此协调、政治平衡的结果。

太和、中和、保和三大殿

三、定都异议

清顺治元年(1644)五月,睿亲王多尔衮率清军占领北京。多尔衮建议迁都北京,但他的胞兄英亲王阿济格表示反对,提出:

初得辽东,不行杀戮,故清人多为辽民所杀。今宜乘此兵威,大肆屠戮,留置诸王,以镇燕都。而大兵则或还守沈阳,或退保山海,可无后患。(《李朝仁祖大王实录》卷四五)

多尔衮坚决主张迁都北京。他给顺治皇帝奏言:

燕京势踞形胜,乃自古兴王之地,有明建都之所。今既蒙天畀(bì),皇上迁都于此,以定天下,则宅中图治,宇内朝宗,无不通达。可以慰天下仰望之心,可以锡四方和恒之福。(《清世祖实录》卷五)

在这个奏疏里，多尔衮说了三个意思：

第一，燕京北面是燕山，东面是渤海，西面是太行山，南面是中原大地，西北是蒙古大漠，形势险要，辽、金、元都是帝都，明朝也在这里建都，有宫殿坛庙。

第二，国都设在北京，各地朝贡，四通八达。

第三，天下人都希望把都城设在北京，这样四面八方和平、安定、幸福的局面，就可以得到保障。

多尔衮的意见得到大部分八旗诸王、贝勒的赞成，奏报顺治帝，也获得同意。同年十月初一日，顺治帝因皇极殿（今太和殿）被李自成焚毁，便在皇极门（今太和门）举行大典，颁诏天下，定鼎燕京，开启了清朝268年的历程。

清朝迁都燕京是一项重大决策。历史上，中国大一统王朝的新政权都要抛弃旧王朝都城与宫殿：纵观中国历史上大一统王朝——商、周、秦、汉、隋、唐、宋、元、明，清朝之前，所有大一统王朝兴国之君，宸居前朝宫殿，没有先例。然而，清摄政睿亲王多尔衮却一反历代大一统王朝对前朝宫殿焚、毁、拆、弃的做法，对故明燕京紫禁城宫殿下令加以保护、修缮和利用。明清皇宫从建成到2020年，恰好600年，现已被列为世界文化遗产。

第六十三讲

董妃之谜

顺治帝是清朝第一位在皇宫举行大婚典礼的皇帝。他的后妃,《清史稿·后妃传》记载有两后、十五妃。其中,他和最宠爱的董鄂妃,演绎了一段皇帝爱情的传奇,也留下了后人津津乐道的历史之谜。

一、任性废后

顺治帝先后册立了两位皇后。第一位博尔济吉特氏,是顺治帝母亲孝庄太后的侄女、蒙古科尔沁部卓礼克图亲王吴克善之女,聪明而美丽,由孝庄太后和多尔衮做主定婚、聘娶。顺治帝亲政后,她被册为皇后。皇后博尔济吉特氏,生长在蒙古科尔沁贵族之家,有着成吉思汗的高贵血统,父亲是亲王,姑奶奶是皇太极的皇后,姑姑是皇太极永福宫妃,也就是当时的孝庄皇太后,另一个姑姑是皇太极的关雎宫妃。她自幼生活优裕,娇生惯养,史书说她"嗜奢侈",而顺治帝"好简朴"。这对姑表姐弟小夫妻,都有个性,都不懂事。小皇后屡屡"忤上",让顺治小皇帝很不开心。

顺治十年(1653)八月,也就是新婚后的第三年,顺治帝命大学士冯铨等,上奏前代废后故事。冯铨等疏谏,顺治帝严拒。冯铨等奏问废后理由。顺治帝回答说:"无能!"又说:"无能,故当废。"(《清史稿·世祖废后》)当天,顺治帝奏告孝庄太后,降皇后为静妃,改居侧宫。下礼部,礼部员外郎孔允樾(yuè)等13人,分别具疏,据理力争。孔允樾略言:皇后正位三年,未闻失德,特以"无能"二字定废嫡之案,何以服皇后之心?何以服天下后世之心?顺治帝命诸王等再议。集议的意见奏上:"仍以皇后位中宫,而别立东、西两宫。"(《清史稿·世祖废后》)顺治帝不许,

清世祖福临像

令复议。谕礼部:"朕惟自古帝王,必立后以资内助。然皆慎重遴选,使可母仪天下。今后乃睿王于朕幼冲时,因亲定婚,未经选择。自册立之始,即与朕志意不协,宫阃(kǔn)参商,已历三载。事上御下,淑善难期,不足仰承宗庙之重,谨于八月二十五日,奏闻皇太后,降为静妃,改居侧宫。"(《清世祖实录》卷七十七)皇后博尔济吉特氏就这样被废掉了。她迁居的这个侧宫,就是西六宫的永寿宫。

另一位皇后是孝惠章皇后,也姓博尔济吉特,顺治十一年(1654)五月,年十四,聘为妃。六月,被册为皇后。她不久又受到顺治帝的责斥。但这位皇后因能委屈圆通,又有太后呵护,才没有被废掉。后来这位皇后受到了康熙帝的百般孝敬,晚运很好。

二、身份之谜

经历了废后又立后的折腾之后,顺治帝的后宫很快就增添了一位妃子——董鄂妃。

董鄂氏,生年不详。关于董鄂氏的身份,有三种说法。

第一种是官书。《清史稿·后妃传》记载:"孝献皇后,董鄂氏,内大臣鄂硕女。年十八入侍,上眷之特厚,宠冠后宫。"

第二种是野史。说董鄂氏是晚明秦淮名妓、冒辟疆(襄)之妾董小宛。董小宛、李香君、柳如是、卞玉京是当时江南四大名妓。清军南下,将董掳获,送到北京,献给顺治。我查过许多资料,这种说法主要是年龄不符。据记载:顺治八年(1651),董小宛二十八岁,病死于冒府。这不仅有冒辟疆的笔记,还有当时文人的悼词。董小宛比顺治帝大14岁,又死于顺治帝14岁之时。所以董小宛即董鄂氏之说当属捕风捉影。

第三种是传记。西方人写的《汤若望回忆录》说:顺治皇帝对于一位满洲籍军人的夫人,起了一种火热爱恋,当这位军人因此申斥他的夫人时,竟被天子亲手打了一个耳光,这位军人因为气愤而死,或许竟是自杀而死。顺治帝将这位军人的未亡人收入宫中,封为贵妃。这位贵妃,于顺治十六年(1659)生下一子,皇帝要定他为将来的皇太子。但是数星期之后,这位皇子竟然去世,而他的母亲——董鄂妃在之后不久也薨逝了。

这位满洲将军,有学者认为是顺治帝同父异母的皇十一弟博穆博果尔。他的生母为麟趾宫贵妃博尔济吉特氏,是蒙古察哈尔部林丹汗的遗孀。博穆博果尔于崇德六年(1641)生,顺治十二年(1655)封襄亲王,翌年七月死,十六岁。

关于董鄂妃的身份,因为说法很多,又涉及宫闱秘密,所以至今仍旧是一个历史之谜。

三、红颜薄命

襄亲王博穆博果尔于顺治十三年(1656)七月死,十八岁的董鄂妃于同年八月册为贤妃,十二月晋为皇贵妃,行册立典礼,颁赦。顺治十四年(1657)十月生皇四子荣亲王。(《清皇室四谱·后妃传》)母子受到顺治帝宠爱。顺治帝对董鄂妃的恩宠,可从以下史实看出端倪。

一是晋升之速、典礼之隆。董鄂氏在顺治十三年(1656)八月二十五日被册为"贤妃",仅一月有余,就被晋为"皇贵妃",这样的升迁速度,历史上十分罕见。十二月初六日,顺治帝还为董鄂妃举行了十分隆重的册妃典礼,并颁诏大赦天下。在有清一代近300年的历史上,因为册立皇贵妃而大赦天下的,这是仅有的一次。她父亲鄂硕也沾光,被赐爵三等伯。

二是尽改恶习、专宠一人。据当时的传教士汤若望记述,顺治帝少年时沾染了满洲贵族子弟好色纵淫的恶习,可是自从遇到董鄂妃后,便专宠其一人,两人情投意合,心心相印。

三是隆遇董鄂妃生的皇四子。董鄂氏册为贵妃不久就怀孕了,顺治十四年

（1657）十月初七日，生下一位皇子。顺治帝高兴至极，认为有了皇位继承人。但小皇子出生三个多月，尚未命名，便夭折。这对董鄂妃打击太大了。顺治帝也非常悲伤。为了安慰董鄂妃，他追封这位早夭的皇子为和硕荣亲王，并修建"荣亲王园寝"。墓碑刻：和硕荣亲王，朕第一子也。本来是皇四子，却被称为第一子，说明这位皇子及其生母董鄂妃在顺治帝心目中的重要地位。

董鄂妃于顺治十七年（1660）病死。顺治帝不仅超越规格为她办理丧事，还封她为皇后。茆(máo)溪森和尚在景山寿皇殿主持董鄂后火化仪式，顺治帝亲自为董鄂氏收取灵骨（骨灰）。顺治帝请大学士撰拟祭文，"再呈稿，再不允"。后由张宸具稿，"皇上阅之，亦为堕泪"。

顺治帝还亲撰董鄂氏的生平事迹，历数董鄂氏嘉言懿行，洁品慧德，洋洋洒

董鄂妃居住的承乾宫

逛一逛

承乾宫

内廷东六宫之一，始建于明永乐十八年（1420）。原名永宁宫，崇祯五年（1632）改名承乾宫。清沿明旧称，顺治十二年（1655）重修，道光十二年（1832）修葺。建筑形制与景仁宫相同。

酒，达数千字。命大学士金之俊给董鄂妃作传。顺治帝回忆写董鄂氏：

待孝庄皇太后： 极尽孝敬，礼数周全，悉心奉养，无微不至。

待夫君顺治帝： 晨夕伺候起居、饮食服御，十分周到。朕回后宫，必迎问寒暑，趣具餐，躬进之，命共餐，则辞。朕值庆典，举数觞，必诚侍者，劝少饮酒。

襄助夫君理政： 朕览奏章，虽已深夜，必在身侧。令她同阅，起谢："不敢干政。"览批死刑案件，不忍下笔，后问是什么内容，朕告诉她，则泣曰："岂尽无冤？宜求可矜宥者全活之！"（《清史稿·孝献皇后》）

劝朕勤政爱民： 朕偶尔不上朝，则谏切毋倦勤。日讲后，与言章句大义，辄喜。偶遗忘，则谏："当服膺默识。"（《清史稿·孝献皇后》）蒐狩，亲骑射，则谏：注意安全。

严于对待自己： 后至节俭，不用金玉。诵"四书"、《易》已卒业；练习书法，未久即精。

生病之后劝慰： 皇太后派宫女问安，必曰："安。"临死之际说："吾殆将不起……妾殁，陛下宜自爱！惟皇太后必伤悼，奈何？"（《清史稿·孝献皇后》）又令不要以珍丽宝物随葬。

顺治帝哀伤过度，竟至寻死觅活，人们不得不昼夜守着他，使他不得施行自杀。《天童寺志》记载：当年冬日，顺治帝给木陈忞（mǐn）和尚御书唐朝岑参《春梦》诗一幅云：

洞房昨夜春风起，遥忆美人湘江水。

枕上片时春梦中，行尽江南数千里。

痴情天子，宠爱美人，感情笃深，跃然纸上。

宠妃董鄂氏，让顺治帝神魂颠倒，让许多历史学家费尽心思，苦心考索。她的身世至今依然是个历史之谜。特别是她死去不久，二十多岁的顺治帝竟也死去，扑朔迷离，谜上加谜。

第六十四讲 顺治出家

顺治帝在爱妃董鄂氏去世后不久，也去世了，年仅二十四岁。顺治帝最后的归宿，官书记载是患天花病死；还有一种说法是：顺治帝哀悼过度，由哀悼而厌世，脱离尘世，遁向空门，到五台山出家，成为万古钟情天子的佳话。

一、因苦结佛

顺治帝亲政后，前七年因耶稣会士汤若望而受基督教影响较大，后四年因亲近和尚而受佛教影响较大。我着重说一下顺治帝同佛教的关系。

顺治帝崇奉佛教，有生活环境的影响。他的祖父努尔哈赤在时，佛教已传到赫图阿拉。努尔哈赤常手持念珠，尊崇佛教，并在赫图阿拉建立佛寺。到皇太极时，为处理同蒙古的关系，崇奉喇嘛教，"重教"是一项重要的国策，所以在盛京（今辽宁省沈阳市）兴建实胜寺，崇奉玛哈噶喇佛，藏传佛教在后金已产生很大影响。顺治帝的母后孝庄皇太后是蒙古族人，自幼受到佛教的熏陶，又年轻寡居，以信佛解脱内心的孤独与苦闷。这些，对年幼的顺治帝有深刻的影响。

然而，真正促使顺治帝与佛门结缘，是在董鄂妃去世后，伤心欲绝的顺治帝在太监的安排下，同憨璞聪和尚在海会寺见面，两人相谈甚欢。后召憨璞聪在**西苑万善殿**对话。顺治帝问："从古治天下，皆以祖祖相传，日对万机，不得闲暇，如今好学佛法，从谁而传？"憨璞聪答："皇上即是金轮王转世，夙植大善根、大智慧……不化而自善，不学而自明，所以天下至尊也！"（吴伟业《清诗纪事》）憨璞聪的巧言阿谀，让顺治帝很开心，多次被召到宫里，赐以"明觉禅师"封号。后来憨璞聪推荐了南方来的三位高僧——玉林琇、木陈忞、茚溪森。

西苑万善殿

逛一逛

西苑万善殿

始建于明代，原名崇智殿，在嘉靖年间是西苑法事的活动场所。清顺治帝改名为万善殿，供奉禅宗三世佛像。清代皇家多信奉藏传佛教，万善殿是少数的供奉汉族佛教的皇家佛堂之一。

玉林琇,江苏人,俗姓杨,出身于名门大族。他受父亲影响从小就虔诚奉佛,十八岁时入磐山寺,二十三岁就任浙江湖州报恩寺住持,声名远扬。经憨璞聪推荐,顺治十五年(1658)九月,顺治帝遣使宣诏玉林琇入京说法,经三次邀请,到十六年(1659)二月十五日入京见帝。玉林琇施展高深禅理,机敏奏对,甚蒙顺治帝尊崇。顺治帝屡到玉林琇馆舍请教佛理,以禅门师长相待,并请他给自己起法名,说:"要用丑些字样。"玉林琇拟十余字进览,"世祖自择痴字",取法名"行痴",法号"痴道人"。玉林琇称赞顺治帝是"佛心天子"。顺治帝初赐玉林琇以"大觉禅师"称号,后加封为"大觉普济能仁国师"。

木陈忞,广东茶阳人,出身于书香门第,幼年修行,后住持宁波天童寺。木陈忞是比玉林琇陪伴顺治帝更久、影响更大的名僧。木陈忞在京八个月,受到顺治帝尊崇,下榻于西苑万善殿,被赐封"弘觉禅师"尊号。一次顺治帝对木陈忞说:"朕想前身一定是僧人,所以一到佛寺,见僧家窗明几净,就不愿意再回到宫里。要不是怕皇太后挂念,那我就要出家了!"木陈忞说:皇上是和尚转世来的。顺治帝对他讲想出家,以致终宵失眠、身体瘦弱等。

茚溪森,广东博罗人,父曾任明朝刑部侍郎。茚溪森出家为僧后,为玉林琇的大弟子。茚溪森与顺治帝相处时间最长,奏对默契,甚得帝宠。顺治帝亲笔大书"敕赐圆照禅寺"的匾额,以示荣宠。在爱妃董鄂氏死后,顺治帝万念俱灰,决心遁入空门。有记载统计,从该年九月到十月两个月中,顺治帝曾先后访问茚溪森馆舍

顺治帝御笔《敬佛》碑(拓片)

38次，相访论禅，彻夜交谈，完全沉迷于佛的世界。命令茚溪森为他剃度，决心"披缁山林，孑身修道"，要放弃皇位，身披袈裟，身入佛门。茚溪森开始劝阻，不听，最后削发为僧了。这一下孝庄皇太后着急了，火速叫人把茚溪森的师傅玉林琇召回京城。玉林琇到北京后大怒，下令叫徒弟们架起柴堆，要烧死弟子茚溪森。顺治帝无奈，只好让步，再次蓄发。

这件事过去不久，顺治帝命选僧1500人，在阜成门外八里庄慈寿寺，从玉林琇受菩萨戒，并加封他为"大觉普济能仁国师"。有一次，顺治帝和玉林琇在万善殿见面，一个是光头皇帝（新发尚未长出），另一个是光头和尚，于是二人相视而笑。这说明顺治帝有出家做和尚的想法。

但是，顺治帝同玉林琇这次谈话两个月后，皇家办丧事，噩耗传天下。

二、出家之说

顺治帝出家说，有三个证据：

第一，所谓诗文证据。吴梅村《清凉山赞佛诗》云："房星竟未动，天降白玉棺。惜哉善财洞，未得夸迎銮。"这四句诗，有人说是指顺治帝没有归天，而是"西行"到西天出家了。

第二，康熙幸五台山，先后五次。康熙帝去五台山最早的一次是康熙二十二年（1683），离史书记载的顺治死已经过去22年。如果是去看他父亲，应当早去，何必在悬离22年之后才去呢！

第三，康熙帝在他父亲死了22年之后才到五台山，太皇太后只去五台山一次且未上菩萨顶。这些说明：康熙帝、太皇太后孝庄去五台山显然不是为了看出家在五台山的顺治皇帝。试想，如果顺治帝出家在五台山，康熙帝和孝庄太皇太后早就去探望他了。

顺治帝没有出家，他的结局是怎样的呢？

三、患痘而死

顺治十八年（1661）正月初七日，顺治帝驾崩，年仅二十四岁。实际寿命只有二十二岁十一个月。他的死因引起人们种种猜测。人们猜测最多的，是他没有死，而是出家了。但事实上，顺治帝是出天花病死。这有根据吗？

第一，《清世祖实录》记载。顺治十八年（1661）正月初一日，顺治帝没有上朝，初二日"上不豫"，初四日"上大渐"，初七日"上崩于养心殿"。

第二，当事人记载。内阁官员张宸记载："传谕民间勿炒豆，勿燃灯，勿泼水，始知上疾为出痘。……十四日，焚大行皇帝御冠袍、器用、珍玩于宫门外。时百官哭临未散，遥闻宫中哭声，仰见皇太后黑素袍，哭极哀。诸宫娥数辈，俱白帕首、白衣从哭。"（张宸《青琱集·杂记》）

第三，两位高僧记载。《玉林国师年谱》记载：顺治十八年（1661）正月初三，中使马公二次奉旨至万善殿云："圣躬少安。"初四，李近侍言："圣躬不安之甚。"初七亥刻，驾崩。初八日，皇太后慈旨，请师率众即刻入宫，大行皇帝前说法。二月初二，奉旨到景山，为世祖安位。玉林琇和尚亲临顺治帝的大殡。

《敕赐圆照溪森禅师语录》记载：顺治十八年（1661）二月初三日，钦差董定邦奉世祖遗诏到圆照（指杭州圆照寺），召师进京举火。……四月十六日，茚溪森奉旨到京，过了几天，"诣世祖金棺前秉炬"火化。火化时，茚溪森在景山寿皇殿"秉炬"，顾左右曰："寿皇殿前，官马大路，遂进炬。"顺治帝遗体，由茚溪森和尚主持，在景山寿皇殿，秉炬火化。"大清国里度天子，金銮殿上说禅道！"说的就是这种情景。（吴伟业《清诗纪事》）

第四，《王熙自定年谱》记载。翰林院掌院学士王熙记载：顺治十八年（1661）正月初六日夜，召王熙到养心殿，说："朕患痘，势将不起。尔可详听朕言，速撰诏书。"（《碑传集·卷十二》）王熙在榻前书写，然后退到乾清门下西围屏内，根据顺治帝的意思，撰写《遗诏》，写完一条，立即呈送。一天一夜，三次进览，三蒙钦定。至夜，圣驾宾天,泣血哀恸。当夜,顺治帝就去世了。

第五,西洋人《汤若望传》记载。汤若望得知顺治帝病了,立即亲赴宫中,流着眼泪,请求容许他觐见万岁。……顺治病倒三日之后,于1661年2月5日到6日之夜间崩驾,享寿还未满二十三岁。

第六,储君条件。孝庄太后在选定顺治帝继位者玄烨时,已经出过天花居然成为玄烨继位的一条重要条件而被提出来。可见顺治帝因患天花而早逝,深深震动了他的母后以至朝廷。

综上,官方记载与私人记述,当时中国人与外国人,中央官员与出家和尚,都一致说顺治帝死于天花。所以,我认为,顺治帝不是出家了,而是患病死了。

第六十五讲

太后下嫁

我所到国内外各地,被问到最多的问题,就是:"孝庄太后是不是下嫁多尔衮了?"这段皇家叔嫂关系,引出许多猜测、议论和故事,也成为清史研究中的一个疑案。

一、孝庄太后

孝庄太后(1613—1688)姓博尔济吉特,名布木布泰,是蒙古科尔沁部贝勒塞桑的女儿。后金天命十年(1625),十三岁的布木布泰与三十五岁的皇太极成婚。这时皇太极早已同她的姑姑哲哲结婚11年了,后来她的姐姐海兰珠也嫁给了皇太极。姑姑与侄女三人都嫁给了同一个男人。布木布泰嫁过来的第二年,皇太极继承汗位,她从贝勒福晋变成大汗福晋。十年以后,皇太极建国号大清,改元崇德,她又成为崇德皇帝的永福宫庄妃。

皇太极有11个儿子、14个女儿。布木布泰生下三女一子——崇德三年(1638)二十六岁的庄妃生下皇九子福临,就是后来的顺治皇帝。这支血脉延续了清朝的帝胤。

布木布泰经历三次皇位之争，身历天命、天聪、崇德、顺治、康熙五朝，青年时帮助丈夫皇太极，中年时辅佐儿子福临，老年时辅佐孙子玄烨。她享年七十五岁，是一位非凡的女性，虽从未走到政治的前台，但她的一生对清初政治影响重大，为清初守成兼创业做出过重大贡献。

清朝有个很有意思的历史现象：孝庄太后身历清朝前四帝（太祖、太宗、

孝庄皇太后像

顺治、康熙），慈禧太后身历清朝后四帝（咸丰、同治、光绪、宣统）。所以有人说清朝以太后始，以太后终。

二、皇叔摄政

多尔衮（1612—1650），是努尔哈赤第14子，先后两次参加争夺汗位的斗争。

第一次，多尔衮与哥哥皇太极等四大贝勒争夺汗位，因母亲乌拉那拉·阿巴亥被逼死，自己和同母兄弟年岁尚小，而输给皇太极。

第二次，多尔衮和皇二兄代善（长兄已死）、皇长侄豪格争夺汗位。后由他的侄子顺治帝即位，多尔衮与郑亲王济尔哈朗共同辅政。

清朝迁都北京，顺治帝封多尔衮为叔父摄政王。顺治五年（1648）

多尔衮像

十一月，被尊为皇父摄政王。顺治七年十二月（1650年1月），多尔衮到塞外围猎，初九日死于塞外喀喇城，才三十九岁。

多尔衮摄政前后七年，怎样评价多尔衮的功过？多尔衮死后113年，乾隆帝给多尔衮作了历史评价："定鼎之初，主实统众入关，肃清京辇，檄定中原，前劳未可尽泯。"《清史稿·诸王传》但多尔衮摄政有"六大弊政"：即剃发、易服、圈地、占房、投充、逋逃。扰乱社会秩序，破坏中原经济，挫伤汉人情感，带来严重后果。"扬州十日""嘉定三屠"，惨绝人寰，是其罪恶。二百多年后，辛亥口号"驱除鞑虏，恢复中华"，就是对其弊政的不满与反抗。

皇太后与多尔衮，一个是顺治帝的母亲、皇太后，一个是顺治帝的叔叔、摄政王，共同辅佐年幼的小皇帝七年。关于"太后下嫁"的说法，从当时一直流传到现在。

三、并未下嫁

"太后下嫁"的说法，早在顺治年间就有了。主要疑点有四：

第一，清初抗清志士张煌言《建夷宫词》："上寿觞为合卺尊，慈宁宫里烂盈门。春官昨进新仪注，大礼恭逢太后婚。"说皇帝生日变成太后婚礼，太后住的慈宁宫变成了她的新婚洞房。

第二，顺治帝尊多尔衮为"皇父摄政王"。

第三，多尔衮死后追讨其罪时，有一条罪状是"又亲到皇宫内院"。蒋良骐《东华录》和朝鲜《李朝实录》也做了相同的记载。但后来修的《清世祖实录》里却删掉了这句话。

第四，孝庄太后死后没有和自己的丈夫皇太极合葬，而是葬在清东陵的风水墙之外。

先辈清史学家孟森先生早就写过《清初三大疑案考实》，就以上四个疑点提出看法：

其一，张煌言当时并没有在北京，而在江南抗清。那么"远道之传闻，邻敌之口语，未敢据此孤证为论定也！"（孟森《明清史论著集刊·太后下嫁考实》）出在敌人之口，记在异乡之文，不能成为史证。

其二，关于皇父摄政王，这个"父"字，不是亲属的称谓，是君对臣的尊称，不能理解为已经成为顺治帝的"父亲"。

其三，关于"皇宫内院"。官方文献把这个内容写上又删去，说明多尔衮到

"皇宫内院"确有其事。但最多只能反映多尔衮有渎乱之事，而不能说明太后下嫁给多尔衮了。

其四，关于未合葬。皇太极的昭陵，已有正宫皇后合葬，孝庄太后作为第二后，不与合葬，康熙、雍正、乾隆、嘉庆、道光、咸丰等朝第二后都没有合葬。这也属正常。

孟森先生的论证非常详尽。我再补充几条：

第一，说喜事在慈宁宫里办的。根据历史档案记载，慈宁宫在李自成临撤出皇宫时被焚毁。顺治十年（1653）修葺而成，皇太后才搬居慈宁宫，多尔衮则死于顺治七年（1650），多尔衮与皇太后怎能在此举行结婚典礼呢！

第二，关于"未葬昭陵"。清朝的皇帝陵分三处：一处是关外三陵——永陵、福陵（沈阳东陵）、昭陵（沈阳北陵），另一处是河北遵化的清东陵，再一处是河北易县的清西陵。

康熙二十六年十二月二十五日（1688年1月27日），孝庄太皇太后去世，而皇太极已经逝世44年，早已在昭陵入土为安。她对自己后事，向皇孙康熙帝有交代："太宗文皇帝梓宫安奉已久，不可为我轻动。况我心恋汝父子，不忍远去，务于孝陵近地安厝，则我心无憾矣。"（《清圣祖实录》卷一三二）就是说，她不愿意惊动太宗皇太极的亡灵，而愿意同英年早逝的儿子顺治帝在一起。

皇太后死后葬在**清东陵**，这就给皇孙康熙帝出了一道难题，康熙帝采取了一个临时举措，把太皇太后生前在紫禁城里最喜欢住的寝宫拆了，搬到东陵风水墙外，修起一座"暂安奉殿"，来暂安孝庄的梓宫（棺材）。直到康熙逝世，他一直没有解决祖母陵寝的难题。

雍正即位以后着手解决这个难题。雍正二年（1724）确定孝庄文皇后陵为昭西陵，将暂安奉殿改建为陵。雍正三年（1725）孝庄文皇后梓宫下葬于昭西陵地宫。这既表明了孝庄太后和皇太极昭陵的关系，又表明了墓主的崇高地位，还实现了孝庄太后陪伴儿子顺治和孙子康熙的遗愿。这时，孝庄太后已经逝世整整37年。

第三,关于"青梅竹马"。有人说庄妃与多尔衮是"青梅竹马"。庄妃出生在蒙古科尔沁,多尔衮出生在建州赫图阿拉,两地相距遥远,两人少时并不认识,不存在青梅竹马的客观条件。

第四,关于"保儿皇位"。说皇太后为了保儿皇位,不得不委身于多尔衮。顺治帝继位,我前面已经讲过,这是当时多种政治势力复杂斗争和相互妥协的结果,而不是由皇太后依靠多尔衮一个人的决定。事实上,皇太后对多尔衮既重用、又牵制,采取了非常复杂的政治手段,才使多尔衮最终没有突破摄政王的圈子,从而保证了幼小顺治帝的地位。当然,因为皇帝年幼,国事家事都要依靠摄政王,所以皇太后注意协调与多尔衮的关系。但是由此作为太后下嫁的依据,显然站不住脚。

清东陵全景

第五,多尔衮尸骨未寒就被顺治帝定罪惩罚,有人以此作为太后下嫁的反证。这是一种推测,不能作为太后下嫁的依据。

总之,到目前既没有过硬的材料证明太后下嫁了,也不能完全消除关于太后下嫁的疑问。所以,300年来,太后下嫁,一直是人们议论的一个话题,成为清宫史上的一桩疑案。

至于辛亥以来,《清朝野史大观》《多尔衮轶事》《清史通俗演义》《清宫十三朝》等野史、小说,对太后下嫁的演绎,这是野史和小说家言,姑且听之,不必当真。

最后,我们探讨太后下嫁疑案的意义:第一,弄清事实真相,廓清戏说历史迷雾,是历史研究者的责任;第二,孝庄太后和多尔衮以大局为重,和衷共济,结成合力,共渡难关,取得胜利,给后人留下宝贵的历史经验;第三,我认为,孝庄太后同摄政王多尔衮的情愫可能有,"太后下嫁"之事确实无。

看一看

清东陵

清王朝入关后建在关内的第一组皇室陵墓,位于河北省遵化县,因地处北京以东125公里的位置,所以被称为清东陵。这里埋葬着5位皇帝、15位皇后、136位妃嫔、1位皇子,共计157人。清东陵是中国现存建筑中规模宏大、陵墓体系完整的帝王陵墓群之一,现建筑保存完好。

耄耋者说四　开创与鼎盛

皇宫的主人是清世祖爱新觉罗福临顺治帝（在位18年）、清圣祖爱新觉罗玄烨康熙帝（在位61年）、清世宗爱新觉罗胤禛雍正帝（在位13年）、清高宗爱新觉罗弘历乾隆帝（在位60年）。这段时期，从皇宫视角看，是清朝达到鼎盛的时期。

本部分为 66—85 讲，共 134 年 [康熙元年（1662）至乾隆六十年（1795）]。经过清前期"三祖三宗"的经营，清朝入主中原，统一华夏，基本完成东北森林文化与中原农耕文化、西北草原文化、西部高原文化、沿海暨岛屿海洋文化之统合，出现继秦、汉、唐、元、明之后，最后一个封建大帝国。

北京故宫平面图

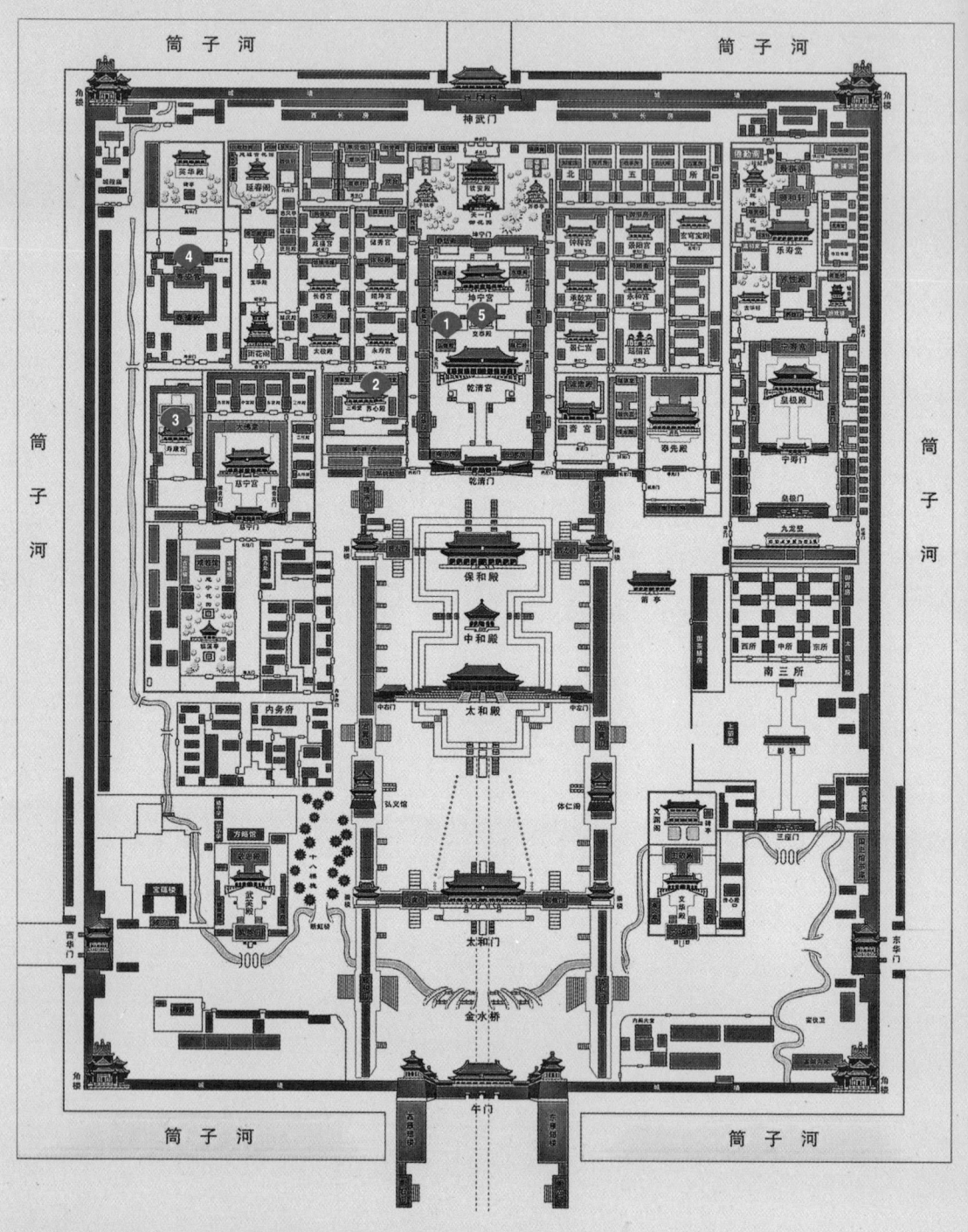

① 乾清宫的弘德殿　④ 寿安宫
② 养心殿　　　　　⑤ 交泰殿
③ 寿康宫

第六十六讲

童年玄烨

康熙帝有一个不平凡的童年，对他的一生影响深远。他生于顺治十一年三月十八日（1654年5月4日），时皇父顺治帝十七岁，皇母佟妃十五岁。他是顺治帝的第三个儿子，取汉名玄烨。

一、三种血缘

康熙帝出生在清朝帝王之家，他身上有满洲、蒙古和汉人的三种血缘。

第一，满洲血缘。玄烨曾祖父是清太祖努尔哈赤，祖父是清太宗皇太极，父亲是清世祖福临，这是他的满洲血统。玄烨在童年时期，跟从满洲师傅学习满语文和骑射，受到满洲森林文化和骑射精神的影响。这是形成康熙大帝勇敢品格、尚武精神的文化基因。他后来多次到承德避暑山庄、到木兰围场秋狝，三次塞外亲征，其文化与血缘根由也在于此。

第二，蒙古血缘。玄烨的祖母孝庄太皇太后，是蒙古族，为成吉思汗后裔，所以他有四分之一的蒙古血统。玄烨从小跟着祖母，深受其教诲和影响。这对他了解蒙古习俗、通晓蒙古语文、熟知草原文化、处理蒙古问题、巩固满蒙联盟，有着重大的影响。

第三，汉人血缘。 玄烨的母亲佟氏（后为佟佳氏）为汉人（一说，佟氏原为辽东女真）。幼年入宫，后为皇妃。

佟氏家族原为辽东望族，以经商为生。佟氏的叔爷爷佟养性曾经被明朝逮捕下狱，脱狱后，举族投奔努尔哈赤。皇太极时，佟养性在沈阳主持研制红衣大

清圣祖玄烨像

炮，组建乌真超哈（炮兵），并为第一任汉军都统。佟养性的从兄，即佟佳氏的爷爷佟养真（正）守镇江城（今辽宁省丹东市），一天夜里，被明军抓住，不屈而死。佟养真（正）次子佟图赖袭职。佟图赖就是佟佳氏的父亲、玄烨的外祖父，任汉军正蓝旗都统。清军入关，佟图赖随军南征北战，屡立军功，死后儿子佟国纲袭爵。佟国纲就是佟佳氏的哥哥、玄烨的舅舅，在抗御蒙古噶尔丹的乌兰布通之战中牺牲。佟国纲的弟弟佟国维，就是康熙帝的岳父。佟国维被封为内大臣，领侍卫内大臣、议政大臣、一等公。康熙帝命将母亲佟佳氏家族从汉军正蓝旗抬入满洲镶黄旗，以提高其家族的政治地位。在顺治、康熙时期，佟姓在朝中做官的很多，有"佟半朝"的民谚。

　　康熙帝继承的三种血缘，使他从小受到三种文化的熏陶，养成了三种品格：勇武与奋进，继承了满洲人的性格；高远与大度，受到了蒙古人的熏陶；仁爱与韬略，来自汉族儒学的营养。康熙帝身上有三种血缘、三种文化和三种品格，这种文化素养，在中国秦始皇以来2000年大一统皇朝的皇帝中是少见的。这也为中华各民族在历史发展长河中的血脉联系，提供了鲜活的例证。但他的童年生活，也不是一帆风顺的。

二、生活磨炼

　　玄烨生来就贵为皇子，他的童年生活，可以说是锦衣玉食，让普通百姓羡慕不已。其实，他所遭受的磨难，也是普通百姓想象不到的。

　　第一，缺失父爱。玄烨从两岁到七岁的六年间，他的皇父顺治帝上演了与董鄂氏的爱情悲喜剧，根本无心、也无暇顾及他，这使他没有享受到父亲的关爱与教育。到八岁时，又痛失皇父。玄烨给皇父守灵、默哀、祭拜、哭号，幼小的心灵受到巨大的打击和创伤。

　　第二，难享母爱。清朝内廷制度，皇子、皇女出生之后，母亲不能抚养，要交给乳母、保姆养育。玄烨出生之后，不仅没有一个同父母同居一室的家，而且连母亲也不在身边。他是独居一处，由乳母、保姆等哺育、照顾，由宫女、太监等服侍、陪伴。到他十岁时，生母佟氏就病死了，玄烨昼夜守灵，"擗踊哀号，水浆不御，哭无停声"（《清圣祖实录》卷八），一个才九周岁的孩子，两年之间，父母双亡，形影相吊，实在可怜，这是人生幼年的最大不幸。

第三，天花磨难。 玄烨在两三岁时，搬到皇宫外去避痘（天花）。世居山林和草原的满洲人、蒙古人来到中原后，容易感染痘症（天花），而当时对这种病没有特效药。这种病传染厉害，死亡率高，所以宫廷里谈"痘"色变。四五岁时出天花，发烧、疼痛、烦躁、恐惧，没有特效药，全靠玄烨自身的抵抗力和乳母、保姆、宫女、太监的精心照料，才九死一生，躲过一劫。这场病灾，使玄烨脸上留下痘痕，就是麻子。童年就经受生死磨难，这是多么不幸！

总之，玄烨的童年很少享受到家庭的亲情和温暖，他为自己没有在父母膝下享受过一天欢乐而遗憾终生。直到晚年时他还说："世祖章皇帝（顺治帝）因朕幼年时，未经出痘，令保姆护视于紫禁城外，父母膝下，未得一日承欢，此朕六十年抱歉之处。"（《清圣祖实录》卷二九〇）

《孟子·告子下》说："生于忧患而死于安乐也。"忧患既使人痛苦，忧患也激人奋进。

康熙帝的避痘所福佑寺

三、自强律己

玄烨的童年虽然物质生活优裕，但也遭受了人间之大不幸。玄烨在"不幸"面前，没有怯馁、退缩、消沉、颓废，而是变"不幸"为"有幸"，勤奋学习，磨炼意志，培养了自信、自立、自强、自励的精神，成为前进中的宝贵动力。

第一，祖母教诲。 玄烨童年时期，特别得到祖母孝庄太皇太后教诲。祖母教育他做人的规矩，如"凡人行为坐卧，不可回顾斜视"。康熙帝后来回忆说："朕自幼龄学步能言时，即奉圣祖母慈训，凡饮食、动履、言语，皆有矩度。虽平居独处，亦教以罔敢越轶，少不然即加督过，赖是以克有成。"（《康熙帝御制文集·二集》卷四十）祖母对他"抚育教训"，给他讲祖宗艰苦创业的故事。后来康熙帝回忆说："朕自八岁世祖皇帝宾天，十岁慈和皇太后崩逝，藐兹冲龄，音容记忆不真，未获尽孝，至今犹憾。藉圣祖母太皇太后鞠养教诲，以至成立。"（《康熙起居注册》）

玄烨出宫避痘，祖母太皇太后心疼他，经常派苏麻喇姑去照料。苏麻喇姑原是孝庄的陪嫁女，经历天命、天聪、崇德、顺治、康熙五朝，为人祥和厚道，宫廷阅历丰富。小玄烨不仅从她那里学到不少知识，而且受到潜移默化的影响。

第二，五岁读书。 玄烨五岁开始读书写字。史书说他"自五龄后，好学不倦"，除了学习满洲语文、蒙古语文之外，还学习汉语文。汉语文中的"三百千千"，就是《三字经》《百家姓》《千字文》《千家诗》，"四书"即《大学》《中庸》《论语》《孟子》等，对他的幼小心灵产生了深刻的原生性影响。玄烨从小意志坚强，耐性过人。他学习汉族传统文化"四书"，按照传统的学习方法，先念，就是朗读；后背，就是背诵。他给自己规定：每一段、每一篇，都要朗诵120遍，然后背诵120遍，直到滚瓜烂熟、融会于心。

磨难使玄烨自律。他说："幼龄读书，即知酒色之可戒，小人之宜防，所以至老无恙。"（《清圣祖实录》卷二七五）玄烨从小决心"三戒"——戒酒、戒色、戒小人。他终生不酗酒、不荒淫、不亲昵小人。

一天，顺治帝问皇二子福全、皇三子玄烨、皇五子常宁（长宁）长大之后有什么志向。皇五子常宁，因刚三岁，不能回答；皇二子福全回答说："愿为贤王。"皇三子玄烨从容答道："待长而效法皇父，黾勉尽力。"（《清圣祖实录》卷一）皇父听了，称赞他有远大的志向，对他另眼相看。

第三，因痘继位。玄烨童年患天花，脸上留下麻子，但这正成为他继承皇位的一个优势条件。玄烨的皇父顺治帝患天花不治去世，因此，考量他的皇位继承人时，就把曾经出过天花（终生免疫）作为一项重要条件。玄烨因祸得福，荣登大位。

从玄烨的童年看来，一个人小时候吃点苦，受点罪，经过坎坷，受过磨难，可能对他以后人生的成长、事业的成功，会产生巨大的积极影响。吃苦与磨难可以锤炼人的品质、意志、见识和勇气。所以，小孩子吃点苦头，受点磨难，应是好事，不是坏事。

一个人在青少年时，立下鸿鹄大志："立心以天下为己任，许死而后已之志。"（《清圣祖实录》卷二七五）这就是玄烨少年时期立下的志向和价值观。玄烨在"治国、平天下"的高远理想下，再加上后天的好学不辍，勤勉努力，终于成为一代伟人、千年一帝。

第六十七讲 终身读书

康熙帝是一位终身读书学习的皇帝。他是怎样读书的呢?

一、融入人生

康熙帝的读书学习,从五岁开始,到六十九岁故去,其间65年,经历了四个阶段——少年好学,青年苦学,盛年博学,老年通学。

第一,少年好学。康熙帝少年时期非常好学,由祖母、苏麻喇姑、保姆教他满语、蒙古语,由略通文化的张、林二位太监教他认汉字。玄烨从五岁开始到书房读书,汉人师傅教他读"三百千千"——《三字经》《百家姓》《千字文》《千家诗》,满洲师傅教他满语骑射。他有时读书痴迷,忘了寝食。祖母见他勤奋好学,说道:你贵为天子,还要像生员那样苦读吗?

童年读书,重在识字、句读和背诵。"句读"就是断句,古时候没有标点符号,要靠老师教给断句,就是教给句读。这样,能识字,会断句,有了阅读能力,再背诵,就记在脑子里。

康熙帝回忆说:"逐日未理事前,五更即起诵读,日暮理事稍暇,复讲论琢磨,竟至过劳,痰中带血,亦未少辍。朕少年好学如此。"(康熙《庭训格言》)他认为,幼年所读的书,终身受益:"朕七八岁所读之经书,至今五六十年,犹不遗忘。"

第二,青年苦学。康熙帝十七岁时,举行"经筵大典",就是由讲官给皇帝讲解"四书""五经"等。康熙帝不满足于隔日进讲,命大臣们"日侍讲读,阐发书旨,为学之功,庶可无间"(《清圣祖实录》卷四十一)。经筵改为每天举行。他不满足于只是听讲,而主动提出师生互讲,加强讨论。

每日大清早,康熙帝到乾清宫*弘德殿*,听讲官进讲,讲毕,辰时(7—9时),到乾清门听政,从不间断。康熙十二年(1673)三月,乾清宫修缮,他搬到西苑瀛台暂住,也不废讲。酷暑寒冬,奏请停讲。他让讲官暂停,但"讲章仍照常进呈"——老师停讲,他并不停学。在平定三藩之乱时,军报频奏,也乘间隙,进讲经史。在南巡途中的御舟上,他带着书卷读,经常到三更。在亲征噶尔丹时,他晚上常手不释卷,在帐篷里让传教士张诚等给他讲解几何学,还做算题。他说:"一刻不亲书册,此心未免旁骛。朕在宫中,手不释卷,正为此也。"(《康熙起居注册》)

第三,盛年博学。盛年康熙帝的读书学习,重在博览众取。他读儒家经典外,也涉猎史部的《史记》《汉书》《资治通鉴》及诸子百家。将经、史、子、集打通,汲取儒学的治道、历史的治鉴、诸子的智慧、文学的涵养,提高自己的素养,提升治国的能力。他还遍读道、释、医、药、农、地理、治河之书,并学习西方的天文、数学、物理、化学、地理、医学、药学、测绘、语言、音乐、绘画、人体解剖等知识,在当时堪称学贯中西。

第四,老年通学。康熙帝老年的读书学习能够融会贯通。康熙帝强调:"书不贵多而贵精,学必由博而致约。"(康熙《庭训格言》)说明他读书学问,愈老愈纯,愈老愈通。他说:"人君讲究学问,若不实心体认,徒应故事,讲官进讲之后,即置之度外,是务虚名也,于心身何益?"(《康熙起居注册》)

经常有人问我:应当怎样学习?康熙帝的读书人生很值得借鉴。少年读书,

第六十七讲 终身读书

乾清宫的弘德殿

逛一逛

弘德殿

乾清宫之西小殿。南向三间，建于明朝，初名雍肃殿，明万历十四年（1586）改名弘德殿。明代为召见臣工之处。清代时为皇帝传膳、办理政务及读书的地方。

要在培养兴趣，重在养成习惯；青年读书，要在打下基础，重在扎实读懂；盛年读书，要在博览群书，重在融会贯通；老年读书，要在回眸人生，重在养生养心。康熙读书，值得学习。

二、康熙书房

康熙十六年（1677），在乾清宫院落正式创立南书房。最初动因是：其一，康熙帝身边的太监等，没有文化，不能同其研讨经史，切磋书法；其二，各大臣都有职务，也不能随时陪伴身边，日侍左右；其三，大臣住地离皇宫较远，随时咨商，很不方便，每日派员，轮流值班，所以要设南书房。

康熙帝自幼酷爱书法，临摹唐太宗、黄庭坚、米芾、赵孟𫖯、董其昌等书帖，以赵、董为多。特别受到书法家沈荃的指点。

沈荃（1624—1684），江南华亭（今上海）人，顺治朝探花。先在地方做官，书法闻名海内，以擅长书法，入值南书房，官至国子监祭酒、礼部侍郎衔。沈荃在南书房，给康熙帝讲解古今各体书法，先做示范，并做指导。御制碑文、屏风、楹联等，多由沈荃书写。他特别敢于指出康熙帝写字的毛病："公每侍圣祖书，下笔即指其弊，兼析其由。"（《郎潜纪闻三笔》）他不但指出毛病，还分析其缘由。他的儿子沈宗敬也在南书房。一天，康熙帝感慨说："朕初学书，宗敬父荃指陈得失。至今作字，未尝不思其勤也。"（《清史稿·沈荃传》）沈荃为人正直，康熙十八

南书房

年（1679）大旱，求直言。时更定新例，罪人当流者徙乌喇，下廷臣议。沈荃说："乌喇去蒙古三四千里，地极寒，人畜多冻死。今罪不至死者，乃遣流，而更驱之死地，宜如旧例便。"康熙帝不接纳。他又说："此议行，三日不雨者，甘服欺罔罪。"（《清史稿·沈荃传》）果然，两天后下雨。康熙帝采纳了这个谏议。

除了得到高人指点，康熙帝苦练书法。他说："朕自幼嗜书法，凡见古人墨迹，必临一过，所临之条幅、手卷将及万余，赏赐人者不下数千。天下有名庙宇禅林，无一处无朕御书匾额，约计其数亦有千余。"（康熙《庭训格言》）康熙帝对书法，颇下功夫，"听政之暇，无间寒暑，惟有读书写字而已"（《康熙起居注册》）。宫中法帖甚多，他都赏阅临遍。在五十岁后，曾向大臣们说："朕自幼好临池，每日写千余字，从无间断，凡古名人之墨迹、石刻，无不细心临摹，积今三十余年。"（《清圣祖实录》卷二一六）

南书房有一批通天算、明音律的人才，如戴梓，杭州人，以布衣从军，献连珠火铳（chòng）法，平定叛乱，立有功劳。康熙帝命戴梓入值南书房。这是清朝以火器制造技艺入南书房的唯一之人。戴梓所造的连珠铳，形如琵琶，火药铅丸，可以连发28发子弹。戴梓还奉命仿造子母炮、"威远将军"炮。康熙帝在实战中，用以破敌，效果很好。（《清史稿·戴梓传》卷五百五）

可以说，康熙帝得到了最高明的老师的指教，这个条件是得天独厚的。

三、读书四要

康熙帝读书，有四条经验——要持久，要思悟，要知行，要著述。

第一，要持久。一个人，读点书并不难，难的是长久坚持；一个人，平时读书并不难，难的是动荡时静心坚持读书。

第二，要思悟。康熙帝说："凡看书不为书所愚始善。即如董子（仲舒）所云'风不鸣条，雨不破块'，谓之升平世界，果使风不鸣条，则万物何以鼓动发生?雨不破块,则田亩如何耕作布种?"(康熙《庭训格言》)不能盲目听信。

第三,要知行。他说:"明理最是紧要,朕平日读书穷理,总是要讲求治道,见诸措施。故明理之后,又须实行。不行,徒空谈耳。"(《康熙起居注册》)怎样知行呢?如南巡的船,他亲自参与设计、制作。如行军路上,运粮困难,"将士每日一餐,朕亦每日进膳一次"。演算题,搞测量,做实验,如他派人考察黄河源头、解剖冬熊胃中食物等。他读书不为表现,不徒虚名,而是对书中道理真正有兴趣,真想做探讨。因此,他后来成为一位学术造诣很深的君主。

第四,要著述。康熙帝重视编书、写书。如编修《康熙字典》《古今图书集成》《律历渊源》等;又勤于笔耕,著《康熙帝御制文集》176卷,《御制诗集》收录1147首诗词。他的《几暇格物编》共93篇文章,是一部学术著作。如蝗虫滋生的规律,各地农作物像水稻、小麦、西瓜、葡萄等等生产的情形。又因为他学过西洋的科学知识,他对自然界的若干现象也有所论述,例如他注意到黑龙江西部察哈延山"喷焰吐火,气息如煤"的奇特现象。他从瀚海的螺蚌壳,推知远古蒙古大沙漠曾是水乡泽国。康熙帝探讨人体生理构造,命令西洋人把西文《人体解剖学》译成满文本。(《张诚日记》)

康熙帝的《庭训格言》,以他一生体验为主,告诉后人一些有益的做人处事道理。全书27 419字,共246条,讲述养心、修身、齐家、治国、平天下的经验与道理。

第六十八讲

孝爱祖母

康熙帝从小生活在一个庞大的皇帝家庭里,他又营造了一个更庞大的皇帝家庭。这个家庭高峰时有六代人:太皇太后、太后太妃,皇后妃嫔55人,子女55人,孙、曾孙150余人。

《大学》说:"为人子,止于孝。"对长辈,做到孝顺,不算很难;做到孝敬,不算太难;做到孝爱,心灵相通,的确很难。我重点讲康熙帝对祖母孝庄太皇太后的孝顺、孝爱和孝哀。

一、平时孝顺

在康熙帝心目中,分量最重的是祖母孝庄太皇太后。他八岁,皇父宾天;十一岁,皇母又病逝。这么小就失去父母,没有得到依偎父母膝下的幸福,全靠太皇太后抚养教育。于是,康熙帝将作为儿孙的亲情和孝敬,合在一起,全给了祖母,30余年,拳拳孝爱。

祖母孝庄太皇太后,身历天命、天聪、崇德、顺治、康熙五朝,阅历丰富,见多识广。康熙帝十四岁亲政时,还是少年,他在政事方面,求教祖母。《康熙起居注册》记载,康熙帝每日下朝后第一件事,就是到慈宁宫向祖母请安。早晚问安,亲睹慈颜,面禀朝事,聆听训诲。少年天子十分珍视每日与祖母的会面,这是他日理万机生活中尽享亲情的时刻,更是他以政事求教祖母的机会。处理好国家大事,使社稷长治久安,是对祖母最大的孝。

康熙九年(1670),康熙帝打算先往关外拜谒太祖、太宗山陵,再到遵化拜谒世祖山陵。但太皇太后说:"世祖升遐十年,未得一诣陵寝。"(《清圣祖实录》卷三十四)建议皇孙先去拜谒孝陵,自己和皇太后博尔济吉特氏、皇后赫舍里氏同往。康熙帝顺应祖母的心意,改变行程。这样,十七岁的康熙帝,陪着祖母太皇太后、嫡母孝惠皇太后等前往祭谒顺治帝的孝陵,皇后赫舍里氏随行。像这样,祖、母、孙媳三代四人一起谒陵,有清一代,仅此一例。

康熙帝陪同皇祖母去五台山礼佛,完成皇祖母的又一个心愿。山西五台山是我国四大佛教名山之一。元、明以来,大批蒙古信徒来到这里,在菩萨顶修建了多座喇嘛庙。清初皇家对五台山喇嘛庙极为重视。孝庄太皇太后自幼信奉喇嘛教,去五台山是她多年的心愿。

为陪祖母到五台山进香,康熙帝先往五台山,抵达菩萨顶,住了四天。其间,道路、行宫、食宿、日用、物资等,都亲自安排,做了准备。其最险要路段长城岭,康熙帝"特赴长城岭,用辇亲试"(《康熙起居注册》)。果然,山势太陡,抬轿人站立不稳,难以攀登。康熙帝返回后如实禀告祖母,但孝庄仍不愿放弃多年的愿望,还是要去五台山。

康熙二十二年(1683)九月,三十岁的康熙帝陪同太皇太后前往五台山。行到长城岭,因山路崎岖,乘车不稳,改为八人暖轿,他本人亲自侍从,前后扶掖,左右照顾。太皇太后念及抬轿步履艰难,便提出还是换为乘车。康熙帝劝请再三,孝庄不允,不得已,便顺从祖母,乘车前往,但是他悄悄命轿子跟在后面。走了几里路后,康熙帝见祖母乘车太不安稳,便请乘轿。祖母说:"我已经换车了，轿哪能马上就到呢？"康熙帝说："轿子就在后面跟着呢。"祖母高兴地拊着康熙帝后背说："车轿细事，且道途之间，汝诚意无不想到，实为大孝。"（康熙《庭训格言》）

道路愈走愈险，祖母终于对康熙帝说："岭路实险，予及此而止，积诚已尽。五台诸寺应行虔礼者，皇帝代我行之，犹我亲诣诸佛前也。"（《清圣祖实录》卷一一二）康熙帝令皇兄福全等扈从祖母先行返京，他本人择日再到菩萨顶，遵慈旨"代礼诸寺"。七天后，祖孙平安回京。

后来，康熙帝以自己的体会告诫儿孙们："凡人尽孝道，欲得父母之欢心者，不在衣食之奉养也，惟持善心，行合道理，以慰父母，而得其欢心，斯可谓真孝者矣"（康熙《庭训格言》）。

康熙帝出巡时总想着祖母。康熙帝每次出巡，得到新鲜食品或地方风味，都不远千里，送给孝庄吃。他行围时猎获的飞禽走兽、采集的山珍野味，也恭进祖母："遣使呈鲜味，须令马迅飞。"

康熙帝对祖母的孝心，尽现在他30多年"期尽孝养，朝夕事奉"的行动中。尽一日三朝礼，无一心不孝敬，无一时不尽敬，无一事不竭诚。

二、病时孝爱

康熙帝对祖母的孝爱，集中体现在他对祖母病中的关切，竭诚尽意，无以复加。

康熙帝相信"坐汤"（温泉浴）能治很多病。他先后六次陪祖母到各地温泉小住，为祖母治病。一次去宣化赤城汤泉，两次去昌平小汤山温泉，三次去遵化福泉山温泉。时间最长一次达73天，最短一次45天。如康熙十一年（1672）正月，十九岁的康熙帝陪祖母去宣化赤城汤泉。途中进膳时，他亲视祖母降辇，陪祖母一起到进膳处，亲自安排。饭后，又到祖母行宫，侍祖母登上乘舆，并亲扶辕驾，行走数十步，才上马跟随。过八达岭时，康熙帝下马，亲手为祖母"扶辇整辔"。祖母心疼孙子,几次劝他说:"汝步行劳苦,其乘马前行。"康熙帝执意不肯:"此处道险,必扶辇整辔,于心始安。"(《康熙起居注册》)经过九天翻山过岭,长途跋涉,终于抵达赤城温泉。由于温泉附近地方狭隘,康熙帝住在七里以外的地方。他每天前去请安,并陪伴祖母说话。返京路过长安岭时,狂风劲吹,大雨滂沱,康熙帝不顾孝庄的劝阻,下马步行,护持辇辕。这次往返65天的行程中,康熙帝表现出对祖母的虔诚孝爱。

康熙二十四年(1685)八月二十八日深夜,祖母突然中风,右肢麻木,舌头发硬,言语不清。康熙帝为孝庄"亲侍进药,侍奉至夜半"。此后数日,康熙帝每日两三次去祖母宫中问安。康熙帝决定前往**白塔寺**(位于今北京阜成门内)进香为祖母祈福,正准备从宫中动身时,突然电闪雷鸣,大雨如注。近侍请求等雨停后再去,康熙帝不允,毅然冒雨前往。

北京白塔寺旧影

逛一逛

白塔寺

始建于元朝,位于北京市西城区阜成门内大街171号。初名"大圣寿万安寺",后称妙应寺,为藏传佛教格鲁派寺院。寺内白塔建于元朝,是中国现存年代最早、规模最大的喇嘛塔,俗称白塔寺。

康熙二十六年（1687）十一月二十一日，孝庄太皇太后发病，康熙帝谕令："非紧要事，勿得奏闻。"（《康熙起居注册》）他在慈宁宫孝庄的床边，席地奉侍，昼夜不离，"衣不解带，寝食俱废"。孝庄入睡后，康熙帝"隔幔静候，席地危坐，一闻太皇太后声息，即趋至榻前，凡有所需，手奉以进"。侍汤药35个昼夜，"衣不解带，目不交睫，竭力尽心，惟恐圣祖母有所欲用而不能备，故凡坐卧所须，以及饮食肴馔，无不备具，如糜粥之类，备有三十余品"（康熙《庭训格言》）。十二月初一日，隆冬凌晨，寒风刺骨，康熙帝率王公大臣从乾清宫出发，步行前往天坛祈愿。康熙帝读祝版时，跪在坛前，涕泪满面，泪滴成冰。陪祀大臣，无不感泣。

孝庄临终，拊着孙儿康熙帝的后背，流着眼泪赞叹说："因我老病，汝日夜焦劳，竭尽心思，诸凡服用，以及饮食之类，无所不备，我实不思食，适所欲用不过借此支吾，安慰汝心，谁知汝皆先令备在彼，如此竭诚体贴，肫（zhūn）肫恳至，孝之至也。惟愿天下后世，人人法皇帝如此大孝可也。"（康熙《庭训格言》）

三、死后孝哀

《中庸》说："爱其所亲，事死如事生，事亡如事存，孝之至也。"孝敬长辈，既在生前，也在身后。康熙二十六年十二月二十五日（1688年1月27日），太皇太后病逝，享年七十五岁。康熙帝一连十余昼夜，流涕呜咽，号哭不止，居住围帐，水浆不入，以致昏迷。将孝庄梓宫安放在慈宁宫内，直到来年正月十一日发引，昼夜不离，日夜哀哭。孝庄梓宫迁到朝阳门外殡宫，发引之时，他坚持步行；途中每次更换杠夫时，他"必跪于道左痛哭，以至奉安处，刻不停声"（《康熙起居注册》）。孝庄临终及病故后，他连续60天衣不解带，也不盥洗。到正月下旬，御门听政时，还要人扶掖前行。康熙帝晚年的高血压及心脏病等疾患，就是因祖母大丧和太子废立的忧伤而落下的病根。

康熙帝从祖母死到自己故去，其间35年，前往遵化祭谒暂安奉殿、**孝陵**共26次，时刻缅怀祖母的慈恩。他对庶母孝惠皇太后的孝，也是如此。

康熙帝既要孝奉太皇太后，又要孝侍皇太后，长达56年。可以说，康熙帝的一生几乎都是在给太皇太后和皇太后尽孝中度过的。《孝经》说："天地之性，人为贵；人之行，莫大于孝。"孝子事亲，"居则致其敬，养则致其乐，病则致其忧，丧则致其哀"。孝子必忠国家，孝子必爱百姓。连父母都不爱，能热爱人民吗！

清孝陵石牌坊

> **看一看**
>
> **清孝陵**
> 清世祖顺治帝福临的陵墓，位于河北遵化，是清东陵内建造的第一座帝陵，规模宏大，体系完整，是清诸陵之首。

第六十九讲 六下江南

康熙帝从康熙二十三年（1684）到四十六年（1707），也就是从三十一岁到五十四岁期间，六次下江南，共520天。第五次南巡时间最长，118天。他是清朝12位皇帝中，第一位航经大运河、海河、黄河、淮河、长江、钱塘江六条大江河的皇帝，开创了清帝南巡的先例。

明亡清兴的历史大变革，激起强烈的满汉民族矛盾和文化冲突，到康熙时，整整100年间，没有完全化解。努尔哈赤的"屠杀汉儒"，皇太极的七掠中原，多尔衮的强令剃发，使得中原汉人对立情绪强烈。这是康熙帝从三代先祖手中接过来的一个沉重的历史包袱。这个历史包袱，至少打着三个死结，一是文化之结，二是君臣之结，三是官民之结。

一、化文化结

康熙帝南巡，第一个期待是化解文化差异之结。为此，他主要做了四件事：

第一，祭孔子。 康熙帝从小就读《论语》，孔子在他心目中是至圣先师。康熙帝第一次南巡,到曲阜孔庙,步入大成门,进入大成殿,向孔子塑像和牌位行三跪九叩大礼。康熙帝还御书"万世师表",悬额殿中。接着,参观杏坛和孔林,行三叩礼。

第二,祭岱庙。泰山是五岳之首。秦皇、汉武等都曾封禅泰山。这是中华文化的传统。康熙帝到泰安,躬祀泰山之神,登泰山极顶,到日观峰。表明他对儒家传统文化的认同景仰、顶礼膜拜。

第三,祭明陵。康熙帝南巡,连续三次亲祭明太祖孝陵。他说:"明太祖,一代开创令主,功德并隆。"(《清圣祖实录》卷一一七)在第三次南巡时,为明孝陵题写"治隆唐宋"碑。

第四,祭禹陵。康熙帝第二次南巡到了绍兴会稽山麓。他到大禹陵前,亲撰祭文,祭奠禹陵,行三跪九叩礼。

康熙帝的"四祭"——祭孔子、泰山、明陵、禹陵,向天下宣告:接受汉族儒家文化。

在南巡中,康熙帝御书匾额,颁给大儒董仲舒、周敦颐祠堂,表达对儒学的尊崇。他又御书匾额,颁给为抗金忧愤而死的宗泽,颁给在崖山(今广东省江门

《康熙南巡图》中拜祭禹陵场景

市新会区）背负八岁南宋末帝赵昺（bǐng）投海而死的陆秀夫，这展现了康熙帝的博大胸怀。

康熙帝在南巡途中，如看戏、观灯船、游览江南园林、享用江南美食等，所闻所见，耳濡目染，接受汉文化的熏陶，表现出对汉文化的尊重、吸收和喜爱。

二、化君臣结

康熙帝南巡，第二个期待是化解君臣隔膜之结。

清朝满洲官员占主导地位，汉官常有不满情绪。康熙帝通过南巡活动，尽量缓解汉族官员的不满，采取如赐匾、赐字、赐宴、赐物、赐银、赐食、赐见、赐官等诸多怀柔、笼络措施，表示对汉官的信任和器重。

康熙帝赐致仕（退休）大学士张英、陈廷敬等御书匾额。将军马三奇、江宁织造曹寅、中堂张玉书恭进御宴100桌。这些面对面的交流沟通，密切了君臣情感。

康熙帝南巡到德州，听说安徽宣城梅文鼎（1633—1721）的天文、数学造诣很深，便读他的《历学疑问》三卷，并带回宫中仔细阅读，亲笔圈点并贴签批注。康熙帝第五次南巡时，将梅文鼎召到御舟上，"从容垂问，至于移时，如是者三日"，称赞他为"真仅见也"！（《清史稿·梅文鼎传》）但因梅年老，不便到京任职，便赐御书、匾额等。梅文鼎在数学方面的成就尤为突出，不仅能吸收西方数学的成就，还对《明史·历法志》正其误、补其缺。他平生勤奋，手抄杂书不下数万卷，年八十九而卒。今安徽省宣城市有梅文鼎纪念馆，馆前树立梅文鼎塑像，以纪念这位科学家。

康熙帝第五次南巡到江宁（今江苏省南京市），遇上一件事。江宁知府陈鹏年是个清官，下令将暗娼老窝端掉，改为乡约讲堂，堂内张写《圣谕十六条》，悬挂"天语叮咛"匾。有人告发他对皇帝大不敬，定罪"论斩"。江宁织造曹寅向康熙帝免冠叩头,为陈鹏年求情:阶石有声,至血被额。康熙帝将陈鹏年免死,令其到皇宫武英殿修书处效力,后任官河道总督。黄河决口,"自请前往堵筑,寝食俱废,风雨不辞,积劳成疾,殁于工所"。"闻其家有八旬老母,室如悬磬",雍正帝说:"此真'鞠躬尽瘁,死而后已'之臣!"(《清史列传·陈鹏年》)

康熙帝通过南巡,消除同汉官、特别是江南汉官的隔膜,增进了君臣感情。这里讲一个康熙帝同宋荦(luò)的故事。宋荦的父亲宋权,河南商丘人,任明朝顺天巡抚,刚上任三天,崇祯帝吊死。他投降清朝,仍任原官。后上书三条建议:一是给崇祯帝发丧,二是免除明末加派粮饷,三是选贤任能,都被采纳。他的儿子宋荦,十四岁得荫三等侍卫。康熙朝历官知府、布政使、巡抚、尚书等,几与康熙一朝相始终。康熙帝与宋荦,君臣关系亲近。康熙帝第三次南巡,正值宋荦任江苏巡抚,他送的苏州太湖洞庭山出产的绿茶,康熙帝很喜欢,赐名"碧螺春"。从此碧螺春茶天下闻名。

《康熙南巡图》中山东免赋场景

康熙帝还给宋荦送老花镜，又见他年老牙口不好，就赐给其内府所制豆腐，并派御厨到宋荦衙署厨房，向他的厨师传授做法，以便宋荦后半辈子食用。宋荦感激涕零，以此为殊荣。宋荦三次接驾康熙帝南巡，年老致仕回乡，享年八十。

康熙帝与宋荦之间，不似君臣拘谨，而是交互往来，情谊日增。康熙帝六次南巡，广泛接触汉族官员，对增进君臣了解、消解君臣隔膜，起了不可估量的作用。

三、化官民结

康熙帝南巡，第三个期待是化解官民，特别是满官与汉人的夷夏之结。

汉人，特别是江南汉人，对多尔衮的"留发不留头，留头不留发""扬州十日""嘉定三屠"等，非常不满，刻骨铭心。康熙帝南巡的其中一个期待便是，笼络士绅，维系民心，化解历史积怨，消解官民之结。

康熙帝到南京，经明故宫，往明孝陵，荆榛满目，一片苍凉，遂下令加以保护与修整。

他每到一地，都减免田赋。如第三次南巡，命将全省积欠钱粮尽行蠲（juān）免。第四次南巡，遇村民失火，派侍卫等扑灭后，命被火烧毁房屋，每间偿银三两。（《清圣祖实录》卷二一一）

他每到一地，都轰动舆情。

到山东，连年饥荒，民生困苦，康熙帝命发银数百万两赈济，蠲免所欠地丁钱粮。当第五次南巡入山东境，"山东绅衿（jīn）军民数十万，执香跪迎道左"，御舟经过，"夹岸黄童白叟，欢呼载道，感恩叩谢者，日有数十万"（《清圣祖实录》卷二一九）。

到宿迁，过白洋河，居民老幼数千，跪迎堤畔，对年老贫寒者，各赐白金。

到南京，缙绅士民数十万，于两岸跪送。

到扬州，阖郡士民迎驾。民间张灯结彩，盈衢溢巷，夹道跪迎，且随船追趋。

到苏州，阖郡士民迎驾。（《清圣祖实录》卷一三九）

到杭州，驻防官兵，阖郡绅衿，普通士庶，跪迎圣驾。

以上，难免有官员组织民众夹道欢呼，也难免有官方夸大舆情。但康熙帝南巡，毕竟在一定程度上起到了化解君民心结的积极作用。

康熙帝六下江南，前后跨度24年，基本达到了化解文化、君臣、君民三结的期待，取得良好效果。但其铺张浪费，亦不可忽视。

康皇帝每次南巡，不是轻车简从几十人，而是成千上万人，地方接待费用极多，如《红楼梦》赵嬷嬷所说："把银子花的像淌海水似的。"皇帝南巡，确有"苦累官民"的一面。

第七十讲

三帝国师

下面讲清朝康熙帝、雍正帝、乾隆帝三位皇帝的国师徐元梦。分作三点，简述如下。

一、品学醇正

徐元梦（1655—1741），比康熙帝小一岁，满洲正白旗人。徐元梦生活在清朝定都北京之初。这是一个由弓马驰骋，到以文治国的时代。许多满洲人陶醉在以军功立业的旧梦中。但徐元梦是满洲人中最早认识到重视文化、以文治国的先行者之一。康熙十二年（1673），徐元梦十九岁中进士，改庶吉士。徐元梦没有沉醉于清初官场生活，而是认真读书，精读汉文儒家经典，充任日讲起居注官，不久升为侍讲——给康熙帝讲课的师傅。

徐元梦精通满洲语文，兼蒙古语文和汉语文，学力深厚，又会讲课，效果很好，颇负声誉。康熙帝评价徐元梦说："徐元梦翻译，现今无能过之。"（《清史稿·徐元梦传》）就是说，徐元梦是当代满、蒙、汉文之间翻译的第一人。康熙帝自己精通满、蒙、汉文,他对徐元梦做出如此高的评价,实属难得。也可以说,徐元梦是整个有清一代,在额尔德尼、达海创立和改进满文之后,成为满洲语文学术水平和翻译水平,成就最高的第一人。

徐元梦受命,在上书房教授诸皇子读书,又专任皇太子胤礽的老师。后来的雍正帝、乾隆帝以及一批亲王等都是徐元梦的学生。他还兼任翰林院掌院学士。他在担任这个职务期间,进士考庶吉士(读研)和庶吉士散馆(毕业),也都是他的学生。他还做过顺天乡试、礼部会试的考官,这些考中的学子也都是他的学生。

徐元梦的学问越来越深,功力越来越厚,地位越来越高,影响越来越大。当朝大学士、权臣明珠要笼络徐元梦为自己门下,先向康熙帝推荐他担任经筵讲官,就是给皇帝讲课,但徐元梦"以明珠方擅政,不一至其门"(《清史稿·徐元梦传》)。一次也不登门拜见,明珠也无可奈何。后明珠擅权、贪腐,受到御史郭琇弹劾而罢官,许多依附明珠的官员受到牵连,徐元梦则安然无事。

徐元梦走的道路,并不平安顺利,也受到过挫折。

二、坚韧忠谨

徐元梦受到三次沉重打击:

第一次,因徐元梦不投附明珠,明珠编造和传播流言蜚语,中伤徐元梦。康熙帝召徐元梦等在乾清宫作文赋诗,考试成绩。徐元梦的考卷没有按规定时间答完,本应受罚,但因皇太子老师汤斌极力推荐,才过了这一关,并受命教授诸皇子读书。

第二次,有人奏劾德格勒私抹起居注,并说徐元梦与德格勒互相标榜,刑部命将二人免官下狱。拟判决:"德格勒立斩,徐元梦绞。"(《清史稿·徐元梦传》)这就是说,二人都拟判死刑,德格勒最重,斩首;徐元梦其次,绞死。康熙帝命徐元梦免死,戴枷三个月,鞭一百,入辛者库,就是犯罪之奴。后康熙帝考察,知徐元梦忠诚，仍复其入值上书房里，教诸皇子读书。

第三次，康熙帝在西苑（今中南海）瀛台，考察诸皇子射箭，命徐元梦也射箭。射箭拉开的弓，分力大、力中、力小等级别。徐元梦是文人，可以弯弓射箭，但不能拉开强弓。康熙帝指着一张强弓让他拉开，徐元梦推辞说：臣不能力挽强弓。康熙帝不高兴，谴责徐元梦。徐元梦解释、辩白，结果康熙帝更加愤怒，立命侍卫将徐元梦扑倒在地，并用鞭子狠抽他。康熙帝越说越生气，命抄他的家，流放他的父母。当天夜里回宫之后，康熙帝火气消了，略有反思，派御医到徐元梦家，给他治疗创伤。第二天，命徐元梦照常给诸皇子讲课。徐元梦奏道：臣父母被遣送，请求赦免。康熙帝派官前去赦免，但他的父母已经押解上路，特派侍卫骑快马将他父母追回。

徐元梦经受如此沉重的打击，仍然身心平静，潜心读书，谆谆教书，一如既往。康熙帝经过考察，升他为内阁学士，免除罪奴身份，归还满洲正白旗的旗籍。

三、泽被五代

徐元梦出任浙江巡抚后上奏请修复旧书院，康熙帝赐匾"敷文书院"。回京后，吏部提出高官人选，康熙帝指示选拔条件是："不畏人"和"学问优"，意思是敢于直言，学问优秀。后命徐元梦为工部尚书兼翰林院掌院学士。康熙帝晚年赐徐元梦御制诗，并说："徐元梦乃同学旧翰林，康熙十六年以前进士只此一人。"（《清史稿·徐元梦传》）

雍正帝继位后，命徐元梦署大学士、兼署左都御史，调任户部尚书，任纂修《明史》总裁。

乾隆帝继位后，命徐元梦与修《八旗满洲氏族通谱》，仍在上书房教皇子读书。徐元梦八十岁以后，仍在朝廷任职。后来患病，乾隆帝命皇长子前去他家里

探视、慰问。不久,病重。乾隆帝谕曰:

徐元梦践履笃实,言行相符。历事三朝,出入禁近,小心谨慎,数十年如一日。寿逾大耋,洵属完人。(《清史稿·徐元梦传》)

徐元梦病危,乾隆帝又派人问他有什么话要说。徐元梦伏枕流涕说:"臣受恩重,心所欲言,口不能尽!"(《清史稿·徐元梦传》)呼曾孙取《论语》,看了很久。第二天,病故,享年八十七。乾隆帝命和亲王弘昼及皇长子亲临祭奠,并出库银办理丧事。赠太傅,谥文定。

徐元梦的孙子舒赫德,沿袭祖父文士家风,"日必记事作诗";又能习武统兵,两次图形紫光阁。曾任户部、兵部、工部尚书,陕甘总督、伊犁将军、武英殿大学士。重孙舒常,官出为湖广总督、两广总督,入为工部尚书,并因军功图形紫光阁。

徐元梦身历顺治、康熙、雍正、乾隆四朝。徐元梦的一生告诉人们:人生成就功名,既要有天时地利,更要有坚韧忠谨。

第七十一讲

康熙治河

从明朝迁都北京以来，京师军民需用，主要靠京杭大运河运输。京杭大运河穿越黄河、淮河等五大河流，其中黄河和淮河经常泛滥，而一旦黄河或淮河出了问题，就直接影响到运河通航，也直接影响漕运。1966年，我骑自行车，从北京出发，沿京杭大运河，进行考察。行程3500里，途经八个省（直辖市），历时一个月，最后到达杭州。在江苏淮阴（今在江苏省淮安市）境，看到黄河、淮河、运河的交汇处，清朝叫"清口"。前几年我又去清口考察，那里建立了博物馆。康熙帝治河、通漕的一个关节点，就在清口。

通漕首先要治河，治河重点是黄河。康熙帝是怎样做的呢？

一、亲理河务

黄河为害的自然原因之一是，黄河水从上游夹带大量泥沙，泥沙淤积，河床升高，逢到雨水过大，使河水漫溢，河堤溃决。黄河为害的社会因素，又加重了黄河水患。金初攻宋，决黄河豫北段，河道南移，生民遭殃。蒙古灭金，与南宋

争开封，决寸金淀，黄河泛滥。明朝末年，决开封黄河堤，水灌开封城。(《黄河水利史论丛》)

元、明、清三代的黄河水患，屡决大堤，为害一方。清朝所谓"河务""漕运"，首先要保证漕运畅通，所以康熙帝治理黄河是以保漕运为主。

康熙帝治河，贵在亲自抓。抓什么？抓考察。康熙帝派侍卫拉锡等去往黄河源头，到星宿海，往返万余里，并绘成舆图。这是中国历史上第一幅经过实际踏查而绘成的黄河图。康熙帝六次南巡，巡视黄河，亲自考察，阅读方志，访问耆老，扯绳测量，指授方略。

康熙帝重视治河，要在选择能臣、廉臣做河道总督。明朝以都御史总督河道，清朝始设专职河道总督。雍正定制，分工管理——江南一人，称南河总督，驻清江浦（今在江苏省淮安市）；山东一人，称东河总督，驻济宁州（今山东省济宁市）；直隶一人，称北河总督（时间较短），由直隶总督兼，驻保定府（今河北省保定市）。靳辅任河道总督时，河道总督只一人，其职任重要，任务繁巨。

康熙朝河道总督12人，这里重点讲靳辅，以了解康熙帝治河的决心、治策、智慧和风范。

二、重用靳辅

靳辅（1633—1692），辽阳（今在辽宁）人，隶汉军镶黄旗。初为官学生，后任学士（五品）。康熙十年（1671），任安徽巡抚。靳辅在离京赴任途经邯郸时，因吕翁祠诗，结识了陈潢。

陈潢（1637—1688），钱塘（今浙江省杭州市）人。为人聪颖，怀才不遇，屡试不中，落魄京华。他饱读治河之书，研究治水，颠沛流离，暂居邯郸，在吕祖祠的墙壁题诗：

四十年中公与侯，虽然是梦也风流。

我今落魄邯郸道，要替先生借枕头。

靳辅见而惊异，访见陈潢，遂相见恨晚，引为幕僚，协助他治河。康熙十六年（1677），靳辅受命任河道总督。官员们以河道总督为畏途，"闻者心惊，见者胆落"（《靳文襄公奏疏》卷八）。靳辅犹豫，不敢承命。但陈潢劝说靳辅："盘根错节以别利器，河久失治必有人起而任之，膺斯任者，非公莫属！"（陈文述《颐道堂文钞》卷九）

靳辅决定上任。靳辅同陈潢沿河考察，访问耆老，日夜奔波。经过考察，胸有成竹，一天上八封奏疏，建言治河方略：统审全局，河运并治，浚河筑堤，束水攻沙，量入为出。

其一，束水攻沙，就是继承和运用前明潘季驯"以堤束水，以水攻沙"的经验，筑堤束水，冲刷黄河水中夹带的泥沙。

其二，修筑遥堤，就是在主堤（缕堤）外三四里处再筑一道遥堤，洪峰大时，河水在遥堤里下泻，避免决口，泛滥成灾。

其三，新开中河，就是从江苏淮安到邳州，新开300里的运河——中河。原来船行到这里，要借一段黄河，再进入运河。因风大浪险，水流湍急，每条船要增加20多名纤夫，日行二三十里。遇到浅滩，还要将货物卸下，陆运过浅滩后，再重新装船。新开中河后，漕船避开黄河惊

靳辅像

险，从中河通过，无风浪之忧，顺利通行。这里我前些年去考察过，河道还保存着。

靳辅和陈潢督率民工，日夜辛勤，大有成效。但多次受到无辜指责，屡遭磨难。

清初，黄河决口，造成洪泽湖淤高湖底，溃漫堰堤，下河局面严重。靳辅偕同陈潢，在洪泽湖的堤坝高家堰展开护堤工程，后来还在堰堤上建造了仁、义、礼、智、信五个减水坝，在大堤上建造石头堡，以便观察水势。当时还在堤坝同一水平线上浇铸了九牛二虎一只鸡，企盼金鸡报晓，警示堤防；借用"九牛二虎"之力来维土制水，镇奠淮扬。今日，栩栩如生的铁牛尚在。这里现在是大运河沿线重要的文化遗产点。

康熙二十一年（1682），一位官员上书否定靳辅的治河方案。康熙帝派官前往调查。靳辅申辩：工程将要告竣，不应随便变更。康熙帝命朝廷会议讨论，并召靳辅到北京答辩。靳辅又说：工程就要完工，不应变更。康熙帝同意，命靳辅赶回工地。第二年春天，萧家渡工程完工，黄河回归故道。康熙二十三年（1684），康熙帝南巡，阅视河工，赐诗赞美。

康熙二十七年（1688），御史郭琇弹劾靳辅治河无绩，内外臣工，群起附议。康熙帝交九卿会议裁决：靳辅被罢官；陈潢被削职，逮京师，未入狱就忧愤致死。康熙帝命：停止修筑重堤，免去靳辅河道总督，以闽浙总督王新命代之。

康熙二十八年（1689），康熙帝南巡，巡阅高家堰，见水势回缓，非常高兴。沿途闻江淮百姓，称颂原任河道总督靳辅，感念不忘。回京后，召开六部九卿会议，侍郎博济等疏称：靳辅束水攻沙，获得明显效果。康熙帝说："前革职属过，可照原品致仕官例，复其从前衔级。"（《康熙起居注册》）康熙三十一年（1692），重新任命靳辅为河道总督。当年冬，靳辅卒，年六十。康熙帝得到靳辅病死的奏报，临轩叹息；命其灵柩，先入都城，再运回家。这是前所未有的殊荣。靳辅死后，命于成龙为河道总督。

康熙三十三年（1694），康熙帝召见于成龙，君臣有一段对话。

康熙帝问：减水坝果然可以塞吗？

于成龙答：不宜塞，仍然按照靳辅的方案做。

康熙帝问：那你为何不早陈述呢？你排陷他人容易，身任河道总督则难，这不是明验吗？

于成龙答：臣那时妄言，现在还是按照靳辅的办法去做。

靳辅是康熙朝治河的能臣、名臣、功臣、廉臣。靳辅治理河运，30年无大灾。《靳文襄奏疏》（八卷）等著作传世。靳辅以后司河者能规随成法，晏安数十年，没有大灾害。

三、慎待争议

康熙帝治河，重要经验：第一，亲理河务；第二，慎重用人；第三，慎待争议。

如康熙二十四年（1685），康熙帝命安徽按察使于成龙修治海口等工程，听靳辅节制，但二人意见分歧——于成龙力主浚海口，泄河水；靳辅坚持应修筑长堤，束水趋海。靳辅说：开海口虽可泄水，但有海水倒灌之忧。于成龙说：河决筑堤，无数百姓，将饱鱼腹。怎么办？

其一，朝廷多次会议上于、靳二人辩论，康熙帝静听而不表态。

其二，康熙帝先召问身边经筵讲官等征求意见，有的说于成龙对，有的说靳辅对。

其三，康熙帝又派尚书萨穆哈等到当地查议。萨穆哈回京说：于成龙意见不对。

其四，江宁巡抚汤斌回京就任尚书，康熙帝垂询。汤斌说：于成龙议恐怕不便。

《康熙南巡图》中巡视河工的场面

其五,命在京家在沿河官员,单独上疏陈述己见,还是两种意见的都有。

其六,康熙帝再派员往沿河两岸官民现场调查,支持于、靳两种意见的都有。

康熙帝慎待争议,广泛听取意见,从而大大提高了中枢决策的准确性与可行性。

康熙治河,贵在谦虚。河道总督张鹏翮(hé)疏请将治河谕旨编纂成书,以便永久遵行。康熙帝说:

凡前代有关河务之书,无不披阅,大约泛论则易,而实行则难。河性无定,岂可执一法以治之?(《清圣祖实录》卷二三〇)

这表现了康熙帝可贵的科学态度。

第七十二讲

御史弹相

康熙朝廷上发生过一次"政治地震",这就是左佥(qiān)都御史郭琇,弹劾当朝大学士、权臣明珠。郭琇为什么要弹劾明珠,康熙帝对此是怎样的态度,其后果如何?

一、树大招风

康熙朝最著名的大学士有两位,一位是索额图,另一位是纳兰明珠。明珠(1635—1708),那拉氏,满洲正黄旗人,比康熙帝年长19岁。明珠出身叶赫部,曾祖父、祖父都是叶赫贝勒。叶赫部灭亡,明珠的父亲尼雅哈投降努尔哈赤,后来立功,做了佐领,随军入关。明珠初任侍卫,在皇帝身边,精明强干,敬业勤恳,升为内务府总管大臣(二品),后升刑部尚书。康熙帝擒鳌拜、掌朝纲后,明珠充任给皇帝讲解经典的经筵讲官,和康熙帝接触多,不久升兵部尚书。康熙帝在南苑举行盛大阅兵及军事演习,部伍整肃,秩序井然。康熙帝很高兴,命以此为例。不久,发生三藩之乱,明珠力主撤藩、坚决平叛,受到康熙帝信任。他任兵部尚书时,每天处理紧急军务,深得康熙帝的器重。康熙十六年(1677),正当平叛高潮时,明珠为武英殿大学士[从康熙十六年(1677)到二十七年(1688),共12年],入阁办事。

明珠为人聪睿,勤奋读书,文化涵养,在满洲上三旗贵族中,特别在正黄旗贵族中,可谓翘楚。当时重要典籍如《清太祖实录》《清太宗实录》《明史》等,明珠都担任总裁官。

明珠广泛结交汉人名儒、名士。他的儿子纳兰性德,被赞为"满洲第一词人"。他的另一儿子揆叙官国子监祭酒、翰林院掌院学士、左都御史。南书房的徐乾学、高士奇、王鸿绪等都是明珠的人。徐乾学兄弟三人又是"一状元、二探

内阁大堂

花",师生僚友,布满朝廷。高士奇在南书房,颇受皇帝信赖。王鸿绪官左都御史,其兄王顼龄为日讲起居注官、侄子官左都御史。

明珠从一名宫廷侍卫,而升为刑部、兵部、吏部的尚书、内阁大学士,说明他才智非凡,但他卷入当时的政治漩涡之中,树大招风,也有过错,终被弹劾。

二、铁面御史

明珠势力膨胀,皇权受到影响。恰在这时,御史郭琇挺身而出,弹劾权臣明珠。

郭琇(1638—1715),山东即墨人,出身于诗文之家。他九岁丧父,十岁丧继母,幼年坎坷,曾在即墨城东四十里深山仙姑庵苦读。茅舍三间,没有围墙,每当风雨之夜,狐啸狼嚎,悲凉吓人,郭琇却夜以继日,学习不辍,"宿火中宵,且泣且读"(《华野府君行述》)。三十二岁,考中进士。后乡居八年,为吴江(今在江苏省苏州市)知县。郭琇居心恬淡,办事精锐,九年县令,两袖清风。后来康熙帝南巡时说:"原任左都御史郭琇前为吴江县知县,居官甚善,百姓至今感颂。"(《清圣祖实录》卷一九三)

康熙二十三年(1684)六月,皇太子师傅汤斌任江苏巡抚,很欣赏县令郭琇。经汤斌推荐,并经考试,郭琇任江南道监察御史,后升左佥都御史。

郭琇做了一件大事。康熙二十七年(1688)二月某一日,明珠寿诞,宾客满堂。依惯例,御史不给当朝官长贺寿。但这天郭琇来到明珠府第。明珠格外高兴,将郭琇迎到大堂。郭琇当众从袖中取出弹章,示意要弹劾当朝大员,说完转身而去。随后立即奏上弹章。众官哗然,举朝震惊,事已公开,不便阻拦。郭琇这封弹章就是《纠大臣疏》,弹劾大学士明珠等,要点如下:

第一,结为死党,把持阁务;

第二，市恩立威，挟取贿赂；

第三，卖官鬻爵，士风大坏；

第四，控制言路，泄露机密。

郭琇奏章上去之后，直声振天下，人称"铁面御史"。不久，郭琇被升为都察院左都御史。

康熙帝得到郭琇弹劾明珠的奏疏后，可以采取几种办法：一是当众公布；二是大开杀戒；三是置若罔闻。康熙帝没有这么做，他举重若轻，半年之间，做了处置：

第一，解除大学士。当时有大学士七人，解职四人，明珠革职。第二，处置诸尚书。康熙帝采取以上措施，削弱明珠集团，以加强皇权。

三、言官难当

明珠集团为打击报复郭琇，先后制造了"三案"——"私书案""冒名案"和"钱粮案"。

第一案：私书案。康熙二十八年（1689），山西道御史张星法疏参山东巡抚钱珏贪黩劣迹。钱珏大怒，揭发郭琇曾写信给自己，嘱托推荐山东知县高上达，因为自己没照着做，便唆使张星法诬劾自己。康熙帝命审理此案。用夹棍审讯张星法，逼迫他供认由郭琇指使。定刑：郭琇被革职，杖一百，准其折赎；张星法被革职，杖一百，准其折赎。康熙帝谕旨：郭琇从宽免革职治罪，降五级调用；张星法从宽免革职治罪，降二级留任；钱珏既接私书，不行奏报，今始举出，以原品解任。（《康熙起居注册》）

郭琇以自己的性格、名声、地位，敢参权臣，遑论巡抚，何须假手于人。此案不能排除明珠党羽暗中左右之可能。这里可以看出，作为言官，疏参别人，必严律己。

第二案：冒名案。前明珠案内被参革职的户部尚书佛伦，已改任山东巡抚。他对郭琇怀恨在心，寻找机会报复。佛伦诬劾称：郭琇父亲郭景昌，原名尔标，曾经在明末清初倡乱伏法，郭琇私改父名，冒请诰封。这是欺君之罪。身为大学士的佛伦，张冠李戴，无中生有，加罪郭琇，以泄私忿。然礼部不待核实，就将诰命追夺。康熙帝接到佛伦揭发郭琇的奏章后，命大学士伊桑阿于无人之处，询问郭琇实情。郭琇回答伊桑阿：是诬告。

十年后，郭琇以湖广总督入京觐见，就冒名案上《辨白冤诬疏》，请求皇上敕问佛伦，并请求与佛伦对质。康熙帝询问大学士佛伦，佛伦回答说：当年下面上报的情况有误。之后康熙帝决定重新颁发诰命。郭琇被诬，十年申冤。(《郎潜纪闻二笔》卷三)

第三案：钱粮案。郭琇任吴江知县时，县丞赵炯经收康熙二十二、二十三等年（1683、1684等）漕米2300石，虽具印结存，但实际亏空。郭琇当时并未觉察，在离任时具结移交署印官张绮梅。后因赵炯降调，真情暴露。郭琇得知，即派家人代买粮食还仓。此案本易了结，但因江苏按察使高承爵为明珠的侄女婿，借此报复。

高承爵严刑逼讯张绮梅，逼迫他诬指郭琇亏空漕粮，但未得逞。当高承爵声称给张绮梅"上脑箍"时，郭琇愤怒地对张绮梅说："若辈不过欲死我耳！何不诬承而自苦若是！"高承爵问郭琇："尔不畏死耶？"郭琇笑曰："我畏死不至此，畏死者方坐堂上。"高承爵等不敢恣肆，拟遣戍陕西。当郭琇遣戍陕西之讯传到即墨时，其妻屈氏泣血草疏，要骑着毛驴上北京申冤。疏将上，康熙帝特恩旨宽免，释郭琇回乡。后命郭琇任湖广总督。

以上三案中，"冒名案"纯属诬陷，"私书案"和"钱粮案"属于小题大做，借题发挥。这三案实由明珠等兴风作浪，必欲置郭琇于死地，以报"弹劾"之仇。但郭琇顽强抗争，的确是一位堂堂正正的监察名臣。

康熙帝在对待郭琇疏劾明珠集团案件中，有三点做法，值得思考。

第一，留中不下。郭琇弹劾明珠的奏章，康熙帝没有公开下发。清国史馆修《明珠传》时，找不到郭琇弹章的原件。康熙帝这么做是为了避免事态扩大化。

第二，保护郭琇。面对明珠党人报复郭琇，康熙帝对"冒名案"，命人私下调查，从容处理；对"私书案"，康熙帝定降五级调用；对"钱粮案"原拟遣戍陕西，恩旨宽免。

第三，执两用中。郭琇与明珠，在弹劾与被弹劾的天平上，是对立的两极。康熙帝既利用郭琇牵制明珠，制约明珠集团势力；又利用明珠牵制郭琇，限制郭琇势力。后来，明珠任内大臣 20 余年，用其才能而杀其威势；郭琇先在家闲居，后任湖广总督，既保护其人，又不忘其功。乾隆帝说："我皇祖圣明英断，刑赏持平，实为执两用中之极则。"（《清高宗实录》卷九一九）

康熙、明珠、郭琇，君主、宰辅、言官，结成复杂的关系。为君难，为臣难，为言官尤难。郭琇幸遇英君康熙帝，尚坎坷不断，可见谏官难当，忠言难吐，劾章难上，直路难行。

第七十三讲

立废太子（上）

康熙帝晚年最烦恼的，就是关于皇太子的事情。康熙帝在位时间长，儿子多，又重视皇子教育，儿子之间暗斗格外激烈。康熙帝二十二岁就立了皇太子，五十五岁废皇太子，五十六岁又立皇太子，五十九岁再废皇太子，直到他六十九岁去世，都没有明确宣布皇位继承人，这引起康熙后期和雍正前期的政坛震荡。康熙帝文治武功，英明一世；皇太子两立两废，糊涂一时。

一、三十五子

康熙帝的子女，在清帝中是最多的，共有35子、20女。35个儿子中，排序的有24位，实际上成人（年满十六岁）的有20位。

皇子命名。康熙帝皇子的名字，按照满洲习惯，通常只用名，不用姓。比如多尔衮，这是名字，并不姓"多"，而是姓"爱新觉罗"。满洲著名的姓氏有爱新觉罗、伊尔根觉罗、瓜尔佳、那拉、赫舍里、钮祜禄等。入关后，顺治帝给皇子取名，还是只有名不贯姓，是用满文取名，再音译成汉字，比如玄烨、福全。康熙帝前九个皇子起名,主要是采纳了太皇太后的意见,也是用汉字取名,但个别又恢复老办法,如老大叫承瑞、老二叫承祜、老三叫承庆、老四叫赛音察浑、老五叫保清、老六叫保成、老七叫长华、老八叫长生、老九叫万黼。这种现象反映了满洲汉化的一个过程。康熙二十年(1681)以后,康熙帝一方面坚持满洲只取名不贯姓的传统,同时正式采用汉人的取名方法,规定他的皇子取名,第一个字用"胤"字排行,表示辈分,第二个字用"示"字偏旁。如原老五保清排序皇长

康熙帝戎装图

子改名胤禔（zhǐ），原老六保成为皇太子改名胤礽（réng）。

清朝藩王。明朝藩王，分封而不赐土，列爵而不临民，食禄而不治事。清承明制，又有变化：藩王一是内襄政本，亲理国务；二是诸王统兵；三是在北京开府；四是有钱粮不务实业；五是读经典，擅长书画。康熙帝对皇子教育，首选为成龙，其次为襄政，其三为领兵，其四为务学，其五为书画。康熙帝对皇子教育，不仅制定严格的制度，而且进行严格的管理。

二、早立太子

皇后赫舍里氏十二岁嫁给康熙帝，两人恩爱。康熙十三年（1674）五月初二日，皇后在生育嫡长子胤礽时难产而死，年仅二十一岁。康熙帝非常痛惜这位早逝的皇后。五月初五日，赫舍里氏去世后的第三天，梓宫迁于紫禁城西，直到二十七日，康熙帝几乎每天都去举哀；后来他亲自将梓宫送往昌平巩华城，从六月到十二月，去巩华城34次，第二年又去了24次，第三年去了15次。有学者统计，从康熙十三年到十六年（1674—1677），他一共去了巩华城80次。这四年里，每逢腊月二十九，他都去巩华城陪伴亡灵。母因子死，子以母贵。康熙帝对胤礽这位嫡长子格外器重和关爱，决定立他为皇太子。清朝的前两代皇位继承，采取的是贵族公推制，是经过诸王贝勒大臣认真讨论、反复酝酿、彼此协调、政治平衡的结果。康熙帝深悉预立储君有利于皇权的连续性与稳定性，是巩固清王朝统治的头等政治大事。他接受历代皇位继承的经验，特别是明朝皇位嫡长（正妻长子）继承皇位的历史传统。

康熙十四年十二月十三日（1676年1月27日），只有二十二岁的康熙帝亲临太和殿，以孝庄太皇太后之命，册立刚满周岁的嫡长子胤礽为皇太子，"以重万年之统，以系四海之心"（《清圣祖实录》卷五十八）。

三、精心教育

康熙帝对子孙通过多种方式进行教育。包括言传、身教,如让子孙参加祭祀、打猎、巡幸、出征等,而上学是康熙帝教育子孙的基本方式。康熙帝曾在乾清宫院里设立上书房,又以畅春园"无逸斋"为上书房,供皇子们读书。

太子教育。康熙帝特别关心皇太子的成长,对他倾注了更多的心血。太子幼小时候,康熙帝就开始亲自为他授课:在宫中亲为东宫讲授"四书""五经",每日御门听政之前,必令将前一日所授书背诵、复讲一过,务精熟贯通乃已。(《清宫述闻》)太子稍长,康熙帝向他传授治国之道,教导皇太子以祖宗为楷模,守成基业,能文能武;又传授经史,借鉴历史经验,体察人心向背,并带他外出视察。

皇太子六岁拜师入学,先后有张英、李光地、熊赐履、汤斌等名儒,任皇太子的老师。皇太子十三岁时,康熙帝仿照明朝教育东宫的做法,正式让皇太子出阁读书,多次在文华殿与满、汉大臣讲解儒家经典。

皇太子胤礽天资聪颖,学业进步很快。史载:皇太子"通满、汉文字,娴骑射,从上行幸,赓咏斐然"(《清史稿·允礽传》),而且身体健壮,眉清目秀,一表人才,康熙帝非常喜爱。

太子一日。康熙二十六年(1687)六月初十日,皇太子一天读书的情状:

寅时(3—5时),皇子在书房读书,

胤礽的"皇太子宝"

复习前一天的功课，准备师傅到来上课。

卯时（5—7时），满文师傅达哈塔、汉文师傅汤斌等人进入无逸斋，皇太子诵读《礼记》章节。胤礽遵照皇父"书必背足一百二十遍"，背足数后，再请师傅汤斌听他背书。汤斌听完之后，一字不错，用朱笔点上记号，然后重划一段，给胤礽再读。皇太子再写楷字一纸，约数百字。

辰时（7—9时），康熙帝上完早朝，向太皇太后请安之后，来到无逸斋。问汤斌："皇太子书背熟否？"汤斌奏道："很熟。"康熙帝接过书后，皇太子朗朗背诵，一字不错。康熙帝嘱咐他们对皇太子不要过分夸奖，而应严加要求。

巳时（9—11时），时值初伏，骄阳似火。皇太子不摇扇，不解衣冠，伏案写字，写好满文一章，让满傅达哈塔传观批阅校对。皇太子又温诵《礼记》新画定的篇章120遍。

午时（11—13时），皇太子进午膳。膳后，接着正襟危坐，又读《礼记》。读过120遍，再由汤斌接书，听皇太子背诵。

未时（13—15时），侍卫端进点心。皇太子吃完点心后，步出门外，站在阶下，运力挽弓，扣弦射箭。这既是体育课，又是军事课。皇太子射完箭，回屋入座，开始疏讲。先生翻书出题，学生依题讲解。

申时（15—17时），康熙帝又来到无逸斋。皇长子胤禔、三子胤祉、四子胤禛、五子胤祺、七子胤祐、八子胤禩，同来侍读。康熙帝说："朕宫中从无不读书之子。向来皇子读书情形，外人不知。今特召诸皇子前来讲诵。"汤斌按照康熙帝的旨意，从书案上信手取下经书，随意翻书命题。诸皇子依次进前背诵、疏讲。康熙帝亲自书写程颢七言律诗一首，又写"存诚"两个大字一幅，给皇子们示范。

酉时（17—19时），侍卫在院中安置箭靶之后，康熙帝令诸子依次弯射，各皇子成绩不等。又命诸位师傅射箭。随后，康熙亲射，连发连中。

天色已暮，诸臣退出。皇太子等在畅春园无逸斋一天的功课完毕。

实践历练。随着皇太子步入青年,开始在实践中锻炼皇太子。康熙帝三次亲征,先后有十多个月不在京城,他命二十二岁的皇太子胤礽坐镇京师,处理朝政。皇太子不负众望,克尽职责,"举朝皆称皇太子之善"(《清圣祖实录》卷二三五)。康熙帝也很满意,他给皇太子的朱批说:"皇太子所问,甚周密而详尽,凡事皆欲明悉之意,正与朕心相同,朕不胜喜悦。且汝居京师,办理政务,如泰山之固,故朕在边外,心意舒畅,事无烦扰,多日优闲,冀此岂易得乎?朕之福泽,想由行善所致耶!朕在此凡所遇人,靡不告之。因汝之所以尽孝以事父,凡事皆诚恳悾切,朕亦愿尔年龄遐远,子孙亦若尔之如此尽孝,以敬事汝矣。因稔知尔诸事谨慎,故书此以寄。"(《宫中档案康熙朝奏折》第八辑)

分封皇子。康熙三十七年(1698)三月,康熙帝分别册封:皇长子胤禔为直郡王,皇三子胤祉为多罗诚郡王,另封皇四子胤禛、皇五子胤祺、皇七子胤祐、皇八子胤禩,俱多罗贝勒(皇六子胤祚早殇未封)。受封诸子参与国家政务,并分拨佐领,各有属下之人。

而这时皇太子已经二十五岁,做太子也 23 年了,身边逐渐形成一股力量,这对康熙帝的皇权形成潜在威胁,特别表现于索额图党之种种形迹。

第七十四讲

立废太子（下）

下面接着讲"立废太子"下篇。

一、废斥太子

矛盾发生。康熙帝立胤礽为皇太子后，朝中逐渐形成聚集在皇太子身边的政治势力，即太子党，以大学士、领侍卫内大臣索额图为首。索额图是康熙帝幼年首辅索尼之子，也是太子母亲的叔父。他曾受命同沙皇代表谈判并签订《尼布楚条约》。康熙帝觉察到皇太子逐渐骄纵、威胁皇权，便拿索额图开刀。康熙四十二年（1703）五月，康熙帝令将索额图拘禁，后索额图死于禁所；又命逮捕其弟和诸子及其亲近大臣。（《清史稿·索额图传》）这是给皇太子敲警钟。

康熙四十七年（1708）五月十一日，康熙帝巡幸塞外，命皇太子、皇长子、十三子、十四子、十五子、十六子、十七子、十八子等八个儿子随驾。在巡幸期间，发生了几件事：

第一，皇长子胤禔等向皇父说了皇太子的许多坏话，引起康熙帝对皇太子非常不满。

第二,康熙帝巡幸途中,七岁的皇十八子胤祄得了急病,康熙帝心情焦虑,皇太子却无动于衷。胤祄可能根本没有意识到皇父的不满。

第三,在返京途中,康熙帝发现皇太子夜晚靠近他的帐篷,从缝隙向里面窥视,便怀疑皇太子可能要"弑逆",就是暗杀。这件事刺激康熙帝下决心要废掉皇太子。

匆忙废储。康熙四十七年(1708)九月初四日,康熙帝在**避暑山庄**返京途中的布尔哈苏台,召集诸王、大臣等于行宫前,垂泪宣布皇太子胤礽的罪状:第一,专擅威权,肆恶虐众,将诸王、贝勒、大臣、官员恣行捶挞;第二,穷奢极欲,远过皇帝,吃穿所用,恣取国帑,犹不以为足;第三,对亲兄弟,无情无义;第四,皇太子"每夜逼近布城,裂缝向内窃视"。康熙帝认为:"从前索额图

康熙帝御笔"避暑山庄"匾额

> **逛一逛**
>
> **避暑山庄**
>
> 清代康熙、乾隆年建造的大型皇家园林,原名为热河行宫,康熙时有36景,乾隆时又增造36景,共称72景。是清代皇帝避暑及政事活动的重要场所。山庄既具有皇家建筑的气派,又具有江南园林的秀丽,是宫殿建筑与园林景观相互融合的著名皇家园林之一。

助伊潜谋大事，朕悉知其情，将索额图处死。今允（胤）礽欲为索额图复仇，结成党羽，令朕未卜今日被鸩，明日遇害，昼夜戒慎不宁。似此之人，岂可付以祖宗弘业。"（《清圣祖实录》卷二三四）

康熙帝又说：不能让这不仁不孝的人将来成为国君。康熙帝且谕且泣，至于仆地。谕毕，命将胤礽即行拘执。同一天，康熙帝命将索额图的两个儿子及胤礽左右的人"立行正法"。

康熙帝废斥皇太子之后，愤怒、怨恨、失望、怜爱，复杂的心情，交织在一起。他一连六日，"未尝安寝"，对诸臣谈起此事，犹"涕泣不已"。（《清圣祖实录》卷二三四）

康熙帝回到北京后，命在皇帝养马的上驷院旁设毡帷，给胤礽居住，又命皇四子胤禛与皇长子胤禔共同看守。当天，康熙帝召集诸王、贝勒、大臣等于午门内，宣谕废黜皇太子胤礽之事，并告祭天地、宗庙、社稷。后将废太子幽禁在咸安宫。

皇太子胤礽从初立到初废，长达33年。这时康熙帝五十五岁，皇太子三十五岁。康熙帝废掉皇太子后，皇子之间的争斗，不仅没有和缓，反倒愈演愈烈。

二、诸子争储

废斥皇太子引起诸皇子更加争夺未来皇位。这时，康熙帝35个儿子中，除去年幼的、夭折的、出继的，可以考虑继承皇位的有14人。他们按照年龄段，可分为两个梯队。

1672—1681年出生的七人：从皇长子胤禔到皇八子胤禩（sì）。他们当时的年龄在二十六岁到三十七岁之间。

1683—1693年出生的七人：从皇九子胤禟（táng）、到皇十五子胤禑（wú）。他们当时的年龄在十四岁到二十四岁之间。

首先跳出来的是皇长子胤禔。第一，争取立长。他错误地认为皇父立嫡不成，势必立长。第二，利令智昏，请杀胤礽。第三，镇魇胤礽，推荐皇八子胤禩。

康熙帝得知皇长子胤禔与胤禩结党谋取储位，竟想杀害胤礽。皇长子胤禔虽然母亲出身微贱，但原大学士明珠是他的外堂叔祖父，皇八子胤禩小时候也为胤禔生母惠妃所抚养，所以康熙帝对皇长子和皇八子结党非常警惕，而对于皇长子背后大学士明珠的势力，更加敏感。惠妃是胤禔生母，奏请将胤禔正法。康熙帝不忍杀亲生儿子，令革其王爵，终身幽禁。

康熙四十七年（1708）九月，康熙帝痛斥皇八子胤禩，说他柔奸性成，妄蓄大志，党羽相结，谋害胤礽，将他锁禁。十四阿哥胤祯（禵）知道后，急忙营救胤禩。康熙帝大怒，拔出佩刀，将杀胤祯（禵），五阿哥胤祺上前跪地抱着康熙帝劝止，才没有被杀。这件事情表明：索额图势力受到了打压，而明珠势力膨胀，并在皇子中结党。

三、再立再废

康熙帝后来认识到胤礽的罪名原多不实。如胤礽奏诉说："皇父若说我别样的不是，事事都有，只弑逆的事，我实无此心。"康熙帝听了，令将胤礽脖子上的锁链取下。

自废皇太子后，康熙帝每日流泪，寝食不宁。他夜间梦见已故祖母孝庄太皇太后，脸色不高兴。康熙帝不久病倒。当日回宫，召见胤礽。后又召见，每"召见一次，胸中疏快一次"（《清圣祖实录》卷二三五）。

于是，他打算试探一下大臣们的态度。一天，康熙帝召满汉文武大臣到畅春园，令从诸皇子（皇长子除外）中举奏一位堪任皇太子的人，说："众议谁属，朕即从之。"大臣们误以为康熙帝瞩意皇八子，因而推荐了皇八子。（《清史稿·马齐传》）康熙帝说皇八子近又罹罪，母家出身微贱，不宜立为太子。这时诸臣才恍然大悟，原来康熙帝有过再立胤礽的暗示。

康熙帝考虑必须尽快把皇太子缺位补上，以堵塞诸子的争储之路。他当时能想到的办法，只有让嫡长子复立。后来他说："诸大臣保奏八阿哥，朕甚无奈，将不可册立之胤礽放出。"（《清圣祖实录》卷二六一）

康熙四十七年（1708）十一月十五日，康熙帝召满、蒙大臣入宫，宣布："皇太子前因魇魅，以至本性汩（gǔ）没耳。因召置左右，加意调治，今已痊矣。"命人将御笔朱书，当众宣读。又召废太子、诸皇子及诸王、大臣等，宣谕澄清事实，说胤礽"虽曾有暴怒捶挞伤人事，并未致人于死，亦未干预国政"，"胤禔所播扬诸事，其中多属虚诬"。接着，当众将胤礽释放。胤礽表示："皇父谕旨，至圣至明。凡事俱我不善，人始从而陷之杀之。"（《清圣祖实录》卷二三五）

再立太子。康熙四十八年（1709）三月初九日，以复立皇太子胤礽，遣官告祭天地、宗庙、社稷。次日，分别将皇三子胤祉、皇四子胤禛、皇五子胤祺，晋封亲王等。康熙帝试图以此促进诸皇子之间的团结。然而，事与愿违，皇储争夺，愈演愈烈。

矛盾激化。皇太子再立，朝中党争更激烈。这次的牺牲品是索额图一党的步军统领托合齐和刑部尚书齐世武。康熙五十年（1711），康熙帝以托合齐有病为由将其解职。七天后，康熙帝召见诸王、大臣，宣称："诸大臣皆朕擢用之人，受恩五十年矣，其附皇太子者，意将何为也！"（《清圣祖实录》卷二四八）当场质问刑部尚书齐世武等，众人否认结党。康熙帝令将他们锁拿候审。又命拘禁托合齐。到次年四月，又借一件贪污受贿案，将尚书齐世武"以铁钉钉其五体于壁，号呼数日而后死"（《悔逸斋笔乘》）。《满洲名臣传》说他后被发配死。这是康熙帝将要再废皇太子的前奏。

再废太子。康熙五十一年（1712）九月三十日，康熙帝向诸皇子宣布："皇太子胤礽自复立以来，狂疾未除，大失人心。祖宗宏业，断不可托付此人。朕已奏闻皇太后，着将胤礽拘执看守。"（《清圣祖实录》卷二五一）再宣谕废胤礽的理由，主要是：从释放后，乖戾之心，即行显露；数年以来，狂疾未除，大失人心；饮食服用，陈设等物，有倍于朕；是非莫辨，秉性凶残，结党小人。

康熙帝第二次废黜皇太子，虽然并非如他自己所说"毫不介意，谈笑处之"，但已不像第一次时那么痛苦。因为他发现，立皇太子就难免有矛盾，不立皇太子可能更好。一次，康熙帝说：宋仁宗三十年未立太子，我太祖、太宗并未预立皇太子。……今众皇子学问、见识，不后于人，但年俱长成，已经分封，即使立了，能保将来无事乎？（《清圣祖实录》卷二五三）

其实，康熙帝明白，立、废皇太子是失败的。康熙帝改革了清朝皇位继承制度，从满洲传统贵族公推制，改为汉人嫡长继承制，后雍正帝改为秘密立储制，慈禧太后又改为懿旨立储制，都终究走不出"家天下"的死胡同。康熙帝到死也没有公开明确皇位继承人，而皇子们骨肉相残的悲剧，在他死后更为惨烈。

在众皇子上下钻营之时，皇四子胤禛却不露声色，暗自韬晦，观察窥测，等待时机。

第七十五讲 雍正夺位

清雍正帝胤禛,康熙十七年(1678)十月三十日生,属马,四十五岁登极,在位13年,雍正十三年(1735)八月二十三日死,庙号世宗,谥号宪皇帝,葬泰陵。享年五十八岁。

雍正帝是清朝"康乾之治"时代,上承康熙,下启乾隆,具有特殊历史地位的人物。他盛年登极,年富力强,学识广博,阅历丰富,刚毅果决,颇有作为。雍正帝的年号雍正,就是雍亲王得位之正的意思。雍正帝是否"得位之正"?这恰恰是300多年来,清宫的一件疑案。

一、突然继位

康熙六十一年十一月初七日(1722年12月14日),康熙帝在南苑围猎时患感冒,回畅春园养病。十五日冬至的祭天大礼,由皇四子胤禛代行。

十三日清晨,康熙帝病重,急召皇三子胤祉、皇七子胤祐、皇八子胤禩、皇九子胤禟、皇十子胤䄉、皇十二子胤祹、皇十三子胤祥共七个皇子和步军统领隆科多，宣布："皇四子人品贵重，深肖朕躬，必能克成大统，着继朕即皇帝位。"（《大义觉迷录》）又命从天坛斋所召回皇四子胤禛。这时，康熙帝其他的几位皇子，长子胤禔被监守，次子即废太子胤礽被禁锢，五子胤祺被派往孝陵行祭礼，十四子胤禵（禎）正在西部领兵作战，而几位年幼的皇子当时跪在殿外，没有聆听皇父谕旨。

当天上午，雍亲王胤禛从天坛赶到**畅春园**，在这一天里，他被康熙帝召见了三次，但是康熙帝并没有提及皇位继承的事。

当晚戌时（19—21时），康熙帝驾崩。步军统领隆科多向胤禛"口授末命"，传达了康熙帝由他承继大位的遗诏，胤禛听了之后又惊诧，又悲痛，昏倒在地。诚亲王皇三子胤祉等即向胤禛叩首，劝他节哀。（《大义觉迷录》）从这一刻起，胤禛虽然没有继承大位，但是已担负起新君的责任。当天夜间，胤禛指挥将康熙帝遗体运回紫禁城乾清宫。相传隆科多护皇四子回朝哭迎，身守阙下。诸王非传令皆

畅春园图

逛一逛

畅春园

始建于明神宗年间，原址名为"清华园"。清康熙二十三年（1684），康熙皇帝南巡后，利用清华园残存的水脉山石仿江南山水营建畅春园，作为在郊外避暑听政的离宫。畅春园占地约900亩。清末畅春园逐渐失修，英法联军火烧圆明园时被焚毁，后残存建筑被拆用于圆明园重建，至民国时期，仅留恩佑寺、恩慕寺琉璃山门。

不得进。

十四日，宣布大行皇帝龙驭上宾；传大行皇帝留下遗诏，命雍亲王嗣位；命胤䄉、胤祥、大学士马齐和尚书隆科多为总理事务大臣；召十四子胤祯（禵）回京；九门关闭，禁止出入。

十六日，颁布大行皇帝遗诏。

十九日，遣官告祭天坛、太庙、社稷坛，京城九门开禁。

二十日，雍正帝在太和殿举行登极大典，改年号为"雍正"。

雍正帝继位，无论是遗诏继位，还是夺位篡位，他毕竟坐上了皇帝的宝座。那么，康熙帝众多皇子，都想继承皇位，为什么唯独胤禛心想事成？在长达45年的皇子生涯中，胤禛是怎么一步一步地攀缘，最后登上皇帝宝座的？

二、雍正其人

胤禛的母亲乌雅氏，满洲正黄旗、护军参领威武的女儿。乌雅氏生了三个儿子，就是皇四子胤禛、皇六子胤祚（六岁殇）和皇十四子胤祯（禵）。胤禛从小受孝懿皇后（康熙帝生母孝章皇太后的侄女）养育，年幼的胤禛因她而尊贵。皇子胤禛，有以下特点：

第一，好学上进。胤禛从七岁开始，同他的三位阿哥，到上书房读书。他的师傅主要有大学士张英、徐元梦和侍讲顾八代等人，都是当朝一流的学者。他受过严格的儒家传统教育，也有满洲的"国语骑射"的训练，就是满洲语文与骑马射箭。

第二，结婚封王。康熙三十年（1691），十四岁的胤禛，奉父命同内大臣费扬古的女儿乌拉那拉氏成婚。清制规定，皇子封爵，依次为亲王、郡王、贝勒、贝子等。康熙三十七年（1698），二十一岁的胤禛受封为贝勒。次年，康熙帝为诸皇子建府邸。"禛贝勒府"（又称四贝勒府）建成后，胤禛就搬到府邸居住。康熙四十八年（1709），三十二岁的胤禛被封为雍亲王，这里就成为雍亲王府。后来乾隆帝将其改为雍和宫，就是今北京雍和宫。

第三，勤慎敬业。 胤禛结婚之后，多次受康熙帝之命，参与重大政治与祭祀活动。胤禛的足迹所至，遍及东、西、南、北、中：东向，至少五次到东陵祭祀，还到关外祭祀三陵——永陵、福陵和昭陵；西向，随康熙帝西巡五台山；南向，随康熙帝两次南巡；北向，康熙三十一年（1692）随康熙帝巡视塞外，以

清世宗胤禛像

后到康熙六十一年（1722），先后十余次到塞外；京畿，五次随康熙帝巡视京畿，治理永定河，察看水利。此外，他还察勘仓储粮谷。特别是在康熙三十五年（1696），他跟随康熙帝远征噶尔丹，领正红旗大营，军旅生活使他受到了锻炼。在文的方面，他也受到磨练。康熙六十年（1721）三月，胤禛受命同三阿哥胤祉率大学士王顼龄等磨勘（复核）会试中式的原卷。总之，自结婚后30年的实际磨炼，使他对社会、对人生有了深刻的认识与深切的体验，为其后来登上皇位奠定了一定的基础。

第四，性格磨炼。胤禛性格有两个特点：一是喜怒不定，二是遇事急躁。胤禛曾经是个喜怒不定的皇子。康熙四十七年（1708），胤禛央求说：今臣年逾三十，请将谕旨内"喜怒不定"四字，恩免记载。康熙帝同意："十余年来，实未见四阿哥有'喜怒不定'之处"，因谕："此语不必记载！"可见他这时已经基本上改掉了这个毛病。胤禛还曾是个性格急躁的皇子。他曾对大臣说："皇考每训朕，诸事当戒急用忍。屡降谕旨，朕敬书于居室之所，观瞻自警。"（《清世宗实录》卷十九）可见康熙帝不止一次地训诫他要"戒急用忍"。胤禛继位后，命做"戒急用忍"吊牌，为座右铭，用以警示。

三、韬光养晦

从康熙四十七年（1708）到六十一年（1722），康熙帝废太子、再立太子、再废太子，引起政局震荡。时逢胤禛从三十一岁到四十五岁的盛年，在这14年间，他韬光养晦，以诚孝皇父、友爱兄弟，博得皇父的信任。

胤禛的心腹戴铎分析当时形势是：皇上强势，诸王并争。应对的谋略是：诚孝事上，适露所长，掩盖所短，避免引起皇父疑惑；友爱兄弟，大度包容，和睦忍让，让有才者不嫉妒，无才者以为依靠。（《文献丛编·戴铎奏折》第三辑）

诚孝皇父。胤禛说："四十余年以来，朕养志承欢，至诚至敬，屡蒙皇考恩谕。诸昆弟中，独谓朕诚孝。"（《大义觉迷录》）他知道，受到皇父的信赖和喜欢，是自己一生中最重要的事情。他抱定主旨，诚孝皇父。在兄弟争夺皇位时，胤禛极力表现出对皇父的"诚"与"孝"，既不明于竞争，又劝皇父保重。康熙帝第一次废皇太子后，大病一场。胤禛入内，奏请选择太医及皇子中稍知药性者胤祉、胤祺、胤祹和自己检视方药，服侍皇父吃药治疗。康熙帝服药后，病体逐渐痊愈。康熙帝最早对皇太子胤礽产生不满，就是因为在生病时，年少的胤礽不懂得对康熙帝示孝。

不结党。他在处理兄弟关系时，"不结党"，"不结怨"。胤禛没有参加皇太子党，也没有参加皇长子和皇八子党，超然于兄弟的朋党之外。或者说，他在兄弟角逐皇储时，采取一种不附合、不排斥的中庸态度。这使他躲避皇父与兄弟两方面的矢镞，而安然无恙。

友爱兄弟。如皇太子第一次被废，胤禛非但没有落井下石，还给予关照。胤礽初被幽禁在上驷院旁所设的毡帷里，皇长子胤禔和皇四子胤禛看守。胤礽提出皇父所斥"弑逆"一事，实为乌有，请代奏明。胤禔不答应，胤禛说："你不奏，我就奏。"胤禔只好代奏。康熙帝听了说奏得对，命将胤礽身上的锁链去掉。后来，康熙帝曾说："前拘禁胤礽时，并无一人为之陈奏，惟四阿哥性量过人，深知大义，屡在朕前为胤礽保奏。"（《清圣祖实录》卷二三五）胤禛的几位弟弟胤禩、胤禟、胤䄉等封为贝子时，他启奏说，愿意降低自己的爵位，以提高弟弟们的世爵。胤禛这样乖巧的做法，既博得康熙帝的欢心，也讨得诸弟的好感。

在康熙帝临终的关键时刻，胤禛善于并紧紧地抓住历史机遇，果敢地登上皇帝宝座。

第七十六讲

继位疑案（上）

雍正帝是遗诏继位，还是乘机夺位，当时就议论纷纷，留下历史疑案。雍正初，宫廷斗争，异常激烈，手段残酷，众说纷纭，引起人们说他得位不正，以致杀人灭口。让我们做个分析。

一、谋父逼母

第一，"谋父"。雍正帝即位不久，就有人说：圣祖皇帝在畅春园病重，皇上进一碗人参汤，圣祖皇帝就驾崩了。意思是说雍亲王用一碗有毒的人参汤毒死了康熙帝。康熙帝说过："北人于参不合。"（《康熙起居注·康熙五十七年》）他一般是不会喝人参汤的。康熙帝身边，防卫严密，毒死康熙帝，恐怕太难。康熙帝晚年时，头晕目眩、手抖头摇、腿脚肿胀，能活到近七十岁，已算高龄，所以病死的可能性比较大。

第二，"逼母"。雍正帝上台刚半年，生母乌雅氏突然死去。有传言说，雍正帝继位后，把十四弟允䄉（雍正即位后，诸皇子为避圣讳，皆将"胤"字改为

"允",十四子胤禛,改名为允禵)调回来囚禁,太后要见儿子,雍正帝大怒,太后就撞死在铁柱上。

允禵回到北京城外,问:先贺新皇登极,还是先祭奠皇父?雍正帝把他派到遵化去守景陵,后圈禁在**景山寿皇殿**。太后乌雅氏对小儿子允禵自然心痛。新皇帝登极大典,要向皇太后行礼,但乌雅氏说,这有什么要紧的?经劝说,不接受。雍正帝亲自向她再三叩求,她才淡淡地表示:知道了。从这件事可以看出,乌雅氏对大儿子雍正帝是有不满和埋怨的。结果,十四子刚被圈禁一个月,她就死去了。她是不是撞铁柱自杀的,没有历史证据。

景山寿皇殿

逛一逛

景山寿皇殿

始建于明代中后期,为统领后苑的游赏建筑群,清代初期转为安奉帝后梓宫的场所。康熙六十一年(1722)康熙帝驾崩后,雍正帝命令修景山寿皇殿,到乾隆十五年(1750)完成组群移建并提升规格,成为规制最高的皇家祭祖建筑群之一,室内供奉列帝列后圣容御像。

二、弑兄屠弟

原来争夺太子之位占上风的，是皇长子、皇八子、皇九子、皇十子和皇十四子，他们最先推皇长子，后推皇八子，再后推皇十四子。雍正继位以后，强烈反对他的也是这几位兄弟。其中：

皇大阿哥允禔，早被康熙帝夺爵，关在家里。

皇八弟允禩，先封亲王，后削王爵，高墙圈禁，改其名为"阿其那"，侮辱他，最终将他害死。

皇九弟允禟，被削去宗籍，逮捕囚禁，改其名为"塞思黑"，侮辱他。给他定28条罪状，关到保定狱里，最后以腹部疼死幽所，传说是被毒死的。

皇十弟允䄉，雍正元年（1723），哲布尊丹巴胡图克图来京病故，送灵龛还喀尔喀（今蒙古国），命允䄉前往赐奠，走到张家口，允䄉称有病，将其夺爵，逮回京师拘禁。

皇十四弟允禵，先不许其进京吊丧，又命其看守景陵，再将其父子禁锢于景山寿皇殿。

除了最恨这五位兄弟，雍正帝最忌惮的应当是废太子允礽。废太子允礽一家被禁锢在皇宫里的咸安宫。康熙晚年在北京昌平郑各庄修建王府和行宫，打算将来让废太子在此安度余生。雍正继位后，封允礽子弘晳为理郡王、后晋为理亲王，命举家迁往昌平郑各庄王府。第二年，允礽在宫中孤独死去。

剩下的几位兄弟中，如三阿哥允祉被发配到遵化守陵，后将他夺爵，幽禁于景山永安亭而死。五弟允祺，雍正十年（1732），死。十二弟允祹，降为"在固山贝子上行走"，就是从郡王降为贝子，不给实爵，仅享受贝子待遇。不久，又降为镇国公。十五弟允禑，命其守景陵。

雍正帝对十三弟、十七弟非常好。十三弟允祥，封为怡亲王，格外信任。十七弟允礼，后为果亲王、管户部。允祥和允礼显然早就加入"胤禛党"，只是康熙帝在世时，十分隐秘，未加暴露。

这里补充一点。有人发现记载皇室谱系的《玉牒》中，皇十四子胤祯的名字做了挖改，改成允禵了。因此有人说：康熙帝遗嘱是传位给"胤祯"，因"胤祯""胤禛"字形、字音相近，胤禛遂取而代之。这个说法比较牵强。雍正帝名字叫胤禛（zhēn），他的皇十四弟叫胤祯。两人的名字在读音和字形上的确容易混淆。胤祯改名为允禵，是因为胤禛做了皇帝之后，名字要避讳，字形要避讳，字音也要避讳。所以就把他兄弟们名字中的"胤"字，都改为"允"字，以示避讳；同时，为避 zhēn 这个字音，就把十四弟胤祯的"祯"字改为"禵"字，这样胤祯就改叫允禵。这个跟篡改遗诏似乎没什么关系。

清宫《玉牒》

> **看一看**
>
> **清宫《玉牒》**
> 清宫《玉牒》自顺治十三年（1656）以满、汉两种文字编制。每十年编续一次，清共编 26 次，清亡至 1921 年又修两次，是世界上最庞大的家谱。玉牒以帝系、列祖子孙、列祖女孙三个系统记载皇族繁衍的情况。帝系称宗室，登黄册；支系称觉罗，登红册。清宫玉牒存世 1070 册，是中国唯一完整系统保存至今的皇族族谱。

三、杀掉宠臣

雍正初最炙手可热的宠臣是隆科多和年羹尧。这是因为雍正帝"内得力于隆科多，外得力于年羹尧"。雍正帝杀了这两位宠臣，又被人怀疑是杀人灭口，欲盖弥彰。事实真是这样吗？

一杀隆科多。 外界传言说雍正帝得位"内得力于隆科多"，这话还真有道理。康熙帝谕皇四子胤禛继承皇位的遗诏，是隆科多跟雍亲王胤禛说的。雍正帝继位，隆科多是个关键性的人物，人们不禁要问，隆科多何许人也，传达这么重要的谕旨？

隆科多，满洲镶黄旗人，是康熙帝舅父佟国维的儿子、康熙帝的舅表兄弟，又是康熙帝生母孝章皇太后的侄子、孝懿皇后佟佳氏的弟弟。隆科多在康熙晚年任理藩院尚书、步军统领，负责京城防卫和皇帝安全。雍正帝小时候曾经在佟妃宫里养育，应当跟隆科多关系比较近，但隆科多注意结交皇长子、皇八子，对皇四子并不亲密。有人认为隆科多"隐匿"了真谕旨，使十四子失去继位机会，又襄助皇四子登上大位。

雍正帝继位后，立即任命隆科多为总理事务大臣、吏部尚书，封一等公。但两年后，解除了隆科多步军统领职位，将其发往阿拉善等处修城垦荒。雍正五年（1727），命夺隆科多爵，召还京，王大臣会审。隆科多奏称："白帝城受命之日，即死期将至之时。"（《清史稿·隆科多传》）这更使雍正帝大怒，以41条大罪，命在畅春园外筑屋三间，永远禁锢；来年，隆科多死于禁所。

二杀年羹尧。 年羹尧父亲年遐龄官至湖广总督。他是康熙时进士，入翰林院，侍读学士。康熙四十八年（1709），年羹尧的妹妹被选为雍亲王胤禛的侧福晋，年家也因此从汉军镶白旗，抬旗为汉军镶黄旗，并拨归到雍亲王府门下。康熙晚期，年羹尧先后任四川巡抚、定西将军，兼理四川陕西总督。

年家被拨属雍亲王府，但靠向皇八子一边。年羹尧娶大学士明珠的孙女为妻，可见他是皇长子、皇八子一党的。康熙帝将皇十四子胤禵（禵）派到西北任抚远大将军，年羹尧便极力靠近胤禵（禵）。雍正帝继位后，召抚远大将军允禵还京师，命年羹尧管理抚远大将军印务。

雍正帝即位不久，年羹尧回到北京，向雍正帝讲了许多西北战局和皇十四子的情况，令雍正帝非常满意，后加年羹尧太保，独揽西疆军权，后为二等公。他的妹妹年氏封为皇贵妃。

雍正二年（1724），雍正帝任命年羹尧为抚远大将军，平定了青海罗布藏丹津作乱，进一等公爵；雍正帝还亲自御午门受俘。年羹尧受到的恩宠达到极点。雍正帝说："我二人做个千古君臣知遇榜样，令天下后世钦慕流涎！"年羹尧被捧晕了。年羹尧师出屡有功，便骄纵。入觐，令总督李维钧、巡抚范时捷跪道送迎。到京师，王公大臣郊迎，不为礼。在边，蒙古诸王公见必跪。

雍正三年（1725）正月，雍正帝召见了被年羹尧弹劾的署四川巡抚蔡珽，奏年羹尧暴贪诬陷状，特宥珽罪。这是雍正帝对年羹尧翻脸的前奏。

二月庚午（初二日），日月合璧，五星联珠，羹尧疏贺，用"夕惕朝乾"语，雍正帝大怒，责年羹尧有意将"朝乾夕惕"倒过来。到了八月，这位年大将军被调职、降级，革去所有职衔。十二月，被从杭州将军任上押到京师。

年羹尧的妹妹年贵妃为他求情，雍正帝没有接受，年贵妃随即突然死去。雍正帝以大逆、欺罔、僭越、贪黩等92条大罪，令年羹尧狱中自裁，并斩其子年富，令诸子年十五以上戍极边。

从雍正帝和大舅子年羹尧密切交往这三年的情况看，雍正帝继位时，并没有得到年羹尧的帮助，说他得位"外得力于年羹尧"，是不符合事实的。雍正帝杀年羹尧，也并不存在杀人灭口理由，以此来反证雍正得位不正，似乎并不成立。但是年羹尧对雍正帝巩固帝位还是有大功的。一是对皇十四子的告密，让雍正帝对竞争对手了解得更深入；二是在西北用兵取得胜利，维护了清朝的稳定。但他跟皇八子、皇十四子的关系还是让雍正帝心存芥蒂。

隆科多以元舅之亲，受顾命之重；年羹尧以贵妃之兄，获多战之功。雍正初，隆科多与年羹尧，文武权臣，内外夹辅。《清史稿》论者谓：隆、年二人凭借权势，无复顾忌，即于覆灭而不自怵，古圣所诫。他们知进不知退，知显不知隐，由此来说，是自酿祸。

上面从雍正谋父逼母、弑兄屠弟、杀掉宠臣三个方面，做了分析。乍一听，似乎疑窦丛生，指向雍正得位不正，但仔细分析，且不说有些说法与事实不符，而且没有一条过硬的材料能证明雍正这么做是因为得位不正。

疑问，还是集中在所谓"康熙遗诏"上。

继位疑案（下）

第七十七讲

我们继续探讨雍正继位疑案。雍正继位的最大疑点，还是来自于所谓"康熙遗诏"。

一、遗诏版本

康熙帝的遗诏，目前看到的有五个版本。

一是中国第一历史档案馆和台北故宫博物院保存的《康熙遗诏》各一份，内容相同。

二是《清圣祖实录》康熙五十六年（1717）十一月辛未（二十一日）《上谕》。

三是《清圣祖实录》康熙六十一年（1722）十一月甲午（十三日）的《康熙遗诏》。

四是康熙六十一年（1722）十一月甲午（十三日）康熙帝向七位皇子宣布的遗诏。

五是康熙六十一年（1722）十一月甲午（十三日）康熙帝去世后隆科多向雍亲王口授的"康熙遗诏"。《大义觉迷录》

二、真假之争

围绕"康熙遗诏",主要有以下议论。

第一,关于擅改遗诏。雍正帝刚刚即位,就有传言说,康熙帝原打算将天下传给十四阿哥胤禵,雍正把"十"字改为"于"字。……先帝欲将大统传与胤禵,圣祖不豫时,降旨召胤禵来京,其旨为隆科多所隐,先帝殡天之日,胤禵不到,隆科多传旨遂立雍亲王。(《大义觉迷录》)

这个传言流传很广,乍一听有道理,但是经不住分析。如果康熙帝真有"传位十四子"的遗诏,按照当时行文习惯,应当写作"传位皇十四子",如果把"十"字改成"于"或"於",就变成"传位皇于四子",或"传位皇於四子",根本不通。况且当时如此重要的遗嘱,应同时以满、汉两种文字书写,汉字还可以修改,满文又岂能改"十"为"于"?

尽管皇十四子是康熙帝瞩意的太子人选之一,但目前还没有发现康熙帝确定要传位给胤禵(禵)的文献或档案的证据。康熙帝病重时,他紧急召回的是在天坛的胤禛,并没有召回远在西北的皇十四子胤禵(禵)和在东陵的皇五子胤祺。中国历史档案馆现存的遗诏档案,也根本没有改动的痕迹。所以,雍正帝擅自涂改遗诏的说法,不能确定。

第二,康熙的遗诏是真是假。胤禛继位的主要依据是《康熙遗诏》。现在能看到的四份遗诏,海峡两岸保存的档案,无法证明是真是假,既可能是真的,也可能是后来伪造的。

能够确定是真的,就是《清圣祖实录》记载的康熙五十六年(1717)十一月辛未(二十一日)《上谕》,因为这是在康熙帝去世五年前就公布了的。康熙帝虽然说这可以作为他的遗诏,但是其中并没有写明接班人的事情。

还有一份就是《清圣祖实录》记载的康熙六十一年(1722)十一月甲午(十三日)《康熙遗诏》。这份《康熙遗诏》有学者认为是真的,因为《清圣祖实录》和档案都可以证明它的存在；有的学者认为是假的，因为"实录"和"档案"都是雍正帝掌权后出台的，可以编造。那么，这份诏书是真、是假？我认为是半真半假，为什么？

《康熙遗诏》的文字，可以分为前后两个部分。说它是真的，因为前一部分，就是把康熙五十六年（1717）十一月二十一日的上谕加以文字修饰，移植到传位诏书里。康熙帝在这份上谕中回顾了自己的一生，最后说："此谕已备十年，若有遗诏，无非此言。披肝露胆，罄尽五内，朕言不再。"（《清圣祖实录》卷二七五）这大段文字在康熙五十六年（1717）就当着诸皇子、文武大臣亲自公开宣布的，且记录在案，所以是真的。

说它是假的，因为《康熙遗诏》最后也是最关键的一句话："皇四子胤禛，人品贵重，深肖朕躬，必能克承大统，着继朕登基，即皇帝位。"无法证明这是真的，所以说它是半真半假。

第三，关于康熙帝向七位皇子宣布遗诏。记载这个情节的两本书——《清圣祖实录》和《大义觉迷录》，都是雍正帝继位后御用官员编写的，而且出版时当事人基本上都已不在人世，无法核对。当时人所写的《皇清通志纲要》和《永宪录》两书中，都没有相关记载，所以引起怀疑这个情节是否编造。而且康熙帝怎么会在病重时不召集大臣王公们一起来听他的遗诏呢？

另外，雍正帝说过两位皇弟在康熙死后的反常表现：皇八弟允禩在畅春园中"并不哀戚，乃于院外倚柱，独立凝思，派办事务，全然不理，亦不回答，其怨愤可知"（《清世宗实录》卷四十五）；而皇九弟允禟"突至朕前，箕踞对坐，傲慢无礼，其意大不可测，若非朕镇定隐忍，必至激成事端"（《大义觉迷录》）。学者们认为这两位兄弟的表情与行为，正是说明他们在毫无心理准备下，突然听到隆科多的"口授末命"，才有如此愤恨心态与冒失行动的。如果他们早已听到皇父亲口说过这个安排，恐怕不会是这种反应。既然这个情节是否真实都存疑，那么所谓康熙帝向七位皇子宣布的遗诏也令人怀疑。

第四，关于隆科多口授末命。胤禛在康熙帝病危当天，曾三次到畅春园清溪书屋病榻前，康熙帝说"朕病势日臻"，可见还没有糊涂。但为什么康熙帝可以把指定他为继承人的事告诉其他七位皇子，而不当面告诉他本人呢？"口授末命"的人为什么是隆科多一位大臣？其他大臣为什么没有在场？所以这个情节的确令人生疑，口授的末命也就更令人怀疑。

上述康熙遗诏的五个版本，只有一部分是真的，却没有涉及雍正继位。而涉及雍正继位的《康熙遗诏》，都不能确定是真的。

三、还有疑点

既然《清圣祖实录》记载的康熙五十六年（1717）十一月辛未《上谕》，可以确定是真的，让我们看一下其中是怎么说到接班人的。《上谕》说："十年以来，朕将所行之事，所存之心，俱书写封固，仍未告竣。立储大事，朕岂忘耶？"这里说从第一次废太子之后，康熙帝就把所做所思，都书写下来，封固起来，而且，还要一直写下去，立储的大事，朕能忘掉耶！

所以，接班人的事情，康熙帝不可能没有安排，也不可能没有书面安排。有这样一件事可以做旁证。雍正即位不久，跟他的弟弟允祺、允禧等说：尔等母亲都上了年纪了，先前父皇也在两处写有朱笔谕旨，见今你们将妃母各自迎接回家，也可得以问安侍养，尽尔孝心。这件事在雍正四年（1726）又被提起，雍正帝说："朕即位后，恭检皇考所遗朱批谕旨，内有料理宫闱家务事宜一纸，皇考谕令有子之妃嫔，年老者各随其子，归养府邸，年少者暂留宫中。"（《雍正朝起居注册》）这件事也证明了康熙帝确实安排了一些身后之事，并且用朱批谕旨的形式亲笔写下。

这样，就让人引出联想，那份真的由康熙帝亲笔写下的关于接班人的谕旨，在哪里呢？

按照这个思路可以联想到，雍正继位，尽管目前还没有看到令人信服的《康熙遗诏》，但康熙帝晚年对雍亲王还是信任的，病危之时也是召雍亲王从天坛三次来到他的身边。就在康熙帝去世当年的暮春三月，康熙帝来到雍亲王的圆明园，在牡丹盛开的楼台前，见到了十二岁的皇孙弘历。回宫后就开始着人了解这个皇孙的情况，包括生辰八字。在过完六十九大寿后没几天，又来到圆明园，随后就宣布将弘历带回宫中养育。当时，只有废太子的儿子弘晳养育在宫里。四月，康熙帝到避暑山庄住夏，弘历也随驾扈从。在夏秋两季的五个月里，祖孙二人几乎朝夕相处，游历山庄。他亲手教弘历练习书法，还写下条幅和扇面赐给弘历。在木兰围场围猎，弘历差点儿被受伤的黑熊扑倒，幸亏爷爷用虎枪打死黑

木兰围场"将军泡子"

逛一逛

木兰围场

清代皇家猎苑，位于今河北省东北部，地处内蒙古草原。公元1681年清康熙帝为训练军队骑射，在这里开辟了一万多平方公里的狩猎场。清朝前半叶，皇帝每年都要率王公大臣、八旗劲旅来这里举行围猎，史称"木兰秋狝"。

熊。也就在这段时间,康熙帝带着孙子弘历,来到避暑山庄雍亲王的狮子园,并传见了弘历生母钮祜禄氏,称赞钮祜禄氏是"有福之人",留下康熙、雍正、乾隆祖孙三代皇帝欢聚一堂的历史佳话。

  雍正帝的皇位,是正取还是逆取?从胤禛登极至今近300年来,既是学术界激烈争议的问题,也是演艺界火爆炒作的题目。历史是胜利者的记录,正史不会、也不可能对雍正帝逆取皇位做出记载。雍正帝毕竟是一位政治家,对他的历史评价,主要应看其政治功过。

雍正年窑

第七十八讲

雍正帝在政坛以果断坚韧著称,殊不知他的审美情趣有"三致"——精致、雅致、极致,影响到雍正御制"年窑"瓷器等艺术品,也因此出现了高雅精致之风,洋溢着恬淡超然的文化气息。

一、审美高雅

胤禛登位之后,一反乃父之风。如宸居,不在乾清宫,改在**养心殿**;陵寝,不在清东陵,建在清西陵。而他高雅的审美情趣,也跟康熙帝朴厚的风格不同,带来当时宫廷艺术的变化。

雍正帝曾谕造办处:朕看从前造办处所造的活计好的甚少,尔等再造时,不要失其内廷恭造之式。这个"内廷恭造之式",其核心就是帝王之尊、庙堂之贵、皇家气派、高雅气质。

雍正帝多年潜邸的经历,造就了艺术审美"三致"——精致、雅致、极致的意趣,而这种意趣的一点,是寄托在对宋代名窑瓷器的嗜好之上。雍正帝喜好宋瓷，举两个例子说明。

圆明园是康熙帝送给雍亲王的别墅花园，有一套雍亲王时期绘制的《十二美人图》，用在圆明园"深柳读书堂"的屏风上，每张绘一美人，主题各不相同。其中有一幅"鉴古图"，画一位美女斜坐在斑竹椅上，若有所思；身前的华贵桌案、周围的黄花梨多宝格，陈设着各色古物。什么样的古物才配得上这位美人呢？有宋汝窑水仙盆和天青釉三足洗，体现出雍亲王欣赏宋瓷淡雅高贵的品位。

养心殿正殿

逛一逛

养心殿
始建于明嘉靖年间。清自雍正帝之后为皇帝居所，共八位皇帝先后居住，成为清廷实际上的政治中心。

雍正三年（1725）九月十八日，档案记载：员外郎海望交来镶嵌钧窑盆景一件，盆里的景有缠金藤镀金树一棵、珠子73颗、宝石21块、红玛瑙寿星一件、珊瑚二支、珊瑚灵芝一件、珊瑚福一个、珊瑚花头一个、蜜蜡山子一件、蜜蜡鹿一件、蜜蜡花头一件、绿苗石二块、紫檀木座一件、象牙仙鹤一只。这件盆景的"景"，是由黄金、珍珠、宝石、玛瑙、珊瑚、蜜蜡、象牙等做成，辉煌灿烂，奢华至极。但雍正帝不满意：将它的镶嵌地景起下来，另配云母盆，而把"盆"命单独呈进。皇帝没看上"景"，却看上了"盆"，这生动地反映了雍正帝对宋瓷的喜好。

宋代名窑瓷器散发出内敛、清雅、平和、精致的气韵，与雍正帝所追求的雅致之风暗合，受到雍正帝的酷爱。艺术讲究以物寄情、以形寄趣。雍正帝喜爱宋代瓷器，体现了他恬淡超然的旨趣。这种旨趣形成于雍亲王在潜邸时期。究其原因，一在时运，二在抱负。

先说时运。出人头地，需要天时。身为皇子，出路不多：要么习帝王术，入承大统；要么学文武艺，建功立业；两条路都走不通，只能吟风弄月，闲散一生。胤禛出生时，康熙帝已立胤礽为太子。后虽有太子废而复立的风波，却看不到即位希望。胤禛成年时，已是康熙后期，战事基本结束，政治波澜不多，国家比较安宁，很难找到一展身手的机会。时运如此，不与命争，胤禛只有修身养性、淡泊明志一途。

再说抱负。胤禛不甘寂寞，觊觎大位，暗中筹谋，以图进取。他怀才不遇，不免苦闷，需要排遣；心怀野望，担忧泄露，需要掩饰；

雍亲王《十二美人图》之"鉴古图"

运筹帷幄，不免紧张，需要疏解；心潮汹涌，戒急用忍，需要克制。他曾经在圆明园或避暑山庄狮子园，自称是"天下第一闲人"。

雍正帝喜欢秀气的物件，应是多年的习惯。雍正元年（1723）正月初九，他命怡亲王允祥传旨内务府珐琅作：烧造珐琅鼻烟壶的时候，"要做雅秀些"。允祥是雍正帝最亲近的弟弟，熟悉乃兄喜好。何谓雅秀？力戒粗大豪放，代以纤巧含蓄；力戒生硬折角，代以平滑转角；力戒四面直线，代以曲线圆边。这都是既高雅又秀气的特点。

古人讲，凡事要"十分"。雍正帝把这"十分"精神倾注到艺术，对艺术品要求精益求精，雅中求雅。举北京景山内关帝庙塑像的事例。

太监李英传旨：将景山东门内庙里供奉骑马关公像，着照样造一份。要先拨蜡样呈览，获准再造。

一个月后，蜡样关公一尊，关平、周仓从神等六尊，呈览。雍正帝说：关公脸像拨得不好，照圆明园佛楼供的关公脸像拨。

十天后，呈送改拨后关公、从神等蜡样一份。奉旨：关公脸像特低，仰起些来；腿甚粗，收细些；马鬃少，多添些；廖化的盔不好，另拨好样式盔。

六天后，将改拨的蜡样呈览。奉旨：关公的硬带勒的甚紧，再拨松些；身背后没有衣褶，做出衣褶来；手并上身做秀气着。

四天后，将改的关公蜡样呈览。奉旨：帅旗往后些，旗上火焰不好，着收拾；马胸及马腿也不好，也要收拾。

两天后，再将改得的一份蜡样呈览。奉旨：甚好，准造；旗做绣旗。

一尊关公像，蜡样五次呈览，历时近两个月，连关公衣褶都有旨，真是精致、雅致、极致之至！同样的，造办处活计，除非已有成例，否则都要先制样呈览，根据圣意，反复修改，直到皇帝满意为止。

雍正帝即位后，乾纲独断，埋首公务，通宵达旦，批览奏章。然而在万几之暇，又寄情艺术，怡情静心，关心御窑瓷器的烧造，促成珐琅彩瓷器的高峰。

二、珐琅彩瓷

珐琅彩瓷器,是借用西方铜胎画珐琅的技法,用珐琅料在瓷胎上描画图案而烧制的瓷器。珐琅彩瓷烧制始于康熙末年;雍正时达于极盛;乾隆末年后停止,持续70余年。现存留御制珐琅彩瓷器约数百件,如耀眼星斗,洋溢光彩。

雍正时珐琅彩瓷有突破,得益于六个方面——料、胎、釉、地、画、烧的进步。雍正朝珐琅彩瓷以上六个突破,使得珐琅彩瓷达到四绝:质地之白,白如冬雪,为一绝;薄如卵幕,口嘘之欲飞,映日或灯光照之,背面能辨正面之笔画彩色,为二绝;以极精之显微镜窥之,花有露光,鲜艳纤细,蝶有茸毛,且茎茎竖起,为三绝;小品而题极精之楷篆,各款细如蝇头,为四绝。就是说,珐琅彩瓷器,瓷胎白、胎骨薄、彩绘生动、题款精细,合称为"四绝"。

雍正时期的珐琅彩三友橄榄瓶

雍正御窑瓷器,最享盛名的,当属"年窑"。

三、年窑盛名

雍正朝的珐琅彩瓷器达到高峰,其条件很多,包括帝王修养、工艺革新、国力支持、督陶官员及工匠精神等,但最重要的条件是用人。其中之一,是督陶官年希尧。

年希尧(1671—1738),汉军镶黄旗人。他是雍亲王门下,父年遐龄官湖广总督,弟羹尧官川陕总督、署抚远大将军,妹是雍正帝贵妃。希尧官内务府总管，管淮安榷税、加左都御史，兼督景德镇御窑厂。因其弟年羹尧之案，全家蒙难，年希尧获罪但幸免一死。年希尧崇尚西学，文化高雅，精于书画，擅长抚琴，很会品砚，又好收藏。文化素养深厚，艺术品位高雅。

年希尧以内务府总管监督景德镇御窑厂，将雍正帝的审美旨趣落实到每件艺术品之中，主要表现在两个方面：

一是在宫廷造办处烧造的珐琅彩瓷器。珐琅彩瓷的烧制，由内务府造办处统管，养心殿、慈宁宫、圆明园等地都有作坊，景德镇御窑、广东海关、江南织造也有参与，需要协调指挥。雍正帝即位之后，年希尧总管内务府；他对珐琅彩瓷器比较熟悉，为之做出了很大的贡献。

另一是在江西景德镇御窑厂烧造的瓷器。年希尧兼任景德镇御窑厂督陶官，长达九年。年希尧奉旨窑烧制瓷器，选料奉造，精品甚夥（huǒ），极其精雅，极为难得，世称"年窑"。

清康雍乾时期，以景德镇御窑厂烧造的瓷器为最优、最美、最精，其中康熙时郎廷极的"郎窑"、雍正时年希尧的"年窑"、乾隆时唐英的"唐窑"均是其典型代表。这是清代康雍乾时期中国瓷器史上的三座高峰，领先于世界瓷器；而"郎窑""年窑""唐窑"又分别是这三座高峰的顶峰。年希尧同郎廷极、唐英一样，在中国瓷器史上，甚至在世界瓷器史上，都占有一席之地。

瓷器是"瓷器之路"对外交流的重要艺术品。年希尧跟他之前的郎廷极、之后的唐英一样，为"郎窑""年窑""唐窑"瓷器做出贡献，也为中国瓷器史书写华美篇章。

第七十九讲 生母之谜

乾隆帝的生母是谁？清朝正史说，乾隆帝的生母钮祜禄氏，出生在一个满洲普通官宦家庭，父亲叫凌柱。从清末以来，特别是民国年间，有说她不是乾隆帝的亲生母亲，或说她不是满洲人，以此说明乾隆帝血统不纯、出身不高贵，这就出现一件乾隆帝生母是谁的疑案。

一、海宁陈家

清末民初，传得最盛行的一种说法，是说弘历是海宁陈世倌的儿子，被雍亲王府用女儿调包，才成为雍亲王的儿子。

海宁在清朝属杭州府滨海的一个小县，在这里可以观赏气势磅礴的海潮。这里有一个"海宁陈家"。陈家始祖高谅，游学到海宁，落入水中，被一卖豆腐的店主救了上来，这位救命恩人陈明遇，老而无子，便以女妻高谅，高谅生子，遂姓陈氏，后出了举人。万历朝陈家出了进士、布政使等。陈其元《庸闲斋笔记》记载，海宁陈家300年间"举、贡、进士二百数十人"。其中两榜为兄弟三人同榜。最出名的是陈世倌，官左都御史、工部尚书、文渊阁大学士，被广为传说是乾隆帝生父的海宁陈阁老。

这个故事来自清末天嘏的《满清外史》，书中说：康熙年间，胤禛和陈世倌关系好，两家各生一个孩子，恰是同年同月同日同时辰，胤禛非常高兴，命陈家把孩子抱来看看。孩子送回陈家后，发现陈家的男孩被调包为胤禛家的女孩。陈家不敢吭声，极力保密。不久，胤禛继位，特擢陈氏数人官至显位。到乾隆时，优礼于陈家者尤厚。曾经南巡至海宁，即日幸陈氏家，升堂垂询家世。

浙江海宁人金庸（查良镛），从小就听说有关乾隆帝的种种传闻，他的第一部武侠小说《书剑恩仇录》也就紧紧围绕着乾隆帝身世之谜展开。

乾隆帝生母是陈世倌夫人，经清史研究专家孟森先生在《海宁陈家》一文中考订，这件事为子虚乌有。

第一，乾隆帝六度南巡，四到海宁，主要为修海塘工程。当时海潮北趋，海宁告警，一旦冲破海塘，将浸淹苏、松、杭、嘉、湖等全国最富庶之地，严重影响政府赋税和漕粮的征收。我去海宁做过考察，海塘工程，雄伟壮观，大功告成，厚惠于民。

第二，乾隆帝每次都驻跸陈家私园，是因为此园景致绝佳，还能听到海涛声，而海宁县城确实没有比它更体面的房子可以迎驾。他每次都未召见陈家子孙，更谈不上"升堂垂询家世"。乾隆帝初幸隅园后，赐其名为"安澜园"，以志此行在使海水安澜。后乾隆帝在圆明园建"安澜园"，并写《安澜园记》。

第三，海宁陈家有清帝御书"春晖堂"匾额。"春晖"取自唐孟郊的诗："慈母手中线，游子身上衣。临行密密缝，意恐迟迟归。谁言寸草心，报得三春晖。"有人便说：乾隆帝若不是陈家之子，为何报答慈母如春晖般的深恩呢？但是，经孟森先生考证：陈家确有"春晖堂"匾，此匾是康熙帝赐书，而"非高宗所书也"。

第四，没有蒋氏"公主楼"。有人说那个被换到陈家的雍亲王之女，嫁给了蒋溥。蒋溥的陈夫人在老家常熟所居之楼，当地称"公主楼"。蒋溥，其父蒋廷锡为康熙朝文华殿大学士。蒋溥甚得雍正帝恩遇，入值南书房，官户部、礼部、吏部尚书、翰林院掌院学士、协办大学士。此说也靠不住：常熟人和蒋氏后人都不知有"公主楼"，更不能证明蒋溥是雍正帝的女婿。

第五，胤禛没必要抱子为帝嗣。弘历出生时，雍亲王胤禛的长子、二子虽早殇，但第三子弘时已八岁。另一格格耿氏又为他生下第五子弘昼，后来他又有了几个儿子。所以胤禛根本没必要抱别人的儿子为帝嗣。

以上，从五个方面分析了"弘历的母亲是陈世倌夫人"之说，是生动故事，却不是事实。但是，关于弘历的生母，还有疑问。

二、山庄草房

承德避暑山庄狮子园，是当年康熙帝送给雍亲王胤禛的山庄别墅，其中有三间朴素的茅草房，在殿堂轩馆与亭台楼榭中，显得与众不同。而且，雍正帝亲笔御题"草房"的匾额。

在乾隆六年（1741）秋狝时，乾隆帝曾去自己幼时问安读书之处狮子园一游。后每年进驻山庄后十余日，乾隆帝即乘马前往狮子园游览，每去必到"草房"小憩，并赋诗志其事，而诗题皆为"草房"二字。他一生留下的"草房"诗有数十首之多，如此之多，实所罕见。

于是，有人便把这三间草房，附会成当年乾隆帝诞生的"草厩"，说他的生母是一位李姓宫女，跟胤禛野合后在此生下弘历。这样就又带出一个问题，弘历的生母成了出身寒微的汉人，出生地从雍和宫变成了避暑山庄。那么，官书是怎样记载的呢？

三、疑案难解

乾隆帝的生母究竟是谁？

第一，《玉牒》记载：世宗宪皇帝（雍正）第四子高宗纯皇帝（乾隆），康熙五十年（1711）八月十三日，由孝圣宪皇后钮祜禄氏、凌柱之女，诞生于雍和宫。《玉牒》就是清朝皇家的家谱。无论宗室还是觉罗，一旦生有子女，三月报掌管皇族事务的宗人府一次，要写明其子女出生的年月日时，生母是嫡是庶，姓氏为何，宗室入黄册，爱新觉罗入红册。每过十年，经宗人府题请，由宗令、宗正，及满汉大学士、礼部尚书、侍郎、内阁学士等充当正副总裁官，把黄册、红册所载的子女资料汇入《玉牒》。如有歧义，要由皇帝作裁断。《玉牒》按十年一修的制度，关于弘历出生的记载，应当在弘历十岁或十岁以前修，存在雍正帝继位后修改的可能性。

第二，《清世宗实录》和《清史稿·后妃传》记载，乾隆帝的生母是钮祜禄氏；格格钮祜禄氏，被封为熹妃。《清实录》由下一代皇帝主持纂修，《清史稿》是民国初年纂修的。虽然都为官方史书，具有权威性，但是，也都存在后人修改或杜撰的可能性。

第三，清宫档案记载。《雍正朝汉文谕旨汇编》里收录当时档案的记载，却不相同。雍正元年二月十四日（1723年3月20日）奉上谕：遵太后圣母谕旨"格格钱氏封为熹妃"等（《雍正朝汉文谕旨汇编》雍正元年二月十四日）。在这份重要档案里，雍正元年（1723）二月十四日被封为熹妃的，不是格格钮祜禄氏，而是格格钱氏。

第四，《永宪录》记载熹妃姓钱。《永宪录》记述："雍正元年十二月丁卯，午刻，上御太和殿。遣使册立中宫那拉氏为皇后。诏告天下，恩赦有差。封年氏为贵妃，李氏为齐妃，钱氏为熹妃。"也就是说在当时有人就对乾隆帝的亲生母亲是谁提出了怀疑。

第五,据乾隆朝编修的《八旗满洲氏族通谱》,书中载录了满洲姓氏1115个,记录人物超过两万人,但没有一位姓钱的。

从以上五份资料看,乾隆帝的生母出现了两种记载:其一是钮祜禄氏,原任四品典仪官、加封一等承恩公凌柱之女;其二是熹妃钱氏。

以上连官方记载都不一样,难怪人们对乾隆帝的生母是谁产生了疑惑。我对这种历史文献与档案记载的差异,做出如下解释。

《慈宁燕喜图》中,乾隆帝为孝圣皇太后举觞祝寿

第一，熹妃只能有一人。按清宫规制，皇妃的封号只能有一个，不能有重名。所以"熹妃"在清朝只能有一人。因此，格格钱氏与格格钮祜禄氏应当是同一个人。

第二，在这五份官私记载中，清宫谕旨档案是当时的第一手资料，比较可信。所以证明弘历的母亲熹妃就是钱氏。这正是"夜半桥头呼孺子，人间犹有未烧书"。雍正帝、乾隆帝、嘉庆帝万万没有想到，还有一份宫廷档案留存在人世，尘封在内阁大库的档案里。

第三，钱氏被改成了钮祜禄氏。钱氏出身低微，她从生下弘历到册封为熹妃，中间12年都是"格格"。弘历既然被秘密立储，将来就是大清皇帝。他的生母怎能出现汉姓钱氏呢？需要一个高贵纯正的满洲血统。所以，有可能由"满洲镶黄旗人四品典仪凌柱"认作干女儿，改姓钮祜禄氏，这样就解决了身份与姓氏的难题。

总之，关于乾隆帝生母的传说，并不是空穴来风，但仍然是一桩历史疑案。

第八十讲

乾隆膳单

乾隆帝享年八十九岁，是中国自秦始皇以来2132年皇朝史上历代帝王中寿命最长的一位。很多人关心乾隆帝长寿的秘诀是什么。让我们通过他的三份膳单，也就是食谱，探讨一下这位长寿天子的饮食之道。

一、吃遍天下

皇帝君临天下，吃遍天下山珍海味、美食佳肴。仅常用的贡品就有：东北的黏高粱米粉子，山西的飞罗白面，陕西的紫麦，宝鸡的玉麦，兰州、西安的挂面，山东的押面、博粉，广西的葛仙米，河南的玉麦面，河北的"福""寿"字饽饽，山东的耿饼，安徽的青饼，北京的黄、白、紫三色老米，直隶进奶猪、乳羊、鸡、野鸡、鸭，崇文门每年春季进的黄花鱼、秋季的银鱼，直隶保德州冬季进的石华鱼，山东进的麒麟菜、海带、紫菜、吉祥菜、鱼翅，两淮进的风干猪肉、糟鹅蛋、糟鸭蛋，湖广进的银鱼干、虾米，外藩蒙古进的鹿肉干，长芦盐政进的猪、羊、鸡、鸭、鱼等。小菜方面有：山东的扁豆、凤尾菜，浙江的酱菜，江苏的小菜，福建的闽姜等。还有贡鲜鱼，如江苏镇江贡鲥鱼。每年第一网鲥鱼，送皇帝尝鲜。宫廷在桃花盛开的时候，举行"鲥鱼宴"，皇帝赐朝廷重臣一同品尝。鲥鱼捕到后，用冰船和快马，分水、旱两路，沿途设冰窖、鱼场保鲜，行程3000里，限三天内送到。鲥鱼一到，立即烹调。

可以说，全国最好的东西，都是优先供应皇帝。但乾隆帝是怎样用膳的呢？

御膳时间。满洲习俗，一日两餐。早膳卯正二刻（约6:30时），晚膳未正二

清高宗弘历像

刻（约 14∶30 时）。(《养吉斋丛录》)随季变化提前或推后。除正餐外，还有小吃、点心，随时需要，另行承应。

御膳地点。康熙以前，皇帝住在乾清宫，用膳地点主要在乾清宫及其附近。雍正开始住在养心殿，经常在养心殿东暖阁进膳。但膳随帝走，皇帝走到哪儿，传膳就跟到哪儿。皇帝身边总有几个"背桌子"的侍从。皇帝想吃饭，一声"传膳"令下，侍从立即将三张膳桌一字摆开。传膳太监从御膳房到皇帝用膳的地方，一溜小跑，鱼贯而入，把御膳房已准备好的御膳摆在膳桌上。皇帝用膳都是一个人，没有妻妾子女陪同，除非下旨让谁一起吃饭。只有年节才可能和家人一起用餐，也是单独一张餐桌。

清宫御膳以满洲传统风味为主，蒸、炖、煮、烧居多，也有明朝御厨留下的传统鲁菜、江南御厨的淮扬菜，到康熙以后偶尔也有西餐。皇帝进膳有膳单，就是食谱、菜谱，御膳所用食品及烹调厨师，逐日开单，具稿画行。每日用膳前，膳单要写明某菜为某厨师烹制，以备核查。膳单汇总，月成一册。所以现在还能看到这方面的档案。

御膳供应丰厚，皇帝、太后、皇后标准：每次进全份膳 48 品；每天用盘肉 16 斤、汤肉 10 斤、猪肉 10 斤、羊 2 只、鸡 5 只、鸭 3 只、蔬菜 19 斤、萝卜 60 个、葱 6 斤、玉泉酒 4 两、青酱 3 斤、醋 2 斤和米、面、香油、奶酒、酥油、蜂蜜、白糖、芝麻、核桃仁、黑枣等。

过于优越的饮食条件、过于充分的饮食供应，对皇帝的健康膳食也是一种考验。大多数人在这种情况下，恐怕都很难禁住美食佳味的诱惑，没有吃出健康，反倒吃出疾病。

二、中年膳单

乾隆十六年（1751）六月初四日，乾隆帝这年四十一岁。先看他的早膳吃些什么？

四个热菜：芙蓉鸭子、羊肉炖倭瓜、羊肉丝、韭菜炒肉。

一个凉菜：清蒸鸭子额尔额羊肉。

五个小菜：葵花盒小菜一个、银碟小菜四个。

三种主食和点心：竹节卷小馒头、匙子饽饽红糕、蜂糕。

后来乾隆帝又传了肉丝汤膳、猪肉馅馄饨、果子粥、鸡汤老米膳。

再看当天他的晚膳。

五个热菜：燕窝肥鸡歇野鸭、葱椒肘子、鸭子火熏炖白菜、炒木须肉、肉片炒扁豆。

两个凉菜：蒸肥鸡烧狍肉、腿羊肉。

五个小菜：银葵花盒小菜一个、银碟小菜四个。

三种主食：象眼小馒头、白面丝糕糜子面糕、猪肉馅汤面饺子。

后来乾隆帝又传了粳米干膳、芙蓉鸭子、羊肉丝。从以上这几份膳单可以看出乾隆帝的饮食习惯：

第一，与宫廷规定的48个品相比，乾隆帝的膳食比较简单，种类不是很多，但是已经足够丰富。看来他日常吃饭方面讲求实际，不搞摆看的菜品。

第二，有荤有素、有热有凉、有主有副、有干有稀，荤素搭配，以荤为主。主食米面杂粮搭配，以面食为主。烹调方法丰富，蒸、炖、煮、烧、炒都有。

第三，再参照其他膳单，乾隆帝自己传膳的饭食，早膳后以汤水为主，晚膳后又补充一顿简餐，相当于每天两顿正餐再加两顿简餐或点心，既补充能量不足，又不至于过剩。这个时候他正值壮年，工作时间长，消耗体能大，两顿正餐显然不足，再加两顿简餐，是个好办法。

第四，膳食中肉食比例很大。这原因是森林文化饮食以飞禽走兽之肉为主。满洲入关已过百年，常食含热量高的鹿肉、熊掌，湿热相搏，容易得病。乾隆帝对饮食结构进行了调整。但肉类特别是鸭、鸡、羊肉、猪肉等，每顿必有，狍子

缝衣　　　　　　　　　　　　　观雀

倚门　　　　　　　博古

肉出现过一次，蔬菜相对较少。

三、老年膳单

乾隆四十四年（1779），乾隆帝六十九岁，他的晚膳这么吃：

热菜八个：燕窝莲子扒鸭、鸭子火熏萝卜炖白菜、扁豆大炒肉、羊西尔占（羊的某个部位）、鲜蘑菇炒鸡，后来又加了燕窝锅烧鸭丝、羊肉丝、小羊乌叉（小羊后臀肉）。

凉菜一个：蒸肥鸡狍肉。

小菜五个：银葵花盒小菜一个、银碟小菜四个。

主食五种：象眼小馒头、枣糕老面糕、甑尔糕（一种米糕）、螺蛳包子，随送豇豆水膳。

乾隆帝自己又传膳：拌豆腐、拌茄泥。

这顿饭，有荤有素、有热有凉、有主有副、有干有稀，荤素搭配。主食米面杂粮搭配，以面食为主。烹调丰富，蒸、炖、煮、烧、炒都有。肉食有鸭、羊、

锡制一品锅

鸡、猪、狍五种肉食，但蔬菜增多，有白菜、萝卜、扁豆、鲜蘑菇，皇帝又增加了茄子。副食有燕窝、莲子、豆腐等。主食和副食绵软，便于咀嚼消化。其中拌豆腐和拌茄泥，本是农家菜，也进入皇帝膳桌。

乾隆五十六年五月二十日（1791年6月21日），乾隆帝已是八十一岁老人，他的早膳是这样的。

热菜三个：山药鸡羹、燕窝口蘑锅烧鸭子、羊肉丝。

凉菜两个：清蒸鸭子烧猪肉卷、煳猪肉。

主食两种：竹节卷小馒头、孙泥额芬白糕（奶饼白糕）。

晚膳：

热菜四个：炒鸡大炒肉炖茄子丸子、燕窝火熏鸭丝、羊他他士（羊的某个部位肉）、扁豆炒肉。

凉菜一个：蒸肥鸭烧鸡肉卷。

主食两种：象眼小馒头、红豆水膳。

从这份膳单可以看出，八十一岁高龄的乾隆皇帝，饮食品种方面有所减少，但还是有荤有素、有热有凉、有主有副、有干有稀。烹调方法还是蒸、炖、煮、烧、炒都有。肉食占比还是较大。但是两顿正餐之后，都没有加餐。鸡蛋也少见列入正餐。

从以上膳单可见：清宫御膳有两大禁忌，一是不吃牛肉，二是不吃狗肉。水产品少见。

乾隆帝吃饭有节制，重养生，讲究荤素搭配。另外，乾隆帝不抽烟、不喝酒，偶尔喝一点宫中自酿的玉泉酒。乾隆帝不暴饮暴食、更不酗酒、嗜茶。清宫有喝奶茶、吃奶制品习惯。

多数皇帝，虽享尽天下珍鲜美味，但其饮食缺乏节制，缺乏科学，缺乏平衡。这是帝王多短寿的一大原因。乾隆帝能节制饮食，且持之以恒，这是他健康长寿的秘诀之一。

第八十一讲

痛惩贪官

康熙晚期，吏治日趋松弛，官员贪污严重。雍正惩贪，雷厉风行，但是后期松弛。乾隆治贪，亲抓大案要案，严惩而不手软。

一、皇亲贪案

皇亲国戚贪污案，先从高朴说起。高朴的爷爷高斌，满洲镶黄旗人，官康熙朝文渊阁大学士、军机大臣、内大臣、吏部尚书等，女儿是乾隆帝的皇贵妃。高斌一生，勤奋兢业，以七十三岁高龄，累死在治河工地上，与靳辅同受庙祀。

俗话说："老子英雄儿好汉。"有的如此，有的未必。高斌的儿子高恒，父亲是军机大臣，妹妹是乾隆的皇贵妃，他没有经过科举，由国子监荫生起，做淮安等税关长官、署长芦盐政，后任**内务府**总管大臣，都是美差、肥差。经诸盐商告发：高恒贪污银467万余两。全国一年征收的盐税银——康熙六十年（1721）为377万余两，雍正十二年（1734）为399万余两，高恒竟然贪污476万余两！经刑部调查审理，事实清楚，证据充足。谕旨：高恒，伏诛。就在乾隆帝要定高

> **逛一逛**
>
> **内务府**
>
> 全称"总管内务府",是清代掌管宫廷事务的机关。下属机构主要有内务府堂、广储司、都虞司、掌仪司、会计司、营造司、庆丰司、慎刑司七司和武备院、上驷院、奉宸苑三处和造办处等。其职能为掌管皇家的财务、典礼、扈从、守卫、司法、工程、织造、作坊、饲养牲畜、园囿行宫、文化教育、帝后妃嫔的饮食起居及宫廷杂务,太监、宫女管理等。

恒死罪时,大学士傅恒为高恒求情:请皇上看在皇贵妃面上,免其死。乾隆帝说:皇贵妃兄弟犯法免死,皇后兄弟犯法当奈何?傅恒的姐姐是乾隆帝皇后富察氏。傅恒一听,话外有音,这是"敲山震虎",警告我的!由是战栗,不敢再说。

高恒的儿子高朴,也不是科举正途出身,以祖、父、姑三重关系,初为员外郎,逐步升到左副都御史、兵部侍郎,都是副部级。后出任新疆叶尔羌办事大臣。这里有座密尔岱山,产美玉,当时已封禁。高朴到叶尔羌后,疏请开采,每年一次。两年后,新疆阿奇木伯克色提巴勒底,奏诉高朴役使当地民众3000余人上山采玉,婪索金银,盗卖官玉。乾隆帝得到奏报,命将高朴免职调查,发现高朴在叶尔羌存银16 000余两、黄金500余两,并将美玉寄回家。乾隆帝说:"高朴贪婪无忌,罔顾法纪,较其父高恒尤甚,不能念为慧贤皇贵妃侄而稍矜宥也。"(《清史列传·高朴传》)就是说,不能因高朴是皇贵妃的侄子,就可以免受处罚。乾隆帝命:杀高朴,籍其家。

二、群体贪案

群体贪污案之首是总督勒尔谨、巡抚王亶望。案情经过是这样的:甘肃地区常有灾荒,陕甘总督勒尔谨上疏,请求在肃州、安西等地,捐粮获得国子监生员资格,就可以应试做官,叫作"监粮"。也就是以粮食买监生文凭,筹集粮食,备用赈灾。当时主管户部的首辅军机大臣、大学士于敏中极为赞同,说服乾隆帝允准。乾隆帝强调只准纳粮捐监，不能以银代粮，以确保达到储粮的目的。为慎重起见，将浙江巡抚王亶望调去，协助勒尔谨经办此事。王亶望的父亲王师是个清官，乾隆帝以为王亶望能谨守家风，也做个清官。

王亶望到任后半年左右，拿出了可观的成绩：安西、肃州捐监的人已达到19 017名，收到各种粮食827 500石。(《清高宗实录》卷九七一) 当时就引起乾隆帝怀疑，提出：甘肃民贫地薄，怎么能有近两万人捐监？怎么会有这么多余粮？捐监举行三年，王亶望报告，一共有15万商民纳粮而称为监生，收到监粮600多万石，超过甘肃省每年的赋税收入七八倍之多，可谓成绩斐然。

总督勒尔谨、巡抚王亶望等贪污腐败，激发了甘肃苏四十三民变。勒尔谨督师兵败，被逮捕下狱。大学士阿桂、尚书和珅先后出师甘肃，连日遇到大雨，延期入境。乾隆帝因此产生怀疑，甘肃不是连年都报告大旱，旱情是否存在呢？于是，令阿桂等调查，具实奏闻。

第一，勒尔谨、王亶望根本就没有收纳捐粮，而是收纳捐银，这些银子直接就被大小官员私分了。既不存在捐监粮食入库——根本没有捐粮食，但账面上有粮食，只是空账；也不存在所谓以粮赈灾——账面上发粮赈灾，但实际上没赈灾，只是游戏。他们全是账面游戏，银子却落入各级官员私囊。

第二，本案贪污1000两以上的官员共102人，全省大小官员无不染指，前后冒赈700万至800万石"监粮"。侵吞监粮银两万两以上的有20人，一万两以上的有11人，1000两至9000两的26人，一位六品官贪了15万多两银子。王亶望贪了约300万两。这批贪官侵吞约1000多万两白银，相当于国家一年总收入的三分之一。

乾隆帝下令：王亶望立即正法，王亶望之子王裘发伊犁，幼子下狱到年满十二岁时逐个流放。勒尔谨先命自尽，后改斩监候，死于狱中。布政使王廷赞论绞，兰州知府蒋全迪斩首，州县官贪污赈济银两万两以上者22人全斩首。甘肃被处死的官员56人，免死充军的46人，使得当地大小衙门陷于瘫痪，朝廷不得不紧急调整官员，才度过这场危机。

此案还牵连乾隆三年（1738）状元、军机大臣、文华殿大学士兼户部尚书于敏中。于敏中当时极力支持甘肃捐监之事，时于敏中已死，并入祀贤良祠。乾隆帝命"于敏中着撤出贤良祠"（《凌霄一士随笔》于敏中张廷玉与乾隆帝），遭身后之辱。

这次案发之后，乾隆帝在承德避暑山庄，问讯阿扬阿当年前往甘肃盘查粮仓之事。阿扬阿奏称：在甘省盘查时，逐一签量，按册核对，俱系实贮在仓，并无短缺。乾隆帝对此毫不相信，他认为：此等签量人役，即系该地方官所管之人。阿扬阿彼时虽逐仓查验，亦止能签量廒口数尺之地，至里面进深处所，下面铺板，或搀和糠土，上面铺盖谷石。此等弊窦，阿扬阿能一一察出，不受其蒙蔽乎？（《清高宗实录》卷一一三七）最后，阿扬阿革职。

避暑山庄烟波致爽殿

三、冒死弹劾

国泰是纨绔子弟，家教不严。其父文绶，历官湖广总督、陕甘总督、四川总督等，曾三次因徇庇贪污犯等罪而被免官，并发往伊犁效力。国泰官山东巡抚，非常骄横。当时身任山东布政使的于易简，见了国泰竟然"长跪白事"，就是跪着说事，后来两人沆瀣一气。

乾隆四十七年（1782），御史钱沣弹劾山东巡抚国泰和布政使于易简贪纵营私，搜刮百姓，州县库空。乾隆帝命尚书和珅、左都御史刘墉前往调查处理，并令钱沣同往。钱沣、刘墉、和珅三个人态度不同：钱沣因揭发此案，坚持严查，不屈不挠；刘墉主持正义，偏向钱沣；和珅暗里袒护国泰，事先透露消息。国泰得到信息后，就借来市银（市场流通银子）补足库银亏空。和珅到济南后，立即盘查历城银库，令抽看库银数十封，足数无缺，于是马上起身，返回行馆。（《清史稿·和珅传》）

而实际上，帑银和市银的规格和包装是有区别的，帑银以50两为一铤，市银则不是。刘墉先同钱沣商量，共同定下举措。于是，钱沣请立即封库，第二天再查。第二天他们来到银库，很容易就发现库银是用外借的市银充数。钱沣按问得实，召来商人，归还所借，银库为之一空。刘墉和钱沣再查章丘、东平、益都三州县的银库，全都亏缺。（《清史稿·钱沣传》）经查，山东各州县银库亏200多万两银子，都是国泰、于易简在官时的事。

在审问时，国泰对钱沣骂道："汝何物，敢劾我耶！"意思是你是什么东西，竟敢弹劾我！刘墉大怒道："御史（钱沣）奉诏治汝，汝敢骂天使耶？"（《清稗类钞》）当即命人抽国泰嘴巴。国泰害怕，跪在地上。

此案经进一步审理，国泰承认贪取数辄至千万。于易简谄媚国泰，督抚伙同贪污。狱定，皆论斩，乾隆帝命改斩监候，下刑部狱。命国泰在狱中自裁。（《清史稿·国泰传》）

钱沣在弹劾国泰前,做了被戍边的准备。对好友邵南江翰林说:"家有急用,需钱十千,可借乎?"邵答:"钱可移用,将何事也?"钱说:"子勿问何事。"借了钱三天后,钱沣上弹劾国泰的奏章。事后,钱沣对邵南江说:"我想弹劾国泰必被谴戍,故预备点钱用。我喜食牛肉,在路上可以不用仆从,以五千钱买牛肉,每天吃肉充饥,其余钱我自己预备,能到达戍地就行。"听到这番话的人无不震惊。钱沣反贪,得罪和珅,后死,有说是被和珅毒死的。

做个言官,坚持正义,刚正直言,多不容易!

第八十二讲

有福之人

康熙六十一年（1722），在避暑山庄发生了一个有趣的故事。康熙帝带着养在宫里的皇孙弘历，来到皇四子胤禛的狮子园，胤禛和嫡福晋乌喇那拉氏恭迎。康熙帝令带弘历生母来见。当康熙帝见到这位儿媳钮祜禄氏时，不禁连称"有福之人"。这一年她三十岁。

一、健康高寿

弘历生母钮祜禄氏，父凌柱，四品官。她生于康熙三十一年（1692），十三岁时，经选秀进入皇四子胤禛府邸。胤禛嫡妻那拉氏是一品官费扬古的女儿，而钮祜禄氏因出身不高，多年以来，勤理家务，地位比较低，被称为"格格"。康熙五十年（1711）八月她为雍亲王生下弘历，但地位并没有改变。直到雍正帝登极，才被封为熹妃，后晋封为熹贵妃。雍正帝逝世，乾隆帝继位，她被尊为崇庆皇太后。

崇庆皇太后不仅享受到乾隆帝孝敬，而且母子双双寿高体健，是清朝最有福气的皇太后。

第一，健康长寿。崇庆太后出身虽然不高，父亲是四品京官的俸禄，也足以保证衣食所用，她从小没有过苦日子。出嫁后，因地位低，每天忙碌家务琐事，不参与家长里短，内心平静而适当劳力，于是有个健壮的身体。出身高贵的皇后、年妃都死在雍正帝之前，所谓富贵荣华过眼烟云。崇庆太后则目睹了国家全盛，见到曾孙、玄孙，五世同堂，以八十六岁高寿离世。

第二，有个好儿。好儿子，一个就够了。崇庆太后有乾隆帝这一个儿子，拥有至高无上权力，至孝至敬母亲。崇庆太后居住在慈宁宫，明亮宽敞，前有花园，花繁叶茂，亭台错落，小路平整，佛堂静肃。还有**寿康宫**、**寿安宫**，都供崇庆太后使用。吃饭，有专门的厨房厨师，人间美味尽情享用；餐具，有景德镇御窑特供；穿着，有江南三织造特供；日常用品和文玩摆设，有内务府特供。除物质享受外，乾隆帝经常来到母亲身边，问寒暖，叙家常。她还有一大享受，就是跟着儿子乾隆帝外出巡游，先后一次巡游嵩（山）洛（阳）、两次东巡、三上五台山、四下江南，圆明园赏月、山庄避暑、木兰秋狝则是每年必去的。

第三，知足知止。崇庆太后地位高，儿子孝，但她并没有昏头，而是谨守家法，保重国体。一天，太后偶然说有一座废弃寺庙应当重修，乾隆帝听太监传话后，立即照办。太后说："你们伺候过圣祖（康熙皇帝），几时见过昭圣太后令圣祖修盖庙宇？赶紧上奏皇上停止修庙！"每次太后弟弟到内廷来谢恩，太后都会制止。有福还得会享福。崇庆太后知福惜福，知足知止，一辈子平平安安。

二、圣寿庆典

皇太后的生日被称为圣寿节。每年太后圣寿节，乾隆帝都要率领儿孙和大臣给太后奉觞称庆。特别是崇庆太后五十、六十、七十和八十大寿，贺寿庆典，无比隆重。

寿康宫

逛一逛

寿康宫

清代皇太后起居之地。位于慈宁宫西侧,清雍正十三年(1735)建,乾隆元年(1736)建成。为南北三进院,正门是寿康门,门内正中是寿康宫,坐北朝南,面阔五间,进深三间。

寿安宫

逛一逛

寿安宫

始建于明代,位于寿康宫之后。原名咸熙宫,嘉靖十四年(1535)改咸安宫。清雍正年间于此办咸安宫官学。至乾隆十六年(1751)为皇太后庆典将其修葺后,改称寿安宫。

乾隆六年（1741），皇太后五十大寿，普天同庆。日子还没到，就日进寿礼九九。先献上乾隆帝御制诗文、书画，再奉上各种礼物，如意、佛像、冠服、簪饰、金玉、犀角、玛瑙、水晶、玻璃、珐琅、彝鼎、卮（xǐ）器、书画、绮绣、币帛、花果，还有来自外国的珍品。

乾隆十六年（1751），皇太后六十大寿。皇帝率皇后、皇子、皇孙等，侍皇太后于寿安宫，看戏，寿宴，连着庆祝九天。《《国朝宫史》卷七》外省老民老妇，冒着严寒，千里迢迢，来京祝釐（xǐ）。在京官员，设立经坛，诵经祝寿。乾隆帝奉皇太后到万寿寺瞻礼，祈愿万寿无疆。《《清高宗实录》卷四〇三》还颁谕20条：在京满汉文武大小官员，都各加一级；在京八旗兵丁、太监等，都赏给一月钱粮；八十岁以上者给绢一匹、棉一斤、米一石、肉十斤，九十岁以上者加倍，百岁者给银建牌坊。

乾隆二十六年（1761），太后七十大寿。乾隆帝行九拜大礼。乾隆帝大宴寿安宫，躬舞太后寿筵前，率皇孙、皇曾孙联舞、敬酒。

乾隆三十六年（1771），皇太后八十大寿。这一次更加隆重。给皇太后上尊号。先是乾隆帝到畅春园，给皇太后恭进奏书。陈设彩亭，御仗前导，导迎乐作，群臣山呼。乾隆帝御礼服，到畅春园，问皇太后安，恭进奏书。奏书称："恭逢八旬万寿之昌辰，春晖正永；喜惬五代一堂之盛事，慈荫方长。"《《清高宗实录》卷八九七》而后，乾隆帝奉皇太后御辇，乘骑前导，迎接皇太后还宫。到圣寿节的正日子，乾隆帝先到寿康宫，王大臣于慈宁门，众官于午门，行大礼。然后乾隆帝到慈宁宫，侍皇太后宴。跳彩衣舞，奉觞。皇子、皇孙、皇曾孙、额驸等，以次进舞。

三、珍贵遗产

乾隆皇帝为给崇庆太后尽孝，可以说是无所不用其极。他送给母亲的贺寿大礼，有的一直存留到当今，成为珍贵的文化遗产。其中有四件大礼。

第一，清漪园。 清漪园是颐和园的前身。为什么要修这个园子呢？乾隆帝的《万寿山昆明湖记》说，目的之一是为庆贺皇太后六十大寿。乾隆十四年（1749），乾隆帝兴建清漪园，改瓮山为万寿山，改西湖为昆明湖。在今佛香阁的位置上建有九层宝塔，后湖沿岸一带建有仿照江南苏州水乡的街市房屋，后山兴建喇嘛庙和藏式碉楼。另外，还疏浚长河水道，引湖水出闸，沿长河入城。帝后可以乘辇出宫，到西直门外高梁桥附近的倚虹桥，弃辇登舟，溯长河至清漪园游幸。清漪园暨昆明湖的景色更为秀丽："何处燕山最畅情，无双风月属昆明。"从空中俯瞰，昆明湖像一个寿桃。传说乾隆帝以湖为蟠桃，为母亲祝寿。

乾隆帝到清漪园共132次，但从不在园里过夜。为什么呢？乾隆帝说过，修园劳民伤财，他为此自责："园虽成，过辰而往，逮午而返，未尝度宵，犹初志也，或亦有以谅予矣。"（《日下旧闻考》）就是说，每次早上去，过午返回，不曾在园里过夜，以此自律和反思，或可得到天下对自己的谅解。后到光绪年间，慈禧皇太后为庆贺自己生日，重新修园，改名为颐和园。现在颐和园被列入世界文化遗产。

第二，寿安宫。 乾隆十六年（1751），为皇太后六十岁生日，将旧宫改建，更名寿安宫。乾隆二十六年（1761），为皇太后七十大寿，寿安宫再次重修。所以，寿安宫是乾隆帝送给母亲六十大寿和七十大寿的礼物。主要是为了给太后举办庆典活动，三进三跨的大四合院，院内还建了一座三层的大戏台。太后大寿庆典，在这里盛宴、看戏，不亦乐乎。

第三，万佛楼。 是一座三层高的大殿堂，乾隆帝为母亲八十大寿而建造。万佛楼陈设佛龛：底层4956个，中层3048个，上层2095个，共有10 099个。故名"万佛楼"，寓意太后万寿。乾隆帝曾下令文武大臣和封疆大吏各捐造金佛一尊，大金佛588两八钱，小金佛58两，也都含"八"字。这些金佛均被八国联军中的日本军队抢夺得一干二净。语云："鸟来鸟去山色里，人歌人哭水声中"。万佛楼阅尽人世沧桑。

第四，金发塔。 乾隆四十二年正月二十三日（1777年3月2日），崇庆皇太后病逝于圆明园长春仙馆，享年八十六。乾隆帝下诏制作金发塔一座，塔高147厘米，使用黄金3000多两，镶嵌珠宝、绿松石、珊瑚等。塔肚内置一盛发金匣，珍存太后的头发。塔下承以紫檀木莲花瓣须弥座。制成后安放在寿康宫东佛堂内。这座金发塔，今在故宫博物院珍藏。

乾隆帝给他母亲祝寿，所花掉的金银，所挥霍的财富，都是赋税人的血汗。他所未料到的是，这些礼品却也成为——民族文化精粹、世界文化遗产。

人们常说：五福同享。"五福"：一是寿，二是富，三是康宁，四是修好德，五是考终命（正常老病而死）。这五福，崇庆皇太后都享受到了。她是一个勤劳、健康、乐观、知足的女人，又生了乾隆皇帝这个孝顺儿子，便享尽人间荣华富贵。她对儿子最大的回馈，应该就是她的长寿基因。她享年八十六岁，她儿子享年八十九岁，是中国古代帝王有文字记载寿命最长的一位。乾隆帝以他祖父康熙帝为榜样，像康熙帝孝敬孝庄太皇太后一样，孝敬崇庆皇太后，也为后代树立了榜样。孝，是中华传统美德，孝的内涵有"六孝"：孝敬、孝顺、孝养、孝心、孝言、孝行。《汉书·艺文志》说："夫孝，天之经，地之义，民之行也。"

金发塔

第八十三讲 和珅儿媳

大家所熟知的和珅，有一位特殊的儿媳，她就是乾隆帝的第十女和孝公主。所以，和珅和乾隆帝既是君臣关系，又是儿女亲家。

一、和孝公主

乾隆帝有十个女儿，十公主出生时，乾隆帝已经六十五岁。老来得女，非常宠爱。十公主长大后，长相酷似父亲，性格刚毅，能挽十力弓，曾女扮男装随驾秋狝，"射鹿丽龟，上大喜，赏赐优渥"（昭梿《啸亭续录·和孝公主》）。乾隆帝视她如掌上明珠，曾对十公主说："汝若为皇子，朕必立汝储也。"（昭梿《啸亭续录·和孝公主》）意思是如果你是男孩，我一定立你为太子。

十公主六岁时，乾隆帝为他选了一个婆家，将她指婚给和珅的长子，还特别为她这位未来额驸赐了一个满文名字，汉译叫丰绅殷德，是有福、祝福的意思。十公主十四岁时，乾隆帝又封她为固伦和孝公主，视同皇后生的女儿。

乾隆五十四年（1789），十五岁的和孝公主受赐金顶轿，举行隆重的婚礼，下嫁与她同岁的丰绅殷德。下嫁这天，乾隆帝先在保和殿大宴额驸丰绅殷德及王公大臣，然后接受十公主拜别。据说十公主穿着金黄色绣龙朝褂，头戴貂皮朝冠，朝冠上镶着十颗大东珠。东珠，来自东北江河，非常稀缺，极为名贵。在清朝，东珠镶嵌在冠服上，象征权力和尊荣。公主到达婆家，和珅夫妇在门口跪迎儿媳十公主。在那前后的日子里，装载公主嫁妆的车马络绎于道。婚后第九天，公主和额驸回宫谢恩。公主入宫行礼，皇父赏了 30 万两白银。额驸则在乾清门外行礼，不能进入后宫。而在结婚之前，乾隆帝因快过八十大寿，赏给五位皇子、两位公主，各 5000 两白银。可见 30 万两是巨大财富。不久，乾隆帝亲自到和珅府邸去看望十公主。

按照清朝制度，在京居住公主俸银，固伦公主 400 两、额驸 300 两。（光绪朝《钦定大清会典事例》卷二四八）额驸丰绅殷德很聪明，善作小诗，潇洒倜傥，俊逸可喜。因娶了和孝公主，官升都统兼护军统领、内务府大臣。有时额驸恃宠骄纵，公主说："汝翁受皇父厚德，毫无报称，惟贿日彰，吾代为汝忧。他日恐身家不保，吾必遭汝累矣！"一日积雪，额驸做玩雪游戏，公主立即责备说："汝年已逾冠，尚作痴童戏耶？"（昭梿《啸亭续录·和孝公主》）额驸长跪，请罢乃已。

二、公主婆家

和孝公主的婆家，就是和珅府邸，在北京西苑三海西北的什刹海畔，与北海水系相通。元代这里是重要的漕运码头，清代逐渐在什刹海周边建起许多大宅院。这里区位高贵，水道蜿蜒，杨柳成荫，环境优美。乾隆四十一年（1776），和珅在这里建府，五十四年（1789）和孝公主下嫁到这里，后逐渐形成三路四进、前邸后园的格局。中路用于礼仪，东西两路用于居住：公主和额驸居东路，和珅夫妇居西路。

中路的三进院，其主要建筑，由南到北依次是：大门、二门、正殿、二殿、后罩楼。后罩楼有两层，东西长156米，计109间，据说是和珅夫人冯氏居所。

东路的三进院，主要建筑，南有延禧堂，北有乐道堂。延禧堂，是和孝公主和额驸丰绅殷德的居所。乐道堂，是和孝公主的寝室，室内梁架上至今保存着乾隆时的凤凰贴金彩绘。金色的凤凰之间绽放着华贵的牡丹，尽显和孝公主的尊贵身份。她在此居住了34年。

西路的三进院，主要建筑也是前后两处，后院是嘉乐堂，为和珅的起居室。和珅仿照紫禁城里宁寿宫的档次精心装修，安设金丝楠木仙楼，材料昂贵，精雕细琢，再配合金色花纹的火山岩地砖，满目华丽，多有逾制，后被列为大罪之一。和珅府邸，同时也是公主府第，在和孝公主嫁过来的十年里，这里充满了高贵与财富、欢乐与喜庆。

和孝公主的知名度远没有其公爹和珅大。和珅因儿子丰绅殷德娶乾隆帝十公主而更加显赫。和珅为什么能成为宠臣、佞臣，又能专权、贪腐？原因很多，其中之一，就是和珅"善伺意""巧弥缝"。什么叫"善伺意"呢？就是善于揣摩、迎合乾隆帝的意图。和珅能够把握、抓住、占有、利用乾隆帝的心。当年杨贵妃把握住唐明皇，万贵妃把握住成化帝，都是因为"善伺意"。乾隆帝将要喜欢的，和珅能先猜到，并做到；乾隆帝决心要做的，和珅立刻遵办，并办得妥帖；乾隆帝想做而不该做的，和珅不反对，并顺遂；乾隆帝应做而没想到的，和珅不显露出比主子更聪明而使主子做到。所以，乾隆帝认为和珅是自己看得见、信得过、用得上、离不开的人。

和珅做官做到了极致：由乾清门侍卫，升到"六大臣"即大学士、军机大臣、议政大臣、领侍卫内大臣、内务府大臣、御前大臣，兼都统、步军统领，管户部三库、充崇文门税务监督，任吏部、户部、兵部尚书，兼管刑部尚书、理藩院尚书事，翰林院掌院学士，充四库全书馆正总裁，"宠任冠朝列"(《清史稿·和珅传》)。私宅军人供役者千余人。但应了《老子》所说："福兮，祸之所伏。"和珅落了个身败名裂的下场，幸有和孝公主这位儿媳，才保住了儿子丰绅殷德的一条小命和一只饭碗。

和珅府（今恭王府）花园流杯渠

三、劫后余生

和孝公主二十五岁时,遭家难。嘉庆四年(1799),和珅伏诛。廷臣议夺其子爵职。嘉庆帝诏以公主故,留袭伯爵。不久因籍没家产,发现朝珠等不应臣下所应有的物品,审讯其家人,说和珅经常于灯下临镜悬挂。嘉庆帝大怒,剥夺丰绅殷德伯爵,仍袭旧职三等轻车都尉。

和珅府邸,东路仍为公主府第,和孝公主和额驸仍是这里的主人。后花园被没收,由嘉庆帝赐给成亲王永瑆。西路,由嘉庆帝赐给他的幼弟庆僖亲王永璘。这里有一个故事。永璘相貌丰伟,皮肤黧(lí)黑,不爱读书,喜欢音乐,尤好游嬉。少时尝微服出游,到小巷寻乐,乾隆帝讨厌他,降为贝勒。后燕居府邸,以声色自娱。乾隆末年,皇子觊觎皇位,永璘笑道:"使皇帝多如雨落,亦不能滴吾顶上,惟求诸兄见怜,将和珅邸第赐居,则吾愿足矣!"(昭梿《啸亭续录·庆僖王》)嘉庆帝籍没和珅家产后,果然将其府宅赐给他。

在一段时间里,庆僖王和他幼妹共同居住在这处府邸。和孝公主居东路,庆僖王永璘居西路,公主和庆僖王死后,庆僖王的儿子降为郡王,这里便成为郡王府。

嘉庆七年(1802),授丰绅殷德散秩大臣。没多久,公主府长史奎福奏报丰绅殷德演习武艺,谋为不轨,欲害公主。廷臣会审,认为是诬告。嘉庆帝诏以"丰绅殷德与公主素和睦,所作《青蝇赋》,忧谗畏讥,无怨望违悖;惟坐国服内侍妾生女罪,褫公衔,罢职在家圈禁"(《清史稿·和珅传》)。嘉庆十一年(1806),授丰绅殷德头等侍卫,擢副都统,赐伯爵衔。嘉庆十五年(1810),病,乞解任,赐公爵衔,不久死。和孝公主继续生活在府第,得到嘉庆与道光两任皇帝的关照。道光三年(1823),公主病死,享年四十九岁,她的皇侄道光帝亲临祭奠。

可叹这位和孝公主,生在帝王之家,受到皇父宠爱,公爹为权臣,算是有福吧!但她的公爹获罪自裁,家财被抄;丈夫没有出息,国服内还养妾生女,英年去世；儿子夭折。

南京博物院收藏着一件精美的艺术品：一只栩栩如生的金蝉，安然地栖息在一片洁白无瑕的玉叶上。蝉，俗称"知了"，"知"谐音"枝"。这是"金枝玉叶"的形象诠释。金枝玉叶，中国古代特指皇家女儿为公主。皇家公主金枝玉叶，一直被人们所羡慕。现在独生子女多，流传一种说法：女儿要富养，把女儿当成金枝玉叶。其实作为公主，既享受着常人享受不到的荣华富贵，也承受着常人不用承受的礼法约束。特别是在宫里娇生惯养的公主，一旦嫁为人妇，要面对反差巨大的生活环境和身份转换，很难享受到常人的天伦之乐，更要听任朝廷动荡的命运摆布。

咸丰帝继位后，将和孝公主府赐给皇六弟恭亲王奕䜣居住，从此这里就成为"恭亲王府"。奕䜣去世后，世袭罔替，直到民国初年。王府花园直到同治年间才建成，与王府保存至今。

第八十四讲 御制唐窑

清御窑厂瓷器，康熙郎窑、雍正年窑、乾隆唐窑，名贯中西，唐窑更优。唐英是中国瓷器史上，既有著作、又有精品，既懂管理、又会操作，既倾心敬业、又清廉自守的督陶官员。

一、唐英家世

唐英（1682—1756），辽宁沈阳人，是八旗满洲正白旗包衣。包衣，是满语译音，意思是家内奴，终身不变，子孙世袭。他的父亲随清军入关。唐英七岁入学读书。十四岁被编入内务府八旗满洲正白旗包衣。十六岁到养心殿造办处供奉，后任职宫廷画样。唐英聪明、忠诚、细心、勤奋，得到了康熙帝的信任。他能看到内廷的名器、名书、名画、名家，耳濡目染，积淀了丰厚的文化底蕴。这为唐英日后在御窑厂督陶期间，揣摩上意，推陈出新，而烧造出精美的"唐窑"瓷器，打下了良好的文化基础。

雍正六年（1728），唐英四十七岁，以内务府员外郎身份，被派到景德镇协理年希尧督陶。内务府总管大臣，多是内阁大学士、军机大臣兼任，下面有郎中、员外郎等。出任景德镇督陶官，这是唐英人生的重大转折点。

二、唐英督陶

唐英初到御窑厂，完全外行，茫然无措。心里惴惴不安，唯恐有辱使命。怎么办呢？学习，学习，再学习！放下官架子，向工匠学习。他用杜门，谢交游，聚精会神，苦心竭力，与工匠同其食息者三年。这就是说：

唐英塑像

第一，闭门谢客，不应酬，不唱和，不访客，不出游；

第二，放下架子，与工匠，同吃饭，同劳作，同休息；

第三，刻苦钻研，用三年，学制胎，学色釉，学烧制；

第四，成为内行，会制胎，会彩绘，会釉料，会窑火。

三年之后，唐英学会全部72道制瓷工艺，得心应手，成为专家。

唐英督窑创造辉煌。他先后管理淮安关、九江关、粤海关，遥领陶务。到乾隆二十一年（1756）才获准辞职，同年去世。唐英于景德镇御窑及相关工作，乾隆朝时长达21年，加上雍正朝七年，共28年。在有清一代景德镇御窑督陶官员中，唐英任事最久，工作最勤，业务最精，贡献最大，烧制出举世闻名的"唐窑"瓷器。唐英于御窑，有三大贡献。

第一，制瓷工艺贡献。 唐英在28年的御窑管理与烧制过程中，亲自督导和烧制的瓷器，数量大，质量优，精品多，影响大，因而被誉为"唐窑"。

雍、乾二帝追慕宋瓷。于是复制宋代名窑瓷器，就成为唐英的任务。如雍正帝好钧窑，唐英就派幕友吴尧圃赴钧窑旧址，调查釉料配置方法。除了仿古，还有创新。乾隆时期的瓷母、转心瓶、轿瓶、西洋画瓷等，创新瓷器，不胜枚举。在唐英时，釉上彩、釉下彩、颜色釉均有新的突破。在他主持下，景德镇御窑厂创烧颜色釉几十种，各种色彩瓷器，几乎都能烧制。

唐英能文能诗，善书善画，兼事篆刻，精通制瓷。有一年乾隆帝写了一首诗，让唐英把这首诗烧到轿瓶上，挂在乘辇中，以便边览轿外景观，边赏轿内玩物，以诗配瓶，相得益彰。唐英当即返回景德镇。时已入冬，天寒地冻，工匠回家，窑厂停工。唐英紧急召集工匠，又急召"众多好手"，经过17天，而成完器12件。南京博物院收藏一对乾隆蓝锦地粉彩蝠桃如意云纹开光诗句双耳轿瓶，主题是福寿：瓶绘蝙蝠，寓意多福；又绘瑞桃，寓意长寿；合图寓意，福寿双全。蝙蝠呈红色，旁绘云纹，如在天空飞翔，寓意洪福齐天。下部绘山石、海浪，寓意福山寿海。在福寿环绕下开光题诗，唐英把所有美好祝愿都献给了皇上。

第二，学术创新贡献。 唐英之前，瓷器工匠没有文化，不会著书立说；文人有文化，但不懂制瓷工艺。唐英既懂烧造瓷器工艺，又有较高文化素养，先后编写出《陶务叙略》《陶冶图说》《陶成纪事碑记》《瓷务事宜谕稿》等著作，从而对御窑瓷器制作及其发展创新，做出了开创性的贡献。学苑出版社出版《唐英全集》对唐英的相关资料进行了全面、系统的整理。

关于《陶冶图说》，先是，乾隆帝命宫廷画师孙祜、周鲲、丁观鹏，绘制《陶冶图》20幅，记录了御窑制瓷的工艺过程。乾隆帝命将此图交给唐英，按制瓷工艺顺序编排，并为每张图画撰写说明。唐英完成20幅图，4500字说明，这就是著名的《陶冶图说》。它以图像与文字的形式，完整地记录了陶瓷制作工艺过程，这是中国古文献中第一本完整记录景德镇制瓷工艺的专著。唐英瓷艺著作，为当时御窑烧造57种陶瓷产品的工艺实录和经验总结。

第三，制瓷精细管理。 在他任内，人事、财务、生产、工艺，方方面面，都立规矩，既约束下级，也约束自己。这里着重讲财务制度。御窑开支浩大，财务制度不清。钱花了多少，花到哪里去了，缺乏统计；什么钱该花，什么钱不该花，缺乏标准。唐英制定《烧造瓷器则例章程》。唐英在200年前就实施成本核算，观念超前，制度完备，切实可行，成绩斐然。

在景德镇，唐英受到敬重。他从粤海关调回九江关，首次巡视御窑厂："抵镇日，渡昌江，阖镇士民工贾，群迓于两岸，靡不咨嗟指点，叹余之龙钟老惫者，且欢腾鼓舞，颇有故旧远归之意。"（唐英《重临镇厂感赋志事》）唐英取得重大成就、受到尊敬的同时，也有内心的萌动与肺腑的心语。

三、唐英心语

唐英写过一本文集《陶人心语》，收录他的主要文学作品。唐英的人生，在外人看来，可谓风光，一辈子工作在康、雍、乾三位皇帝身边，创作了太多的艺术精品，官也做到"局级"。但他自称"蜗寄"。蜗寄，就是像蜗牛一样寄生在硬壳里。他为什么会有这样的感叹呢？

一是忍劳。 积劳成疾，说的就是唐英。乾隆初，唐英短暂卸去窑务，赴淮关履新，却大病一场；乾隆十一年（1746），唐英已六十五岁，不辞劳苦，巡视窑厂，却患上眼病，在镇上疗养两个月才痊愈。后调任粤关，气候不适，患了重病，又调回景德镇，直到七十五岁，才准他辞职。唐英无福颐养天年，去职当月就过世了。

二是忍怨。 唐英尽职尽责，乾隆帝并不体谅，反而经常指责。瓷器的数量少了、质量差了、破损多了、工期迟了、花钱超了，不管唐英是否有责任，都会受到指责，而且还要挨罚。有一次被罚：责令赔补2164两五钱三厘三丝五忽三微。唐英并未扑责一人，没有拿属下泄火。一切委屈，自己忍耐。

清人《制瓷图》之"画坯"

三是忍贫。 历朝陶官都是肥差,因为可以贪污。唐英不仅不贪,还自掏腰包,补贴公用。他试制新器型,用工资垫付烧造费用。进项少、开支多,捉襟见肘,自然要穷。他说:"六十五年半贱贫,贱贫琢练老精神。"

四是忍贱。 唐英身为包衣,"渊深临战栗,冰薄屡彷徨",从未办过出格事、说过出格话。即使这样,遇到位高权重的人,他还要"冷热面前陪色笑",指望对方伸手不打笑脸人。这种低贱身份,必定心受煎熬。

唐英一生,酷爱读书。他说:"予性喜读书,每漏下四五,披阅不休。"留下诗文编入《唐英全集》。其诗作实际有 600 多首。唐英平生最快乐之事,大概是悬赏征诗。他在九江任职时,捐款重修琵琶亭。史载:"唐蜗寄英榷九江,置纸笔于亭上,令过客赋诗,开列姓名,交关吏投进。唐读其诗,分高下以酬之。投赠无虚日。"（梁绍壬《两般秋雨庵随笔·琵琶亭》）文人骚客,纷至沓来,真是:"一角琵琶亭,千秋翰墨丛。公今既往矣,何人继高风？"著名文人袁枚曾躬逢其盛,多年后旧地重游,对于当日置酒高会、彻夜茶叙和诗的盛况,仍然记忆犹新。

唐英把希望寄托于儿孙,考功名、有成就。长子文保,继承父职,在内务府造办处供奉。次子寅保,考中进士。唐英欣喜万状,以为从此可以摆脱包衣身份,不料乾隆帝却让寅保学习陶务,准备接班。眼看两个儿子都走上自己的老路,唐英黯然神伤。

唐英一生,脱不掉包衣身份,洗不掉俗务风尘,换不掉陶人身份,忘不掉心灵宏愿。唐英一生清白:"真清真白阶前雪,奇富奇贫架上书。"御窑千秋史,唐英第一人。

第八十五讲

宫中三宝

乾隆在位时间长，国家富裕，皇帝重视文化艺术，给皇宫增添不少宝贝。

一、保和石雕

我们都知道，故宫的中轴线上，由南而北，矗立着六座宏伟的建筑，它们是太和殿、中和殿、保和殿、乾清宫、交泰殿、坤宁宫，就是前三殿、后三宫。这六座建筑，是紫禁城的核心，也是皇帝、皇宫、皇权的象征。乾清门是外朝和内廷的分界。门前有一条横街，俗称"天街"——往东，出景运门通太上皇的宁寿宫；往西，出隆宗门通皇太后的慈宁宫；往北，是乾清宫，往南，迎面是保和殿。

我要说的这件保和殿大石雕，就铺在保和殿北面的台阶中路。从永乐十八年（1420）皇宫启用，数百年间，保和殿几经大修，但殿后大石雕，却保留着明永乐建紫禁城宫殿时的原物。乾隆时把石雕原来图案凿去约0.4米厚，又重新雕刻了流云立龙图案。这件十分珍贵的文物，当中刻着九条蟠龙，四周为缠枝莲花

交泰殿

逛一逛

交泰殿

内廷后三宫之一，位于乾清宫与坤宁宫之间中轴线上，面南，明嘉靖年间建。清沿旧制，于顺治十二年（1655）、康熙八年（1669）重修。殿平面呈方形，形式与中和殿同。

纹，下部为海水江崖，中雕流云，气势磅礴。

这块大石雕，长 16.57 米，宽 3.07 米，厚 1.7 米，重雕后重 187 吨，重雕前重 239 吨，为宫中石雕之最，俗称"大石雕"。经测算，大石雕毛坯重量约为 300 吨。石料采自今北京房山大石窝。这里距紫禁城 100 多里，当时没有起重吊车，没有运输机械，巨石是怎样运来的？有学者研究运输方法是：运道路旁，每隔一里，打一眼井，寒冷冬季，汲水泼路，结成冰道；工匠民夫们，将石料放在冰船上，用大批骡马拉着，在冰道上往前滑动，缓慢行进，运到工地。《清圣祖实录》

保和殿后大石雕

记载，康熙帝听故明太监讲故事说：保和殿初建时，采买搬运巨石到京，不能运入午门，运石太监参奏此石不肯入午门，便命太监将石捆绑，打60御棍。当然打御棍巨石也不能进午门，还是得靠智慧才运进来的。这块巨石，在紫禁城三大殿建成之前先运到，就地雕刻，安装到位。

三大殿御路上的石雕，最重要的有两块：一块在太和殿前，另一块在保和殿后。按常理说，太和殿前石雕比保和殿后石雕更重要、更显眼。但这块最大的石雕，为什么没有安放在太和殿前，而是放在保和殿后呢？

有一种看法是：这块大石雕主要是给皇帝看的，安放在什么位置，其效果最佳呢？皇帝居住在乾清宫，出了乾清门，这块大石雕立即映入眼帘。大石雕的宽度，恰是御轿的宽度，两旁是抬轿太监行走的小台阶。皇帝乘坐御轿，在大石雕上经过，何等气势，何等庄严！保和殿后大石雕，是紫禁城中轴线上游客必看的一个景观。

二、大禹治水

故宫的东北部有一处高墙围护的独立区域，这就是著名的宁寿宫区，这里在明代曾是崇祯懿安皇后等养老处所。清康熙二十八年（1689）改建宁寿宫，孝惠章太后在此颐养天年。乾隆帝为归政后养老休憩而增建为太上皇宫，但他并未入住这里。慈禧皇太后晚年居住在这里。明清帝后认为这块福地是宫中养老的理想宫殿。

宁寿宫最南端是九龙壁，壁的北面有两重门：皇极门和宁寿门。门内是独立庭院，前为皇极殿，后为宁寿宫。这里的乐寿堂，原来是准备作为太上皇乾隆的寝宫。在乐寿堂后门内，有一座大禹治水图玉山。

乾隆四十一年（1776），乾隆帝命高贵妃的侄子高朴任新疆叶尔羌办事大臣。距叶尔羌四百余里，有座密尔岱山，产美玉。据说这件"大禹治水图"玉山，就是用密尔岱山出产的青白玉料制作而成的。从和田到北京一万一千一百里，需制作特大专车，前用100多匹马拉车，后用若干夫役扶推，逢山开路，遇水架桥，冬则泼水成冰路，如果日行十里，需三年才能运到。

玉石到京后，乾隆帝选用宫中珍藏宋人名画《大禹治水图》为蓝本，派画师照图摹画在玉山上。先做玉山蜡样，怕蜡样融化，又刻做木样。再经运河，载往扬州，能工巧匠，照样雕造。

自乾隆四十六年（1781）九月开工，到乾隆五十二年（1787）六月完成，历时六年零八个月。玉山从采玉到制成，长达十年，仅雕刻就用了15万个工。同年玉山运到北京，安设在乐寿堂。

《大禹治水图》玉山

这件玉山，高2.24米，宽0.96米，重约五吨。雕刻大禹治水的壮观情景：崇山峻岭，古木丛立，洞壑溪涧，地势险恶，大禹在山腰劳作，民众凿石开山，使水下流。这幅生动图景，按玉材天然色彩，做艺术加工而成。背面刻有乾隆帝御制诗，歌颂大禹治水，功德万古不朽。诗中告诫子孙，像这样大的玉材，用来制造一般器物，会大材小用，但制成玉山，便久存不朽。如为追求珍玩，今后不要再做。这座由一块整玉四面雕琢成的《大禹治水图》玉山，构思巧妙，雕工精绝，充满动感，鬼斧神工，堪称中华艺术奇珍，也是世界文化瑰宝，显示出中国人民的智慧和艺术水准。

三、珐琅佛塔

在紫禁城，东北部的宁寿宫，是太上皇的居所；西北部的慈宁宫，是皇太后的宫殿。宁寿宫，有梵华楼，为二层楼，面阔七间，一楼明间，供旃檀佛铜像，而另六间，每间供奉掐丝珐琅大佛塔一座，共六座珐琅佛塔。塔周围三面墙挂通壁大幅唐卡，画护法神像54尊。同样，慈宁宫，有宝相楼，为二层楼，面阔七间，一楼明间，供释迦牟尼佛立像，其余六间，每间供奉掐丝珐琅大佛塔一座，共六座珐琅佛塔，塔周围三面墙挂通壁大幅唐卡，画护法神像54尊。

陈设在梵华楼和宝相楼的12座珐琅佛塔，每座高2.31米，由宫廷造办处珐琅作，于乾隆三十九年（1774）和乾隆四十七年（1782）制造，造型各异，豪华精美。釉色均不相同，图案富于变化，塔身结构严谨，结合部位不露痕迹。通体填釉饱满，很少砂眼，充分体现出乾隆时期掐丝珐琅精湛高超的技术，是前所未有的新成就，也成为难能可贵的宝物。

其实，在规格最高的太和殿皇帝宝座前面和两侧，有四对陈设：宝象、甪（lù）端、仙鹤、香亭各一对。宝座前端台阶上，还陈设着四件鼎炉。这些都是乾隆时期掐丝珐琅的极品。而在皇帝的寝宫乾清宫，皇帝宝座前面和两侧，同样陈设着掐丝珐琅的鼎炉、香薰、仙鹤、甪端等。

中国的珐琅工艺，是元代以后由西域和欧洲传入的外来技术，然后融合中国的传统文化创作而成。珐琅，是外来名称的音译。在我国古代文献中常纪录为"佛郎""拂郎""发蓝"，今人熟悉的名称叫景泰蓝。它以铜、金等金属为胎，以多种工艺敷涂珐琅彩料，经烘烧，而成为色彩缤纷、莹润华贵的珐琅器。

乾隆时期珐琅技术的最大成就，莫过于对大型器物的烧造，开创了珐琅技术领域的新天地。这种大型的珐琅制品的烧造，较之小型器物，在技术上更是造型美、工艺精、难度大，它不仅需要大型的窑炉，还要对烧造技术的熟练掌握，控制铜胎加热后不会变形，并要严格掌握通体釉料呈色一致。乾隆时期，对于这类

梵华楼内珐琅佛塔

技术的掌握和运用，可以说达到了炉火纯青的程度。

金属胎珐琅器有着黄金和宝石般的华美和瑰丽。因其制作工艺复杂，釉料配制繁难，珐琅颜料昂贵，烧造技术极难，生产成本太高，所以很长时期内主要作为御前用器，由宫廷内皇家御用作坊制作，除少量珐琅器作为贵重礼物由皇帝赏赐给王公大臣和馈赠礼品送给外国使臣外，民间很少流传，而且难得一见。所以到故宫一游，不要忘记欣赏一下乾隆时期留下的大型珐琅器。

总之，保和殿后大石雕、宁寿宫的大玉雕，梵华楼和宝相楼的珐琅佛塔，是故宫珍宝的点点明珠。它们是中华艺术精华的展现，也是中华艺术苑里的奇葩。

耄耋者说五　屈辱与覆亡

皇宫的主人是清仁宗爱新觉罗·颙琰嘉庆帝（在位25年）、清宣宗爱新觉罗·旻宁道光帝（在位30年）、清文宗爱新觉罗·奕詝咸丰帝（在位11年）、清穆宗爱新觉罗·载淳同治帝（在位13年）、清德宗爱新觉罗·载湉光绪帝（在位34年）、清末帝爱新觉罗·溥仪宣统帝（在位3年），共116年[嘉庆元年（1796）至宣统三年（1911）]。

另，第96、97、98、99四讲带有综合性、总结性，附于本部分。

这个时期，清朝由衰转亡。内忧外患，乱象四起。它包括：

宫之忧：嘉庆宫忧是大内两次遇刺——这是汉唐宋明以来所未有之事件；

国之忧：五省白莲教民起义，动摇了皇清的社会根基；

外之忧：中英鸦片战争、英法联军侵入北京，并火烧圆明园。八国联军入侵，这标志着清朝已近日落西山。

本部分为86—99讲，重点关注清朝面临衰亡的症结是"心衰"——作为清朝最高统治核心的慈禧太后，带着六岁的同治、四岁的光绪以及懿旨三岁的宣统，去面对美国林肯、英国女皇、德国俾斯麦和日本伊藤博文。朝廷顽固保守，拒绝改革，漠视民意，悖逆潮流，无能无知之辈当国，阿谀谄媚之臣主政，帝国大厦倾倒，大清国祚覆亡。

北京故宫平面图

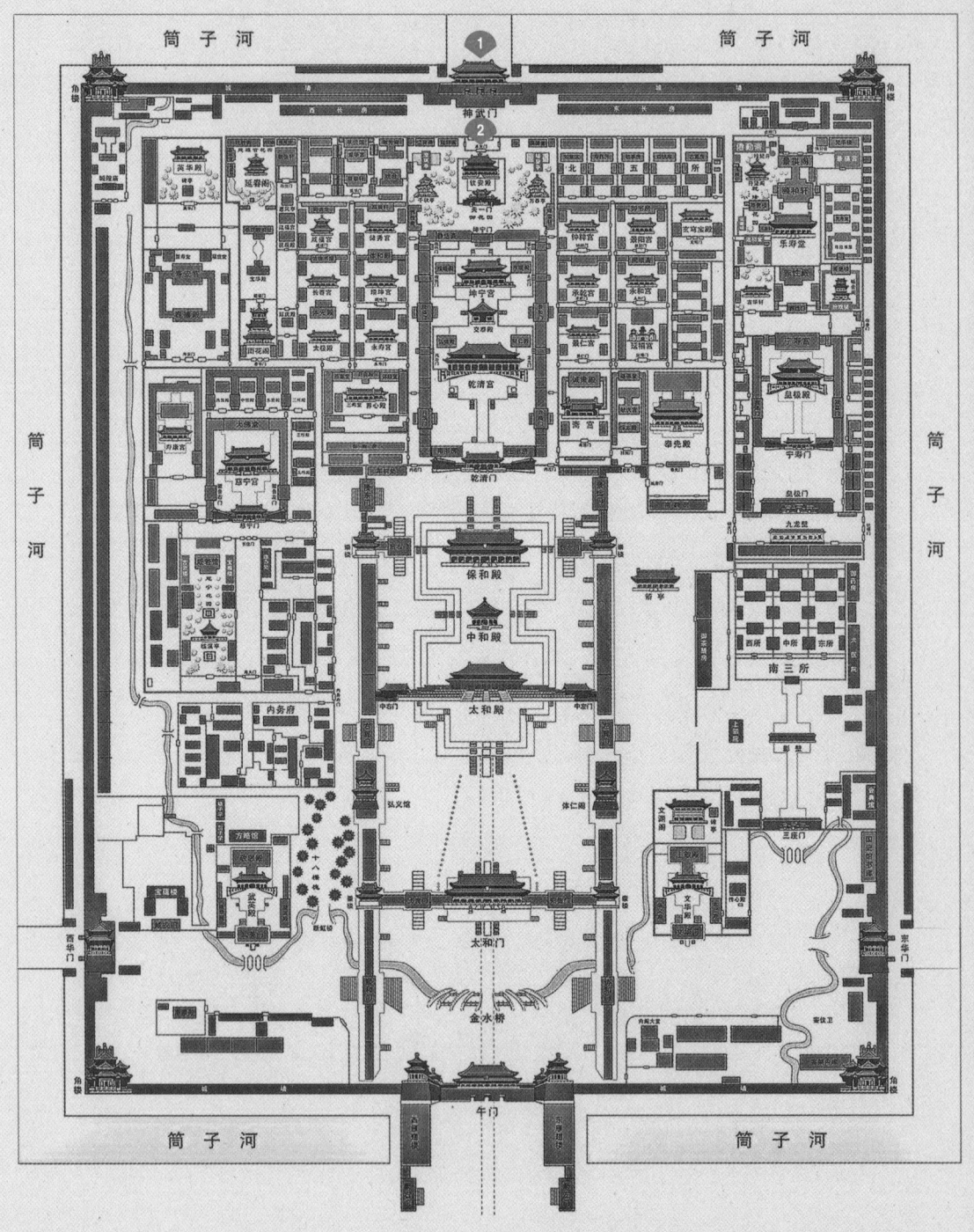

① 神武门
② 顺贞门

第八十六讲

马戛尔尼

乾隆帝处理同近邻的关系,很有经验;处理同西方的关系,却很陌生。英使马戛尔尼来华,乾隆帝在避暑山庄接见,是他处理中外、东西关系的一次重大政治事件。

一、盛世危机

我在前面说到,17世纪40年代,在中国和英国,发生了两件重要历史事件:明朝崇祯皇帝在万岁山(今景山公园),自缢身亡。五年之后,英格兰伦敦的上千名市民走向白厅广场,目睹了国王查理一世被送上断头台。

在中国,清承明制,中国仍沿着封建体制"路线图"运行。到乾隆时期,进一步巩固并开拓了中国的疆域版图,维护并加强了中华的多民族统一,继承并弘扬了中华传统文化。清代的"康乾之治",被称为中国皇朝史上的一个"黄金时代",但也潜藏着"盛世的危机"。

在英国,查理一世被议会判决处死后,英国历史,几经曲折,沿着资本主义路线图运行。就在乾隆朝同一时期，西方世界发生了划时代的巨大变化：一是英国发生工业革命，二是美利坚合众国成立，三是法国大革命。这三件大事加上以前的英国资产阶级革命，再加上后来 1861 年（清咸丰十一年）俄国废除农奴制，1868 年（清同治七年）日本明治维新，1871 年（清同治十年）德国统一，改变了整个世界的面貌。其中，英国走在西方的最前列。

中国和英国这两艘巨轮，在时代浪潮的航行中终于靠近。

英国先后击败了葡萄牙、西班牙、荷兰，军舰游弋，称霸海上，成为当时世界强国。但英国是个岛国，要拓展海外贸易，进行殖民扩张。英国人早在明崇祯年间，就曾抵达澳门附近的横琴岛。明末，他们将船驶向广州，闯入虎门，声言求市，同守军交火。事后英国派人到广州谈判失败后，英军占虎门炮台，明军进行反击。英舰失利，退回澳门。明廷规定："英商永远不许来广州。"英国想用武力打开明朝大门的举动失败后，便改用外交手段，以达到在中国通商与殖民的目的。但是，明廷的闭关政策，是英国实现上述目的的障碍。

清统一台湾后，放宽海禁，允许在广州、漳州、宁波等四个口岸对外通商。后英国在广州建立商馆，又想在广州以北开港。乾隆二十年（1755），英国武装商船驶至宁波，引起乾隆帝的关注。乾隆帝阅兵巡防，随后下令只准英商在广州贸易。英国想通过同乾隆帝进行谈判，取消清廷对英贸易的禁令与限制。于是，英国决定派遣以马戛尔尼为首的外交使团访清。

二、礼节之争

马戛尔尼（George Macartney，1737—1806），曾任英殖民地马德拉斯省总督、驻俄国彼得堡公使，是一位经验丰富的高级外交官。这个使团以向清廷"进贡"和补祝乾隆帝八十大寿为名，乘坐装有 64 门大炮的第一流军舰"狮子"号，载着包括秘书、翻译、医生、军事、化学、天文、历算、制图、航海等方面的专家，以及官兵等，共800多人，还有600箱礼物，自英国朴次茅斯港起航，经大西洋、印度洋和南海，于乾隆五十八年（1793）六月二十一日过澳门。广东巡抚郭世勋奏报英使马戛尔尼的到来。船队经福建、浙江、江苏、山东沿海北上，于八月初五日（9月9日）在天津大沽登陆，通过运河经通州到北京，应乾隆帝邀请到避暑山庄。

清帝同西方国家打过交道，如顺治帝同耶稣会士汤若望交往、康熙帝同俄签订《尼布楚条约》、雍正帝同俄签订《恰克图条约》等。但是同西欧外交使团正式接触，乾隆帝缺乏经验。

乾隆帝下谕隆重接待英国使团，指示直隶总督梁肯堂和长芦盐政征瑞接待英国使团。使团沿途受到各地接待和款待，一次就给使团送去牛羊猪260头、鸡鸭200只、面粉160袋、大米160包、茶40箱，以及蔬菜、瓜果、酒类等，装了七船。

乾隆帝在避暑山庄看到英国使团的礼单，首先是觉得礼物并不像自吹的那样，天朝原亦有之；特别是看到礼单内有"遣钦差来朝"这样的话，认为不可。该国遣使入贡，怎么会是钦差？于是将使团的正副使臣称为贡使。这样，英国礼物也就变成了贡物，是向皇帝进贡的贡物。

接着问题来了：既然是贡使进贡，乾隆帝下谕给总督梁肯堂和盐政征瑞各处藩封，到天朝进贡觐见者，不特陪臣俱行三跪九叩之礼，即国王亲自来朝，亦同此礼。

梁肯堂和征瑞在陪同使团往避暑山庄路上，劝说马戛尔尼，先派出官员给使臣做跪拜示范，又安排传教士当着使臣面给征瑞行礼。经过训练，征瑞觉得可以了，奏报乾隆帝说，使臣连日学习，渐能跪叩。军机处通知征瑞：该贡使到后，先学习礼节，跪拜娴熟，方可瞻觐。

事实上，马戛尔尼仅答应以觐见英王的礼节来觐见乾隆皇帝，拒绝学习三跪九叩的跪拜礼。他们为此写了致大学士和珅的备忘录请征瑞转递。备忘录提出，

《皇清职贡图》之"英吉利国夷人"

可以按照中国提出的礼节谒见乾隆皇帝,但条件是乾隆帝派一名跟马戛尔尼同样级别的官员,穿着朝服在英王画像前行同样礼节。马戛尔尼坚持他是西方一个独立国家所派的钦差,和中国的附庸国家所派的贡使完全不同,所以拒绝行中国的礼节。

马戛尔尼一行到承德后,以疲劳为由,仅派代表特使谒见和珅,并把英王致中国皇帝信件的翻译件交给和珅过目,根本不理睬征瑞的劝告。乾隆帝对此很不高兴,下谕减少供给,取消格外赏赐,在万寿节宴会后就让他们回去。乾隆帝说:朕于外夷入觐如果诚心恭顺,必加以恩待,用示怀柔。若稍涉骄矜,则是伊无福承受恩典,亦即减其接待之礼,以示体制。

眼看使团就要被遣送出境，于是马戛尔尼和清朝大臣密商，终于受到乾隆皇帝的接见。

三、错失良机

乾隆五十八年八月初十日（1793年9月14日），乾隆帝在避暑山庄万树园，接见了英王正使马戛尔尼、副使斯当东。清晨，盛装的英使、王公大臣、蒙古诸王等齐集万树园。至时，乾隆皇帝在礼乐中升座。由礼部尚书引导马戛尔尼到御座左首，马戛尔尼向乾隆皇帝行双膝跪之礼后致辞，并呈递英王国书给乾隆帝。乾隆帝以玉如意回赠英王，又分赠马戛尔尼和斯当东绿色如意。他们二人又以金表和气枪回赠乾隆帝。觐见仪式完毕后，乾隆帝赐宴。第二天，乾隆帝命和珅、福康安陪英使游览避暑山庄。十三日，乾隆帝八十三岁生日庆典，马戛尔尼又随同王公大臣等到澹泊敬诚殿，向乾隆皇帝"行庆贺礼"。当天举行八旗军队参加的阅兵盛典，还有歌舞杂技与燃放焰火等祝寿活动。马戛尔尼在参加上述"万寿节"活动后离开热河，到京师等待乾隆帝回京。

乾隆帝回北京后，和珅同马戛尔尼在圆明园举行会谈。马戛尔尼提出他奉命准备作为英国大使"久驻北京"，英王政府也欢迎清朝派遣使臣到英国的建议等，和珅没有当面答复。会谈后第三天，和珅在皇宫会见马戛尔尼，面交乾隆帝致英王的复信。其来信与复信的主要内容是：英方要求派使臣常驻北京，答复：此与天朝体制不合，断不可行；英方要来宁波、珠山（舟山）、天津开口贸易，答复：皆不可行；英方要求在北京设立洋行，答复：京城从无外人等开设货行之事；英方要求在珠山附近一小岛存放货物，答复：天朝尺土俱归版籍，即岛屿沙洲，亦不便准行；英方要求在广州附近拨给一小块地方居住英商，答复：自应仍照定例，在澳门居住等。乾隆帝对英使提出的各项要求，逐一驳回。

九月初三日（10月7日），马戛尔尼带着乾隆帝回赠英王的信件与礼物，离京往广州,返回英国。

　　由于中、英传统文化不同,生活方式不同,两国利益不同,因而导致彼此观念的冲突,引发礼仪与贸易问题。而这种冲突的扩大与结果就是40多年后的中英鸦片战争。

　　乾隆帝以中国历朝防堵"夷狄"的传统政策,来防堵西方文化的扩张,而且扩张的力量方兴未艾,防堵的力量却日渐减弱,终至会冲溃堤防而泛滥成灾。中国以农立国,对工商可以富国利民的观念早已陌生,而对科技可以富国利民的观念更觉新奇。乾隆帝只能略窥一点西方科技的神奇,没有了解并把握中国近代化的契机,这是中英正式接触后,中国方面的最大损失。马戛尔尼一行虽然没有达到他们的直接目的,但他们获取了清朝的各方面情报,特别是清军装备,尤其是海军落后的情报,为发动侵略战争埋下伏笔。

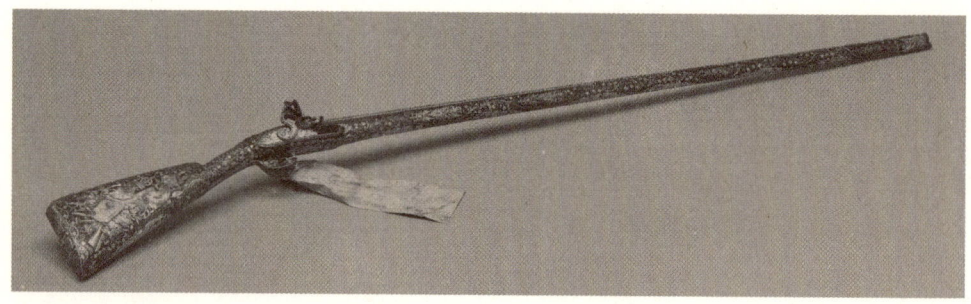

马戛尔尼进献的火枪

第八十七讲

得宠秘诀

一个连举人都没有考取的和珅，却得到乾隆帝宠信，是近300年清史上空前绝后的一件奇事。

和珅的官：武职——镶蓝旗满洲都统、正白旗满洲都统、镶黄旗满洲都统、步军统领；文职——内务府大臣、御前大臣、议政大臣、领侍卫内大臣、军机大臣、协办大学士、文华殿大学士；户部、吏部尚书兼办理藩院尚书事；学职——殿试读卷官、日讲起居注官、《四库全书》馆正总裁、石经馆正总裁、国史馆正总裁、翰林院掌院学士；钱官——崇文门税务监督、管理户部三库；内职——兼管太医院、御药房事务；爵位——太子太保、伯爵、公爵；"宠任冠朝列"。还是乾隆皇帝的儿女亲家。人们不禁要问，和珅如此得宠，有什么秘诀呢？

一、宫廷侍卫

和珅从一个皇帝的侍卫为起点，最后到一人之下，兆民之上，其原因在哪里呢？

和珅出身满洲，聪明机敏。和珅生于乾隆十五年（1750），比乾隆帝小三十九岁，钮祜禄氏，满洲正红旗人。家原住在北京西直门内驴肉胡同。和珅十来岁时，有幸进皇宫咸安宫官学，学习儒家经典和满洲、蒙古文字，受到良好的教育。乾隆三十五年（1770），他二十岁时参加了顺天府乡试，但没有考中举人。虽然如此，和珅因为出身满洲，便做了宫廷三等侍卫，开始接近皇权的核心入口。这个差事给和珅接近乾隆帝提供了机会，是和珅人生的一个重要起点。

乾隆帝的侍卫很多，为什么会欣赏一个低等侍卫和珅呢？野史笔记中有三段记载：

和珅像

薛福成的《庸庵笔记》记载：有一次乾隆帝要出巡，突然找不到仪仗用的黄伞盖，就问这是谁的责任？很多侍卫吓得不敢吭声，和珅在一旁说："管此事者，当负此责。"这件事给乾隆帝留下一个很深的印象。

《清朝野史大观》记载：有一次乾隆帝坐在轿子里背诵《论语》，突然忘了下文，轿旁跟班的和珅脱口而出，就给接上了，乾隆帝由此很喜欢他。

《归云室见闻杂记》记载：乾隆四十年（1775），乾隆帝临幸山东，和珅扈从。乾隆帝喜欢乘一种骡子驾驭的小车，"行十里，一更换，其快如飞"。有一天，碰巧和珅跟这种小骡车随侍，于是乾隆帝与和珅君臣二人，有了下面这段交谈：

上问："是何出身？"

对曰："文生员。"

问："汝下场乎？"意思是你参加过科举考试吗？

对曰："庚寅[乾隆三十五年（1770）]曾赴举。"

问："何题？"

对："孟公绰一节。"

上曰："能背汝文乎？"和珅便随行随背，矫捷异常。

上曰："汝文亦可中得也。"意思是你可以考中啊！

这次乾隆帝同和珅的谈话，成为和珅政治生涯的转折点。和珅聪明伶俐，又干练潇洒，年轻身健，口齿清晰，得到乾隆皇帝的赏识和器重，官运从此亨通，青云直上。

二、两面人物

和珅既有学问、又能实干，还会权术。

乾隆四十五年（1780）正月，三十五岁的和珅接受了一项重要任务，就是远赴云南查办大学士、云贵总督李侍尧贪污案。和珅一到云南，首先拘审李侍尧的管家，取得实据后，迫使精明强干的李侍尧不得不认罪。和珅从接受这个任务，到乾隆帝谕旨处治李侍尧，前后只用了两个多月。和珅这次查办李侍尧贪污案子办得很出色，确实表现了他出众的才华和干练的能力，所以和珅在回京的途中，就被提升为户部尚书。

乾隆帝曾说：用兵西藏和廓尔喀时，所有的谕旨都是兼用满、汉文下达；颁给达赖喇嘛和廓尔喀的敕书，则兼用藏文和蒙古文。只有和珅能把这些谕旨敕书，用满文、藏文、蒙古文、汉文等各种文字撰写出来，并把事情都办理得很好。

和珅执掌大权愈久，对乾隆帝的心思揣摩得愈透。他就借此作威作福，凡是不顺从他的人，他就找机会挑拨激怒皇帝，借皇帝的手去整那个人；而向他行贿的，他就尽量帮其打马虎眼，或者故意把事情拖住不办，等乾隆帝慢慢地消了火气，再大的事也就不了了之。比如极力拉拢军机大臣福长安。福长安是乾隆帝孝贤皇后的亲侄子，他的父亲傅恒和哥哥福康安都曾经任军机大臣等高官，他本人没有什么本事，但对和珅言听计从。和珅对那些正直大臣，加以排挤和打击。如大学士松筠在和珅面前从来不屈服，所以松筠就被发配到边远地区任职。

乾隆帝做太上皇之后，仍紧紧把持着实权。和珅审时度势，在乾隆帝与嘉庆帝之间采取四手：第一手是紧紧依靠乾隆太上皇，第二手是讨好嘉庆皇帝，第三手是限制嘉庆皇帝的权势，第四手是防止嘉庆帝日后对自己进行惩处。所以他在乾隆帝和嘉庆帝之间、在嘉庆帝面前和背后，都表现了"两面派"。

三、投上所好

和珅在朝 20 多年间，重要的升官和封爵就达 50 次之多。其原因之一，是和珅对乾隆帝的四点心术：揣摩其旨意，迎合其所好，满足其欲求，博得其欢心。

第一，陪乾隆帝和诗。乾隆帝一生喜爱作诗，和珅为迎合乾隆皇帝的这个爱好，下功夫学诗、写诗，并造诣很深。和珅经常与乾隆帝和诗，历史留下了当年和珅与乾隆和诗的折子。

第二，仿乾隆帝书法。乾隆帝酷爱书法，和珅就刻意模仿乾隆的字，他写的字酷似乾隆。乾隆帝后期的有些诗匾题字，干脆交由和珅代笔。

第三，同乾隆修密宗。乾隆帝信奉喇嘛教，对佛教经典颇有研究。和珅也学佛经。有的书说和珅同乾隆帝一起"修持密宗"。

第四，体贴侍奉乾隆。乾隆帝是老人，喜欢别人奉承、照顾，和珅就陪伴在乾隆左右，对其照顾、服侍，体贴周到。朝鲜《李朝实录》记载：和珅虽贵为大学士、军机大臣，但每当乾隆帝咳嗽吐痰时，他就马上端个痰盂去接。随着乾隆帝愈来愈老，执政时间愈来愈长，身边的宫女、妃嫔、太监都没有文化，不能同他交谈诗文、书画、佛经，也不能帮他处理军国大事、进行多种语言文字交流。所以，和珅对老年乾隆帝来说，是不可替代的。

第五，满足乾隆奢欲。乾隆晚年生活奢华，大兴土木，大张筵宴，太后六十、七十、八十大寿，自己六十、七十、八十大寿，大量犒赏，大肆铺张，花费巨大。这都需要大量银子。当时国库拮据，银子从哪里来呢？靠和珅。和珅想尽各种办法聚敛钱财，比如侵吞、贿赂、索要、放债、开店、加税等。对官员也不放过，好官被强制进献，有过失的官被收"议罪银"，用交纳罚银代替处分，这些钱不入国库，而是交到内务府，供乾隆享用。和珅搜刮勒索，使得原来入不敷出的内务府，很快就扭亏为盈。乾隆帝随意享乐，对和珅就更加依赖。

以上从五个方面分析了和珅得宠的秘诀，其实说来也简单，让乾隆皇帝看得见、信得过、用得上、离不开。《左传》说："君以此始，亦必以终。"和珅能登上"一人之下"的高位，靠的是紧紧地傍着皇帝，最后也是以二十大罪被皇帝赐死。

正直和奸佞相伴相生。直臣往往身遭劫难而流芳千古，佞臣往往直上青云而被人唾弃。

嘉庆四年正月初三日（1799年2月7日），乾隆帝崩于皇宫养心殿。颙琰即日亲政，是为嘉庆帝。嘉庆帝在办理大行皇帝丧事期间，采取断然措施，惩治权相和珅，举朝上下，大为震惊。短短15天里，就把被先帝恩宠30年的"二皇帝"干净利索地惩治了，举措得体，取得胜利。这是嘉庆帝一生处理重大政治事件中最为精彩的一笔，也是他作为政治家的唯一杰作。

第八十八讲

大内遇刺

嘉庆皇帝25年的皇帝生涯，其帝王使命虽是一件一件地解决乾隆盛世留下的危机，却也一步一步地使清朝陷入更加衰落的危机。盛世下的危机，嘉庆年间更加深重。其中一个典型例子，就是在皇宫大内，嘉庆帝居然两次遇险。

一、入宫行刺

嘉庆八年闰二月二十日（1803年4月11日），嘉庆帝从圆明园回到皇宫，在进了神武门要进顺贞门时，有一位壮汉突然跑来，犯驾行刺。这就是当年震惊朝野的陈德行刺嘉庆帝事件。

陈德，曾典给镶黄旗人、山东青州府海防同知松年家为奴。松年故去后，十四岁的陈德跟随父母在青州、济南等地，给人服役，或做佣工，辛劳度日，勉强糊口。陈德娶妻后，携妻子到北京，投靠到外甥、内务府正白旗护军姜六格家。后陈德随镶黄旗包衣常索，在内务府服役，帮办配送嘉庆帝妃子刘佳氏的碗盏等什物。刘佳氏是一位资深的妃子，在后宫很有地位，后来被晋封为贵妃、皇贵妃。嘉庆朝册封为贵妃的,只有刘佳氏一位(另一位贵妃钮祜禄氏是嘉庆帝死后尊封的)。陈德因给贵妃跑腿,而得以进出紫禁城、圆明园。

后来,陈德与妻子典给孟明家做厨役。但妻子病故,留下了两个儿子,他又被孟家解雇。陈德生活在社会底层,贫穷苦闷,作为奴仆,跟官服役,饱尝辛酸,受尽欺凌。陈德看到贵族的腐朽生活,也亲历皇室的穷奢极欲,体察到人间不平,激发起反抗情绪,精神也不太正常,时常喝酒,在院里歌唱哭笑。就在陈

清仁宗颙琰像

德实在穷苦难过,要寻死路之时,求签说有"朝廷福分"。他在街上看到黄土垫道,闻知嘉庆帝将于二十日进宫,便"起意惊驾",谋刺嘉庆帝。陈德心想:犯了惊驾之罪,必将我乱刀剐死,图个痛快,也死个明白。

陈德带着年仅十五岁的长子陈禄儿,进入皇宫东门东华门,又绕到北门**神武门**,潜伏在顺贞门外西厢房山墙后,等待嘉庆帝銮舆到来。当嘉庆帝一行乘轿将要进顺贞门时,陈德突然跃出,手持小刀,冲了过来。这突如其来的袭击,吓得嘉庆帝匆忙逃入顺贞门内。在场侍卫、护军多达百余人,都被陈德的突然行刺吓

神武门

逛一逛

神武门

紫禁城的北门,建于明永乐十八年(1420),初名玄武门,后因避康熙皇帝玄烨名讳改称神武门。内设钟鼓,与钟鼓楼相应,用以起更报时。城台有三门,帝后走中间正门,余者由两侧门出入。清代选秀女、迎嫔妃均入此门。

顺贞门

逛一逛

顺贞门

御花园北门。始建于明初,位于紫禁城中轴线上。原称坤宁门,明嘉靖十四年(1535)改称顺贞门。神武门内即顺贞门,是通往宫外重要通道。明朝从此处运送病故宫人。清代皇后往先蚕坛行祭祀礼或往圆明园、寿皇殿等地由此处出入。顺贞门也是清代后宫亲眷奉旨会亲场所。

着了,神情惊愕,呆若木鸡,竟然没有人上前拦阻。只有御前大臣定亲王绵恩、乾清门侍卫蒙古喀喇沁公丹巴多尔济等六人,尚属镇定,上前捉拿。经过一番搏斗,绵恩的袍袖被刺破,丹巴多尔济被刺伤。陈德力竭被抓,陈德的长子陈禄儿则乘乱溜走回家。

嘉庆帝对陈德行刺事件异常震惊,命军机大臣会同刑部尚书,日夜严审陈德。二十四日,陈德被处以磔刑,立即执行;其长子陈禄儿年十五,次子陈对儿年十三,被同时处绞。

紫禁城内发生陈德行刺事件十年之后,又发生了天理教众攻入紫禁城的事件。

二、箭扎隆宗

我们今天参观故宫,还可以看到隆宗门的门额上留有清晰的箭痕。相传这是嘉庆十八年(1813)九月,天理教民众攻入皇宫留下的历史印记。

白莲教起事,困扰嘉庆朝。其中一支天理教,在京畿大兴县(今北京大兴区)活动,首领叫林清,他与河南滑县的李文成相呼应,约定九月十五日同时起事,要将嘉庆帝赶出关外,恢复汉人统治。

已投靠林清的八旗汉军正黄旗曹福昌,透露说嘉庆帝木兰秋狝返程,将于十七日抵达白涧行

留有箭头的隆宗门门额

宫，到时留京大臣会出城迎驾；建议是日乘虚而发，成功把握较大。但林清认为九月十五日的起事日期为"天定"，不宜更改。于是决定如期举事，攻打皇宫。

林清倚恃内应太监熟悉宫廷，决定派200人，分作两队——东队进东华门，太监刘得才、刘金为向导；西队进西华门，太监张太、高广福为向导；太监王得禄等则居中应援。并约定以"白帕"为标志，在十四日化装成小商贩等，各备兵器混杂于酒肆、行商中，分别在菜市口、珠市口、鲜鱼口等处会合，待十五日午时一到，即向皇宫发动进攻。林清则在黄村坐镇。

十五日早晨，200多名天理教教众由宣武门潜入，然后分成东、西两队，潜伏在东华门、西华门外。午时一到，由宫内太监接应，开始分别攻闯东华门和西华门。

东华门一路，被守门官兵察觉，只有五名起事者闯入东华门内。双方展开激烈搏斗，天理教教众全被擒杀。西华门一路约50人，冲入门内后，反闭城门，向里冲进，沿咸安门、武英门、右翼门到隆宗门。守军发现后，关闭隆宗门，于是在隆宗门外激战。

正在上书房读书的诸皇子闻变，皇次子绵宁（后更名为旻宁，即后来的道光帝）急命进撒袋、鸟铳、腰刀，饬太监登垣以望，发现有起事者由廊房越墙，手举白旗冲向养心殿，已经靠近养心门。旻宁"发鸟铳殪之，再发再殪"（《圣武记》）。皇三子绵恺紧随皇兄之后，冲到苍震门，也发枪射击。留京的礼亲王昭梿等闻警，急率禁兵，自神武门入卫。1000多名火器营等官兵，调入皇宫内，投入战斗。教众退至武英殿前，寡难敌众，全被擒杀。后经过一番搜索，内应太监也全被擒获。十七日晨，林清在黄村宋家庄被捕。至此，天理教教众进攻皇宫的举事失败。

嘉庆帝在结束木兰围猎后，原定回銮去遵化谒其父乾隆帝裕陵，惊闻宫内之变，改变行程，径直回京。十九日回到北京城，诸王大臣迎驾于朝阳门内。嘉庆帝感慨地说："此实非常未有之变！寇贼叛逆，何代无之？今事起仓猝，扰及宫

禁，传之道路，骇人听闻！"（《清仁宗实录》卷二七四）

嘉庆十八年（1813）是癸酉年，这一事件又称为"癸酉之变"。

三、心有余悸

如果说十年前的陈德行刺案，只是个案，具有一定的偶然性，那么癸酉之变使清朝皇帝第一次认识到自入关170年来，大清的江山，发生了危机。

嘉庆帝在回宫的路上就颁布《遇变罪己诏》，称此为"汉、唐、宋、明未有之事"！然"变起一时，祸积有日"。就嘉庆帝的《遇变罪己诏》，可做几点分析：

第一，态度尚好。嘉庆皇帝这个人，遇到大的事变，总是反省自己。不像有的人，文过饰非，功劳归己，过错责人，甚至不惜伪造文件，表明自己一贯正确。

第二，表彰功者。他说："绵宁系内廷皇子，在上书房读书，一闻有警，自用枪击毙二贼，余贼始纷纷潜匿，不敢上墙，实属有胆有识……绵宁身先捍御，实属忠孝兼备。二阿哥旻宁着加恩封为智亲王。"（《清仁宗实录》卷二七四）

第三，批评臣工。他说："当今大弊，在因、循、怠、玩四字。"这四个字——因上、循旧、怠惰、玩职，道出其时官场的普遍现象。提出要么"赤心报国"，要么"挂冠致仕"，而不要尸位素餐，误国误民。

第四，泪随笔下。天理教教众，手无寸铁，200余人，攻紫禁城。他说：这是汉、唐、宋、明以来所未有之事，并为此而"笔随泪下"。真是动了心！但作为政治家，在重大事变面前，哭天抹泪，不算英雄。要有气魄、有格局、有毅力、有办法，勇于克服积弊，敢于进行改革。

后嘉庆帝在中南海丰泽园，亲自审讯林清和太监刘得财、刘金，命将刘得财、刘金二人夹打后处决；继审林清，命将林清凌迟处死，并将其首级送到直、鲁、豫地区示众。此后，处决林清的姐姐、妻子等。

嘉庆帝加强皇城的防卫措施：严密执行保甲法；对太监严加管束，禁止随便出入紫禁城；不准八旗宗室、旗人居住城外；在京师城内及紫禁城、圆明园增设哨卡，添置、整修防御工事和设备，增加驻防军队；严守紫禁城内值班大臣的交接班制度；等等。

这一年嘉庆帝五十四岁生日，他也没有心思过了。他说："十月初六日，为朕寿辰，国家典礼，自初三日至初九日，俱穿蟒袍补褂；正日，御正大光明殿受贺，此定例也。今岁突遇此祸，若仍照常年典礼而行，朕实无颜受贺。况军书交驰，邪氛未靖，尚有何心宴乐乎！"（《清仁宗实录》卷二七五）

直到临终的前一年，他还在大臣奏折中朱批："有天良之大臣，永不忘十八年之变；丧尽天良之辈，早已付之云烟之外！"（《清仁宗实录》卷三五八）

皇帝在大内遇刺，大内被外人攻入，这在明清500年紫禁城宫廷史上，先例没有，后例也无。这预示着大清皇朝正在迅速走向衰败。

第八十九讲 道光继位

清道光帝旻宁，原名绵宁，三十九岁登极，在位30年，享年六十九岁。年号道光，意为道统光大。他在历史上有两个第一：清朝唯一以嫡子身份继承皇位的皇帝；中国2000年帝制史上，第一个同西方殖民者签订丧权辱国条约的皇帝。

一、有福皇子

道光帝旻宁的生母孝淑睿皇后喜塔拉氏，为副都统、内务府总管大臣和尔经额之女。乾隆三十九年（1774），被乾隆帝册为永琰福晋，这年永琰十五岁。乾隆四十七年八月初十日（1782年9月16日），喜塔拉氏在撷芳殿中所，生下一位皇子，名旻宁（绵宁），就是后来的道光皇帝。

旻宁六岁开始读书，受到儒家教育，"经史融通，奎藻日新"，以此自诩，学而有成。旻宁十岁那年，有一件吉祥的事。这年，他初次随祖父乾隆帝木兰秋狝。他引张小弓，射获一鹿。乾隆帝大喜，赋诗一首：

尧年避暑奉慈宁，桦室安居聪敬听。

老我策骢尚武服,幼孙中鹿赐花翎。

是宜志事成七律,所喜争先早二龄。

家法永遵绵奕叶,承天恩贶慎仪刑。

这诗说的是乾隆帝十二岁时,随同祖父康熙帝前往木兰行围,初围得熊,此次旻宁则初围就获鹿,比当年乾隆还小两岁。

旻宁十四岁,祖父乾隆帝宣谕永琰为皇太子,全家大喜。十五岁,双喜临

清宣宗旻宁像

门。正月初一日，嘉庆帝在太和殿登极，成为清朝入关后第六代皇帝，这是一喜。另一喜是嘉庆帝为他娶亲成婚。新娘钮祜禄氏，是户部尚书布彦达赉之女。因为父亲做了皇帝，自己的妻子便被册封为嫡福晋。

旻宁十六岁，家里发生了大不幸，生母皇后喜塔拉氏病故。但他成长很快，举止得体。

旻宁十八岁，嘉庆帝遵照秘密建储家法，"亲书上名，缄藏鐍匣"，旻宁成为秘密立储的皇太子。从此，"寿皇展拜，则命随行；裕陵敷土，则命恭代"（《清宣宗实录》卷一），皇父对他格外教育和关怀。旻宁被密建皇储之后，嘉庆帝经常嘱咐他"屏窥测，杜猜疑"，要他静心读书，修身养性。旻宁更加严格要求自己，"日与诗书相砥砺"，写成了《养正书屋诗文集》四十卷。他亲笔书写了"至敬""存诚""勤学""改过"四个条幅，挂在屋中，以提示自己要修身养性，也是向嘉庆帝表露心迹。

旻宁三十二岁，发生了天理教教民攻入皇宫的突发性事件。他机智勇敢，登墙上房，射死两名天理教徒。这使他在宫廷上下、朝野内外，威望大增。嘉庆帝在回京途中得到奏报后，即封旻宁为智亲王。

尽管旻宁有出色的表现，又被秘定为储君；但在皇位继承时，仍出现了风波。

二、鐍匣风波

嘉庆二十五年（1820）七月，旻宁随驾嘉庆帝到热河秋狝。二十四日，嘉庆帝身体不适。二十五日，病危。《清宣宗实录》记载："是日，仁宗疾大渐。召御前大臣赛冲阿、索特纳木多布斋，军机大臣托津、戴均元、卢荫溥、文孚，总管内务府大臣禧恩、和世泰，公启鐍匣，宣示御书：嘉庆四年四月初十日卯初，立皇太子（旻宁）朱谕一纸。戌刻，仁宗崩。"

当然，嘉庆和道光两部《实录》，都是事后精心编纂的。如果真同上面的记载，就不存在麻烦。事实上当时确实发生了一场风波，这场风波是由装着立储谕旨的镡匣引起的。

按照雍正帝的谕定，皇帝立储的御书，缄封在镡匣里，悬放在乾清宫"正大光明"匾额的后面。乾隆帝当年继位，就是从"正大光明"匾额之后取下镡匣，得到立储谕旨的。道光帝的秘密立储御书，自然也应该放在那里。嘉庆帝在避暑山庄崩逝后，本应立即派大臣急驰北京，到皇宫取下乾清宫"正大光明"匾后的镡匣。但是，当时并没有这样做。

第一，太后懿旨。 嘉庆帝的孝和睿皇后在皇宫惊悉嘉庆帝崩于热河行宫的噩耗，传下懿旨："皇次子智亲王，仁孝聪睿，英武端醇，见随行在，自当上膺付托，抚驭黎元。但恐仓卒之中，大行皇帝未及明谕，而皇次子秉性谦冲，予所深知。为降谕旨：传谕留京王大臣，驰寄皇次子，即正尊位。"（《清史稿·宣宗本纪》）本

乾清宫"正大光明"匾

来皇后就在宫里，应该派人去取正大光明匾后面立储谕旨，但是皇后却直接传下懿旨，这说明镡匣御书不在正大光明匾后面。

第二，宗室建议。《清史稿·禧恩传》载述："仁宗崩于热河避暑山庄，事出仓猝，禧恩以内廷扈从，建议宣宗有定乱勋，当继位。枢臣托津、戴均元等犹豫。禧恩抗论，众不能夺。会得秘匮朱谕，乃偕诸臣奉宣宗即位。"

禧恩是睿亲王淳颖之子，由头等侍卫、御前侍卫晋为内务府大臣。禧恩出身宗室，地位重要，但他本来并无权力建言皇储大事，所以他的建议未得军机大臣认同，他虽抗论，但不能定。这说明当时禧恩等跟随在嘉庆帝身边的大臣，并没有听到嘉庆帝对储位的安排。

第三，金盒御书。包世臣所撰《大庾戴公墓碑》，记载当时寻找并开启镡匣的情状。其碑文说：庚辰〔嘉庆二十五年（1820）〕春，（戴均元）拜文渊阁大学士，晋太子太保，管理刑部。七月，公（戴均元）偕满相托文恪（托津）扈滦阳围。甫驻跸，圣躬骤有疾，不豫。变出仓猝，从官多皇遽失措。公与文恪（托津）督内臣检御箧十数，最后近侍于身间小金盒，锁固无钥。文恪拧金锁，发盒得宝书。公即偕文恪（托津）奉今上即大位，率文武随瑞邸（绵忻）成礼。乃发丧，中外晏然。"原来装御书小金盒，由嘉庆帝随行携带。经过周折，总算找到。大学士托津偕戴均元，开启金盒，宣示御书。立旻宁为皇太子，奉嗣尊位，然后发丧。

在找不到镡匣御书的情况下，皇后钮祜禄氏明明有绵恺、绵忻两个亲生皇子，但她下懿旨由不是己出的旻宁继位；而宗室禧恩也斗胆建议由旻宁继位，这些都说明旻宁继位是人心所向的。

三、丧权辱国

道光帝执政30年，既算是勤政，也算是节俭。他做了不少事情，如惩治贪污、整顿吏治、治河通漕、清厘盐政、开通海运等，都或多或少有所成绩。他一生中，最大的政绩，是巩固了新疆的社会秩序；最大的悲苦，是鸦片战争失败，并签订丧权辱国的《南京条约》。

道光帝面对英国的鸦片侵略，禁烟销烟，摇摆不定；应对英国入侵的鸦片战争，主战主和犹豫不定，首鼠两端；最终，签订《南京条约》，丧权辱国。

道光二十二年（1842）七月初七日，钦差大臣耆英到达江宁（今江苏省南京市）。英舰已驶至南京下关江面，陈兵南京城下。十五日，耆英同璞鼎查在英舰"康华丽"号上会见。十九日，耆英同璞鼎查又在静海寺会谈。二十四日，钦差大臣耆英、伊里布受道光皇帝之命，与英国全权代表璞鼎查，签订结束鸦片战争的中英《江宁条约》即《南京条约》。八月初二日（9月6日），道光帝批准《南京条约》。《南京条约》共13款，主要内容有：

（一）中国向英国赔款2100万银圆；

（二）割让香港岛；

（三）开放广州、福州、厦门、宁波、上海五处为通商口岸；

（四）中国进出口税率由中英双方共同议定等。

《南京条约》是中国近代史上第一个丧权辱国的不平等条约。从此，西方侵略者用武力打开了中国的大门，使中国逐步沦为半殖民地半封建社会。道光帝是中国两千年帝制史上，第一个同西方殖民者签订丧权辱国条约的皇帝。

第九十讲 梅妻鹤子

"梅妻鹤子"这个题目，读者会觉得奇怪，怎么会以梅花做妻子、以仙鹤做儿子呢？这是个神话吧！不，这不是神话故事，而是一个真实的故事。

一、真实故事

北宋有个名士林逋（967—1028），字君夏，浙江钱塘（今杭州）人。他少年失去双亲，生活极端艰难，但学习很努力。

他的学习，不重文章，而重诗画；他的为人，不重名利，而重友善；他的性格，不好张扬，而尚恬静；他的脾气，不急不躁，温文尔雅。

家里虽然贫苦，缺衣少食，但林逋毫不在乎，读书自乐。稍长，在长江、淮河之间，乐山乐水，游荡交友。后回到杭州，他在西湖**孤山**，搭巢居阁，避风雨，夜寝居。林逋很奇特，整天在孤山，不仕不娶，赋诗作画，观梅放鹤，长达20年未到杭州城里。

林逋有一件怪事，常人很难理解。一般人是"男大当婚，女大当嫁"，林逋却是不结婚也不生子。他常说：梅是我的妻，鹤是我的子。所以，人们说他是"梅妻鹤子"。那么林逋是怎样打发日子呢？看书，写诗，抚琴，舞墨，绘画，种地，采药，养梅，育鹤，仰观蓝天，俯视绿地，观赏孤山，荡桨西湖，被范仲淹戏称"山中宰相"。

清幽的生活，恬淡的性情，使得林逋写出诗来，自有韵味。他的咏梅诗《山园小梅》有句：疏影横斜水清浅，暗香浮动月黄昏。有人评论说，这不仅把梅品与人品，而且把梅花的清影和神韵写绝了。这么好的诗，现代人会把它放到网上，让其流布天下。但林逋写出佳作名句，刚写完，就抛弃。朋友问他："为什么不誊清，传于后世？"他说："我隐逸山林，并不想以诗名一时，况后世乎！"有的好事者，往往暗自记下，后来集结为传世的313篇。《宋史·艺文志》记载《林逋诗》七卷，又《诗》二卷，还有《句图》三卷。

林逋的事迹传到宋真宗赵恒那里，他"赐杭州草泽林逋粟、帛"（《宋史·真宗本纪》）。杭州知府薛映、李及等，也常去拜访，每到林逋住处，清谈终日而去。林逋养了两只仙鹤。有时，林逋自荡小舟，游放西湖，观青山，赏游鱼。来了客人，怎样通报？书童一面待客，一面开笼放飞仙鹤。林逋见鹤，知道来客，桨舟而归。林逋死后50多年，苏轼到杭州，因仰慕林逋植梅养鹤，脱俗高节，造访林逋遗迹。他赞扬林逋：以湖光为呼吸，以山绿为饮食，神清骨冷，双眸如烛。他赞叹林逋诗文清净而富意蕴，书法秀逸而藏劲健；甚至自我期望化作修竹、寒泉和秋菊，与林逋为伴。苏轼在林逋遗诗后的诗跋，现藏于北京故宫博物院。

在两宋320年间，官场倾轧，日处险境，清逸之士，寻求超脱，避喧趋静，居山水之间，观日出日落。《宋史》列传中的隐逸之士传43人，喧嚣宫殿之外，构筑学林小景。宋朝士林，重君子，鄙小人："言其所善，行其所善，思其所善，如此而不为君子者，未之有也；言其不善，行其不善，思其不善，如此而不为小人者，未之有也。"（《宋史·徐积传》）

今孤山有舞鹤赋刻石、放鹤亭、林逋墓和乾隆行宫遗迹，是为"西湖十八

杭州放鹤亭

逛一逛

孤山

杭州西湖中一座小孤岛,在西堤以东,西泠印社之旁,沿孤山路可达。西湖海拔13米,孤山海拔35米,所以孤山高22米,面积约20万平方米。谚语说:西湖有三怪——断桥不断,长桥不长,孤山不孤。林逋的遗迹,在孤山西麓,主要有放鹤亭、林逋墓、乾隆行宫遗迹等。

景"之一。

二、乾隆倾慕

林逋的清逸生活,引起厌倦宫廷生活的乾隆帝的兴趣。乾隆帝六下江南,其中有五次携带林逋诗卷,在杭州孤山行宫,他熏香品茗,展卷欣赏,寻访遗迹,冥思怀古。诗中写道:

乘闲试步孤山阴,一泓碧水浸群玉。

其间知有处士坟,无神道碑已绝俗。

依然梅树护墓门,千秋地下安漆烛。

……

携来卷册相印证,朗润那借招隐曲。

徘徊半晌命归舆,扫尘迹动清风竹。

竹风拂径菜花黄,虽弗柴桑亦疑菊。

在这个过程中,乾隆帝又得到了林逋的《手札二帖》,他喜出望外,视如珍宝,从此将诗卷和手札一并带在身边,每下杭州西湖,必访林逋遗迹。

乾隆四十九年(1784)第六次下江南的乾隆皇帝,年逾古稀,仍到孤山寻访林逋遗迹,第五次赋诗:

幸哉孤山山之阴,又得重来抚松竹。

却惜柴桑未经到,渊明孤醉东篱菊。

值得深思的是,乾隆帝携林逋的《自书诗》卷和《手札二帖》,到杭州孤山寻访、赋诗,连续五次,延续28年,并将其著录于《石渠宝笈续编》,珍藏在自己养老之所的宁寿宫。

人们不禁要问,乾隆皇帝对林逋为什么会如此动情、动真?其一,林逋史迹,为世代文人景仰,亦为乾隆皇帝心之所动。其二,林逋和苏轼诗书相和(林为苏所敬仰,并不是同时代人),诗书并美,文人雅兴与风骨,为乾隆皇帝情之所钟。正如他所写:"顷来湖上,重展是卷,缅高风于千载,抒雅兴以重赓。"

林逋"梅妻鹤子"的隐士生活,是中国古代知识分子追求的一种理想

林则徐像

模式，虽有消极遁世的一面，但淡泊宁静、超凡脱俗、不慕虚荣、不求利禄的高洁情操，千年以来受到文人雅士的追慕，包括苏轼，包括乾隆帝，也包括林则徐。

三、千年相通

林则徐的父亲林宾日，仰慕同族远祖林逋，也在家中养鹤，并绘《饲鹤图》，以陶冶性情。他给第一个儿子起名"鸣鹤"。父亲淡泊高雅的品格，对林则徐影响很深，成为林氏家风的一个重要特征。林则徐在父亲去世后，不仅把父亲所绘《饲鹤图》带在身边，而且又添绘第二图、第三图。在20年间，先后有65位名宦、名士、名友，在这三幅高雅的《饲鹤图》上留下墨宝。林则徐为此赋诗：

我从尘海感升沉，何日林泉遂此心。

墓表大书前处士，家风遥愧古长林。

湖山管领谁无负，梅鹤姻缘已渐深。

便似携锄种明月，结庐堤上伴灵襟。

林逋祠、墓在杭州孤山。林则徐任职杭嘉湖道时发起修葺、补种梅树360株，并购二鹤豢养于墓前，还为墓表题额。他为林逋祠题写柱联：

我忆家风负梅鹤，天教处士领湖山。

"梅妻鹤子"的林逋，在林则徐幼年时就进入他的心田，在为学、为官的人生旅途中，一直影响着他。林逋孤高自好、清洁高雅的情操，甚至隐士的生活方式，都为林则徐所景仰。

林则徐在国难之时，以身许国，慷慨赴义，他的骨子里有一种什么样的精神？这就是我讲的"梅妻鹤子"的精神。

林则徐出生于福州左营司巷。他回忆小时候"每际天寒夜永，破屋三椽，朔风怒号，一灯在壁，长幼以次列坐。诵读于斯，女红于斯，肤粟手皲，恒至漏尽"(《云左山房文钞·先考行状》)。林则徐刚四岁,就被父亲带到其任教的罗氏试馆,坐在父亲腿上读书。家境虽然清寒,但他的父亲林宾日是一位品德高洁的读书人,他为家庭树立了一个榜样,就是同为林姓的宋朝隐士林逋。

道光十八年(1838),鸿胪寺卿黄爵滋请禁鸦片烟,下中外大臣议。林则徐请用重典,他慷慨激昂言:"此祸不除,十年之后,不惟无可筹之饷,且无可用之兵。"(《清史稿·林则徐传》)道光帝听了之后,虽然心里不高兴,却暗表赞赏。随后,命林则徐朝见,先后在紫禁城召对19次。这19次,史无前例。后命林则徐为湖广总督、钦差大臣,驰往广东,严厉禁烟。林则徐向座师沈维侨(鼎甫)辞行时,慨然表示:"死生,命也;成败,天也。苟利社稷,不敢不竭股肱以为门墙辱!""师生相顾,遂出都。"(《续碑传集》卷二四)前往广东途中,他给妻子郑夫人写信:"明知禁烟妨碍奸夷大利,必有困难,而毅然决然,不敢稍存畏葸之心者,盖以身许国,但求福国利民,与民除害。自身生死且尚付诸度外,毁誉更不计及也。"(《林则徐家书·致郑夫人》)

道光朝的重臣林则徐,以钦差大臣于虎门销烟的壮举,维护了中华民族的尊严,向世界宣示了中华民族反对外来侵略的坚强意志。虎门销烟,不仅成为中国近代史的开端,而且影响至今。联合国将虎门销烟结束翌日即6月26日,定为"国际禁毒日"。而林则徐更是"名节播宇内、彪炳焕史册"。

林则徐的名句:"苟利国家生死以,岂因祸福避趋之。"这成为中华文化的名句,激励多少英雄豪杰披荆斩棘,抛头颅洒热血,为国为民,死而后已!

第九十一讲

爱国英雄

前面讲到林则徐仰慕宋朝隐士林逋"梅妻鹤子"的精神境界，在任职杭嘉湖道时，修葺林逋墓。在杭州，林则徐还修葺了明朝于谦墓；而在福州任职时，他修葺了宋朝李刚墓。林则徐用这些举动，来追慕英雄，教育后人，而他自己，也成为中国近代史上著名的爱国英雄。

一、销烟壮举

清代康熙帝御书"慎、勤、清"三个大字，刻石赐内外诸臣，清代各衙署公堂多写这三个字作匾额。林则徐以一生30余年的为官实践，践行这三字官箴。

林则徐从二十八到三十五岁，在京师做了七年小京官。他刻了一枚闲章："读书东观，视草西台"八个字，概括了他这段时间的为官之道，即勤于学习，善于观察，清要之职，重在"清"字。

嘉庆二十五年（1820）至道光十八年（1838），林则徐三十五到五十三岁的官场生涯进入上行道。林则徐为官，多在江浙等富庶之区，官职也多为肥缺。他先后任浙江杭嘉湖道、署浙江盐运使、江南淮海道、江苏按察使、署江苏布政使、陕西按察使、江宁布政使、湖北布政使、河南布政使、东河河道总督、江苏巡抚、署两江总督、湖广总督。可以看出，道光帝对林则徐一度是比较看重的。

道光十八年（1838）十一月，道光帝命林则徐入觐，前后召对19次，授钦差大臣，赴广东禁烟。五天之后，林则徐前赴广州，查禁鸦片。当时有忌阻者，也有为他担忧者。

道光二十年（1840）正月初一日，林则徐接任两广总督，投身禁烟第一线。他派人翻译外文书报，编成《四洲志》。主张对外商分别对待，孤立烟贩。与总督邓廷桢协力查办，严令英、美烟贩缴出鸦片237万多斤。六月，在虎门海滩当众销毁；并积极筹备海防，倡办义勇，屡次打退英军挑衅。鸦片战争爆发后，严密设防，使英军在粤无法得逞。

林则徐虎门销烟的壮举，维护了中华民族的尊严，向世界宣示了中华民族反对外来侵略的坚强意志。

九月，林则徐、邓廷桢被严加议处，接着被革职。道光二十一年（1841）五月，林则徐被遣戍伊犁。

二、遣戍新疆

林则徐从事业的巅峰跌入谷底，忍辱负重，远戍新疆。短暂的气馁之后，在五十七岁到六十五岁，他生命的最后八年里，他远在新疆及中国的西北、西南，仍然做出了重大贡献。

道光二十二年（1842）二月，林则徐由河南治河工地发往伊犁，七月由西安登程赴戍。林则徐写下《赴戍登程口占示家人》诗二首，其中，就有传颂千古的诗句："苟利国家生死以，岂因祸福避趋之。"意思是如对国家有利，我愿牺牲自己生命，难道会躲避危险、迎趋好处吗？

十一月初九日，林则徐带领十九岁的聪彝和十七岁的拱枢两个儿子，经连续四个月艰苦跋涉，终于抵达新疆首府伊犁惠远城（今新疆维吾尔自治区伊犁州霍城县）。老友邓廷桢陪同进城，一同来到伊犁将军府拜见将军布彦泰和参赞庆昌等。

道光二十三年（1843）年底，林则徐向伊犁将军布彦泰提出捐资兴办惠远城东阿齐乌苏废地垦务的要求，并即开始筹备。垦复，须开挖一条大灌渠。林则徐提出"分段承修"的施工原则，并主动捐资承修整个工程中最困难的龙口首段，历时一年完工。其间，林则徐带领他的两个儿子，日夜奋战在工地上。大渠全长430余里，横贯伊犁河北岸的农田灌区约20余万亩。这是清代伊犁开屯以来最大的水利工程，也是乾嘉两代未竟之业，被当地人民称为"林公渠"，至今还在发挥作用。

道光二十四年（1844）夏，林则徐的旧友金眉生等发动淮、扬一带同官旧属，为他捐资纳赎，很快便集白银巨万。林则徐给旧友一一邮书婉谢，表示宁愿继续在新疆建功立业。

道光二十五年（1845），林则徐的足迹踏遍南疆八城及吐鲁番、哈密，行程三万里。其间，浚水源，开沟渠；父子扯绳，进行测量，垦田近69万亩，提议给当地民众耕种，得到允准，为新疆开发建设做出贡献。同时，林则徐以政治家的敏锐，研究西部局势，提出海防和塞防并重，并预见："为中国患者，其俄罗斯乎！"（《清史稿·林则徐传》）

后清廷起用林则徐，任陕西巡抚、云贵总督。道光二十九年（1849），他因病辞职回籍。第二年，居福州，进行反英人入城活动。九月，清廷任林则徐为钦差大臣往广西，途中病逝。

三、良师益友

林则徐重视交友，以正直的人格结交正人君子为友，肝胆相照，相互感召，志同道合，同舟共济。这种君子之交，为当时浑浊的官场注入汩汩清流。

第一，邓廷桢（1775—1846），江宁（今江苏省南京市）人，道光十九年（1839）与林则徐协力整顿海防，查禁鸦片。二十年（1840）调闽浙总督。六月，率军击退进犯厦门的英国舰队。九月，与林则徐同夺职。翌年四月，与林则徐同戍伊犁。二十二年（1842）十月，迎接并陪同林则徐进入伊犁惠远城。二十三年（1843）闰七月召回任甘肃布政使。邓廷桢被起用后，林、邓和诗，希望林则徐也被起用。邓廷桢离开伊犁后，林则徐搬到他的宅子居住。

第二，魏源（1794—1857），清末思想家、史学家、文学家。道光二十一年（1841）七月，林则徐在遣戍伊犁途经镇江时，会见魏源。二人夜间，同宿一室，对榻倾谈。林则徐把有关《四洲志》的全部资料交给魏源，希望他编纂《海国图志》。当魏源听闻林则徐改役河工时，又赶来再度相会，作诗回忆两人"乘槎天上事，商略到鸥凫"（《魏源师友记》），定下《海国图志》之约，表达肝胆相照的情谊，"不辞京口月，肝胆醉轮址"（《魏源师友记》）。后《海国图志》成书。魏源主张"师夷之长以制夷"，学习西方技艺，抵抗外国侵略。

第三，王鼎（1768—1842），今陕西蒲城人。少贫，力学，性耿直，尚气节。嘉庆元年（1796）

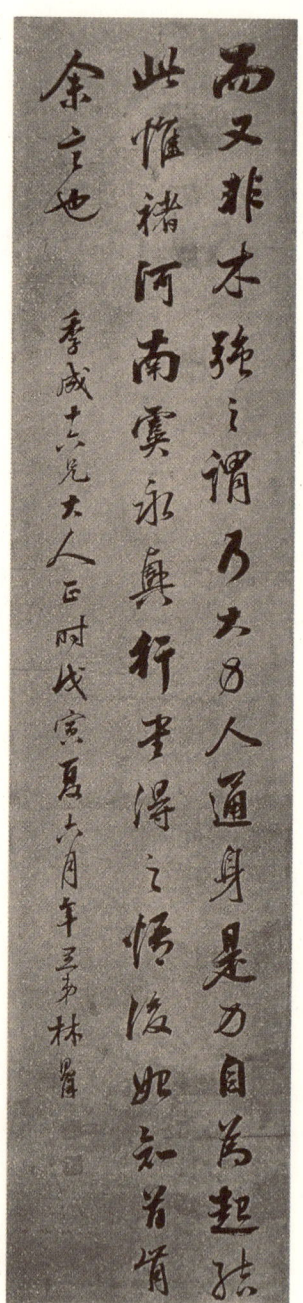

林则徐行书

进士，以才干和品行得到嘉庆帝的信任，逐步晋升，屡任要职。早在嘉庆二十一年（1816），年轻的林则徐到南昌充江西乡试副主考官，便与时任江西学政的王鼎结识，得到王鼎器重。后王鼎得到道光帝信任，先后任左都御史、军机大臣、直上书房、东阁大学士。道光二十一年（1841）八月，黄河在开封祥符决口。道光帝命原拟赴疆的林则徐折回治河工地效力，同时派大学士、军机大臣王鼎前往督办河工。经过半年的艰苦努力，到次年二月，工竣。王鼎晋太子太师，而林则徐则仍发往伊犁效力赎罪。王鼎相送于河干，依依不舍，老泪纵横，涕泣不已。林则徐赋诗安慰他："幸瞻巨手挽银河，休为羁臣怅荷戈。""塞马未堪论得失，相公且莫涕滂沱。"

王鼎愤愤不平，还朝力争。道光帝慰劳之，命休沐养疴。越数日，王鼎自草遗疏，劾大学士穆彰阿误国，闭户自缢，冀以尸谏。但遗疏被军机章京陈孚恩毁灭。道光帝对王鼎突然死去虽有怀疑，但没有证据，便给予优诏悯恤。史载："鼎清操绝俗，生平不受请托，亦不请托于人。卒之日，家无余赀。"（《清史稿·王鼎传》）

第四，布彦泰（1791—1880），满洲正黄旗人。他的一生几乎在西北边陲度过，先后任喀什噶尔参赞大臣、乌什办事大臣、喀什噶尔总兵、哈密办事大臣、塔尔巴哈台参赞大臣、陕甘总督、叶尔羌帮办大臣、伊犁将军等，偕将军奕山会议俄罗斯通商事宜。直至咸丰四年（1854）才回京。享年八十九岁。林则徐、邓廷桢等被遣戍新疆，受到伊犁将军布彦泰的关照。布彦泰经常向他们虚心咨询，在生活上尽量给予照顾。他帮助林则徐完成捐资修渠开垦，又上疏朝廷为林则徐表功。

第五，左宗棠（1812—1885），清末洋务派和湘军首领。道光二十九年（1849）十一月，林则徐由滇归闽途中，特意将行船在长沙岳麓山下湘江边抛泊，派人招左宗棠来舟中见面。左宗棠和林则徐在舟中彻夜畅饮倾谈。时林则徐六十五岁，左宗棠三十七岁，两人神交已久，素未谋面，但一见如故。"湘江夜话"的经历对左宗棠产生很大影响，后来他经略西北，反抗沙俄侵略，做出重要贡献。林则徐逝世后，左宗棠写下长联悼念：

附公者不皆君子，间公者必是小人，忧国如家，二百余年遗直在；

庙堂依之为长城，草野望之若时雨，出师未捷，八千里路大星颓。（《左文襄公全集·联语》）

林则徐生逢中国社会大变革时代。他睁眼看世界，挺身抗侵略，以铮铮铁骨维护国家独立和民族尊严，是伟大的爱国民族英雄。

最后，我们要记住林则徐的名言：苟利国家生死以，岂因祸福避趋之。

辛酉政变

第九十二讲

咸丰十一年七月十六日（1861年8月21日），咸丰皇帝在避暑山庄烟波致爽殿召见怡亲王载垣等八人，谕："立皇长子载淳为皇太子。"又谕："着派载垣、肃顺等八位顾命大臣，赞襄一切政务。"咸丰帝此时因病在身，已不能握笔，遂命廷臣承写朱谕。随之，咸丰又授予皇后钮祜禄氏"御赏"印章，授予皇子载淳"同道堂"印章，由叶赫那拉氏执掌。咸丰帝的意思是，在他死后，由皇后钮祜禄氏、懿贵妃叶赫那拉氏与八大臣联合执政，避免出现八大臣专权的局面，也避免出现皇后钮祜禄氏或懿贵妃叶赫那拉氏一人专权的局面。第二天清晨，咸丰帝病逝。

咸丰帝临终前所做的精心安排，很快就被打破，这就是辛酉之变。

一、三股势力

当时，朝廷的主要政治势力，分为三股。

第一，朝臣势力。其集中代表是咸丰临终顾命、赞襄政务的八大臣。主要为两部分人：载垣、端华、肃顺等三人，为宗室贵族，景寿为额驸，系姻亲贵族；穆荫、匡源、杜翰、焦佑瀛四人，为朝廷大员、军机大臣。

第二，帝胤势力。 咸丰帝死时，道光帝九个儿子中，健在的还有五阿哥惇亲王奕誴（过继）、六阿哥恭亲王奕䜣、七阿哥醇郡王奕譞、八阿哥钟郡王奕詥、九阿哥孚郡王奕譓等。恭亲王奕䜣这时三十岁，正年富力强。当大敌当前，咸丰帝和一干大臣都逃到避暑山庄，没有一个人身临前线。恭亲王奕䜣是空有爵位的闲

清文宗奕詝像

散亲王，既不是大学士，也不是军机大臣，更不是御前大臣，却要挺身在第一线，处理那么一个乱摊子；提出到承德奔丧又遭到拒绝；作为咸丰帝的血亲而未列入顾命大臣。于是，奕䜣就同诸位兄弟们联合起来，同帝后势力联合。

第三，帝后势力。就是六岁的同治皇帝和两宫太后——慈安太后和慈禧太后，虽然他们是孤儿寡母，却是帝制时代皇权的核心。咸丰帝在临终之前，将"御赏"章，交皇后钮祜禄氏收掌；而将"同道堂"章，交皇太子载淳收掌，实际上是由其生母慈禧皇太后掌管。持有这两枚印章，就是掌握了最后否决权。如果她们不加盖这两枚印章，八位顾命大臣是发不出"诏书"和"谕旨"的。因此，帝后势力是朝廷中最为重要的政治势力。

在对待顾命大臣的态度上，帝后一方同帝胤一方的利益是共同的，他们联合起来共同对付顾命大臣，这就在三个政治集团的力量对比上，以二对一，占有优势。

二、发动政变

这时，朝廷大臣实际上分为两半：一半在承德，另一半在北京。因此，主要分为两个派别：以肃顺为首的"承德集团"和以奕䜣为首的"北京集团"。在北京的大臣，又发生了分化，一部分倾向于顾命大臣，大部分则倾向于帝胤和帝后势力，从而出现错综复杂的局面。"承德集团"随驾，主要人物有赞襄政务八大臣载垣、肃顺等。"北京集团"以恭亲王奕䜣为首，其支持者除了奕誴、奕譞、奕诒、奕譓之外，还有军机大臣文祥、桂良、宝鋆等人。

"北京集团"的特点，一是汉儒老臣多，二是正直不阿之臣多，三是对西方了解之臣多，四是力议咸丰在京主政者多，五是主张议和后请皇帝回銮者多，六是官员年富力强者多。特别是他们得到两宫皇太后与同治皇帝的支持。

以上两个朝廷集团，在咸丰承德驾崩之日，便是开始较量之时。

咸丰十一年（1861）八月：

初一日，恭亲王奕䜣获准赶到承德避暑山庄，叩谒咸丰的梓宫。《我的前半生》记载：相传奕䜣化装成萨满，在行宫见了两宫皇太后，会面约两个小时，密商决策与步骤后，返回北京，准备政变。此时，咸丰皇帝刚驾崩13天。

初五日，醇郡王奕譞为正黄旗汉军都统，掌握实际军事权力。

十一日，两宫太后召见八大臣，讨论御史董元醇所上请太后权理朝政、简亲王一二人辅弼的奏折。肃顺等以咸丰遗诏和祖制无皇太后垂帘听政故事，拟旨驳斥。双方激烈辩论。《越缦堂国事日记》记载：肃顺等人恣意咆哮，"声震殿陛，天子惊怖，至于涕泣，遗溺后衣"，小皇帝吓得尿了裤子。相持逾日，八大臣只好先答应两宫太后，回到北京再说。

九月：

初四日，醇郡王奕譞任步军统领，掌握了京师卫戍的军权。不久，奕譞又兼管善捕营事。

二十三日，大行皇帝梓宫由避暑山庄启驾。同治帝与两宫皇太后，奉大行皇帝梓宫，从承德启程返京师。第二天以皇帝年龄小、两太后为年轻妇道为借口，从小路提前赶回北京。

二十七日夜，肃顺等被醇郡王奕譞等抓博。肃顺咆哮不服，械系，下宗人府狱，见载垣、端华已先在。

二十九日，同治帝奉两宫太后回到北京皇宫，即在大内召见恭亲王奕䜣等。

三十日，发动政变。同治帝与两宫皇太后，宣布载垣等顾命大臣罪状，把英法联军入侵北京、圆明园被焚掠、皇都百姓受惊、咸丰皇帝逃到热河的政治责任全扣到载垣等八大臣头上。

十月：

初一日，同治帝与两宫皇太后命恭亲王奕䜣为议政王、军机大臣，命大学士桂良、户部尚书沈兆霖、侍郎宝鋆、文祥为军机大臣。

初三日，大行皇帝梓宫到京。两宫太后和恭亲王利用提前到京的四天，完成了这场政变。

初五日，改年号"祺祥"为"同治"。翌日，诏赐载垣、端华在宗人府空室自尽，肃顺被处斩，褫景寿、穆荫、匡源、杜翰、焦祐瀛职。据记载："将行刑，肃顺肆口大骂，其悖逆之声，皆为人臣子所不忍闻。又不肯跪，刽子手以大铁柄敲之，乃跪下，盖两胫已折矣。遂斩之。"（《薛福成《庸庵笔记》》）

初九日，载淳在太和殿即皇帝位。

后，同治帝奉慈安皇太后、慈禧皇太后御养心殿垂帘听政。垂帘听政设在养心殿东间，同治帝御座后设一黄幔（初为黄屏），慈安皇太后与慈禧皇太后并坐在垂帘后面，恭亲王奕䜣立于左，醇郡王奕譞立于右。

这次政变，因载淳登极后拟定年号为祺祥，史称"祺祥政变"；这年为辛酉年，又称"辛酉政变"；因政变发生在北京，也称"北京政变"。其时，发动政变的四个主要人物——慈安皇太后二十五岁，慈禧皇太后二十七岁，恭亲王奕䜣三十岁，醇郡王奕譞二十二岁。

三、机智果敢

发动政变的以上四人中，两宫太后年轻新寡，深居宫中，王爷年轻气盛，孤立无援，同治帝只龄孩童，本来处于劣势。但是他们机智果敢，干脆利落地取得辛酉政变的胜利。其主要原因是：

第一，抓住并利用官民对英法联军入侵北京、火烧圆明园的强烈不满，对咸丰皇帝和"承德集团"不顾民族、国家危亡而逃到避暑山庄的不满，把全部历史责任都推到顾命八大臣头上，取得政治上的主动，顾命八大臣则成了替罪羊。

第二，充分利用掌握"御赏""同道堂"两枚印章的否决权。

第三，帝后势力与帝胤势力结合，合二为一，占据优势。

第四，利用顾命大臣的麻痹思想，抢占先机，先发制人，果断出手，一网打尽。

养心殿东暖阁太后垂帘听政处

辛酉政变是君权与相权的一次大冲突,表现了两宫皇太后和恭亲王奕䜣的机智果敢,深邃谋略。它的重大结果是清朝体制的一大改变。经过辛酉政变,否定由顾命大臣赞襄政务,而由两宫太后垂帘听政,由帝胤贵族担任议政王、军机大臣,这个体制最大的特征是皇太后与奕䜣联合主政,后来演变为慈禧太后独揽朝政的局面。随之产生一个制度:军机大臣领班由亲贵担任,军机大臣满洲两人、汉人两人,在同治朝大体维持这种五人军机结构的局面。不久,便开始推行同治新政。

第九十三讲

同治新政

　　同治朝遇上难得的历史机遇：在国内处于"太平天国"与"义和团"两次重大社会动荡之间，在国际处于英法联军与八国联军两次入侵之间，如同处在两次大风暴中间的缓冲地带。同治之前的道光、咸丰，之后的光绪、宣统，都没有这样有利的条件。这就给同治朝实行新政提供了一个难得的机遇。这几乎与日本明治维新同时。

　　两宫太后垂帘听政，议政王奕䜣主持政务，互相配合，推行新政，史称"洋务运动"，又称"同治新政"。新政的主要措施是：成立专门处理洋务的总理各国事务衙门，开办洋务教育，开展洋务事业等。这标志着清朝开始迈出开放和近代发展的一小步。

一、办理洋务

　　同治元年（1862）二月，清朝成立总理各国事务衙门，这是两千年来第一个专门处理外事的中央机构。它不仅掌管清廷与各国间的外交事务，而且总揽"新政"的所有洋务事务,所以实际上它是清廷的内阁兼外交部。

总理各国事务衙门下设英国股、法国股、俄国股、美国股和海防股等机构。其中,俄国股,兼理俄、日两国;英国股,兼理奥地利;美国股,监理美、德、秘鲁、意大利、瑞典、挪威、比利时、丹麦、葡萄牙;法国股,兼理法国、荷兰、西班牙、巴西等国外交事务;海防股,掌管南北洋海防等。可以看出,当时清朝外交的视野还是比较开阔的。

当时清朝海关总税务司由英国人赫德担任,同治五年(1866)春天,赫德要请假回国结婚,建议带几位同文馆学生去西方考察,这促成了派员出国考察的破天荒的事情发生。

官员们对出国考察都不愿去、也不敢去,而六十三岁的斌椿报名应征。斌椿,汉军正白旗人,曾做过知县等低级官员,后给赫德做秘书。同治五年正月二十一日(1866年3月7日),斌椿率三名同文馆学生,从上海乘轮船出洋,在欧洲

总理各国事务衙门旧影

游历110多天,访问了法国、英国、荷兰、丹麦、瑞典、芬兰、俄国、普鲁士、比利时等国。斌椿写出《乘槎(chá)笔记》,记录下亲眼所见诸如欧洲博览会、芭蕾舞、大英博物馆、国家议会、近代报社、高等学院、法国凡尔赛宫、凯旋门,以及火车、轮船、电报、电梯、机器印刷、蒸汽机、摄影、钢琴、起重机、显微镜、幻灯机、纺织厂、兵工厂等,同行学生张德彝也著《航海述奇》,将他们所看到的西方近代科技与文明介绍给国人。

二、学习西方

清政府着力培养洋务人才，总理各国事务衙门下属的京师同文馆，实际上就是新式外国语学校。由京师八旗子弟挑选十人入学，聘请英国教士包尔腾教授外语，请徐树琳教授儒家经典。后奕䜣请在同文馆开设天文、算学馆，引起了京师内外的轩然大波。京师流传对联："鬼计本多端，使小朝廷设同文馆；军机无远略，诱佳弟子拜异类师。"于是传称奕䜣为"鬼子六"。更严重的是大学士、同治帝师傅倭仁上书反对。他认为："立国之道，尚礼义不尚权谋；根本之图，在人心不在技艺。"（《清史列传·倭仁传》）由于两宫皇太后态度明朗，攻击同文馆招生之风才被压下去。然而同文馆的招生受到很大影响，原报名者98人，但参加考试者仅有72人，其中30人是为有优厚奖学金而报考。半年后只余下十名学员尚能跟上学业，遂与原来在馆八旗子弟合为一班。同文馆后来聘请美国人丁韪良为总教习，开设化学、数学、天文、物理、国际法、外国史地、医学、生理学、政治经济学等课程，毕业年限改为八年。同文馆初具一所综合性高等学府的规模。到光绪二十八年（1902）并入京师大学堂。

除了开办学堂，还派出留学生。容闳（1828—1912），香山（今广东省中山市）人。道光二十一年（1841），容闳入澳门马礼逊教会学堂读书，后跟随该校美国教员布朗去了美国，成为近代早期留学生。他在美国读完中学后进入大学，获得耶鲁大学文学学士学位。回国后，给直隶总督曾国藩做幕僚和译员。同治九年（1870），清政府批准曾国藩等派留学生的奏章，在上海成立留学出洋局。后以陈兰彬、容闳为正副委员，常驻美国，经管留学生事务。

当时招生工作极难进行，幼童父母都不愿把孩子送到遥远的大洋彼岸去。如詹天佑，他的邻居在香港做事，劝其父送詹天佑报名。这位邻居再三说明去美国留学比科举进士有出息，并提出如果詹天佑去美国留学，就把女儿许配给他，他父亲才同意了。当时詹天佑才十二岁。后来詹天佑学成回国，修筑京张铁路，兴建滦河大桥,都是称著世界的创举。

留学幼童先受预备班半年教育,学习简单英语,了解美国情况。同治十一年(1872)夏,经过考试选拔,第一批幼童30名,在上海乘轮船出洋。从同治十一年到光绪元年(1875),每年出国一批,每批30人,共有四批120人赴美国留学。

光绪七年(1881)五月,清政府将出洋学生一律调回。留美学生自同治十一年(1872)首批出洋,至光绪七年(1881)撤回,最长者达九年。出国时的十二

清穆宗载淳像

岁到十六岁的少年，归来时已是二十多岁的青年。他们在美国虽未完成计划的学业，但都受到西方的教育。这些留学归国的青年，许多人后来成为中国政界、军界、学界、工商界、科技界等方面的知名人物，为中国近代建设做出贡献。据不完全统计：从事行政和外交者24人，其中成为领事、代办者12人，外交次长、公使2人，成为总长1人、内阁总理1人；加入海军者20人，其中成为海军将领者14人；从事教育者5人，其中成为大学校长者2人；从事实业者30人，其中成为工矿负责人者9人、工程师6人、铁路局长3人等。

采西学，求洋器，成为一时风气。曾国藩、李鸿章、左宗棠等走在前列，兴办近代军工厂，编练新式军队，购买英国、德国军舰。近代军事工业的出现，引进了比较先进的科学技术和大机器生产，对学习西方先进科学技术和培养科技人才，起到积极作用。

三、痛失机遇

中国的近邻日本在1868年（同治七年）实行"明治维新"，走上国家富强之路。而清朝维新图强的新鲜空气，却伴随着军机大臣奕䜣的五任五罢而宣告夭折。清朝再一次堵塞了中西交流的渠道，又一次失去了向西方借鉴、学习和吸纳的机会。

在此之前，清朝已经多次放弃发展的历史机遇。

康熙学习西方科技是真诚的，也是认真的。康熙对欧洲主要国家的地理、人文、科技等都比较了解。但康熙帝仅作为个人兴趣、个人求知，而没有上升到国家政策和政府行为。因而，康熙之后，人亡政息。可以痛惜地说，康熙帝失去了一次发展的历史机遇。

乾隆帝晚年，英国使臣马戛尔尼来华，提出"交使通商"的请求，但乾隆帝故步自封，持盈保泰，陶醉于天朝上国的迷梦之中。他看不到世界发展的潮流和工业科技的进步，完全拒绝了英国的要求，堵塞了交流的渠道，又失去了一次发展的历史机遇。

23年之后，英国国王第二次派遣了访华使团，再次提出英国通商的要求。因为英使拒绝向嘉庆帝行三跪九叩礼，而被驱逐出境。清朝再一次堵塞了中西交流的渠道，并再次失去了向西方借鉴、学习和吸纳的机会。

鸦片战争，清政府吃了败仗，签订丧权辱国的《南京条约》。然而，道光帝却拒绝吸取教训，拒绝进行反思，拒绝改革图新。

同治新政失败之后，还发生了光绪朝的戊戌变法，结果又被戊戌政变所葬送。这是历史给清朝最后一次图强维新的机会，但被慈禧太后等顽固派所葬送。宣统初，清政府曾想做一点改良，但为时已晚，革命派已经对清朝的改革失去信心，也失去耐心，历史做出抉择：给予多次机会而不肯进行改革的清朝，将其淘汰出局。

清朝同中国历史上其他皇朝不同，其时，英、美、法、德等西方列强，已经完成资本主义工业化、资产阶级民主化；日本、俄国也逐渐强大。清朝面临生死存亡的问题。大清帝国却依旧故我，或换汤不换药，"因循废堕，可谓极矣"（《清文宗实录》卷二十）！

第九十四讲

道光四子

道光帝有九个儿子，其皇四子奕詝继承皇位为咸丰帝，其孙子为同治皇帝；皇五子奕誴出继，皇六子奕䜣被封为亲王，先后预政咸丰、同治和光绪两代三帝；皇七子奕譞，慈禧时封为醇亲王，儿子为光绪帝，另一个儿子载沣为摄政王，孙子为宣统帝；还有皇八子奕詥、皇九子奕譓、皇五子奕誴的孙子溥儁被慈禧选为皇储，预备取代光绪帝，后被废。道光帝的儿孙们，对晚清历史影响深远。

咸丰帝奕詝大家比较熟悉。我重点介绍奕䜣、奕譞和奕誴这三位道光帝的儿子。

一、老六奕䜣

恭亲王奕䜣（1833—1898）和皇四兄奕詝是同父异母兄弟。奕詝从小由奕䜣母亲抚养。奕詝母亲死后，就完全由奕䜣的母亲养育。奕詝与奕䜣共同生活了17年，同在书房，读经书，习骑射，共制枪法28势、刀法18势，道光帝赐枪名"棣华协力"，刀名"宝锷宣威"，并以白虹刀赐奕䜣。同时，他俩仅相差一岁，都曾经是皇位的候选人。最后奕䜣以仁孝的表现取得道光帝的青睐。奕䜣一生，在咸丰、同治、光绪三朝大起大落，从一位文武双全的睿智青年，到从容威严的外交官，最后成为唯唯诺诺的病人。奕䜣的人生经过六次大起大落。

一起一落。咸丰三年（1853）九月，洪秀全兵逼畿南，咸丰帝起用奕䜣，形势好转。五年（1855）七月，罢其职务，仍在内廷行走，在上书房读书。

二起二落。咸丰十年（1860）八月，英法联军逼近京师，咸丰帝逃往热河，授奕䜣钦差大臣，督办和局；和议告成，回报奕䜣：一要议处，二不见面，三排除在顾命大臣之外。

三起三落。咸丰十一年（1861）七月，咸丰帝崩，奕䜣与两宫太后举行辛酉政变，为议政王、军机处大臣，王爵世袭，食亲王双俸。同治四年（1865）三月，两宫太后命夺议政王号及一切差使。王入谢恩，痛哭引咎。

四起四落。同治七年（1868）二月，西捻军逼近京畿，命奕䜣节制各路统兵大臣。十三年（1874）七月，同治帝谕责奕䜣，降为郡王，夺世袭罔替，仍在军机大臣上行走。

五起五落。光绪帝即位后，再次起用。光绪十年三月十三日（1884年4月8日），奕䜣等全体军机大臣突然被一体罢免。慈禧皇太后令奕䜣停止双俸，家居养病。慈禧撤换了以奕䜣为首的军机处，成了不受任何约束的拥有

奕䜣像

绝对权威的太上女皇。

六起六落。光绪二十年（1894），日本侵朝鲜，复起奕䜣管理总理各国事务衙门，并总理海军，会同办理军务，内廷行走；后又命督办军务，节制各路统兵大臣。十一月，授军机大臣。但此时的奕䜣已经是六十二岁的老人，疾病缠身，锐气全消。此前领略了慈禧太后淫威手段的奕䜣，现在一味听命于慈禧，主张求和。二十四年（1898）四月薨，年六十七。奕䜣之死，使慈禧与光绪帝之间失去了一个重要的中间调解人。这就使慈禧与光绪之间的矛盾激化，最终导致了戊戌政变。

恭亲王奕䜣经历六起六落，每当国家阴云密布，就受到信任起用；雨过天晴，就遭到贬斥冷落。恭亲王奕䜣，用不辞劳，罢不生怼，有纯臣之器度。

二、老五奕誴

奕誴，道光皇帝的第五子。他的母亲钮祜禄氏，被道光封为贵人，进为嫔，又降为贵人。咸丰继位后尊为皇考祥妃。

道光二十六年（1846）奕誴过继给皇叔惇恪亲王绵恺为后，袭郡王。咸丰即位，命在内廷行走。奕誴屡以失礼获谴。咸丰五年（1855）三月，降贝勒，罢一切职任，上书房读书。六年（1856）正月，复封惇郡王。十月，进亲王。同治即位，谕免叩拜称名。同治七年（1868）正月，捻军逼近畿，奕誴陈防守之策。同治十一年（1872），同治帝大婚，赐紫内大臣班及带豹尾枪。同治十三年（1874）十二月，赐紫禁城乘四人肩舆。

奕誴有八个儿子，其中有爵位的有五位：载濂、载漪、载澜、载瀛、载津。其中，载漪值得说一下。光绪十年（1884），奕誴第二子载漪，过继给瑞怀亲王绵忻的儿子奕志，袭贝勒。光绪十五年（1889），加郡王衔。十九年（1893）九月，授为御前大臣。二十年（1894），进封端郡王。为什么连连升迁？因为载漪福晋，承恩公桂祥之女，是慈禧的侄女。光绪二十五年十二月二十四日（1899年1月24日），光绪帝承太后命，溥儁入为光绪帝后，号"大阿哥"，命在弘德殿读书，以承恩公尚书崇绮、大学士徐桐为师傅。明年元旦，大高殿、奉先殿行礼，以溥儁代。京师传言，光绪帝将下诏禅位，大学士荣禄与庆亲王奕劻以各国公使有异议，谏止。

光绪二十六年（1900），义和拳乱起，载漪笃信，以为义民，乱势益张。五月，命充总理各国事务大臣。八月，八国联军自天津逼京师，光绪奉太后出逃，载漪及溥儁跟随。到大同，命载漪为军机大臣，不久罢免。命奕劻与大学士李鸿章议和，诸国指载漪为首祸。十二月，夺爵，戍新疆。光绪二十七年（1901）十月，光绪和慈禧太后返回途经开封，谕："载漪纵义和拳，获罪祖宗，其子溥儁不宜膺储位，废'大阿哥'名号。"《清史稿·诸王传》最后落得获罪，夺爵，归宗。

三、老七奕譞

道光帝第七子奕譞，咸丰帝即位后，封醇郡王。咸丰九年（1859）三月，分府，命仍在内大臣。同治帝即位后，授都统、御前大臣、领神机营。同治三年（1864），加亲王衔。四年（1865），两太后命弘德殿行走，稽察课程。同治十一年（1872），进封醇亲王。同治十二年（1873），同治帝亲政，罢弘德殿行走。

奕譞像

同治帝突然病死后，奕谭之子、四岁的载湉被慈禧太后指定为帝，就是光绪帝。醇亲王奕谭奏两太后，说因同治帝去世，儿子被定为嗣皇帝，五内崩裂，仓猝昏迷，不知所措；旧疾肝病复发，请求辞去一切职务。慈禧太后同意，命王爵世袭。光绪帝在**毓庆宫**入学，命他照料。后赐亲王双俸。

咸丰十一年（1861）九月，设海军衙门，命醇亲王奕谭总理，节制沿海水师，定议操练海军，自北洋水师开始，并派李鸿章专管此事。翌年三月，赐醇亲

清德宗载湉像

王与福晋杏黄轿，王疏辞，不许，但不坐。李鸿章经画海防，于旅顺开船坞，筑炮台，为海军基地。北洋有大小战舰凡五艘，还有蚊船、雷艇等，逐渐组成水师。命奕𫍯同李鸿章等，出天津大沽口，经威海、烟台，到旅顺，巡视北洋水师及水师学堂。(《清史稿·奕𫍯传》) 光绪帝亲政后，王奏：太平湖赐第为皇帝发祥地。世宗以潜邸升为宫殿，高宗谕子孙有自藩邸绍承大统者，应用其例。慈禧从之。别赐第即醇亲王北府（今宋庆龄故居），发帑十万两修葺。光绪十五年（1889）正月，大婚礼成，赐金桃皮鞘威服刀，增护治邸第未竟，复发帑六万。并进封诸子。

光绪十六年（1890）正月，以光绪帝二十岁万寿，增加护卫官兵 50 人。十一月，醇亲王发病，光绪帝亲往探视。不久，醇亲王奕𫍯薨，年五十二。定称号曰皇帝本生考。配享太庙。光绪帝继承皇位后，醇亲王奕𫍯谦卑谨慎，翼翼小心，十余年间，殚竭心力，恪恭尽职。每有忧叙，涕泣恳辞，赐杏黄轿，不敢乘坐。自古摄政，何以过此？

奕𫍯有七个儿子，除了光绪帝外，还有一个儿子也是大名鼎鼎，就是载沣。载沣的儿子，也就是奕𫍯的孙子、光绪的侄子溥仪，被慈禧太后指定为宣统皇帝。载沣袭醇亲王，宣统帝即位后，命为监国摄政王，直到宣统三年（1911），宣统帝逊位，清朝结束。

清朝 12 位皇帝，共有皇子 113 人。道光皇帝有九位皇子，除三人早死外，其中六位影响清朝最后半个世纪的历史。

载沣是清朝、也是中国皇朝史上最后一位摄政王。民谚说：清朝自摄政王多尔衮始，又以摄政王载沣终，是偶然耶，还是必然耶？

第九十五讲 国师懿荣

清朝光绪年间,光绪帝的南书房有一位翰林入值,兼任国子监祭酒,他就是王懿荣。王懿荣,为后人永久记忆的,是他的学问和气节两件事。

一、三任祭酒

王懿荣(1845—1900),福山县(今在山东省烟台市)人。他三次担任国子监祭酒。国子监是明清北京最高学府,祭酒是官名,就是国子监的最高领导者。当时北京国子监是全国唯一的最高学府——大学,王懿荣就是这所大学的校长。王懿荣连着三次任国子监祭酒,为人师表,师生敬佩。

王懿荣的先祖王忠,明初到福山做官。这里依山傍海,风景优美,物产丰富,民风朴实,王忠最后定居在这里。王家世代读书,出了不少文化名人。他的先祖王鹭,清顺治进士。康熙年间,他在四川做官,"不取民间粒米、束草,日费取给于家"(《清史稿·王鹭传》),非常清廉。时重修太和殿,需要大量楠木。王鹭上《请停止解运楠木疏》,说:四川在战乱后,民生凋敝,满目疮痍,攀藤侧立,

王懿荣像

运木更难。通省户口不过一万八千余丁，抽拨五千入山采木，耕作全废，国赋何征，奏请上裁。康熙帝采纳，改用东北松木。王骘官做到江西巡抚、闽浙总督、户部尚书。他曾书写对联："有子能文何必贵，为官致富不如贫。"刻苦读书，体恤民生，严以律己，为人正直，成为王氏的家风。

王懿荣出生在世代官宦、诗书溢香的门第，自幼读书，参加科考。虽读书用功，却科场不顺。王懿荣参加乡试，一试不中，二试不中，三试不中，四试还不中。在他科考屡受挫折时，先祖"父子三翰林"的事迹，激励他屡挫不馁，继续科考。他的夫人黄氏，每次乡试发榜时，都期待佳音，却总是失望。后来在病中竟不能听外面叫卖刊印科考榜上有名"题名录"的声音，便用被子蒙着头、捂着耳朵。到第七次乡试中举，他的夫人却在一个月前病逝，永远看不到、听不到金榜题名的喜讯。来年，王懿荣考中进士，时三十六岁。

王懿荣中进士后，一路东风，顺顺利利。考入庶吉士（读研），三年后散馆（毕业），进入翰林院。这年他三十九岁。任翰林院编修，后入值南书房，兼任国子监祭酒。

甲午战起，日据威海，又陷荣城，登州大震，王懿荣请归练乡团。和议成，回北京，又做国子监祭酒。凡三任，共七年。

王懿荣著述很多，这里不一一介绍。他还有一个特殊的重大贡献，就是发现了甲骨文字。

二、甲骨文字

光绪二十五年（1899），王懿荣在中药"龙骨"中首先发现甲骨文刻辞，并断为古代文字，是我国第一位甲骨文字学家。

在王懿荣之前，大家都知道最早的汉文字刻在或写在竹简或木简上，叫作简书。如马王堆汉墓中出土了大量的简书。其实，早在春秋时代，孔子就"韦编三绝"。"韦",就是皮条。一部书那么多的竹简或木简,怎么读呢?用皮条穿起来,一简一简地阅读。翻的遍数太多,皮条断了三次。这说明孔子读书非常刻苦用功。还有金文,就是把文字铸在钟鼎等器物上。春秋战国,还有书写在绢帛上,称作帛书,等等。那么,更早呢?如商朝,把文字刻在或写在龟甲或兽骨上,后来称作甲骨文。

那时人们不知道这是甲骨文,而把地下挖出来的、地上捡拾到的带文字的龟甲和兽骨,卖给药铺,当成中药。那么,王懿荣是怎样发现甲骨文的呢?王懿荣泛涉书史,酷嗜金石,"笃好古彝器、碑版、图画",是著名的金石文字学家。

一天,王懿荣得病,派人到北京菜市口达仁堂中药店抓药,买回药来开包一看,发现"龙骨"上的刻痕,既不像大篆字,也不像小篆字。王懿荣对金石文字

国子监"辟雍"

素有研究，便觉得好奇，仔细观看，反复琢磨，认为这不是一般的刻痕，很像古代文字。他派人赶到这家药店，把药店刻有符号的龙骨全部买下，后来又广泛搜购，共收集了1500多片。王懿荣经过初步对比和研究，认为是一种新的文字，就叫甲骨文。他断定是殷墟古文字。

王懿荣的儿子王崇焕有一段记载：河南彰德府安阳县小商屯地方，发现殷代卜骨龟甲甚多，上有文字。估人携至京师，公审定为殷商故物，购得数千片。是为吾国研究殷墟甲骨文字开创之始。(《王文敏公年谱》) 这一年是光绪二十五年（1899）。学界公誉王懿荣是甲骨文之父。甲骨文发现后，经文字学家、金石学家、考古学家和历史学家等共同研究，证实殷朝确实存在。后经《老残游记》作者刘鹗并罗振玉等收集整理，拓片成书。再经王国维等研究，识别更多的字，并将甲骨文记载与司马迁《史记·殷本纪》记载，互相对照，于是将殷商王朝世系大致排列出来，确证商朝就有文字记载的历史是信使。

目前，已出土甲骨文15万余片，其中单字约4500个，已识读2000余字。这就将中国有文字记载的历史提前了将近1000年，从此，商朝结束了神话和传说的历史，开始了有文字记载的历史，为中华文明研究做出了重大贡献。而这一成就的发端者，就是被誉为甲骨文之父的王懿荣！

可惜，王懿荣发现甲骨文后的第二年，抗击外敌，以身殉国。

三、以身殉国

王懿荣所处的时代，正是东西方的列强，疯狂侵略中国的时期。清朝一仗败一仗，一辱连一辱，割地、赔款、丧权、辱国……

八国联军侵入时，国子监祭酒王懿荣被任命为京师团练大臣。王懿荣面奏："拳民不可恃，当联商民备守御。"但是，事态危急，已不可为。

光绪二十六年（1900），慈禧太后、光绪帝从皇宫仓皇出逃，离开北京。七月，八国联军进攻北京城东直门，王懿荣等率领义团，奋不顾身，进行抵抗。然而，众寡悬殊，抵抗失利。见势危急，王懿荣急速回到东城锡拉胡同 11 号住宅。此前，院里有一口又大又深的井。王懿荣早就命人把井挖深。家人问他为什么？他笑道家人："此吾之止水也！"意思是这是我终身止水的地方。

他跟家人说："吾义不可苟生！"意思是我不能苟且求生！家人围着他长跪，一边哭泣，一边劝说。王懿荣决心已定，喝下毒药，没有立即死，遂在墙壁上，写下绝命词：

主忧臣辱，——意思是皇上忧愁，大臣受辱。

主辱臣死。——意思是皇上受辱，大臣死节。

于止知其所止，——意思是死，知道为什么死。

此为近之。——意思是我要为国而死！

王懿荣写完绝命词，决然掷笔，赴井而死。王懿荣投井殉国后，他的夫人谢氏、寡媳张氏，共同殉难！

事后，国子监太学生打捞遗体，集资掩埋。这年王懿荣四十六岁。后朝廷赠侍郎，谥文敏。

王懿荣自杀殉国，舍身成仁，大节凛然，既体现了士人的高风亮节，也体现了国人的爱国精神。

第九十六讲

皇帝称谓

明清28位皇帝，先后有24位皇帝成为北京皇宫的主人，在帝制时代，皇帝才是皇宫的主角。那么，当时其他人该怎样称呼皇帝呢？我以清朝为例，简单介绍一下。

一、皇帝名字

每一位清朝皇帝（宣统帝除外）都有五种称谓，就是皇帝的名字、他的年号、他的庙号、他的谥号、他去世之后入葬之前的称谓等。这五种称谓使用的时间、地点、场合，都有严格规定，既不能乱用，也不能混用。在清朝如果疏忽错用，轻者受到申斥、降罚，重者可能被革职，甚至于论斩。但是，影视剧中常遇到皇帝庙号、谥号、年号、名字相混淆的现象。有的观众也提出这方面的问题。

名字： 这个比较简单，皇帝的名字，都是出生后不久，多由他的父亲给起的，伴随他的终生。清朝皇帝遵循满洲传统，只有名，不贯姓。比如：清太祖，名努尔哈赤；清太宗，名皇太极。他们不姓"努"或"皇"，而姓爱新觉罗。入关后,顺治帝给皇子取名,虽然还是只有名不贯姓,但是用满语取名,再音译成汉字,比如玄烨。康熙二十年(1681)以后,康熙帝一方面坚持满洲只取名不贯姓的传统,同时正式采用汉人的取名方法,规定他的皇子皇孙取名,第一个字表示排行,第二个字采用同样偏旁。如皇子辈,第一个字用"胤"字排行,表示辈分,第二个字用"示"字偏旁。如皇太子,胤礽;皇四子,胤禛。皇孙辈,第一个字用"弘",第二个字用"日"字偏旁。如弘历(曆)、弘晳。曾孙辈,第一个字用"永"字排行,第二个字,以"王"字为偏旁,如永琰、永琮。

二、皇帝三号

清朝皇帝都有三"号"——年号、庙号、谥号。

年号:用来纪年。中国古代是用干支纪年,如甲午、己巳、戊戌、辛酉,但干支纪年有一个缺陷,就是每60年一轮回,所以60年一重复;另一种办法就是用帝王的年号纪年;或者两者兼用。明清纪年,用皇帝年号,就是每一个皇帝有一个(个别有两个)年号,用它来纪年。我们常说的永乐、崇祯、康熙、雍正、乾隆,就是年号。现在通行将年号和名字等同,如康熙就是玄烨,雍正就是胤禛,乾隆就是弘历等。严格说来,康熙、雍正、乾隆等都是年号,不是名字。但大家已经习惯,约定俗成。这样,清朝12个皇帝共有13个年号(皇太极有天聪、崇德两个年号),13个年号也称13朝,所以有的书说《清宫十三朝演义》,就是这个意思。

明万历四十八年(1620)七月,万历皇帝去世。八月初一日,光宗泰昌帝继位,九月初一日,泰昌帝就死去。九月初六日,天启帝继位。在同一年里,先后有三位皇帝的年号存在,该如何纪年?经过廷议,决定:万历四十八年八月初一日以前,为万历四十八年;八月初一以后为泰昌元年,第二年为天启元年。

庙号:《辞源·庙号》解释说:"帝王死后,在太庙立室奉祀,并追尊某祖、某宗的名号，称庙号。始于殷代……其后历代封建帝王，都有庙号。"庙号是皇帝死了之后，给他追尊的名号，因为要写在太庙的牌位上，所以称为庙号。如康熙帝的庙号是圣祖，雍正帝的庙号是世宗，乾隆帝的庙号是高宗。宣统帝死于辛亥之后，所以没有庙号。庙号是皇帝死了之后才有的，皇帝生前没有庙号。影视剧中皇帝活着就被大臣称庙号，这是有悖常理常识的。

写有全部谥号的雍正帝神位

谥号：谥号是对死去皇帝具有评价意义的称号。清代皇帝的谥号，由继任的皇帝恭上。其谥号字数很多，太祖27字，太宗、世祖、圣祖、世宗、高宗、宣宗各25字，仁宗、文宗、穆宗、德宗各23字。常用简称，就是取"皇帝"之前的一个字，如，康熙帝谥号是"仁"，雍正帝谥号是"宪"，乾隆帝谥号是"纯"。宣统帝死于辛亥之后，所以没有谥号。

皇帝的庙号和谥号在正式册文中写全称。比如清太祖努尔哈赤的庙号和谥号，是清朝皇帝中字数最多的，共29个字：

太祖 承天广运 圣德神功 肇纪立极 仁孝睿武 端毅钦安 弘文定业 高皇帝

这29个字，关键是三个字，即庙号"太祖"和谥号"高"。这三个字是努尔哈赤独有的。

清帝谥号的前四个字，都有一个"天"字，也都有一个"运"字（皇太极除外）：如康熙为"合天弘运"，雍正为"敬天昌运"，乾隆为"法天隆运"。

明朝皇帝谥号的前四个字，也都有一个"天"字，不同的是没有"运"字，而是"道"字。如明太祖朱元璋为"开天行道"，明太宗朱棣为"启天弘道"等。

大行皇帝：皇帝死后入葬之前，称作大行皇帝。

新皇帝登极，大行皇帝入葬、定了庙号和谥号之后，就称庙号、谥号，如康熙帝称"圣祖仁皇帝"，雍正帝称"世宗宪皇帝"，乾隆帝称"高宗纯皇帝"等。

三、皇帝名讳

中国皇帝的名讳，历史悠久。清承明制，实行名讳。清帝的名字，是不可以随便叫的，也不可以随便写的。清帝的名字，从他登上皇位那天开始是要避讳的，别人不能使用皇帝名字的读音，不能用也不能写皇帝名字的字。但清帝的名讳，不同时期有不同规定。

天命、天聪、顺治时期：清朝太祖、太宗、圣祖三朝，还没有实行皇帝名讳。如"努尔哈赤""皇太极""福临"出现在正式典册（如"实录""玉牒"）时，在名字上贴上黄签，以示敬避。他们的名字不可以写，也不可以读；但组成这三个皇帝名字的字，分解开来，可以写，也可以读。

康熙、雍正时期： 康熙朝开始将皇帝的名字作讳笔。如康熙的名字"玄烨"，避讳时讳缺末笔，"玄"字、"烨"字书写时都讳缺最后一笔。遇到"玄"字，缺末笔，就是"玄"字最后一笔的"、"不写。我统计过，康熙二十四年（1685）编修的《康熙顺天府志》，全书的"玄"字和带"玄"部首的字，如"铉""炫""珓""弦""绞""泫"等字，都讳缺末笔，总计 70 处。皇宫后门明朝叫"玄武门"，康熙时避讳"玄"字，改为"神武门"。

雍正时，雍正的名字为"胤禛"，"胤"字、"禛"字写的时候要讳缺末笔，同时他的兄弟"胤"字都改成"允"字。所以，出现"允礽""允祉""允禩""允禟""允祥"等。他的十四弟胤祯则两个字都改了，第一个字改成"允"，第二个字"祯"因为读音跟雍正胤禛的"禛"接近，所以改为"禵"。

乾隆、嘉庆、道光时期： 恢复康熙的做法，只将皇帝的名字作讳笔。

乾隆时，乾隆帝名弘历。"弘"字讳缺末笔。

嘉庆朝，嘉庆帝名永琰。因"永"字为常用字，所以将御名上一字"永"改为"颙"字。在写"颙"字与"琰"字时，也要讳笔。

道光朝，道光帝原名绵宁，为"绵"字辈。将御名上一字"绵"改为"旻"，避讳时"文"字缺一点；将御名下一字"宁"字讳缺末笔，写作"寍"等。北京广宁门，改名为广安门。

咸丰、同治、光绪、宣统时期： 皇帝名字两个字，规定前一个字不避讳，只是后一个字讳笔。

咸丰名奕詝，将御名上一字仍旧书写，毋庸改避，下一字着缺写末一笔；同治名载淳，"载"字不讳，"淳"字写成"湻"字；光绪名载湉，"载"字不讳，"湉"字讳缺末笔；宣统名溥仪（儀），"溥"字不避讳，将"儀"字缺末笔。

以上可见，清帝名讳逐渐简化。从入关前不太讲究名讳，到康、雍、乾严格名讳制度，再到嘉、道皇帝名字避讳常用字，复到咸、同、光、宣更加简化的名讳制度，以方便大众。

清帝名讳制度是很严格的，如犯了皇帝的讳，科举时轻者名落孙山，重者惹来牢狱之灾。

随着帝制的覆亡，这些有关皇帝的名号称呼，也都进入故纸堆。但是，作为古代文化的基本知识，也是应当了解的。还可以利用这些知识，鉴定文物真伪、书籍朝代版本。

第九十七讲

皇位继承

在中国帝制时代,皇帝是国家、民族的最高象征,掌握国家最高的立法、行政、军事、祭祀和司法大权。皇帝个人的素质、才能、品德、喜好等,对于国家、民族至关重要。因此,皇帝的选择、皇位的继承,于皇朝的盛衰,关系至为重要。明朝的皇位继承制度,继承了唐宋传统,实行父死子继、兄终弟及。而清朝皇帝更有东北渔猎文化的滋养,所以在皇位继承制度上几经变革。

一、演变轨迹

让我们对清朝皇位继承演变的轨迹,做个简单的历史回顾。

第一,贵族公推制。清朝皇帝的选择,太祖、太宗时是由贵族会议推选。清朝的奠基者太祖努尔哈赤、太宗皇太极,是当时天下之精英,是各路英雄之俊杰。努尔哈赤十三副遗甲起兵,开始称雄。但是,各部首领不服。努尔哈赤将建州五部——苏克素护河部、哲陈部、董鄂部、完颜部、浑河部逐部征抚,又将长白山三部——鸭绿江部、珠舍里部、纳殷部征抚。再将东海女真、黑龙江女真逐个部落征抚。还将海西女真扈伦四部——哈达部、辉发部、乌拉部、叶赫部逐个臣服。同时,要东对朝鲜、西对蒙古、南对明朝。最后,努尔哈赤是历史的胜利者。所以,努尔哈赤黄衣称朕,是经过长期激烈较量后胜利的结果。蒙古贵族、满洲贵族共同推举努尔哈赤为昆都仑汗,后称天命汗。

皇太极、顺治的登极,都是经过诸王贝勒会议认真讨论、反复酝酿、彼此协调、政治平衡的结果。虽然顺治六岁登极,但真正掌握实权的是摄政睿亲王多尔衮。多尔衮在当时清朝统治阶层中,是最杰出的人物。

第二,皇帝遗命制。顺治皇位继承后开始改为遗命制。康熙帝继位,由顺治帝遗命;雍正帝继位,由康熙帝遗命(当然其中仍有历史疑案);同治帝继位,由咸丰帝遗命。考据,在皇帝遗命之前,顺治帝临终前,皇太后同顺治帝商量由八岁的玄烨继承皇位,此事还同耶稣会士汤若望说过。康熙帝立皇太子,还请大学士、尚书等朝臣各陈自己的意见。可见这时的皇位继承还有一定的透明度,有一点民主味儿。

第三,秘密立储制。雍正朝实行秘密立储制,就是皇帝生前确定皇位继承人,而不宣布,秘密立储。这样做的好处是:一是避免被指定的皇太子放松对自

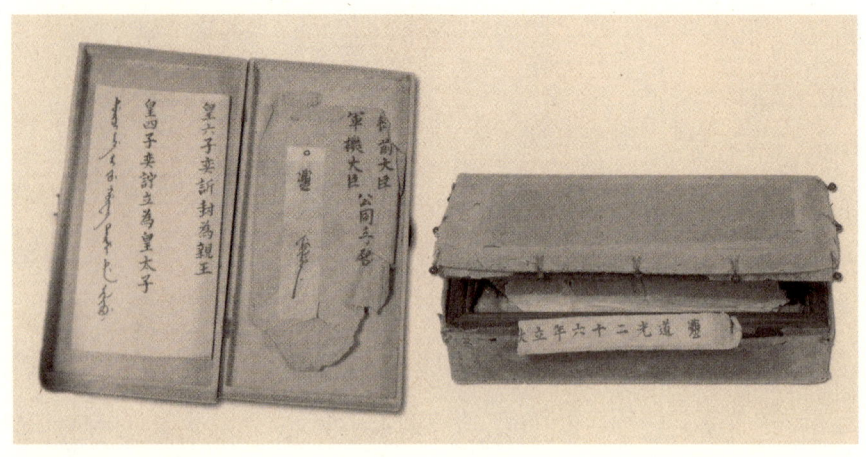

道光帝秘密立储御旨

己的严格要求；二是避免皇太子周围结党，威胁皇权；三是避免其他皇子之间争斗厮杀，以夺取皇太子的地位；四是激发皇子们都严以律己，争取向上。这项制度实行于乾隆、嘉庆、道光、咸丰四朝，实际上只有乾隆、道光、咸丰三朝实行过，因为嘉庆帝继位是乾隆帝禅让。秘密立储制最大的缺陷是：皇位继承人的选择，完全由皇帝一个人暗箱操作，如道光秘密立奕詝为太子，则选人不当。

第四，懿旨定储制。同治帝身后，光绪帝载湉、大阿哥溥儁、宣统帝溥仪，都是由慈禧懿旨决定。皇帝不予参与，朝廷大臣不予议论，而由慈禧皇太后独断专行决定。载湉和溥仪两任皇帝继承皇位，既不是满洲贵族会议推举，也不是用遗诏形式，更不是秘密立储，而是由皇太后"一言而定"。其选择标准，一是幼童，便于太后垂帘；二是爱新觉罗氏与叶赫那拉氏两个家族交叉点，以维持这两个家族的统治。这在明清是没有先例的。

清朝皇位继承制度，贵族参与程度愈来愈少，直至一人独断；从皇帝独断，又到皇太后独断。这同世界发展的民主潮流是完全相悖的。

二、辅政大臣

再看辅政大臣演变的轨迹。

幼帝继承皇位，必有大臣辅政。顺治六岁继位，由郑亲王济尔哈朗、睿亲王多尔衮先为辅政王，后为摄政王。他们是当时统治集团中最优秀的人才。

康熙八岁继位，由索尼、苏克萨哈、遏必隆和鳌拜四大臣辅政。他们都是身经百战、阅历丰富的老臣。

同治六岁继位，定载垣、端华、肃顺、景寿、穆荫、匡源、杜翰和焦祐瀛八大臣赞襄政务。八大臣只"赞襄政务"，不是"辅政大臣"。后由两宫太后垂帘听政，议政王奕䜣辅政。

光绪帝四岁继位，没有辅政王、摄政王、辅政大臣、赞襄政务大臣以及议政王辅政,而只有皇太后垂帘听政。慈禧太后逐步将满洲贵族中异姓贵族、军功贵族、宗室贵族和帝胤贵族都排斥在外,实行个人独裁,所谓"一人治天下,天下奉一人"。慈禧太后将皇权紧紧地抓在个人手中,创造了清朝极权体制的极致。这种慈禧太后极权的局面,持续近50年。在世界政治日趋民主化的大潮中,大清帝国的皇权却日益高度极权。这是酿成晚清历史悲剧的一个重要原因。

三、国际竞争

晚清时的世界,六岁的同治、四岁的光绪、三岁的宣统,面临的对手都是谁呢?

美国: 实行总统制。林肯(1809—1865),美国第十六任总统(任期1861—1865年),恰与同治帝同时,以反对蓄奴的政治纲领赢得大选。他主张废除奴隶制度,发表《解放黑人奴隶宣言》,平定南方叛乱,进一步扫荡了奴隶制度,捍卫了国家统一。

英国: 实行首相制、国会制。维多利亚女王(1819—1901),其任英国女王时期(1837—1901年),与慈禧太后大体同时。英国的工商业快速发展,号称"日不落帝国"。英国有女王,也有国会。维多利亚女王在任期间严格遵守宪法原则,决不逾越法定权限。

德国: 俾斯麦(1815—1898),担任普鲁士和德意志第二帝国首相(任期1871—1890年),与同治、光绪同时。他通过三次王朝战争,统一德意志;对内推行高压政策,被称为"铁血宰相"。

日本: 伊藤博文(1841—1909),先后几次担任日本首相(任期分别是1885—1888年,1892—1896年,1898年,1900—1901年),大体与光绪同时。曾在英国学习海军。在任期间,他起草明治宪法,在废除日本封建制度、建立现代国家中起过重大作用;发动甲午战争,并取得胜利,迫使清政府签订《马关条约》。

阅是楼

俄国： 亚历山大二世（1818—1881），任俄国皇帝（任期1855—1881年），大体与同治、光绪同时。他于克里米亚战争期间即位，之后废除农奴制度，并进行财政、文化、司法、军事等方面的一系列改革，其任期被誉为"大改革时代"。俄国与中国签订《瑷珲条约》《中俄北京条约》《中俄勘分西北界约记》，强占中国约150万平方公里土地。

慈禧太后及其傀儡皇帝同治、光绪、宣统，恰与美国林肯、英国女王、德国俾斯麦、日本伊藤博文、俄国历山大二世等同时代，这些孤儿寡母，怎么可能与之相匹敌呢？

努尔哈赤、皇太极、多尔衮都是当时天下最优秀的人才。后来康熙、雍正、乾隆三帝，是凭借前三帝功业的基础，利用西方尚未东渐的时势，并具有个人素质与才能的优势，而成为中国历史上杰出的英君、能君、名君。嘉、道以后，清朝不自觉地或被迫地参与了世界范围近代社会的竞争。然而，皇帝却一代不如一代——嘉庆帝为庸君，道光帝为愚君，咸丰帝为懦君，同治帝为顽君，光绪帝为哀君，宣统帝则为幼君。特别是慈禧太后，不懂军事、不懂政治、不懂文化，不懂工农商学兵，不懂弓马骑射，更不懂近代科技，凭一点小聪明、小权术，却成为中华四万万民众的"女皇"，怎能不败于世界列强！

司马迁有句名言："究天人之际，通古今之变。"天，天时也；人，人意也；古，鉴戒也；今，通变也。其时，西方许多国家已经工业化、民主制，清朝还是家天下、君主制。清末同、光、宣三朝，慈禧太后通过"听政—训政—亲政"实行专政，长达半个世纪之久，逆天时，悖民意，不鉴古，拒通变。因此，清朝的覆亡，民国的兴起，既是历史的必然逻辑，也是民意的自然选择。

第九十八讲

皇帝之寿

皇帝不仅是皇宫的主人，也是当时天下之主。可谓呼风唤雨，改天换地，随心所欲，这么自在，这么得意，这么任性，他们的寿命一定很长吧？下面我们就来探讨一下。

一、得寿不长

明朝 16 位皇帝中，在北京皇宫君临天下的有 14 位，寿命最长的是永乐帝朱棣，六十五岁；寿龄最短的是天启帝朱由校，二十三岁，平均寿龄 41.2 岁。

寿龄在六十到六十九岁的，也只有二位，永乐帝六十五岁，嘉靖帝六十岁。

寿龄在五十到五十九岁的，只有一位，万历帝五十八岁。

寿龄在四十到四十九岁的，有两位，洪熙帝四十八岁和成化帝四十一岁。

寿龄在三十到三十九岁的，有八位，宣德帝三十八岁、英宗三十八岁、弘治帝三十六岁、正德帝三十一岁、隆庆帝三十六岁、泰昌帝三十九岁、崇祯帝三十四岁、景泰帝三十岁。

寿龄在二十到二十九岁的，有一位，天启帝二十三岁。

14位皇帝中，寿龄在四十岁以上的五位，其余九位寿龄都在三十九岁以下。

清朝入关后十位皇帝，寿龄最长的是乾隆帝，八十九岁；寿龄最短的是同治帝，十九岁，平均寿龄五十二岁。

寿龄在八十岁以上的，只有一位，乾隆帝八十九岁。

寿龄在六十到六十九岁的，有四位，康熙帝六十九岁、嘉庆帝六十一岁、道光帝六十九岁、宣统帝六十二岁。

寿龄在五十到五十九岁的，有一位，雍正帝，五十八岁。

寿龄在四十到四十九岁的，没有。

寿龄在三十到三十九岁的，有两位，咸丰帝三十一岁、光绪帝三十八岁。

寿龄在二十到二十九岁的，有一位，顺治帝，二十四岁。

还有一位寿龄不到二十岁的，同治帝，只活了十九岁。

十位皇帝中，寿龄在五十岁以上的六位，其余四位寿龄在三十九岁以下。

从统计数字可以看出，清代皇帝比明代皇帝，平均寿龄长十一岁，但是以当代的眼光看，显然明清皇帝的寿龄并不长，至少比一般人想象的要短。正好应了那句老话："人生七十古来稀。"

二、冬夏两季

皇帝去世的原因，属于宫廷机密，后人只能通过一些史料加以分析推断，多有历史疑案。但是明清皇帝死去的时间，都是有记载的。学者经过研究，发现一个有趣的现象，就是明清皇帝多数在冬、夏两季去世。

明朝14位皇帝，崇祯帝不是病死的，景泰帝和泰昌帝是春秋季去世，其余12位皇帝都在冬夏两季去世，其中宣德帝和正统帝都是正月去世，大年还没过完。

清朝入关后十位皇帝，死于春秋季的只有光绪帝和宣统帝，其中光绪帝很有可能是被毒死的，而溥仪死时已经不是皇帝。其余十位皇帝，都死于冬、夏两季。其中，顺治、乾隆、道光三位皇帝，都是正月去世。

就皇帝去世的季节而言，明朝和清朝的皇帝竟然惊人地相似。

我国现存最早的医学典籍《黄帝内经》中说："非其时则微，当其时则甚"；"非其时则生，当其时则死。"意思是说，病患之体，阴阳失衡，在与季节相克时，其病则重、则死。冬至到立春之时，气候严寒，正值阴极阳生，阴阳交替，此时患病之体，难以顺应自然之势，天人不应，阴阳隔绝，是故死亡率最高。明清皇帝死亡时间的历史资料表明，在冬三月里，正月死亡率最高，如明清有五位皇帝死于正月。当然，我国地域辽阔，气温差异较大，不同地区，情况不同。明清皇帝主要生活在北京。皇帝也是人，其病死与季节气候的关系，同平民百姓基本一致。

三、心理因素

虽然皇帝的死因往往是宫廷疑案，并不是很清晰，但还是有一定的规律性。我重点讲一下心理因素对寿命的影响。

第一，强势皇帝阴影下的继承人。明朝有两位皇帝在位时间非常短，一位是仁宗洪熙帝朱高炽，四十七岁继位，四十八岁去世，在位九个月。他的父亲就是永乐帝。他十七岁被爷爷朱元璋封为燕王世子，二十六岁被永乐帝立为皇太子，在此后的21年里，永乐帝对他忽冷忽热，两位亲王弟弟也觊觎争斗，朱高炽终日不安，长期压抑，拖垮了身体。另一位光宗泰昌帝朱常洛更是熬煎，他的父亲万历帝迟迟不安排他出阁读书，读了书又很快让他辍读，直到十九岁才被立为太子。可以说在他继位前的38年中，一直生活在孤独、恐惧和苦闷之中，结果继位才一个月就死去了。

清朝的光绪帝，长期生活在慈禧太后的阴影中，特别是大婚之后，他渴望施展才能、实现抱负、婚姻幸福，但都被慈禧太后碾得粉碎。他即使不是被毒死的，也已经病入膏肓。

康熙帝虽然寿命不算短，但如果不是晚年纠结于立废太子这个难题而患中风，他应该有更长的寿命。

从这几位皇帝的经历看出，心理因素对于寿命至关重要。生气、着急、纠结和恐惧，是生命的四大杀手。

第二，肆无忌惮与节制有常。皇帝深居皇宫，权力至高无上，靠什么来节制和约束自己呢？明武宗正德帝就是一位肆无忌惮的人，他的豹房政治，他的荒淫酒色，都创造了历史之最，最后在三十一岁就丧了命。明熹宗天启帝则是缺乏教育的典型。他到十六岁继位时还是个无知顽童，没有出阁读书，当了皇帝以后更不好好读书。他任性，暴躁，结果二十三岁就死去了。

乾隆帝是这些皇帝中寿命最长的。我曾经介绍过他的膳单，通过他的吃饭，可以感觉到他是一个有节制的人，有理想、有抱负、有爱好、有约束。乾隆把政余精力，放在读书、作诗、写字、绘画等文化方面，修养心性。仅就吃饭来说，他在位时间那么长，国家经济状况又好，顿顿大吃大喝也是有条件的，但他吃饭无非是有荤有素、有粗有细、有凉有热、有汤有点心，营养均衡，这对健体延寿，应该是有帮助的。乾隆帝回忆说："予五十五年之间，无一日因微疾而不理事者。求仙素所鄙，即医理并不识，亦惟慎起居、节饮食，以为养生之常道耳。"

（《四德论》）

第九十九讲

海洋之殇

海洋，大家可能都很熟悉；海洋文化，大家可能不太熟悉。我这里和大家讨论海洋文化的三个相关问题。

一、文化短板

我先从海洋文化说起。我国是一个地域辽阔、历史悠久的大国。中华文明是多元文化的，主要由五种文化组成：一是中原农耕文化，二是西北草原文化，三是东北森林文化，四是西部高原文化，五是沿海暨岛屿海洋文化。

农耕文化，主要是在黄河、淮河、长江、钱塘江、珠江中下游等地区，以农业所产为衣食之源，这是中华文明的基础、主体与核心。农耕文化产生的皇帝，秦始皇以来，长期在中国居于主尊地位。

草原文化主要分布在北部和西北部的草原地区，以游牧的牛羊为衣食之源。秦汉匈奴、隋唐突厥、元明蒙古等都属于草原文化。草原文化产生的成吉思汗建立地跨亚欧的蒙古帝国，忽必烈建立的元朝，在一段时间内居于中国的主要地位。

森林文化主要分布在东北地区，大兴安岭以东到海，长城以北到外兴安岭、库页岛（今萨哈林岛）以南等广阔地域。人们擅长弓马骑射，以狩猎的飞禽走兽、捕获的鱼类、采集的果实等为衣食之源。森林文化产生过唐朝渤海政权、与南宋对立的金朝，特别是清朝。

属于高原文化的南诏、吐蕃等都是区域性的政权，没有建立全国性的皇朝。而海洋文化呢？

我国在明清强盛时，海域从黑龙江入海口的鞑靼海峡、日本海、渤海、黄海、东海、南海——东沙群岛、中沙群岛、西沙群岛、南沙群岛，直到曾母暗沙，包括今黑龙江、吉林、辽宁、天津、河北、山东、江苏、上海、浙江、福建、广东、广西、海南，以及台湾、香港、澳门等沿海地区，广大沿海暨海岛居民，以捕捞海产品和海上运输所得为主要衣食之源。但海洋文化没有产生过皇帝，更没有建立过全国性政权。

上面说的五种文化分区，只是大概的划分，事情是复杂的，经济是交错的，不能做简单化、片面化的理解。

中国不像亚洲的日本、菲律宾、印度尼西亚等，欧洲的英国、希腊、罗马、荷兰、西班牙、葡萄牙等海洋国家，以海洋的捕捞、运输、贸易等为主要衣食之源，虽然他们也有或农耕经济、或放牧的经济、或森林经济等，但仍以海洋文化、海洋经济为主。

在中国，从秦始皇到宣统帝，2000多年间，历朝皇帝都没有海洋文化基因，都不重视海洋文化，所以海洋文化

清康熙朝地球仪

成为中华五种文化中的一块文化短板。

到了 15 世纪，世界开始进入大航海时代。西方海洋国家，西班牙、葡萄牙率先崛起，称霸海上。继之，荷兰等国崛起。早在明代，而后在清初，西班牙、葡萄牙、荷兰、意大利都到了中国，而后英国崛起，四处扩张，建立所谓的"日不落帝国"。这个时期的清朝执政者，仍沉醉于"天朝上国""持盈保泰"的自我感觉之中。中华农耕文化的海洋文化短板，遇上被西方列强海洋文化的坚船利炮，打了败仗，吃了大亏。中华国门被西方叩开，蒙受了历史的奇耻大辱。

二、历史之辱

中国近代文化之殇，从哪里开始呢？从海洋文化受辱开始。

第一，鸦片战争（1840—1842 年）。英国发动鸦片战争，其坚船利炮，从海上打来。英军攻广州，林则徐等官民抵御，没能得逞；转攻厦门，邓廷桢等率官民抵御，也未得逞；北上攻定海，则清军失败。道光二十二年（1842），签订不平等的中英《南京条约》。条约内容之一是赔款 2100 万银圆。一次战争失败，并不那么可怕，可怕的是没能从中吸取历史教训。其实，林则徐已有疏陈："自道光元年以来，粤关征银三千余万两，收其利必防其害。使以关税十分之一制炮造船，制夷已可裕如。"（《清史稿·达洪阿传》）道光皇帝既没有颁《罪己诏》，反省抵御英军失败的责任，也没有采纳正确的意见，更没有研究历史的原因，而是将抵御外侵、打了胜仗的湖广总督林则徐、闽浙总督邓廷桢做替罪羔羊，把他们遣戍到新疆伊犁。

第二，英法联军（1856—1860 年）。英法两万多人，又从海上打来。咸丰十年（1860），联军攻占天津大沽炮台，签订中英、中法、中美、中俄《天津条约》。后进攻北京。咸丰皇帝带领后妃和八大臣等逃到避暑山庄，照样歌舞升平，日夜骄奢淫逸。后联军控制北京，签订《北京条约》。此期，俄国逼签中俄《瑷珲条约》，之后又逼签《中俄勘分西北界约记》等。中国领土和主权等蒙受重大损失。如：赔款白银 800 万两；俄国先后割占黑龙江以北、外兴安岭以南，乌苏里江以东到海以及新疆惠远（今新疆维吾尔自治区伊犁州霍城县）以西到巴尔喀什湖，总计约 150 万平方公里土地；圆明园遭到焚掠；中国丧失重大主权等。如此中华奇耻大辱，咸丰帝等既没有颁《罪己诏》，也没有采纳正确意见，更没有研究历史教训。咸丰帝死后，慈禧太后等将八大臣解职，并处死肃顺等，将这次战争失败的责任，推到肃顺等身上。慈禧太后等并未从英法联军攻略北京的失败中吸取教训，而是忙着搞垂帘听政，掌握皇权，巩固皇权。

第三，甲午海战（1894—1895 年）。日军还是从海上打来，攻占丹东、旅顺、大连、威海等，北洋舰队覆没，清军失败，签订《马关条约》。条约规定：赔款白银二万万两；割让台湾岛、澎湖列岛给日本（第二次世界大战胜利后中国收回）；等等。慈禧太后只顾着忙自己的六十大寿，也没有研究海洋文化这块短板，更没有倾力加强海洋建设的决心和韬略。

第四，八国联军。八国联军于 1900 年还是从海上打来，清军失败。英、美、法、德、俄、日、意、奥八国组成联军，先攻陷天津，继攻占北京，并进入紫禁城。慈禧太后带光绪帝等先期离京，明明是出逃，却美其名曰"西狩"，前往西安。翌年，签订《辛丑条约》，条约十七款，其中一款是：中国赔款银四亿五千万两，分期还清，最终赔款加上利息共计九亿八千多万两！并将北京东交民巷划为使馆区。慈禧太后杀了几个"主战派"了事，也没有下《罪己诏》，更没有对海洋文化建设做出根本性的改变。

以上四例，发生在道光帝、咸丰帝和慈禧太后统治时期，应当说：道光帝旻宁、咸丰帝奕詝、慈禧太后叶赫那拉氏，应负历史主要责任。

第五，清朝结束，民国建立。日本侵华军，从海上打来。民国政府比清朝重视海洋文化，但仍然不够。如海军总吨位 6.5 万吨，日本"大和号"战列舰的吨位却有 6.9 万吨。本来淞沪之战，国民军占有优势，可日本海军在杭州湾登陆，海陆夹击，国民军失败。接着，三个月之间：一失上海，二失南京，三失武汉，四失长沙，五失广州！

以上五例，历史之辱，沉痛说明：海洋文化之短板使中国吃了大亏。

这些事例表明，历来的皇帝、太后、总统都有个人责任，但从文化来看，是我国两千年来忽视海洋文化，忽视海防建设，忽视建立强大海军的一个结果。

三、新的良机

《清史稿·兵志·海军》说："中国初无海军。"到光绪十一年（1885 年）九月初四日，才成立海军衙门。(《清德宗实录》卷二一五)这时，鸦片战争爆发已经过去道光、咸丰、同治三朝，达 45 年之久。直到宣统初，清朝军舰能出海作战的，只有"海筹""海圻"等巡洋舰四艘，"楚泰""楚谦""江元""江亨"等炮舰十余艘而已。(《清史稿》卷一三六)

一部沉痛的中华文明的海洋文化短板史，惊醒中国人。历史进入 21 世纪。中华民族已经跨入新时代。中国要走向世界，走向海洋——太平洋、印度洋、地中海、大西洋，中国发展有了新的机遇。其中的一个重要内容，就是要全民重视海洋文化。中华海洋文化，面临新的机遇和新的目标——重视海洋文化，制定海洋方略，建立强大海军，发展海洋经济，研究海洋科技，建设海洋强国。中华海洋文化，面临新的机遇和新的目标。

耄耋者说六　君享与民享

辛亥革命，清帝退位。昔日清朝皇宫，变成今日故宫。而后，开启故宫博物院的百年历史。故宫，由君有而为民有，由君享而为民享。

中华文明5000年的历史，夏、商、周的王制时期，秦到清的帝制时期，民国以降的民制时期，国之主、宫之主、故宫之主，发生了巨大变化。

本部分的第100讲,是本书的最后一讲。历史翻开新的一页,由明朝和清朝皇宫,变成为故宫博物院。100年来,故宫开启了民有、民用、民享、民护的新时代。600年的故宫,既是中国的,也是世界的。故宫——它的建筑、珍翠、人物、文化、历史、艺术,成为中华传统文化之瑰丽珍宝,人类历史文明之璀璨明珠。

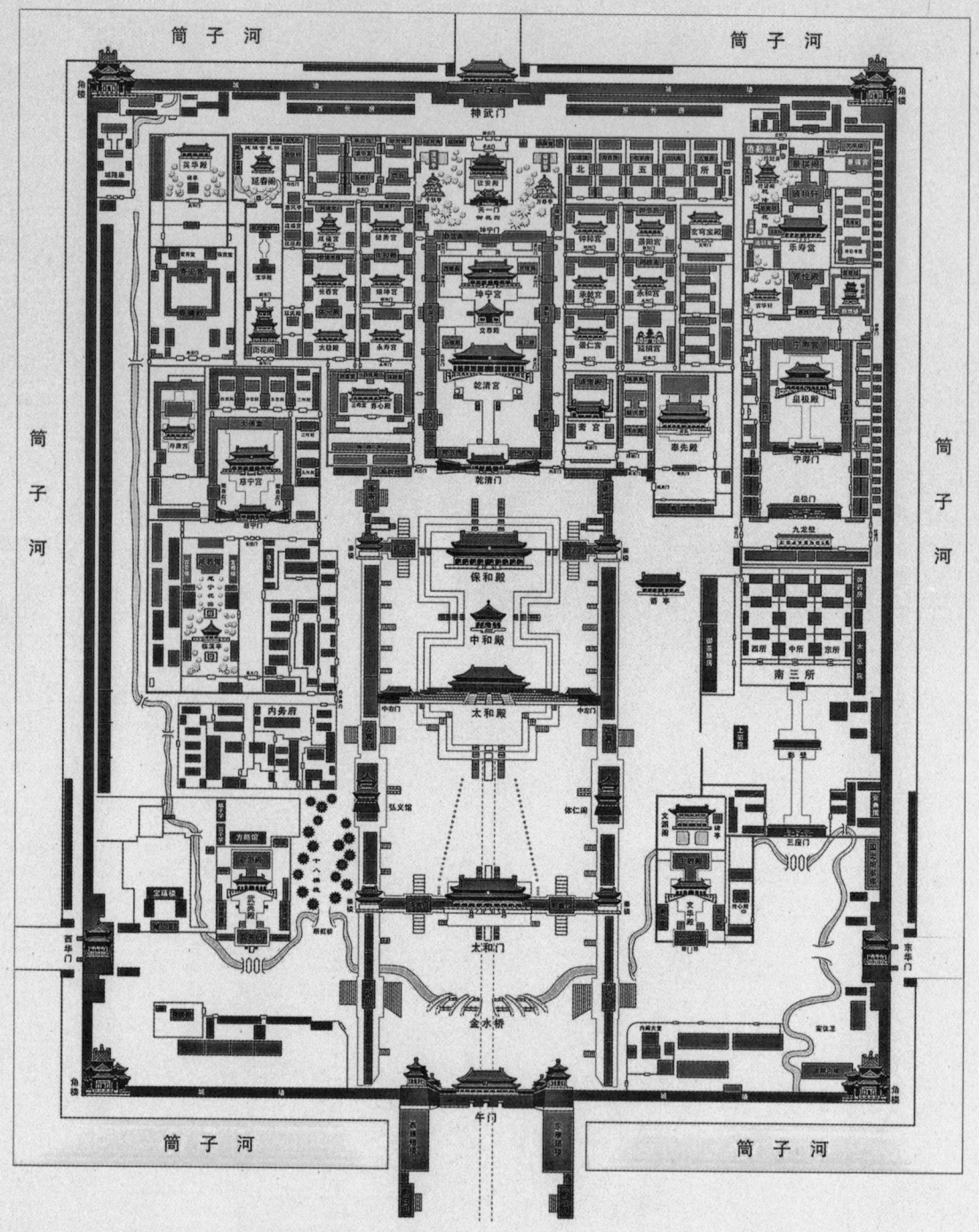

北京故宫平面图

第一百讲 故宫新生

故宫600年是辉煌的,也是曲折的。它经过从明皇宫到清皇宫,从故宫到故宫博物院,几经蝉蜕,几度新生。

一、从宫到院

1911年,辛亥革命,清朝灭亡;1912年民国建立,历经艰难。从清朝皇宫演变为故宫博物院,紫禁城所收藏和帝王享用的宝物,成为博物院的藏品,从而成为属于人民的国宝。从"宫"到"院",这条道路,走了百年。

辛亥革命以后,故宫一分为二:后宫仍为旧皇家禁地,前廷于1914年2月4日,成立国家古物陈列所,将沈阳故宫和避暑山庄等处文物,集中转运过来,暂存于武英殿等处。并将武英殿西配殿开放。

1924年11月5日下午4时10分,溥仪等清皇室成员,搬离故宫。11月7日,临时执政府发布命令:清理原宫内公产私产,昭示大众。善后委员会由政府和清室双方人士组成。点查清宫物品,以宫殿为单位,逐件编号,依序登录。各宫殿按"千字文"编号,如乾清宫为"天"字号、坤宁宫为"地"字号等。经五年多时间,清宫物品清点结束,随后出版《故宫物品点查报告》,共六编28册,载录每一件文物的编号、品名、件数,以及参点人员、监视人员姓名。清宫遗留物品,有117万件之多,留下完整记录。这些文物成为1925年成立故宫博物院的藏品。(郑欣淼《天府永藏》)

1925年10月10日,故宫博物院成立,在乾清宫前举行隆重典礼。这一天,神武门上镶嵌李煜瀛手书颜体大字"故宫博物院"青石匾额。当天故宫正式开放。自永乐建宫,500多年来,人们第一次可以游览故宫中路三大殿和后三宫等处,两天内前来参观的多达五万人。

故宫博物院成立后,故宫又一分为三,后宫部分为故宫博物院,前朝部分为古物陈列所,午门外两庑及端门为国立历史博物馆。避暑山庄文物交故宫博物院,沈阳故宫文物仍移交故宫博物院沈阳分院(现为沈阳故宫博物院)。之后,故宫逐渐合而为一,古物陈列所并入故宫博物院,午门外两庑及端门建筑也交故宫博物院。另建历史博物馆和革命博物馆,后合并为国家博物馆。这项分割与合并,直到2008年才结束。

二、百川归海

600年故宫既依靠中华文化养育,又成为中华文化宝库。

从宋宫到元宫,中国历朝帝王都重视文物的搜集和珍藏。殷商文物多集中于宫廷和宗庙。周朝文物珍品收藏于"天府""玉府"。秦朝阿房宫汇聚战国七雄的珍宝。汉朝"天禄""石渠",则是汉宫贮藏珍贵文物及图书之所。到宋徽宗时,收藏尤为丰富。北京故宫的直接收藏,可以上溯到北宋汴梁,曲折历程,已有千年。宋代宫廷收藏丰富,靖康之乱,典籍宝器,悉归于金;宋高宗迁都临安,又广泛收藏。蒙元兴起,先灭金朝,再灭南宋。南宋灭亡,元定鼎大都(今北京),

宫廷收藏的这批文物也运到大都。元亡明兴，明大将徐达将元朝内府所藏，运到南京；永乐帝迁都北京，宝物回到北京。明亡清兴，明朝宫廷藏品，又为清廷所有。所以，清宫承接的文物，是中国历代宫廷收藏的总汇。清迁鼎北京后，对故明宫殿既沿袭其原状，又做增减改建。

从文物层面说，故宫藏品所承载的，是中国独特的文化符号。论时代，上自新石器时代，下至宋元明清；论地域，囊括了古代中国各个地域的文明精华；论人文，包容了汉族和古代各少数民族的艺术精粹；论类别，包含了中国古代艺术品的几乎所有门类。

从精神层面说，这些文化的精神表现，忽必烈建大都城的恢宏胸怀，永乐帝治理帝国的雄才大略，康熙帝"皇舆全览"的宏博气魄，农耕、草原、森林、高原、海洋文化融合，才有了北京城，也才有了紫禁宫殿。

在世界四大文明古国中，以一种语言、一种文字为主体文化，延续5000年，连绵不断，起伏演进，只有中华民族，也只有中华文明。因此，明清皇宫及其文物，是中华多民族、多元文化融合的集中体现。一脉相承，百川归海，是北京故宫最突出的文化特色。

三、走向世界

宫廷文物，历尽沧桑，几散几聚，留传至今。故宫博物院的成立，象征着宫廷文物从君有到民有、从君爱到民爱、从君享到民享的划时代的转变。

从君有到民有。在古代中国，掌握着至高权力的帝王，必然是全社会中最高端、最精美、最稀缺、最珍贵物品的拥有者、收藏者、享用者。经过历代传承和融汇，这些国宝最终为国家所有、民众共享。

1949年，改天换地，发展空前。1912年以来，几代中国人，对故宫古建和文物的守护、利用与研究，都做出了各自的重大贡献。不少社会贤达，以爱文物、爱国家之心，从文物市场以重金购买文物，捐献给国家。仅以张伯驹为例。张伯驹（1898—1982），曾以重金购藏被溥仪携带出宫的西晋陆机《平复帖》、隋展子虔《游春图》、元赵孟頫《千字文卷》收藏。《平复帖》是我国传世最早的一件名人墨迹，他爱同身家性命，抗日战争中曾把此帖缝在随身穿的棉袄里避难。隋展子虔《游春图》是我国现存卷轴山水画中最古老的一幅，张伯驹变卖房产并搭上夫人的首饰才将其买来。后张先生将《平复帖》《游春图》和《千字文卷》等书画巨品，无偿地捐献给国家，使这些珍品成为故宫博物院的藏品。故宫博物院在景仁宫特设景仁榜，将捐献者姓名镌刻于墙上，并出版《捐献铭记》，以做永久纪念。

从君享到民享。昔日民众不能涉足的皇家紫禁城，已成为今天民众可以畅游的故宫博物院，故宫和故宫博物院受到国人和世人的空前关注和热爱。参观故宫，共享故宫，这个现象，日趋鲜明。以2011年巴黎卢浮宫和北京故宫博物院为例，卢浮宫全年接待游客总数为860万人次，故宫博物院全年参观人数为1411万余人次，近卢浮宫参观人数的两倍。据统计，2016年北京故宫接待国内外观众达1602万余人次。《京华时报》评论说："故宫成为迄今世界上参观人数最多的博物院。"2018年，参观故宫的人数达到了1933万人次。

故宫博物院于1987年被列入世界文化遗产。伟大的故宫，不仅是明清时代中华文明无价的历史见证，而且是绵延5000年、融合多民族多种文化形态的中华文明无价的历史见证。

故宫的建筑、人物、器物、服饰、瓷器、书画、典籍、档案等，早已不是皇家的财富，而都是士人、匠师、能工、夫役等用鲜血、智慧、汗水和生命凝聚的，是中华民族的珍贵财富。后人对中华文化遗产，既应抱以敬畏之心、赞颂之意、骄傲之情、欣赏之趣，更应行以守护之职、关爱之举、学习之实、弘扬之责。

故宫既是中华的，故宫更是世界的。600年来，中华民族，中国智慧，对于人类，做出贡献，其重要例证，就是故宫。北京故宫，不仅是中华文明的骄傲，而且是世界文明的宝珠。故宫600年的历史证明：中华民族对人类文明发展做出过辉煌的贡献！而且正在做着积极的贡献！

中华文明具有原生性、悠久性、连续性、多元性、融合性、日新性和国际性。而这七大特点综合体现于一个大国，是不多见的。世界四大文明古国中的古埃及、古巴比伦、古印度文明都中断过，只有中国5000年文明没有中断。而中华5000年文明的建筑之壮丽、文物之精粹、文化之辉煌，集中在故宫和故宫博物院。随着国际现代化的发展，也随着国际文化的交流，中华文明对于世界将产生更加巨大的影响。

故宫600年的历史表明，故宫已经走向世界，还将继续走向世界。有600年历史的北京故宫，就其历史与文化而言，既是中国的，更是世界的。

附 录
明朝皇帝简表

序号	年号	庙号	姓名	在位时间	元年	即位年龄	生卒年	享年	陵寝
1	洪武	明太祖	朱元璋	31年	1368	41岁	1328—1398	71岁	明孝陵南京
2	建文	明惠帝	朱允炆	4年	1399	22岁	1377—?	?	?
3	永乐	明成祖	朱棣	22年	1403	43岁	1360—1424	65岁	明长陵
4	洪熙	明仁宗	朱高炽	1年	1425	47岁	1378—1425	48岁	明献陵
5	宣德	明宣宗	朱瞻基	10年	1426	28岁	1398—1435	38岁	明景陵
6	正统	明英宗	朱祁镇	14年	1436	9岁	1427—1464	38岁	明裕陵
6	天顺	明英宗	朱祁镇	8年	1457	31岁	1427—1464	38岁	明裕陵
7	景泰	明代宗	朱祁钰	7年	1450	22岁	1428—1457	30岁	北京西山
8	成化	明宪宗	朱见深	23年	1465	18岁	1447—1487	41岁	明茂陵
9	弘治	明孝宗	朱祐樘	18年	1488	18岁	1470—1505	36岁	明泰陵
10	正德	明武宗	朱厚照	16年	1506	15岁	1491—1521	31岁	明康陵
11	嘉靖	明世宗	朱厚熜	45年	1522	15岁	1507—1567	60岁	明永陵
12	隆庆	明穆宗	朱载垕	6年	1567	30岁	1537—1572	36岁	明昭陵
13	万历	明神宗	朱翊钧	48年	1573	10岁	1563—1620	58岁	明定陵
14	泰昌	明光宗	朱常洛	1个月	1620	39岁	1582—1620	39岁	明庆陵
15	天启	明熹宗	朱由校	7年	1621	16岁	1605—1627	23岁	明德陵
16	崇祯	明毅宗	朱由检	17年	1628	18岁	1611—1644	35岁	明思陵

清朝皇帝简表

序号	年号	庙号	御名	在位时间	元年	即位年龄	生卒年	享年	陵寝
1	天命	清太祖	努尔哈赤	11年	1616	58岁	1559—1626	68岁	福陵（沈阳）
2	天聪	清太宗	皇太极	10年	1627	35岁	1592—1643	52岁	昭陵（沈阳）
	崇德			8年	1636				
3	顺治	清世祖	福临	18年	1644	6岁	1638—1661	24岁	孝陵（清东陵）
4	康熙	清圣祖	玄烨	61年	1662	8岁	1654—1722	69岁	景陵（清东陵）
5	雍正	清世宗	胤禛	13年	1723	45岁	1678—1735	58岁	泰陵（清西陵）
6	乾隆	清高宗	弘历	60年	1736	25岁	1711—1799	89岁	裕陵（清东陵）
7	嘉庆	清仁宗	颙琰	25年	1796	37岁	1760—1820	61岁	昌陵（清西陵）
8	道光	清宣宗	旻宁	30年	1821	39岁	1782—1850	69岁	慕陵（清西陵）
9	咸丰	清文宗	奕詝	11年	1851	20岁	1831—1861	31岁	定陵（清东陵）
10	同治	清穆宗	载淳	13年	1862	6岁	1856—1875	19岁	惠陵（清东陵）
11	光绪	清德宗	载湉	34年	1875	4岁	1871—1908	38岁	崇陵（清西陵）
12	宣统	（无）	溥仪	3年	1909	3岁	1906—1967	62岁	华龙皇家陵园（清西陵）

图书在版编目（CIP）数据

故宫六百年：珍藏版/阎崇年著．——北京：华文出版社，2024.5
ISBN 978-7-5075-5862-3

Ⅰ．①故… Ⅱ．①阎… Ⅲ．①故宫－历史－北京 Ⅳ．① K928.74

中国国家版本馆 CIP 数据核字 (2024) 第 063907 号

故宫六百年（珍藏版）

作　　者：阎崇年
封面题签：阎崇年
责任编辑：方昊飞　景洋子
责任印制：刘力新
出版发行：华文出版社
地　　址：北京市西城区广外大街 305 号 8 区 2 号楼
邮政编码：100055
网　　址：http://www.hwcbs.cn
电　　话：编辑部 010-58336265　010-58336252
　　　　　总编室 010-58336239　发行部 010-58336202
经　　销：新华书店
制　　版：北京禾风雅艺文化发展有限公司
印　　刷：天津画中画印刷有限公司
开　　本：710mm×1000mm　1/16
印　　张：38.25　彩插 0.5
字　　数：492 千字
版　　次：2024 年 5 月第 1 版
印　　次：2024 年 5 月第 1 次印刷
标准书号：ISBN 978-7-5075-5862-3
定　　价：159.00 元

版权所有，侵权必究